Amerika

gleaming?
red glare
in air
the night
still there.
spangled
wave
the free
brave?
seen
deep
host
reposes
breeze
steep
blows,
discloses?
gleam
beam
reflected
stream.
banner
wave
the free
brave!
band
swore
of war
confusion
country
more?
out
pollution.
save
slave
flight
grave:
banner
wave
the free
brave!
ever
stand
homes
desolation!
peace
land
made
nation.
must
is just

Gerhard Padderatz

unter Mitarbeit von Christian Wannenmacher

Amerika

Mit Gewalt in den Gottesstaat

Mitteldeutscher Verlag

Vorwort

1975 besuchte ich zum ersten Mal die Vereinigten Staaten. Im Rahmen meines Studiums reiste ich für zunächst sechs Monate nach Washington, DC. Bis 1980 wurden daraus dann – mit einigen Unterbrechungen – insgesamt gut zwei Jahre. Nach Überwindung meines anfänglichen Kulturschocks und der sich daran anschließenden ersten leidenschaftlichen Auseinandersetzung mit der Kultur und Geschichte Amerikas, verliebte ich mich in dieses großartige Land und seine Menschen. Was ich besonders schätzte, waren die Freiheit, Offenheit und Toleranz Amerikas. Der im nationalen Gedächtnis noch junge Watergate-Skandal hatte die Rolle der unabhängigen Presse als einer Säule der Demokratie unterstrichen, und der gerade vollzogene ruhmlose Rückzug der US-Streitkräfte aus Vietnam hatte der Welt und den Amerikanern die Grenzen amerikanischer Macht vor Augen geführt. Der bescheiden-sympathische Gerald Ford war Präsident und wurde während dieser Jahre von dem friedlich gesonnenen baptistischen Erdnuss-Bauern Jimmy Carter abgelöst. Das, was man die amerikanischen Werte nannte, stand – zumindest nach meiner Bewertung – in seiner Blüte. Aufgrund dieser positiven Erfahrung wurde Amerika für mich damals das Traumland, in dem ich mich eines Tages zur Ruhe setzen wollte.

Im Rahmen meiner geschäftlichen Aktivitäten war es mir dann zu Beginn des Jahres 2002 möglich, meinen Traum früher als erwartet zu verwirklichen und nach Amerika überzusiedeln. Auch wenn ich mich in den Jahren dazwischen immer wieder geschäftlich und auf Urlaubsreisen in den USA aufgehalten hatte und zugleich die Ereignisse in Amerika aufmerksam in den Medien verfolgte, war ich nicht vorbereitet auf die dramatische Veränderung des Landes, die sich inzwischen vollzogen hatte. Sicher: Die schrecklichen Terroranschläge vom 11. September 2001 hatten tiefe Wunden in die amerikanische Volksseele gerissen. Aber die aggressive Reaktion des Landes danach erschien jetzt umso heftiger, als das internationale Gleichgewicht der Kräfte nach dem Untergang der Sowjetunion verschwunden war. Hinzu kam, dass die erstarkten evangelikalen Fundamentalisten mit George W. Bush „ihren" Mann ins Weiße Haus gebracht hatten. Dies trug dann zu einem innenpolitischen Wandel Amerikas bei, in dem sich der traditionelle Patriotismus der Amerikaner, Reste alter Ideologien und schiere Angst im kollektiven Bedürfnis nach Sicherheit vermischten.

Amerika hatte sich verändert, und ich befand mich mitten drin in diesem Veränderungsprozess, der offenbar noch nicht abgeschlossen war. Eine Auseinandersetzung mit den Phänomenen, die ich jetzt erlebte, sowie die Erforschung ihrer Wurzeln, Zusammenhänge und Hintergründe schien für mich daher unerlässlich – ja geradezu existenziell geboten. Mein Verständnis der Situation war zunächst recht vage. Und die Gehirnwäsche durch die patriotische Propaganda, die ich täglich durch das Fernsehen erfuhr, war nicht gerade hilfreich bei meinem Versuch, mir ein einigermaßen objektives Bild zu machen. So begann ich im Mai 2005, dieses Buch zu schreiben.

Je länger ich recherchierte und je tiefer ich in die Materie einstieg, desto stärker wurde mein Bild von Amerika erschüttert. Vieles von dem, was ich herausfand, hatte ich nicht erwartet. Und wenn ich hier und da etwas ahnte, hatte ich es mir nicht so schlimm und so extrem vorgestellt. Als praktizierender Christ, der gerade die amerikanische Form des überaus vitalen Gemeinschaftschristentums liebt, sah ich mich gezwungen, auch meinen eigenen Standpunkt neu zu überprüfen und klarer zu definieren. Auch wenn es streckenweise so scheint: Dies ist kein Buch gegen das Christentum – und auch kein Buch gegen Amerika. Ganz im Gegenteil.

Mehrere Personen haben mich bei diesem Projekt unterstützt. Ihnen allen möchte ich danken. Besonders hervorheben möchte ich dabei Christiane Theiss, die mir den Anstoß zu der speziellen Fragestellung des Buches gab; ferner Christel Hinrichsen, die mich immer wieder ermutigte und die mir so manchen stilistischen Hinweis gab. Den größten Dank aber schulde ich Christian Wannenmacher, der an der Ludwig-Maximilians-Universität in München an seiner Doktorarbeit im Bereich philosophische Ethik arbeitet. Er erklärte sich bereit, mich bei der Recherche zu unterstützen und den Standard der Arbeit hochzuhalten. Unermüdlich machte er mich auf Lücken in meiner Darstellung des Themas aufmerksam, lieferte konzeptionelle Vorschläge und achtete auf die Ausgewogenheit in der Auswahl der zitierten Autoren im breit gefächerten politischen Spektrum.

Das vorliegende Buch soll helfen, die religiöse Dimension der politischen Veränderungen in Amerika besser zu verstehen, die Prinzipien von Freiheit und Demokratie – nicht nur in Amerika – zu stärken und insbesondere den Unterschied zwischen christlicher Toleranz und pseudochristlicher Unterdrückung zu erkennen.

Gerhard Padderatz, Juli 2007

Inhalt

Einleitung

„,Wir werden unter Umständen das erste Volk in der Geschichte sein, das durch demokratische Wahl faschistisch wird …', sagte William L. Shirer (Autor von *Aufstieg und Fall des Dritten Reiches)* … ,Wir bewegen uns sehr stark nach rechts und gleiten so vielleicht in unsere eigene Form des Faschismus hinein – und das mit Einwilligung, wenn nicht sogar mit der Ermutigung des ganzen amerikanischen Volkes.'"[1] Diese „eigene Form" eines möglichen amerikanischen Faschismus würde natürlich „eingewickelt in der amerikanischen Fahne" daherkommen. Das hatte ein vorausschauender amerikanischer Politiker schon vor dem Zweiten Weltkrieg prognostiziert.[2]

Reinhard Lettau veröffentlichte 1971 eine Zusammenstellung von Artikeln und Meldungen der *Los Angeles Times*, *Washington Post*, *New York Times*, *Time*, *Newsweek*, *Washington Monthly*, *AP* und *UPI*, die über einen Zeitraum von sechs Monaten erschienen waren. Er wollte damit den sich immer deutlicher abzeichnenden Verfall der amerikanischen Demokratie dokumentieren: „Ich beobachtete", schrieb er damals, „offene, aber fast unmerkliche Vorbereitungen zum Abbau der Bürgerrechte, Bremsung oder Einstellung früherer Sozialreformprogramme, wachsende Inflation, während gleichzeitig der offenen Diskussion dieser Fragen durch manipulative Maßnahmen, Drohungen, Beschwörung einer eben erfundenen patriotisch ,schweigenden Mehrheit' entgegengearbeitet wurde. Dies alles konnte man täglich zeigen. Fast wichtiger als diese Beobachtungen selbst war für mich die Erfahrung, dass sie in der Umgebung offenbar kaum wahrgenommen wurden, obwohl sie doch täglich in der Zeitung (schwieriger in Rundfunk und Fernsehen) zu verfolgen oder zu entdecken waren".[3]

Kann man das Ergebnis einer solchen Entwicklung als Faschismus bezeichnen?[4] Wird sie dadurch erträglicher oder humaner, dass sie ein religiöses Gewand hat – etwa im Sinne eines totalitären Gottesstaates? Was ist Faschismus? Was ist ein Gottesstaat? Die landläufige Verwendung des Begriffs „Faschismus" deckt sich nicht unbedingt mit der Definition der Fachleute.[5] Eins scheint jedoch sicher: Der Faschismus war ein autoritäres politisches System mit extrem nationalistischen und imperialistischen Zielsetzungen. Ursprünglich nur auf die italienische Diktatur Mussolinis bezogen, dann aber auch auf Nazi-Deutschland, Francos Spanien, Pinochets Chile etc., bezeichnet der Begriff in der politischen Arena heute unterschiedliche totalitäre Systeme. In jedem Fall war der Faschismus antidemokratisch und antiliberal und stützte sich in hohem Maße auf Gewaltanwendungen. Diese Gewalt richtete sich vor allem gegen Andersdenkende, d.h. Kritiker des Systems und zu Feinden deklarierte Gruppen. Mehr noch: Der Faschismus verherrlichte Gewalt und forderte vom Bürger strenge Disziplin und Unterordnung unter den Staat.

Unduldsamkeit und Anwendung von Gewalt ist aber auch ein Kennzeichen des Puritanismus, der zur Theokratie, dem Gottesstaat neigte.[6] „Die Calvinisten waren die Stoßtruppen des Protestantismus, organisiert, diszipliniert und kämpferisch. Analoge Erscheinungen in unseren Tagen kann man in der ‚Partei' finden, sei sie faschistisch, nazistisch, kommunistisch oder nationalistisch – deren Mitglieder sich innerhalb der Massenbewegung durch ihre kompromisslose Verbundenheit mit ihrer Lehre, durch ihre hohe Moral und ihren Zusammenhalt auszeichnen."[7] Die Vorstellung eines Gottesstaates bzw. einer Theokratie geht zurück auf das Israel des Alten Testaments. Zunächst betrachteten die Israeliten Gott als ihren unmittelbaren Führer. Sie sahen sich durch ihn gelenkt, indem er ihnen durch seinen Propheten Mose Anweisungen gab. Später kamen Priester und Richter hinzu, die nach Sicht der Israeliten unmittelbar Sprachrohr Gottes waren und an seiner Stelle Recht sprachen und regierten. Angeregt durch das Beispiel benachbarter Monarchien strebte Israel jedoch schließlich – gegen den erklärten Willen Gottes – eine eigene Monarchie mit einem eigenen sichtbaren Führer an. Diese wurde ihnen dann von Gott zwar gewährt, doch der Allmächtige selbst wählte auf übernatürliche Weise die Regenten aus – zumindest in der frühen Phase der israelitischen Monarchie. So jedenfalls beschreibt es die Bibel, und so sahen es die Israeliten.

Das Ideal eines Gottesstaates war verknüpft mit dem Machtanspruch und der Unfehlbarkeit eines vollkommenen Gottes. In der Geschichte klafften Ideal und Wirklichkeit mit der Zeit jedoch zunehmend auseinander. Und der Anspruch einer göttlichen Erwählung und Autorisierung des Königs, der dann auch von späteren Herrschern in anderen Ländern übernommen wurde – etwa in Europa oder den Ländern des Islam – entartete mehr und mehr zu einem bequemen Mittel, die Untertanen zu unterwerfen und zum Gehorsam zu motivieren. In diesem Sinne wurde staatlich instrumentalisierte Religion und die Vorstellung eines Gottesstaates häufig zum Inbegriff totalitärer Unterdrückung. Die Geschichte der selbst beanspruchten Erwählung christlicher Nationen lässt sich bis ins 20. Jahrhundert verfolgen.[8]

Wie ist es möglich, dass die Vereinigten Staaten von Amerika, das freieste Land der Erde, die Leitdemokratie dieser Welt, jenes Land, das uns Deutsche vom Faschismus befreit hat, heute selbst eine Neigung zum Faschismus zeigt? Ist nicht allein schon die Andeutung, Amerika entwickele sich totalitär, unerhört und ein Ausdruck der Undankbarkeit und für unsere amerikanischen Freunde eine Beleidigung? Immerhin hat sich Amerika die Verbreitung von so positiven Idealen wie Demokratie, Menschenrechte und Christentum auf die Fahne geschrieben. Stellt die amerikanische Demokratie nicht das genaue Gegenteil von Faschismus dar? Und hat Amerika nicht gerade mit dem Sieg im Kalten Krieg einen weiteren großen Triumph über ein ebenfalls totalitäres System erlangt?

Mit dem Untergang bzw. „Selbstmord“[9] der Sowjetunion ist allerdings auch das Gleichgewicht der Kräfte in der Welt verschwunden. Die USA sind als einzige Supermacht heute weltweit unangefochten die Nummer eins.[10] Durch den von Amerika angeführten Krieg gegen den Terror infolge der weltweiten Bedrohung durch den Islamismus – von einigen auch „Islamofaschismus“ genannt – scheint Amerika noch zusätzlich an Macht und Einfluss gewonnen zu haben. Was aber macht Amerika mit dieser Macht? Unsere Welt hat sich verändert, und Amerika ist dabei, sich auch zu verändern, und zwar zunehmend negativ. Was sind die gesellschaftlichen und politischen Kräfte und Ideologien, die diese Veränderungen bestimmen?

Amerika fasziniert und irritiert: Es ist groß, gottgläubig – und gewalttätig. Amerika ist voller Widersprüche. Es ist das Land der praktizierenden Christen und der gewaltverliebten Waffennarren, der unendlichen Toleranz und der unerbittlichen Todesstrafe. „Die Amerikaner werden oft als skrupellose Kapitalisten dargestellt, die darauf aus sind, das globale Marktsystem zu verbreiten, während sie die Ressourcen des Planeten verzehren. Bei anderen Gelegenheiten werden die Vereinigten Staaten als der letzte ‚Cowboy‘ der Welt dargestellt …“[11] Tatsächlich verbreitet Amerika seine noblen Werte, wo „nötig“, auch mit dem Revolver, mit Bomben und Maschinengewehren. Das Land war schon immer anders und aus europäischer Sicht nicht ganz leicht zu verstehen, ja, vielleicht sogar ein wenig verrückt. Zu diesem Verrücktsein gehört sicher auch der wachsende Einfluss konservativ-christlicher Kreise auf die Politik. Das ist das Hauptthema dieses Buches. Da die Vereinigten Staaten gegenwärtig innen- und außenpolitisch offenbar eine tiefgreifende Veränderung durchmachen – die bedeutendste seit dem Bürgerkrieg[12] –, ist eine Auseinandersetzung mit diesem Hegemon dringend geboten.

Wenn man früher noch sagen konnte: „Amerika ist weit weg, und was jenseits des Atlantik passiert, kann uns egal sein", so können wir uns dies heute nicht mehr leisten. Die Welt ist kleiner geworden. Amerika geht uns alle an. Außerdem, so Josef Joffe, Mitherausgeber der *Zeit* sowie des neokonservativen US-Magazins *The American Interest* und einer der besten deutschsprachigen Amerika-Kenner, strahlt auch Amerikas *soft power* rund um den Globus, „sei es in der Hoch- oder Massenkultur, in Harvard oder Hollywood."[13] Ein Verständnis der Ursachen amerikanischer Phänomene und deren Konsequenzen werden daher immer wichtiger. Nicht nur für uns Europäer sind die Signale zum Teil widersprüchlich, wenn auch einheimische Beobachter feststellen: „Der amerikanische Konservativismus kombiniert Erneuerung mit Häresie."[14] Im Politischen sieht sich George W. Bush „als Revolutionär, der sein Land umkrempeln und die Welt verändern will. … Und er hat nicht vor, sich aufhalten zu lassen – weder von den oppositionellen Demokraten, noch von der Weltmeinung … [und] schließlich nimmt er die ganze Welt mit auf seine abenteuerliche Reise."[15] Doch es wäre ein Fehler, einer einzelnen Person zuviel Gewicht beizumessen, auch wenn es sich dabei um den Präsidenten der Vereinigten Staaten handelt. Es gibt inzwischen eine Bewegung und eine Gruppe von Menschen, die so viel Macht haben, dass sie nicht nur bestimmen, wer ins Weiße Haus einzieht, sondern die dem Präsidenten auch diktieren, welche politischen Entscheidungen er zu treffen hat.

In der amerikanischen Politik zu Beginn des 3. Jahrtausends gibt es aus internationaler Sicht vor allem drei treibende Kräfte:

1. die neokonservative Sicherheits- und Machtpolitik,
2. eine mitunter skrupellose Wirtschafts- und Energiepolitik und
3. ein aggressiv-missionarischer religiöser Fundamentalismus.[16]

Dabei scheinen sich diese drei Motive bzw. die dahinterstehenden Systeme gegenseitig zu stützen, zu fördern und zu ergänzen.

Zu allen Bereichen gibt es eine Fülle von Literatur. Dieses Buch will aufzeigen, wie die so genannte christliche Rechte ihren Weg an die Macht systematisch geplant und umgesetzt hat und wie dies gerade in Amerika geschehen konnte. Es legt die inneren Widersprüche einer Gruppe von religiösen Politakteuren bloß, zeigt die Verknüpfung von Macht, Gewalt und Religion und liefert eine Analyse der Triebfedern und Wurzeln für die Werte, Ziele und Programme dieser religiösen Eiferer. Es ist nicht so sehr die Bibel, die eine Erklärung für diesen amerikanischen *Power Cocktail* liefert. Vielmehr sind es eigenwillige und ehrgeizige Persönlichkeiten, eine propagandaverführte Gesellschaft sowie ein Volksglaube, der sich vor allem aus Hollywood-Filmen und Phantasieromanen speist, aber beansprucht, direkt von Gott zu kommen und für alle Menschen verbindlich zu sein.[17]

Das Gefährliche an dieser *neuen* Religiosität ist weniger eine sattsam bekannte sektiererische Selbstgerechtigkeit und der penetrante missionarische Eifer, als vielmehr das Horrorszenario, das sich ergibt, wenn sich diese Faktoren eines Tages – und das wird immer mehr zu einer realistischen Möglichkeit – vollständig mit der aggressiven wirtschaftlichen, politischen und militärischen Macht Amerikas vereinigen. Dann nämlich werden endgültig die freiheitlichen und christlichen Ideale, auf die sich das Land beruft, aufgegeben, ja, mehr noch: in ihr Gegenteil verkehrt. Es werden nicht nur Andersdenkende und Mitglieder religiöser Minderheiten erschaudern, wenn sie die Trendlinien der jüngeren amerikanischen Vergangenheit auf der Grundlage der hier zusammengetragenen Fakten und Zusammenhänge in die Zukunft verlängern. In diesem Sinne geht es in diesem Buch neben der Vergangenheit und der Gegenwart auch um die Zukunft – die Zukunft von uns allen.

Um keine Missverständnisse aufkommen zu lassen: Amerika, wie es viele noch kennen und schätzen, war ein großartiges Land mit wunderbaren Menschen. Von Letzteren gibt es natürlich auch heute noch viele. Es hat eine kluge Verfassung, die seinen Bürgern zumindest bis vor kurzem ein Höchstmaß an individuellen Freiheiten garantierte. Die Trennung von Staat und Kirche, die Förderung der Wissenschaften, die Begünstigung humanitärer Leistungen, das bisher generell gut funktionierende Gleichgewicht der politischen Kräfte, die Unabhängigkeit vieler Medien – das alles sind Werte und Prinzipien, die Bewunderung und Respekt verdienen. Viele gerade dieser Prinzipien werden jedoch verraten, verschwinden oder sind vom Aussterben bedroht. „Längst liegt der Mehltau des Totalitären über den Vereinigten Staaten."[18]

Wie kam es dazu? Waren es nur die Ereignisse vom 11. September 2001, wie viele glauben? Haben sie die Amerikaner in geradezu tragischer Weise in eine totalitäre Reaktion gezwungen? Oder gibt es andere Ursachen und Kräfte, die für einen aufkommenden Totalitarismus verantwortlich sind? Kommen diese Kräfte nur von oben, von den Regierenden, von einer politischen und wirtschaftlichen Elite, oder kommen sie aus der Gesellschaft selbst? Wenn Letzteres zutrifft: Was sind die prägenden Kräfte in der amerikanischen Gesellschaft von heute? Wie wirken sie sich auf die Politik des Landes und auf das Demokratieverständnis der Amerikaner aus? Das alles sind Fragen, die es hier zu beantworten gilt.

Teil I: Was die amerikanische Gesellschaft bewegt

1. Amerika, Amerika über alles

Wir Amerikaner „sind möglicherweise das dümmste Volk auf dem Planeten", meint Michael Moore, Verfasser mehrerer kritischer Bücher über Amerika sowie Autor und Regisseur der preisgekrönten Dokumentarfilme *Bowling for Columbine* und *Fahrenheit 9/11*. In einem Interview mit dem britischen *Mirror* behauptete er: Wir „leiden an einer erzwungenen Ignoranz. Wir wissen nichts von dem, was außerhalb unseres Landes passiert. Unsere Dummheit ist peinlich."[1]

Diese Sicht scheint recht polemisch und nur zum Teil richtig zu sein. Denn auf der anderen Seite gibt es in Amerika auch eine große Zahl hochgebildeter und moralisch glaubwürdiger Menschen, die reihenweise Nobelpreise gewinnen, sich für die Not von Menschen in der Dritten Welt und in Katastrophengebieten einsetzen und von einem tiefen christlichen Glauben motiviert sind. Dazu zählt auch Ex-Präsident Jimmy Carter, der immer wieder an friedenstiftenden Maßnahmen teilnimmt. Wer also sind die Amerikaner? Was prägt diese Gesellschaft, die so voller Widersprüche zu sein scheint. Was ist typisch amerikanisch? Gibt es Merkmale, Strukturen und Trendlinien, die man als charakteristisch und die Mehrheit prägend ausmachen kann? Woher kommt diese nicht nur von Michael Moore festgestellte Ignoranz, wenn es um Dinge außerhalb Amerikas geht?

Die Vereinigten Staaten von Amerika, die amerikanische Gesellschaft und der amerikanische Zeitgeist im frühen 21. Jahrhundert sind so komplexe Phänomene, dass sie sich nicht umfassend in wenigen Absätzen darstellen lassen. Nachfolgend soll deshalb der Versuch unternommen werden, Erscheinungen zu diskutieren, die einen aufkommenden religiösen Totalitarismus und eine aggressive Missionierung der Welt begünstigen oder gezielt herbeiführen.

Das amerikanische Desinteresse am Rest der Welt scheint die Konsequenz einer selbstgefälligen Heimatliebe und eines übertriebenen Nationalismus zu sein. Der propagandistisch geschürte Patriotismus ist zweifellos einer der höchsten Werte, wenn nicht gar *der* höchste Wert in der amerikanischen Gesellschaft. Ihm ordnet sich praktisch alles unter. Eine klare Unterscheidung zwischen den Begriffen „Heimat", „Staat" und „Regierung" wird dabei erschwert durch die „Heiligkeit", die quasi-religiöse Überhöhung des Begriffs „Patriotismus". Als George W. Bush mit Hilfe seines Bruders Jeb, des Gouverneurs von Florida, und einigen republikanisch gesinnten Richtern im Jahr 2000 trotz geringerer Stimmenzahl als sein Konkurrent zum Präsidenten der Vereinigten Staaten ernannt wurde,[2] waren viele amerikanische Wähler zunächst empört und verärgert. Erstaunlich war aber, wie schnell sie sich dann – inklusive Al Gore, der eigentliche Gewinner der Wahl – hinter „ihren" Präsidenten stellten. Es war für die Bevölkerung und die Medien und selbst die politischen Gegner eine Frage des Patriotismus, den Präsidenten zu unterstützen und ihm zu folgen. Ganz gleich, wie er ins Amt gekommen war. Ähnliches hat sich 2004 in Ohio wiederholt, als auch dort die Wahl nach ein paar Mauscheleien zugunsten von Bush entschieden wurde. Wieder hat der Verlierer – in diesem Fall John Kerry – nicht lange gebraucht, um dem neuen Präsidenten uneingeschränkte Loyalität zu versprechen.

Der Begriff „Nation" wird generell mit folgenden fünf Merkmalen assoziiert:

1. ein Volk, mit
2. einer Sprache,
3. einer Kultur und
4. einer Geschichte, das
5. auf einem Territorium lebt.

Einige dieser Merkmale treffen nur eingeschränkt auf die USA zu.[3] Amerika ist der große Schmelztiegel der Nationen und Kulturen mit einer vergleichsweise jungen Geschichte. Nun ist es zweifellos bewundernswert, dass das Land dennoch bisher nicht durch Bürgerkriege oder separatistische Anstrengungen auseinandergefallen ist. Das besondere Selbstverständnis der Amerikaner, dass sie nämlich als Volk von Gott auserwählt worden seien, scheint die Ursache für den typischen religiös eingefärbten amerikanischen Patriotismus zu sein. Sicher hängt es damit zusammen, dass all jene Symbole, Begriffe und Werte, die mit der eigenen Nation, der Festigung und dem Erhalt des Vaterlandes oder der nationalen Einheit zu tun haben, übermäßig stark betont werden. Dazu gehören der Fahnenkult und die Nationalhymne. Es gibt wohl kein Land, das häufiger „Flagge zeigt" und die Nationalhymne abspielt oder singt. Amerika, so der amerikanische

Jura-Professor Norman Birnbaum, besitzt „ein beträchtliches Reservoir an nationalem Narzissmus".[4] Fast überall im Lande weht die Fahne. In allen Schulen, selbst in den kirchlichen, müssen die Schüler jeden Morgen vor der amerikanischen Fahne mit der *Pledge of Allegiance* einen gebetsähnlichen Fahneneid ableisten. Und es gibt strenge Gesetze und Regularien, die die Fahne vor einer Entehrung, „Entheiligung" oder Verunglimpfung schützen.[5] So darf sie nicht den Boden berühren und muss auf eine bestimmte Art und Weise gefaltet, gelagert und schließlich entsorgt werden.

In einer quasi permanenten internen Marketingaktion wird der Amerikaner immer wieder daran erinnert, in welchem Land er lebt und dass es kein größeres und besseres Land gibt als Amerika. Ständig hört und liest man „Amerika", „Amerika", „Amerika". Während Werbetexter in Europa etwa sagen würden „Haltet die Umwelt sauber!", liest man an entsprechender Stelle in den USA: „Halte Amerika sauber!" An allen Ecken und Enden wird der Nationalstolz geschürt. Nicht erst seit dem Attentat von New York sieht man häufig Stoßstangenaufkleber mit der Aufschrift: „Ich bin stolz, Amerikaner zu sein". Man ist nicht dankbar oder glücklich, sondern stolz.

Der Stolz spielt grundsätzlich eine wichtige Rolle in Amerika. Er wird in vielen Bereichen des Lebens gefördert und unermüdlich bestärkt: bei militärischen Siegen, sportlichen Wettkämpfen, bei allen schulischen, kulturellen, technischen, wirtschaftlichen und wissenschaftlichen Leistungen. Damit eng verbunden ist der Heldenkult. Nirgendwo sonst werden die Gewinner von Preisen und Auszeichnungen von den Medien, Institutionen, Verbänden und sonstigen Gruppierungen dermaßen gefeiert und in den Himmel gehoben wie in Amerika. Die amerikanische Gesellschaft sehnt sich nach Helden – Helden, die sie sich, wenn nötig, selbst schafft und die sie anhimmeln und bewundern kann.

Auf dem Boden von Patriotismus, Stolz und Heldenkult gedeiht auch der amerikanische Militarismus, der den Soldaten zum Helden der Nation stilisiert. Der Soldat verteidigt die Freiheit und den *American Way of Life*, und zwar nicht nur für den Amerikaner in Amerika, sondern – so der Anspruch – für alle Menschen überall auf der Welt. Es scheint innerhalb von Amerika allerdings nicht um die Freiheit von Kriminalität, Armut, Angst und Unwissenheit zu gehen, sondern eher um eine Freiheit, die nach Beendigung von Kaltem Krieg und Kommunismus noch nicht neu definiert wurde. Vielleicht ist es die Freiheit, überall in den Vorstädten einen Parkplatz zu finden, an jeder Ecke bei McDonald's essen und in jedem Supermarkt, selbst bei Aldi, auf die Toilette gehen zu können. Die Macht amerikanischer Bomben, Kampfflugzeuge und anderer Hightech-Vernichtungswaffen wird als Beweis der technischen, wirtschaftlichen, politischen – ja, kulturellen – Überlegenheit Amerikas gewertet. Sie schürt den Nationalstolz und erinnert den Amerikaner daran, wie überlegen er ist und wie stolz er sein kann, zu dieser Nation gehören zu dürfen.

„Die USA haben auf vielen Gebieten einen Entwicklungsvorsprung", meint auch Gerd Raeithel, bis 2002 Professor für amerikanische Kulturwissenschaft an der Ludwig-Maximilians-Universität in München, „auf anderen wirken sie merkwürdig antiquiert. Kennzeichen des alten Amerika sind der unkritische Nationalstolz, die Glorifizierung von Kriegshelden, der freie Schusswaffengebrauch, die Todesstrafe, die Militarisierung der Außenpolitik."[6]

Kein amerikanischer Politiker und kein amerikanisches Medium wird es jedoch wagen, gerade dieses unheilige Dreigespann von Patriotismus, Stolz und Heldenkult infrage zu stellen oder sich gar davon zu distanzieren. Und wenn hier und da doch einmal eine Stimme laut wird – und sei es auch nur in Form eines Leserbriefes in einem Nachrichtenmagazin –, die beispielsweise die Rhetorik von George W. Bush in seinem Kampf gegen den Terror und seiner Mobilisierung der Öffentlichkeit für den Krieg im Irak mit der nationalsozialistischen Propaganda des Dritten Reichs vergleicht, wird der Schreiber mit äußerster Empörung in Grund und Boden verdammt. Ein solcher Vergleich sei absolut daneben. Er sei unamerikanisch und unpatriotisch. Indes ist es nicht verwunderlich, dass eine kritische Distanz gegenüber der Regierung oder gegenüber dem Präsidenten in der breiten Bevölkerung kaum vorhanden ist. Denn auch im Bildungssystem, im Fernsehen oder sonst in der amerikanischen Öffentlichkeit scheint es keinen Platz zu geben, wo Kritik und Kritikfähigkeit gelernt, praktiziert und gefördert werden.[7]

Das Gegenteil ist der Fall. Unter dem Vorwand, Amerika vor der terroristischen Bedrohung zu schützen, werden immer mehr bürgerliche und religiöse Grundrechte eingeschränkt und abgeschafft. Da niemand als unpatriotisch erscheinen möchte, schluckt die Bevölkerung auch ohne Protest die bittere Pille namens „Polizeistaat", wenn sie mit dem Begriff „Patriotismus" versüßt wird. So reichen schon die Namen *Patriot Act* und *Homeland Security Act* für so genannte Anti-Terrorgesetze, um jegliches Hinterfragen ihrer Angemessenheit und Konformität mit der Verfassung zu unterbinden.

Der *USA PATRIOT Act*[8] wurde nur sechs Wochen nach dem 11. September 2001 verabschiedet. In Artikel 802 des Gesetzes wird der „inländische Terror" mit Aktivitäten auf dem Boden der Vereinigten Staaten definiert, die zumindest das Potenzial dazu haben, die Zivilbevölkerung „einzuschüchtern" oder zu „zwingen" oder die Politik durch Einschüchterung oder Zwang zu beeinflussen.[9]

Der *Patriot Act* gibt dem Staat eine Vielzahl weitreichender Rechte, die die bürgerlichen Freiheiten einschränken. Dazu gehören das Abhören von Telefonaten ohne Anfangsverdacht, das Einsehen von Unterlagen der Telefongesellschaften über geführte Telefonate ihrer Kunden, das Mitlesen von E-Mails und das Recht auf Offenlegung von Lesegewohnheiten von Bibliotheksbesuchern und Kunden von Buchgeschäften. Ganz besonders befremdend für jenes Land, das sich immer noch als die Bastion der Freiheit und Menschenrechte versteht, ist die Tatsache, dass diejenigen, die Zeugen einer Schnüffelaktion oder Mitwisser des Staates geworden sind, bei Androhung von empfindlichen Strafen niemals und zu niemandem über eine entsprechende Aktion sprechen dürfen.

Wenn beispielsweise der Mitarbeiter einer Telefongesellschaft im Rahmen technischer Installations- oder Wartungsarbeiten bei einem seiner Kunden auf Anzeichen einer staatlichen Abhörmaßnahme trifft, darf er zu niemandem darüber sprechen. Da er aber nicht unbedingt beurteilen kann, ob dieser Eingriff in die Privatsphäre eines Bürgers, eines Unternehmens oder einer Organisation einen offiziellen Charakter hat und der nationalen Sicherheit dient oder ob er hier schlichtweg kriminelle Machenschaften entdeckt hat, die er eigentlich der Polizei melden müsste, werden hier nicht nur Bürgerrechte eingeschränkt, sondern es wird auch die Aufdeckung möglicher Verbrechen verhindert.

Der *Patriot Act* bietet ferner die rechtliche Grundlage für das Gefangenenlager in Guantánamo und den Einsatz von Folter in Ländern außerhalb der Vereinigten Staaten.

Im Januar 2002 waren laut einer Gallup-Umfrage 47 % aller Amerikaner vehement für dieses Gesetz. Sie hofften, so vor weiteren Terroranschlägen geschützt zu werden. Dafür waren sie sogar bereit, eine Einschränkung ihrer bürgerlichen Freiheiten in Kauf zu nehmen. Mit einem Verblassen der Erinnerung an den 11. September 2001 und vielleicht auch durch eine vermehrte Diskussion der Gesetze in der Öffentlichkeit schrumpfte diese Zustimmung allerdings wieder.[10] Die tatsächliche Kenntnis der Inhalte und Konsequenzen des *Patriot Act* in der amerikanischen Gesellschaft ist jedoch erschreckend gering. In einer 2005 durchgeführten Meinungsumfrage konnten etwa 50 % der Befragten nicht eine einzige Bestimmung des Gesetzes nennen.[11] Ist es nicht merkwürdig, dass die Regierenden längst dafür gesorgt haben, dass sich Watergate nicht wiederholen kann – zumindest nicht jener Teil, der mit der Aufdeckung der kriminellen Machenschaften durch höchste Regierungskreise und damit in der Folge der rechtskräftigen Verurteilung der Schuldigen zu tun hat? Jene ungesetzlichen Schnüffelmaßnahmen, die damals unter Präsident Richard Nixon durchgeführt wurden und der Anfang vom Ende seiner politischen Karriere waren, sind heute weitgehend gesetzeskonform und können nicht mehr dazu führen, dass ein Präsident aus dem Amt gejagt wird.

„Unter der Berufung auf einen angeblich vorhandenen ‚Kriegszustand' des Landes ist es dem Präsidenten erlaubt, Erlasse und Anordnungen vorzunehmen, ohne vom Kongress daran gehindert werden zu können."[12] Und ganz Amerika applaudiert. Es geht ja um eine patriotische Pflicht. Die „Big-Brother"-Diktatur in George Orwels Roman *1984* wirkt harmlos im Vergleich zu jenem Überwachungssystem, das vom amerikanischen Heimatschutzministerium im Moment eingerichtet wird.[13] Unter dem Namen *ADVISE*[14] gibt es ein Verfahren, das Daten aus möglichst vielen Quellen speichert, zusammenführt und bewertet. Das sind Informationen über mit Kreditkarten getätigte Einkäufe oder über Begriffe, die Nutzer im Internet recherchiert haben, aber auch abgefangene Kommunikationen, z. B. international verschickte E-Mails. Dazu gehören auch alle mit dem Ausland geführten Telefonate und alle Auslandsüberweisungen. Aus anderen Veröffentlichungen ist bekannt, dass ebenso auf Daten der Finanzämter sowie Passagierdaten, die im Rahmen der Flugsicherheit gesammelt werden, zugegriffen wird. Alle diese Daten werden zunächst elektronisch erfasst und dann so analysiert, dass automatisch „Warnungen" ausgesprochen werden, die auf mögliche terroristische Aktivitäten oder entsprechende Pläne hinweisen.

Nach Schätzung der Bürgerrechtsorganisation *American Civil Liberties Union (ACLU)* verschickt das *Federal Bureau of Investigation (FBI)*, das jetzt auch kirchliche Versammlungen ausspionieren darf, pro Jahr 30.000 so genannte *National Security Letters*. „Wer so einen Brief erhält, muss den Behörden alle gewünschten Daten und Unterlagen überlassen – und kann sich nicht wehren: Er darf niemandem sagen, dass er diesen Brief überhaupt bekommen hat."[15] Und mit Hilfe der Operation *TIPS* sollten die Bürger des Landes darüber hinaus zum Ausspionieren ihrer Nachbarn aufgefordert werden. Auch die Postboten wollte der Staat in seine Schnüffelaktion an den eigenen Bürgern mit einspannen. Glücklicherweise sind diese letzten beiden Maßnahmen zunächst jedoch auf Eis gelegt worden. Sowohl die Öffentlichkeit als auch die Post wollten da nicht mitmachen. Es stellt sich jedoch die Frage, wie lange dieser Widerstand hält. Wird er nicht nach einem möglichen weiteren Terroranschlag auf amerikanischem Boden schwinden?

Doch auch schon mit Hilfe der bestehenden Gesetze und Überwachungssysteme wird es immer leichter, Personen mit abweichenden oder unbequemen Meinungen und Kritiker der Regierung herauszufiltern – auch wenn sie sich nichts haben zuschulden kommen lassen. Der Vorteil für den tatsächlichen Schutz der Gesellschaft und ihrer demokratischen Grundordnung ist jedoch minimal. Für einen an die Macht gekommenen Diktator wären diese Daten allerdings ein gefundenes Fressen. Nicht zuletzt deshalb stößt das System bei Bürgerrechtlern auf Widerstand.[16] Nach Meinung des ehemaligen Vizepräsidenten Al Gore, der im Wahlkampf des Jahres 2000 zum Verlierer erklärt wurde, ist George W. Bush nicht weit davon entfernt, sich wie ein solcher Diktator zu verhalten. Er habe nämlich „erklärt, dass er eine [zum Amt des Präsidenten gehörende] bis dato nicht anerkannte Macht habe, jeden amerikanischen Bürger, der nach seiner Einschätzung eine Bedrohung für unser Land darstelle, zu ergreifen und gefangen zu nehmen – und das ohne Haftbefehl, ohne Nennung einer Anklage und selbst ohne dessen Familie davon in Kenntnis zu setzen, dass er ins Gefängnis gesteckt wurde. Der Präsident nimmt für sich in Anspruch, dass er jeden Amerikaner und jede Amerikanerin einfach auf der Straße schnappen und ihn oder sie auf unbestimmte Zeit wegsperren kann – und das sogar für den Rest seines bzw. ihres Lebens – und dass er diesem Bürger oder dieser Bürgerin das Recht versagen kann, ein Telefonat zu führen oder mit einem Anwalt zu sprechen – und das selbst wenn es nur darum geht, dem Präsidenten oder einer von ihm beauftragten Person klarzumachen, dass er einen Fehler gemacht und die falsche Person verhaftet habe.“[17] Eine weitere Folge der Ereignisse vom 11. September und der amerikanischen Reaktion darauf ist das Erstarken der Geheimdienste. Nach Beendigung des Kalten Krieges waren sie in eine Sinnkrise geraten. Die alten Feindbilder waren verschwunden, und die Kontrahenten von einst fingen an zusammenzuarbeiten. Doch seit der Bedrohung durch den islamistischen Weltterrorismus haben die Dienste eine neue Bedeutung gewonnen. Die Vereinigten Staaten geben heute pro Jahr knapp 40 Milliarden Dollar für ihre verschiedenen Geheimdienste aus. Deren Befugnisse wurden ausgeweitet. So darf die *Central Intelligence Agency* (*CIA*) wieder Mordanschläge ausführen. Das Feindbild ist jedoch diffus – zumindest in der jetzigen Phase. „Da es für die Logik paranoider islamistischer Terroristen keine Unschuldigen gibt, ist jeder da draußen der Feind".[18] Umgekehrt scheint zu gelten: Da jeder Islamist ein potenzieller Terrorist ist, ist auch für die CIA (fast) jeder da draußen ein Feind. Und da es in der Natur der Sache liegt, dass Geheimdienste eben geheim arbeiten, also nicht demokratisch transparent sind, kann sich eine Regierung mit zweifelhaften Entscheidungen und Methoden leicht hinter ihnen und dem Anspruch der nationalen Sicherheit verstecken. „Geht etwas schief", so Hans Leyendecker, „wird Kritikern entgegengehalten, dass sie die Angelegenheit gar nicht überschauen können, weil die Details geheim seien."[19] Eine Stärkung von Demokratie und Menschenrechten ist so also nicht zu erwarten.

Recht und Rechtsstaatlichkeit werden in Amerika immer kleiner geschrieben. Alles muss sich der „nationalen Sicherheit" unterordnen. Teils aus Angst vor der terroristischen Bedrohung, teils in der vermeintlichen Erfüllung ihrer patriotischen Pflicht akzeptieren die meisten Amerikaner die immer deutlicher hervortretende „Entdemokratisierung" ihres Landes. Dieser Prozess ist längst noch nicht abgeschlossen. Die ständige Verletzung der Bürgerrechte durch die Regierung Bush/Cheney vermittelt den Bürgern den Eindruck, dass dies nötig sei, um das Land vor weiteren Terroranschlägen zu schützen. Dadurch, so Al Gore, habe man sich der Horrorvision eines „Big-Brother-Regimes" à la George Orwell deutlicher genähert, „als es jeder in den Vereinigten Staaten von Amerika je für möglich gehalten hätte".[20] Amerika sei „bis auf Weiteres in einem permanenten Kriegszustand, der wahrscheinlich bis an unser Lebensende dauern wird. Das bedeutet nach seiner [Bushs] Vorstellung, dass dieser permanente Kriegszustand eine einseitige Reinterpretation der Verfassung rechtfertige, und zwar in der Weise, dass sie seine Macht als Präsident auf Kosten von Kongress, den Gerichten und dem einzelnen Bürger ausweite".[21] Diese Macht gehe sogar soweit, dass Bush teilweise die Polizeikräfte militarisiert habe, indem er Soldaten mit der Beobachtung von Bürgern, Unternehmen und Organisationen beauftragt habe.

„Nach der Politisierung der Rechtsprechung und der Entmachtung der gesetzgebenden Gewalt zugunsten des Präsidenten", schreibt Stefan Kornelius, „geht es jetzt … den Medien an den Kragen. … So wie die bürgerlichen Freiheiten in diesen Terror-Zeiten eingeschränkt wurden, so sind es nun eben die Medien, die sich dem vermeintlichen Landeswohl unterordnen müssen. … Die innere Liberalität Amerikas hat noch nie so stark gelitten.“[22] Der Argwohn der Mächtigen gegenüber den Medien bezieht sich besonders auf die öffentlich-rechtlichen Rundfunk- und Fernsehsender *PBS* (*Public Broadcasting Service*) und *NPR* (*National Public Radio*). Sie sind die letzten seriösen nicht kommerziellen Nachrichtenquellen Amerikas. Im Gegensatz zu Deutschland finanzieren sie sich nicht aus Gebühren, sondern vor allem aus Spenden. Zusätzlich kommen 15 % ihrer Budgets aus dem Staatshaushalt. „Den Republikanern sind *PBS* und … *NPR* viel zu liberal in ihrer Berichterstattung“, schreibt Carla Palm. „Um die angebliche Schieflage zu begradigen, durchsucht nun der mit Bush-Friends besetzte Rundfunkrat, die *Corporation for Public Broadcasting* (*CPB*), das Programm von *PBS* und *NPR* nach regierungsfeindlichen Inhalten.“[23]

Nach einem Bericht der *New York Times* will die amerikanische Regierung mit Hilfe neuer Technologien jetzt auch nicht amerikanische Medien nach negativen Meinungsäußerungen über die USA überprüfen. Auf diese Weise sollen „potenzielle Bedrohungen“ von Amerika abgewehrt werden. „Da werden Erinnerungen an die ‚Kommunisten‘-Jagd des Senators McCarthy in den 50er Jahren wach. Diesmal halt nur im Weltmaßstab“, schreibt der deutsche Journalist Alexander Weber und fragt: „Will [Bush] kritische ausländische Journalisten bei der Einreise in ‚God's own Country‘ vielleicht abweisen? Oder sie gar festnehmen und zum Nachhilfe-Seminar nach Guantánamo schicken?“[24]

Gerne koppelt die amerikanische Regierung Patriotismus mit Angst. Es scheint zu den favorisierten Methoden gerade der Bush-Administration zu gehören, Angst zu schüren. So sichert man sich die Unterstützung von Parlament und Volk. Dabei ist es egal, ob man hierfür tatsächliche oder auch nur imaginäre Gefahren benutzt. In jedem Fall werden Bedrohungen aufgebauscht und bedrohlicher dargestellt, als sie es tatsächlich sind. „Die Bush-Regierung hat versucht“, schreibt beispielsweise Patrick Doherty in einem Web-Artikel über die Terroranschläge von London im Juli 2005, „die Bedrohung in Verbindung mit … dem Krieg gegen den Terror zu übertreiben, um Existenzangst zu schaffen, die bisher zu einer Blankovollmacht für den Kongress geführt hat.“[25] Angst wird offenbar als ein bequemes Mittel gesehen, um Bürger und Parlamente zu überzeugen, dass nur durch ein schärferes Durchgreifen, „mit schärferen Gesetzen, schärferen Methoden ‚Heil und Sicherheit zu finden'" sei.[26] Angst, so Al Gore, könne jedoch „die Versuchung auslösen, die Freiheit zugunsten eines Demagogen aufzugeben, der dafür Stärke und Sicherheit verspricht. ... Wenn Vernunft durch Angst ersetzt wird, sind häufig irrationaler Hass und Spaltung die Folge. Wie Louis D. Brandeis, Richter [am Obersten Gericht] ... schrieb: ‚Die Menschen hatten Angst vor Hexen und verbrannten Frauen.'"[27]

Umso gefährlicher ist angesichts dieser öffentlich geschürten Paranoia der weitverbreitete und gesetzlich sanktionierte Waffenbesitz der Bürger. Der echte Patriot besitzt einfach eine Waffe, so die Meinung weiter Kreise in der Bevölkerung. Das ist sein von der Verfassung verbrieftes Recht, das ja auch schon die als Helden glorifizierten Pioniere so erfolgreich in Anspruch genommen hätten. Das sei eine wichtige Form der Freiheit. Das ist eben Freiheit auf amerikanisch.[28]

Als Europäer schütteln wir den Kopf angesichts mancher politischer und juristischer Entscheidungen in Amerika. Vieles von dem, was in den USA passiert und durch unterschiedliche Kanäle zu uns herüberschwappt, verstehen wir nicht. Dazu zählen sicher auch die Todesstrafe und die mit unerwarteten Freisprüchen endenden Gerichtsprozesse gegen Prominente wie O. J. Simpson, Robert Blake und Michael Jackson. Auch die Tatsache, dass es in Amerika nach wie vor kein Bundesgesetz gegen Lynchmorde gibt, obwohl es zwischen 1865 und 1968 nach offiziellen Angaben 4.742 Lynchmorde, vor allem an Schwarzen, gegeben hat, gehört zu den erstaunlichen Phänomenen der USA. Dies ist umso skandalöser, als sich Amerika seiner Gottgläubigkeit und christlichen Anständigkeit rühmt und überall auf der Welt für Demokratie, Rechtsstaatlichkeit, Religionsfreiheit und Menschenrechte eintritt. Selbst als sich der Senat im Juni 2005 in einer geheimen Abstimmung nun zu einer längst überfälligen Entschuldigung für die nicht erlassenen Bundesgesetze gegen Lynchmorde durchrang, enthielten sich 20 (!) Senatoren der Stimme.[29]

2. Trendverliebt und direkt

Auch wenn die amerikanische Gesellschaft differenziert und vielschichtig ist, gibt es doch eine bestimmte Denkweise und gewisse kollektive Verhaltensmuster, die für einen großen Teil der Bevölkerung typisch sind. Zu den auffälligen Merkmalen gehören zweifellos Aufgeschlossenheit,

Spontanität, Optimismus und Begeisterungsfähigkeit. Davon lebt nicht zuletzt die amerikanische Wirtschaft. Nirgends in der Welt kann daher eine Idee, ein Trend, eine Modeerscheinung – und sei sie aus europäischer Sicht noch so verrückt – so schnell um sich greifen wie in Amerika. Das liegt nicht nur an den nationalen Medien, sondern auch an der Offenheit der Amerikaner selbst. Die Schattenseiten dieses Phänomens sind Oberflächlichkeit, Naivität und Verführbarkeit aufgrund eines Mangels an kritischer Distanz.

Amerikaner sind in der Regel mobil, flexibel und anpassungsfähig. Das verdient Bewunderung. Gefördert durch das politische System, das ihnen oft keine andere Wahl lässt, und geprägt durch die Geschichte des Landes, sind sie initiativ und voller Ressourcen, wenn es um das eigene wirtschaftliche Überleben geht. Sie sind pragmatisch, kommunikativ, direkt, ergebnis- und erfolgsorientiert. Marketing und Kommunikation sind nicht nur deshalb die Domäne der Amerikaner, weil es in den USA gute betriebswirtschaftliche Universitäten, einen riesigen und kaufkräftigen Binnenmarkt und einen harten Wettbewerb gibt, sondern weil beide Bereiche ein Ausdruck der amerikanischen Volksseele sind. Praktisch jeder Amerikaner lebt Marketing und Kommunikation.

Dem Neuen gegenüber ist man nicht so kritisch eingestellt wie der Westeuropäer. Entsprechend zeigt man sich weniger abwartend und weniger gründlich in der Prüfung. Die pragmatische und schnelle, nicht aber die perfekte Lösung ist gefragt. Bei der Bewältigung von sozialen Problemen erwartet man nicht so sehr das Eingreifen des Staates oder allgemein „höherer Stellen“ wie in Europa. Stattdessen entwickelt man Eigeninitiative. Während die Europäer – besonders die Deutschen – eher dem Maschinenbau und der Philosophie zuneigen, sind die Amerikaner das Volk des Marketings und der Kommunikation – und Kommunikation ist häufig gleichzusetzen mit Unterhaltung. Die Amerikaner schätzen Bequemlichkeit sowie Einfachheit in Funktion und Ablauf (etwa bei der Wartung oder Bedienung von Maschinen und Geräten), Schnelligkeit in der Durchdringung eines Marktes, Unterhaltsamkeit in der Informationsvermittlung (etwa bei Vorträgen oder bei der Vermittlung von trockenen Informationen in Museen). Die Deutschen dagegen bevorzugen Gründlichkeit, Qualität, Wahrheit, Genauigkeit und Echtheit. Geld und Vermögen haben traditionell in Amerika einen noch höheren Wert und bewirken ein noch größeres Prestige als in Europa, wenngleich diese Dinge auch hier immer mehr an Bedeutung gewinnen. In der Alten Welt wiederum genießt derjenige das höchste Ansehen, der zusätzlich Intelligenz und Bildung besitzt.

Mit gewissen Einschränkungen kann man sagen, dass für den Amerikaner die Wahrheit einer Kommunikation nicht so wichtig ist wie die Kommunikation selbst und ihre Wirkung. Auf dieser Eigenschaft basiert beispielsweise das besondere Augenmerk, das Unternehmen auf den Aufbau weltweiter Absatzmärkte sowie gut funktionierender Organisationen legen. In der Gestaltung von Vorträgen, Werbespots oder Kommunikationskonzepten haben ferner Unterhaltungswert und die Wirkung oder das Ergebnis bei den Zuhörern bzw. Zuschauern generell einen hohen Stellenwert. Es geht nicht so sehr um die tiefen Wahrheiten, Präzision und Echtheit, sondern um Annehmlichkeit, Unterhaltung, Wirkung und Ergebnis.

Diese Denk- und Handlungsweise überträgt sich sogar auf Kirchen. In der Tradition des amerikanischen Religionsphilosophen William James muss Religion in Amerika pragmatisch sein; sie muss funktionieren. Religiöse Wahrheit ist vor allem ein Mittel der Befriedigung von Lebensbedürfnissen. Wahr ist, was im Leben Früchte trägt. Es überrascht daher auch nicht, dass in vielen typisch amerikanischen Kirchen theologische Wahrheit gerne durch Techniken ersetzt wird. „Bereits Charles Grandison Finney, der Vorreiter moderner Erneuerungsbewegungen, führte den Erfolg seiner Predigten nicht auf ein göttliches Wunder zurück, sondern auf gute Planung und Organisation."[30] Der Schritt zum Prinzip, dass der Zweck die Mittel heilige, ist daher nie sehr weit. In diesem Zusammenhang geht es dann vor allem um das Mitgliederwachstum, die Durchdringung von Ländern sowie um stabile Finanzsysteme und teilweise sogar Profite. Besonders Dwight L. Moody (1837–1899), ein ehemaliger Schuhvertreter, steht für die Kommerzialisierung des Christlichen. „Moody war der Erste, der mit Christlicher Religionspropaganda tatsächlich Millionen verdiente und damit einen Standard setzte für das, was amerikanische, oder genauer: was ‚evangelikale Religionswirtschaft' sein kann."[31] Außerdem machte er „aus Religion perfekt funktionierende Unterhaltung."[32]

Das Gleiche trifft aber auch auf die persönliche Ebene des Gläubigen zu: „Wo Gott ‚passiert', ist mein Erfolg nicht weit."[33] Dieser Erfolg wird einerseits materiell gemessen, und zwar im Sinne von „Gott ist mein Sponsor".[34] Andererseits aber bezieht sich dieser Erfolg auch auf die eigene Persönlichkeitsentwicklung: „Wer auf seinem inneren Grundstück nicht schon eine sprudelnde Energiequelle gefunden hat", bemerkt der deutsche Philosoph und Kulturwissenschaftler Peter Sloterdijk pointiert, „darf unter keinen Umständen resignieren; er muss in sich selber weiter suchen, bis er an Tiefenkräfte rührt. ... der Mensch eine Förderanlage für Tiefen-Energien."[35] Unter dem Druck des Pragmatischen sei die amerikanische Religion zu einer „spirituell gestützten innerweltlichen Erfolgsgier" entartet.[36]

Auch die Bildungsphilosophie, die dem öffentlichen Schulsystem zugrunde liegt, ist von diesem Pragmatismus und Utilitarismus geprägt. Wenn Michael Moore von „erzwungener Ignoranz" spricht, meint er auch die Unterrichtspläne amerikanischer Schulen und Universitäten. Was nicht direkt für das Geldverdienen, den Erhalt der körperlichen und wirtschaftlichen Existenz und die Stützung des politischen und wirtschaftlichen Systems oder der Förderung des Hurra-Patriotismus von Nutzen ist, hat nichts im Stundenplan zu suchen. Aus europäischer Sicht wird der amerikanische Mensch degradiert zum Konsumenten, zum nützlichen Teil des politischen und wirtschaftlichen Systems. Er wird herabgewürdigt zum verlängerten Arm einer mechanisierten und propagandistisch geformten Welt. Unabhängiges und kritisches Denken sowie die Fähigkeit, die Leistungen des Vaterlandes einzuordnen in den Kontext der restlichen Welt – und das vielleicht auch noch in historischer Perspektive – kommen einfach zu kurz.

Das amerikanische Bildungssystem scheint – zumindest bis zur Ebene der so genannten *Graduate School*, der höheren Universitätsbildung – weit mehr Wert auf die Abrufbarkeit von Auswendiggelerntem zu legen als auf die Förderung des methodisch-kritischen Denkens. In Verbindung mit dem religiös verkleideten Patriotismus ist es daher auch tabu, das politische System und die Regierenden infrage zu stellen oder gar zu kritisieren. Gerade dadurch aber scheint die amerikanische Demokratie geschwächt zu werden. Es gibt zu wenige kritische Bürger, die in der Lage sind, einen aufkeimenden Totalitarismus zu erkennen und frühzeitig mit den legitimen Mitteln der Demokratie zu bekämpfen.[37]

Geschichte und Geographie – oder gar Philosophie – sind im schulischen Pflichtplan nur insoweit von Bedeutung, als sie den Patriotismus fördern. Geschichte heißt also ausschließlich „amerikanische Geschichte" – eventuell noch etwas britische Geschichte – und Geographie heißt „amerikanische Geographie". Wer da draußen sonst noch existiert oder was sonst noch passiert ist oder woher wir kommen oder aus welchen

Fehlern wir möglicherweise lernen können – das alles ist nicht Teil des Pflichtplanes im Unterricht. Die Folge, gerade angesichts einer allgegenwärtigen Patriotismus-, Helden- und Stolzpropaganda und der Vergottung der Bequemlichkeit, ist eine bei vielen auf Verzerrung und Ignoranz beruhende Überbewertung der eigenen, amerikanischen Leistung in Wissenschaft, Wirtschaft, Technik, Sport, Kultur, Politik – ja, in Sachen Zivilisation. Es ist nur leicht übertrieben zu behaupten, manche Amerikaner meinten, alle Menschen außerhalb Amerikas lebten auf Bäumen.

In Amerika gebe es eine größere „Weltverlorenheit" und Ignoranz als bei den Eskimos, so der deutsche Filmemacher Wim Wenders, der selbst mehrere Jahre in den USA gelebt hat, aber seit Bush von seiner Wahlheimat gründlich desillusioniert ist. Die Angst vor den Feinden „da draußen" sei von Bush auch für den Irak-Krieg perfide genutzt worden.[38]

Ganz anders stellen sich der Bildungshorizont, das Weltbild und die Sicht der eigenen amerikanischen Leistung bei jenen Amerikanern dar, die die Welt bereist oder gar für einige Zeit im europäischen Ausland gelebt haben. Es sind typischerweise solche, die über eine höhere akademische Bildung verfügen und die Demokraten den Republikanern bei der Wahl vorziehen. Sie vertreten keinen so extremen Hurra-Patriotismus, sondern sind in der Lage zu vergleichen. Allerdings befindet sich diese Art von Amerikanern in der Minderheit. Die Mehrheit scheint im Tal – oder besser: auf dem Kontinent – der Ahnungslosen und daher Manipulierbaren zu leben.

Entsprechend frustrierend ist beispielsweise für Sportenthusiasten die Begegnung mit der harschen und unfreundlichen Realität. Dann nämlich, wenn der eigene, von den heimischen Medien zum „Weltbesten" hochgejubelte Held im tatsächlichen internationalen Vergleich weniger gut abschneidet. Dann sind Buh-Rufe und Pfiffe an der Tagesordnung – jedoch nicht für den eigenen Athleten, sondern für den nicht amerikanischen Sieger. So beispielsweise geschehen 1976 bei den Leichtathletikwettbewerben der Olympischen Spiele in Montreal, wo die Mehrzahl der Zuschauer aus den benachbarten USA gekommen war. Aber auch die Meidung internationaler Vergleiche oder zumindest die Herabstufung solcher Wettkämpfe in der Medienvermarktung sind eine Konsequenz dieser hyperpatriotischen Selbstfixierung.

Diese von der Patriotismuspropaganda geschaffene Lücke im Bildungssystem[39] und der allgemeinen Sicht der Welt, diese scheinbar „erzwungene Ignoranz" bezüglich der restlichen Welt und der Vergangenheit der westlichen Zivilisation verführen zu einer falschen, von Überheblichkeit geprägten Selbsteinschätzung im Vergleich mit anderen. Aus der Geschichte Nazi-Deutschlands wissen wir, dass der Wahn eines „Herrenmenschen" oder einer „Herrenrasse" einen partnerschaftlichen Dialog mit politischen Freunden und Gegnern nicht gerade begünstigt.

3. Propaganda, Gewalt und Verdummung

In einem Land mit 52 Millionen Analphabeten[40] ist das Fernsehen der größte – wenn auch informelle – Bildungsträger. In etwa zwei Dritteln aller Haushalte gibt es mehr als ein Fernsehgerät. Der durchschnittliche Amerikaner hat Zugriff auf 100 bis 200 Kanäle. Selbst das abgespeckte Basisprogramm des Kabelfernsehens bietet über 30 Sender. In dieser Variante werden nur bei zwei oder drei weniger bedeutenden Sendern die Programme ohne Werbeunterbrechungen ausgestrahlt. Im Durchschnitt sieht der US-Amerikaner täglich etwa vier Stunden und 35 Minuten fern. Das sind rund 90 Minuten mehr als der Weltdurchschnitt und entspricht nach Abzug der Zeit für Schlafen, Essen etc. etwa 75 % seiner tatsächlichen Freizeit. Bei jüngeren Leuten, so Al Gore, sei dies sogar noch extremer.[41]

Das US-Fernsehen finanziert sich grundsätzlich über die – im Vergleich zu Deutschland deutlich umfangreichere – Werbung. Die Preise, die der jeweilige Sender für die Werbeminute oder -sekunde verlangen kann, richten sich nach den regelmäßig dokumentierten Einschaltquoten. Je länger und je zahlreicher die Zuschauer auf einem bestimmten Kanal verweilen, desto mehr Geld kann der Sender von den werbewilligen Unternehmen verlangen. Darin unterscheidet sich das amerikanische Fernsehen nicht wesentlich von den privaten Sendern in Europa.

Da der Zuschauer bei der Vielzahl der Kanäle eine große Auswahlmöglichkeit hat und die Fernbedienung sowie die vergleichsweise häufigen Werbeunterbrechungen das Weiterschalten extrem leicht machen, sehen sich die Sender gezwungen, Beiträge zu zeigen, die den Zuschauer ans eigene Programm binden, was praktisch alle paar Sekunden durch einen fesselnden „Kick" geschieht. Dabei scheint es völlig unerheblich zu sein, ob es sich bei dem Programm um einen fiktionalen Film, eine Dokumentation oder eine Nachrichten-„Show" handelt. Kommt dieser Kick nicht nach ein paar Sekunden, wird erbarmungslos weitergeschaltet. Das „zwingt" die

Verantwortlichen zu einer unseligen Programmgestaltung und hat zur Folge, dass der Zuschauer geradezu süchtig ist nach dem Sensationellen.[42]

Ganz weit oben auf der Liste der wirksamsten Kicks steht die Tötung von Menschen in jeder Form. Das kann in Kriminalfilmen sein, in Western, Kriegsfilmen, Unfallberichten, Gerichtsdokumentationen, Nachrichtensendungen und in den Analysen großer Verbrechen. In der Beliebtheit danach kommen Vergewaltigungen, andere Formen von Gewaltverbrechen und sonstige Gewalt in jeder Form, Schlägereien, Geiselnahmen, Gerichtsdramen. Besonders beliebt ist der Einsatz von Schusswaffen und Bomben bzw. Sprengstoff. Neben der Darstellung von Tötungen und Gewaltverbrechen erfreuen sich seit einigen Jahren gewisse pseudoreligiöse Filme wachsender Beliebtheit. Sie suggerieren und verherrlichen eine angebliche Unsterblichkeit der Seele, ein Leben nach dem Tod, Kontakt mit den Geistern Verstorbener oder ganz allgemein Spiritismus, Magie und Hexenkraft.

In den Filmen geht es nach dem Wunsch der Zuschauer gern um einen unbesiegbaren moralischen – natürlich vor allem amerikanischen – Helden, der mit der Schusswaffe jedes Problem löst. In der Verarbeitung historischer Stoffe, besonders bei Kriegsthemen, wird gern auch die Geschichte derart manipuliert, dass der Amerikaner auf jeden Fall der Sieger bzw. „der Gute“ ist. Gewalt steht vorzugsweise im Mittelpunkt des Interesses. So etwa bei den zahlreichen Dokumentationen von Kriminalfällen und Gerichtsprozessen, die sich für Kriminelle – nebenbei gesagt – hervorragend als Schulungsmaterial eignen.

Bei den Nachrichtensendungen, die ja nicht umsonst als „News *Shows*“ bezeichnet werden, stehen Gewaltverbrechen mit lokalem Bezug ganz weit oben in der Beliebtheitsskala. Höchste Popularität erringt dementsprechend der Bericht über eine Vergewaltigung mit anschließendem Mord, ein Ereignis, das dann auch noch nach Möglichkeit zeitnah und im eigenen Hinterhof oder bei den Nachbarn stattgefunden haben soll.

Darüber hinaus geht es oft recht ungeniert um einfachste Propaganda, patriotische Propaganda. Spielfilme über Kriege gehören dazu, Geschichten von amerikanischen Geheimagenten und Offizieren, die für amerikanische Ideale kämpfen und das Land vor dem Bösen retten. Diese flachen Darstellungen streicheln das amerikanische Ego und gaukeln ihm einfache Lösungen für schwierige Probleme vor. In jedem Fall verkauft sich das besser als eine differenzierte und wahrheitsgemäße Darstellung der Welt und ihrer aktuellen Fragen und Ereignisse.

Die Lektionen, die der Zuschauer solcher Fernsehsendungen lernt:

1. Gewalt ist die richtige und logische Methode – die amerikanische Methode – für die Bewältigung aller möglichen Konflikte.
2. Der Einsatz von Gewalt ist moralisch richtig, denn sie wird ja von den amerikanischen Helden (Polizisten, Sheriffs, Soldaten, Geheimagenten usw.) eingesetzt.
3. Das Auslöschen eines Menschenlebens ist Alltag. Es ist als „normal" zu betrachten, da es ja auch hundert- und tausendfach um uns herum geschieht.
4. Als Amerikaner mit der Schusswaffe in der Hand bin ich unanfechtbar und allen überlegen. Wer weiß, wie viele junge Männer sich aufgrund dieser verlogenen Propaganda und dieses Irrglaubens bei den *Marines*, den Ledernacken, gemeldet haben und durch Leichtsinn, Realitätsverlust und Überheblichkeit bei Kriegshandlungen ums Leben gekommen sind.
5. Amerika ist das größte Land auf Erden. Wir sind gut. Wir haben immer Recht. Wir haben alles. Wir wissen alles. Wir können alles.
6. Die Welt ist gefährlich. Hinter jedem Busch, hinter jeder Häuserecke, hinter jedem Gesicht eines Fremden lauert ein Verbrecher. Deshalb brauche ich eine Schusswaffe, und deshalb kann ich nicht allein in der Natur spazieren gehen oder wandern – zumindest nicht außerhalb von kontrollierten Parks.

Nach amerikanischem Recht darf jeder Bürger eine Schusswaffe besitzen und bei sich tragen. Viele machen davon Gebrauch. Es ist daher nicht verwunderlich, dass es immer wieder zu tödlichen Zwischenfällen kommt, weil sich jemand in einer emotionalen Extremsituation nicht mehr mit Worten zu helfen weiß und ausrastet. Angesichts einer überall geschürten Angst vor Überfällen ist auch schon so mancher, der an die Tür seiner Nachbarn geklopft hat, aus Versehen erschossen worden. Zusammen mit einer Kultur der Gewalt und des Stolzes stellt der Schusswaffenbesitz eine höchst gefährliche Angelegenheit dar, so dass Moore die naheliegenden Bedenken zu der Frage zuspitzte: „Sind wir Amerikaner ein Volk von Waffennarren, oder sind wir einfach nur Narren?"[43] In Detroit kommen beispielsweise rund 400 Menschen im Jahr durch Schusswaffen ums Leben. Das sind etwas mehr als die vergleichbare Zahl für ganz Deutschland – nur mit dem Unterschied: in Detroit leben eine Million und in Deutschland 82 Millionen Menschen. Die vergleichbaren Werte für Frankreich, Großbritannien und Japan sind sogar noch niedriger. In ganz Amerika sterben jedes Jahr über 11.000 Menschen durch

Schusswaffen, 2005 waren es sogar schier unglaubliche 30.419.[44] Detroit liegt an der Grenze zu Kanada. Gegenüber der Stadt, nur durch einen Fluss getrennt, liegt die kanadische Stadt Windsor mit gut 200.000 Einwohnern. Hier wurde in den letzten 20 Jahren nach Michael Moore nur eine Person mit einer Schusswaffe getötet. In ganz Kanada mit seinen rund 10 Millionen Haushalten, wo es auch eine große Zahl registrierter Schusswaffen gibt – nämlich 7 Millionen – und wo die Arbeitslosigkeit nach Darstellung amerikanischer Quellen angeblich höher ist als in den USA, kommen im Jahr weniger als 100 Menschen durch den Gebrauch von Schusswaffen ums Leben.

Warum neigen die Amerikaner stärker zum Schusswaffengebrauch als die Bewohner anderer Länder? Michael Moore führt dies nicht so sehr auf die Gewalt in Filmen, Videospielen und Musiktexten zurück, denn diese erfreuten sich auch in Deutschland oder Kanada großer Beliebtheit. Vielmehr sieht er folgende drei Ursachen:

1. die umfassende und unmittelbare Verfügbarkeit von Schusswaffen und Munition,
2. die mangelnde Bereitschaft des Staates, die Armut zu bekämpfen und
3. eine überproportional große und paranoide Angst in der Bevölkerung.

Diese werde vor allem geschürt durch die typischen Fernsehnachrichten, die insbesondere und fast nur über Gewaltverbrechen berichten. "If it bleeds it leads"[45], sagt ein amerikanischer Fernsehschaffender in Moores Film *Bowling for Colombine* und zitiert damit ein Sprichwort der „US-Nachrichtenmacher“. Frei übersetzt heißt das soviel wie: „Wenn Blut fließt, ist die Nachricht als Aufmacher geeignet.“ Ein weiterer Grund für diese enorme Gewalt in der amerikanischen Gesellschaft mag auch der ständig und überall angeheizte Stolz und das daraus resultierende besonders empfindliche Ego sein. Inwieweit auch das in Amerika vorherrschende Gottesbild und Religionsverständnis hier eine Rolle spielt, wird am Ende von Teil IV noch näher untersucht werden.

Moore nennt auch die Armut als eine der Ursachen für die ungewöhnlich hohe Zahl der Morde mit Schusswaffen. Tatsächlich besteht eine enorme Spannung zwischen dem in den Medien plakatierten „amerikanischen Traum“ einerseits und der traurigen, von Armut und Hoffnungslosigkeit geprägten Realität vieler Menschen andererseits. Um diese Spannung zu reduzieren und sich den Traum von Erfolg, Wohlstand, Glück und den als dazugehörend suggerierten Statussymbolen dennoch zu erfüllen, wählen viele ehrgeizige, skrupellose und auf einen schnellen

Erfolg fixierte Menschen, aber auch wirklich Arme, die nichts mehr zu verlieren haben, den Weg in die Kriminalität.

Wie sehr das amerikanische Verständnis von Moral den Bereich Gewalt ausklammert, zugleich aber andere das sittliche Empfinden berührende Themen, wie Sexualität oder auch nur weibliche Nacktheit, geradezu verteufelt, zeigt eine Episode aus dem Jahr 2004: In der Pause des *live* übertragenen Endspiels der nationalen Football-Meisterschaft (in kurioser Überheblichkeit „Weltmeisterschaft" genannt) entblößte der Pop-Sänger Justin Timberlake seiner Gesangspartnerin Janet Jackson bei ihrer Darbietung durch einen (kalkulierten) Fehlgriff für einige Sekunden eine ihrer Brüste. Amerika war schockiert. Während die Zuschauer außerhalb Amerikas amüsiert waren – über den Zwischenfall selbst und die Reaktion der Amerikaner – breitete sich zunächst lähmendes Entsetzen in den Vereinigten Staaten aus. Als die Nation wieder nach Luft schnappen konnte, debattierten Fernsehkolumnisten und Talkmaster diesen Vorfall wochenlang in moralischer Entrüstung. Sie sprachen von einem jugendgefährdenden Morast und kritisierten den verderbenden Einfluss nicht nur von Janet Jackson, sondern des Fernsehens ganz allgemein. Dass aber auf allen Sendern zusammengenommen Abend für Abend gut und gerne 100 Tötungen von Menschen auf der Mattscheibe gezeigt werden – und das tagaus, tagein, jahraus, jahrein – wird nicht einmal in einem Nebensatz als pädagogisch bedenklich oder gar moralisch verwerflich bezeichnet. Wenn es um Gewalt geht, leidet Amerika geradezu notorisch an einem „blinden Flecken". Und das Fernsehen – sowohl seine Inhalte als auch das System an sich – leistet seinen Beitrag zur Sicherung und Verstärkung dieser unseligen Schieflage.

Die Angewohnheit des durchschnittlichen amerikanischen Fernsehzuschauers, beim Fernsehen sofort den Kanal zu wechseln, wenn nicht innerhalb von Sekunden der sensationelle Nervenkitzel kommt, scheint auch auf andere Bereiche des Lebens abzufärben: Wenn etwas einfach nur informativ gestaltet und damit etwas anstrengender zu konsumieren ist, geht das Interesse schnell verloren. Der ultimative Kick muss her, um die Aufmerksamkeit wachzuhalten. Das gilt heute schon für jeden Aspekt des Lebens – insbesondere für Unterhaltung, Unterricht, Freizeit und Religion. Selbst im Gottesdienst verlangt die amerikanische Volksseele nach dem emotionalen Hocherlebnis, dem religiösen Kick, der etwa in einer angeblichen Wunderheilung oder ekstatischer Zungenrede bestehen mag.

Teil II: Wie das politische System funktioniert

1. Sehnsucht nach dem Erlöser?

Wie treffen die Amerikaner Entscheidungen – etwa politische Entscheidungen? Worauf stützten sie sich in der Wahl einer Person für das höchste Amt im Staat? Woher kommen ihre Informationen für eine solche Entscheidung? Welche Rolle spielen dabei Fernsehen, Rundfunk, Zeitungen, Zeitschriften und das Internet? Und gibt es in diesem Zusammenhang Anhaltspunkte für gesellschaftliche Entwicklungen, die die Demokratie aushöhlen und der Entstehung eines wie auch immer gearteten autokratischen Systems Vorschub leisten?

Traditionell sind die amerikanische Pressefreiheit und Medienvielfalt weltweit unübertroffen. Seit 1791 ist die Pressefreiheit in den Vereinigten Staaten in der Verfassung verankert. Die Presse wird als „vierte Säule der Demokratie" gesehen. Zu Recht waren die Amerikaner über Jahrhunderte stolz auf diesen wichtigen Garanten von Demokratie und Freiheit. Im ersten Zusatzartikel der Verfassung werden der Nachrichtenberichterstattung und der Meinungsäußerung außerordentlich weitreichende Freiheiten eingeräumt. Nur so war es beispielsweise möglich, dass in den 1970er Jahren Reporter der *Washington Post* den Watergate-Skandal aufdecken konnten, der Präsident Richard Nixon schließlich zum Rücktritt zwang.

Schon 1690 war die erste amerikanische Zeitung erschienen, und zwar in Boston/Massachusetts. Um 1900 erreichte die Zahl der Publikationen mit über 2.600 Tageszeitungen ihren Höhepunkt.[1] Doch die Meinungsvielfalt, Unabhängigkeit und Glaubwürdigkeit der Medien schwindet zunehmend. 1946 gab es noch 1.763 Tageszeitungen. Aber schon längst waren nicht mehr alle unabhängig. Zu Beginn des 20. Jahrhunderts hatte nämlich eine wachsende Tendenz zur Übernahme von Wettbewerbern und zur Gründung von Zeitungsketten begonnen. Dies bedeutete einen Verlust an Meinungsvielfalt und eine zunehmende Machtkonzentration. „Heute sind etwa 75 Prozent aller amerikanischen Tageszeitungen im Besitz von Ketten."[2] Wirtschaftliche Interessen entscheiden in zunehmendem Maße, welche Informationen an die Öffentlichkeit dringen. In einer Umfrage unter Journalisten, so der angesehene Journalist Bill Moyers, erklärten mehr als 50 % von ihnen, dass ein Großteil der Kontrolle über ihre Arbeit von Redakteuren auf Unternehmensbosse und Aktionäre übergegangen sei. Und deren Interesse ist es nicht unbedingt, die Öffentlichkeit umfassend und wahrhaftig zu informieren.[3] „Das Problem, das viele Medienunternehmen haben", meint Harold Evans, ehemaliger Redakteur der *Times of London*, zu dieser Entwicklung, die offenbar nicht nur ein amerikanisches Phänomen ist, „ist nicht so sehr, im Geschäft zu bleiben, sondern im Journalismus."[4] Nach einer von Al Gore zitierten internationalen Studie liegt die US-Presse in einem Ranking der freiesten Pressen der Welt daher nur auf Platz 53.[5]

In Amerika ist besonders deutlich, dass das große Geld die Politik und die Medien des Landes bestimmen. Politiker und Journalisten sind zunehmend Ausführungsgehilfen der Konzerne. Eine kritische Haltung gegenüber den Regierenden und eine Berichterstattung, die vor allem den Interessen der Bürger dient, ist von den großen Medien immer weniger zu erwarten. Die Folge ist eine Schwächung der Demokratie.[6] In dem Zusammenhang verweist Moyers auf die Studie *The Project for Excellence in Journalism*, die über eine längere Zeit die Aufmacher der *New York Times*, *Los Angeles Times*, *Time* und *Newsweek* sowie der abendlichen Nachrichten der Fernsehsender *ABC*, *CBS* und *NBC* untersuchte. Die Studie fand heraus, dass zwischen 1977 und 1997 der Prozentsatz der Berichte über die Regierung und ihre Entscheidungen von ca. 33 % auf 20 % gesunken ist. Gleichzeitig stieg die Anzahl von Berichten über Prominente von zwei auf sieben Prozent.

„Spielt das eine Rolle?", fragt Bill Moyers und erklärt: „Nun, die Regierung kann uns in den Krieg schicken, in die Tasche greifen, ins Gefängnis werfen, eine Autobahn durch unseren Garten führen, wegsehen, wenn Umweltverschmutzer am Werke sind, den Privilegierten Steuererleichterungen und Subventionen auf Kosten jener zuschachern, die sich keine Anwälte und Lobbyisten leisten können und die nicht die Zeit haben, auf die Barrikaden zu gehen."[7] Und genau das geschieht in den Vereinigten Staaten. Die kritische Stimme des Journalismus, der den Regierenden eigentlich auf die Finger sehen und die Öffentlichkeit informieren sollte, wird immer leiser.

Neben den wirtschaftlichen Faktoren führte ab den 1940er und 1950er Jahren das aufkommende Fernsehen dazu, dass Zeitungen weniger gelesen wurden. Viele Verleger mussten aufgeben, und so verringerte sich die Meinungsvielfalt weiter. Während es 1971 noch 66 Städte mit zwei oder mehr Tageszeitungen gab, zählten 1995 nur noch 36 Städte dazu.[8]

Seit dem Zweiten Weltkrieg ist die Zeitung als Informationsquelle für die Bildung von politischer Meinung immer mehr vom Fernsehen abgelöst worden, und zwar in deutlich höherem Maße als etwa in Deutschland. Das hat Konsequenzen für die Qualität der Information und für die Informiertheit des Konsumenten. Im Jahr 1963 hat das Fernsehen der Zeitung als Hauptinformationsquelle den Rang abgelaufen. Aber noch für die darauf folgenden zwei Jahrzehnte haben die Fernsehanstalten, so Al Gore, weitgehend den journalistischen Stil und Standard der besseren Tageszeitungen übernommen.[9] Viele der Sender befinden sich darüber hinaus im Besitz der drei großen nationalen Medienunternehmen, der *National Broadcasting Company* (*NBC*), des *Columbia Broadcasting System* (*CBS*) und der *American Broadcasting Company* (*ABC*). Der Medienunternehmer Rupert Murdoch hat sich in den vergangenen Jahren mit seinem – politisch weit rechts stehenden – *FOX Television* als viertes nationales *Network* etablieren können. Auch diese Entwicklung hat nicht gerade die Meinungsvielfalt verbessert und die Qualität der Information gesteigert.

Das Fernsehen ist außerdem mehr als die Printmedien gezwungen, auf die Wünsche und Meinungen seiner Zuschauer einzugehen. Es ist abhängig von Werbeeinnahmen, die wiederum von den Einschaltquoten beeinflusst werden. Eine Ausnahme ist das relativ unbedeutende öffentlich-rechtliche Fernsehen.[10] Natürlich sind die Zeitungen, die sich ja ebenfalls verkaufen müssen, nicht frei vom „Druck der Straße", d. h. populärer Mehrheitsmeinung. Nur: Beim Fernsehen ist diese unmittelbare wirtschaftliche Abhängigkeit von populären Trends und der Volksmeinung – oder besser: Volksstimmung – allein schon wegen seiner Zuschauerstruktur und deren Erwartungshaltung bedeutsamer. „Der Rundfunk- und Fernsehjournalismus kam in der Verpackung eines Unterhaltungsmediums", schreibt Bill Moyers, „und wurde dadurch schon frühzeitig in seiner Qualität beeinträchtigt."[11] Mehrere Studien haben gezeigt, dass viele Amerikaner ohnehin nicht zwischen Informationen aus Nachrichtensendungen und Informationen aus Unterhaltungssendungen unterscheiden können.[12] Doch selbst die so genannten seriösen Nachrichten-*Shows* bieten mehr Unterhaltung als Information. Und die Trennlinie zwischen Nachrichten und Unterhaltung verwischt sich zusehends.[13] „Wenn Wissen Macht ist, wenn die Funktion der Information darin besteht, das Handeln zu verändern bzw. ihm Richtung zu geben", schrieb der amerikanische Kultur- und Kommunikationswissenschaftler Neil Postman, „dann ist es fast genau zutreffend, dass die Fernsehnachrichten-Shows fast keine Information vermitteln und noch weniger Wissen."[14] Entsprechend verwandelt sich der einst relativ gut informierte Bürger mehr und mehr in einen Unterhaltungskonsumenten.[15]

Amerikanische Regierungen und die sie stützenden Interessengruppen nutzen gern die Stimmung im Volk, um die Medien für ihre Politik zu instrumentalisieren. Manchmal brauchen sie nicht einmal Einfluss auszuüben, da viele Medien lediglich den Zeitgeist – etwa im Sinne patriotischer Gefühle – reflektieren und verstärken. Besonders deutlich wurde diese „Zähmung", ja Gleichschaltung der Presse nach den Terroranschlägen vom 11. September 2001 und in Verbindung mit den Kriegen gegen Afghanistan, den Irak und den Terrorismus. Von dieser Gleichschaltung sind nach Meinung von Uwe Carsten Heye, dem deutschen Journalisten, Ex-Regierungssprecher und Ex-Konsul in New York, nur die *New York Times* und die *Washington Post* ausgenommen.[16]

Als die amerikanischen Truppen in den Irak einmarschierten, sandte eine große Rundfunk-Beratungsfirma ein Schreiben mit Empfehlungen an alle ihre Kunden. Dieses so genannte „Kriegshandbuch" (*War Manual*) erklärte den Sendern, wie sie „den Krieg zu ihrem Vorteil nutzen" könnten.[17] Ihnen wurde geraten, so Moyers, „‚auf Emotionen abzuzielen', nämlich patriotische Musik zu spielen, ‚die dich zum Weinen und Salutieren bringt und die es dir eiskalt den Rücken hinunterlaufen lässt.'"[18] Andererseits erlaubt das Pentagon keine Berichterstattung über den Heimtransport amerikanischer Kriegsopfer und Fotos von toten Soldaten. „Warum sollten wir über Leichensäcke und Tote erfahren", meinte auch Barbara Bush, die Mutter von Präsident George W. Bush, in einem Interview. „Warum sollte ich meinen wunderbaren Verstand auf solche Dinge verschwenden ...?"[19]

Die Medien der politischen Mitte, so der amerikanische Medienwissenschaftler David Domke, hätten in beständiger Regelmäßigkeit die Verlautbarungen der Administration lediglich ungefiltert reflektiert. Damit „haben sie das fundamentalistische Weltbild der Regierung verbreitet, verstärkt und im Bewusstsein der Menschen verankert. So haben sie dazu beigetragen, den Kongress in Schach zu halten und eine substanzielle Hinterfragung durch die Öffentlichkeit zu verhindern."[20] Die Medien scheuten offenbar davor zurück, angesichts einer Bedrohung des Landes von außen und in Kriegszeiten den Präsidenten zu kritisieren. Außerdem schwamm George W. Bush besonders in den Monaten unmittelbar nach dem 11. September auf einer Welle der Popularität. Ihn und sein Handeln infrage zu stellen, wäre unpatriotisch gewesen. Das wäre bei der Öffentlichkeit nicht gut angekommen, und das wiederum hätte sich nachteilig auf Einschaltquoten und Auflagen ausgewirkt. Aber genau so haben die Medien – und das heißt natürlich die Journalisten, die für diese Medien schreiben oder berichten – kläglich versagt. Sie sind ihrer Verantwortung, nämlich die Wahrheit zu berichten, nicht nachgekommen.[21]

Doch damit nicht genug: Immer mehr Medien lassen sich inzwischen von der Rechten für ihre Regierungs- und Patriotismus-Propaganda vor den Karren spannen. Die großen Medien der Mitte sind zum Schweigen gebracht worden, und die parteilichen Medien haben Propaganda in „Nachrichten" verwandelt. „Schwinge die Fahne, streichle die Gefühle, stachle die Vorurteile an", schreibt Moyers, „und du kannst die Massen von dem ablenken, was sich dem Blick entzieht, was hinter verschlossenen Türen in den Sitzungszimmern von Vorständen und im Oval Office passiert."[22]

Die Suche nach unabhängigen, zuverlässigen und kritischen Nachrichten in Amerika scheint mit jedem Tag mühseliger zu werden. So manche zuverlässige Nachricht findet man nur noch im Internet. Bereits 1997 hatten die Journalisten Joseph und Elizabeth Farah *WorldNetDaily.com* gegründet. Diese inzwischen zu den 500 populärsten Websites weltweit zählende Nachrichtenquelle mit monatlich über 6 Millionen Lesern hat sich die Aufdeckung von Verschwendung, Betrug, Korruption und Machtmissbrauch durch die US-Regierung auf die Fahne geschrieben. Sie scheint bei flüchtigem Hinsehen ein Lichtblick in der ansonsten immer düsterer werdenden amerikanischen Medienlandschaft und Journalismusszene zu sein. Und dennoch: Auch *WorldNetDaily* ist nur auf den ersten Blick regierungskritisch. Beim näheren Hinsehen muss man feststellen, dass die Website letztlich die konservative Agenda der religiösen Rechten unterstützt. Joseph Farah selbst ist Mitglied des ebenso erlauchten wie geheimnisvollen ultrarechten *Council for National Policy* – jener überaus einflussreichen Organisation, die in Washington hinter den Kulissen den Ton angibt.[23] Zwei Organisationen, die sich tatsächlich kritisch mit der fundamentalistisch-konservativen Propaganda in Presse und Fernsehen auseinandersetzen, sind *PublicEye*[24] und die 2004 gegründete nicht kommerzielle Website *Media Matters for America*.[25] Letztere hat sich der umfassenden „Beobachtung, Analyse und Korrektur konservativer Missinformation in den US-Medien“ verschrieben.

Aber trotz der Erosion ihrer Unabhängigkeit und Wahrhaftigkeit scheinen die Zeitungsnachrichten gegenüber den Fernsehnachrichten immer noch die größere Glaubwürdigkeit zu genießen – zumindest bei den Angehörigen der höheren sozioökonomischen Schichten.[26] Umso tragischer und gefährlicher ist ihre schwindende Distanz zur Regierung und den Eliten des Landes.

Wie aber wirkt sich diese Entwicklung konkret in der Politik aus? Welche Rolle spielen Fernsehen und Zeitungen bei der Entscheidungsfindung der amerikanischen Wähler? In den 1990er Jahren veröffentlichte die US-Firma *Globe-Scan* eine Studie über die Kommunikationsgewohnheiten und -präferenzen von 10.000 Personen in zehn Ländern. Danach haben in Amerika 51 % der Befragten angegeben, dass das Fernsehen ihre wichtigste Nachrichtenquelle sei. Nur 21 % der Amerikaner beziehen ihre Informationen vor allem aus der Zeitung. In Deutschland ist das Verhältnis genau umgekehrt. Nur 30 % informieren sich vor allem durch die Fernsehnachrichten, während 45 % ihre Nachrichten lieber aus der Zeitung holen. Wenn es um die Entscheidung zugunsten eines Präsidentschaftskandidaten geht, verlassen sich jene amerikanischen Wähler, die sich vor allem an Sachinformationen orientieren, eher auf die Zeitung. Diejenigen dagegen, die ihre Wahl in erster Linie von persönlichen Merkmalen des Kandidaten – wie Image, Sympathie etc. – abhängig machen, beziehen ihre Informationen vorwiegend aus dem Fernsehen.[27] Fernsehen ist jedoch nicht gleich Fernsehen. Wenn man die Fernsehnachrichten mit der Darstellung politischer Kampagnen oder gar bezahlter Wahlwerbung vergleicht, dann schneiden die Nachrichten deutlich besser ab. Das überrascht nicht. Der Einfluss von Nachrichten auf das politische Wissen und die Entscheidungsprozesse bei Wahlen ist doppelt so groß wie der Einfluss politischer Kampagnen im Fernsehen.[28]

Dennoch kann man sagen: Die Mehrzahl der amerikanischen Wähler macht ihre Entscheidung für oder gegen einen Kandidaten nicht so sehr von sachlichen Informationen – also politischen Programmen – abhängig, sondern vom Image oder unterstellten Charakter eines Kandidaten. Und dieser wird ihnen vor allem in den Fernsehnachrichten oder anderen als sachlich dargestellten Politiksendungen vermittelt. Damit kommt dem Fernsehen innerhalb des amerikanischen Wahlprozesses eine überproportional wichtige Rolle zu.

Die Personalisierung und Emotionalisierung der Wahlen verstärkt den Trend der Entsachlichung. Diese Tradition gestaltet die Nachrichten als Ereignisse und *Shows*. Geschichten über das Leben von Kandidaten lassen sich eben besser verkaufen als nüchterne Berichte über politische Themen. Entsprechend konzentriert sich die Fernsehberichterstattung im Vorfeld von Wahlen zunehmend auf so genannte *soft news* oder Doku-Soaps etwa von Skandalen und moralischen Verfehlungen der Kandidaten.[29] Nur so ist es zu erklären, dass Bill Clinton nach seiner Affäre mit Monica Lewinsky von den Amerikanern fast parteiübergreifend nicht nur als Ehemann, sondern auch als Präsident abgewertet wurde. Die überwiegende Mehrzahl der Europäer sah seine Präsidentschaft dagegen positiv – und schmunzelte lediglich über seine sexuellen Eskapaden. Bezeichnend ist in diesem Zusammenhang die Berichterstattung über die Fernsehdebatte im Vorfeld der amerikanischen Präsidentschaftswahl des Jahres 2000. Nachdem Bush und Gore sich eine Redeschlacht geliefert hatten, in der es durchaus um sachliche Themen der Politik ging, konzentrierte sich die Berichterstattung hinterher vor allem auf die Charaktere der Kandidaten.[30]

Warum entscheiden die meisten Amerikaner ihr politisches Schicksal auf einer so wenig sachlichen Grundlage? Ist es die Sehnsucht nach einem Erlöser, einem göttlich erwählten König oder Superhelden oder einfach nur das medial konditionierte Verlangen nach kurzweiliger Unterhaltung à la Hollywood? Die Gefahren für die Demokratie sind jedenfalls offensichtlich.

2. Arm, aber Amerikaner

Auch die ungleichmäßige Verteilung des Reichtums der Vereinigten Staaten ist für die selbst ernannte Leitdemokratie der Welt und das angeblich christlichste aller Länder nicht gerade schmeichelhaft. Zu den prägenden Widersprüchen gehört das unmittelbare und teilweise extreme Nebeneinander von Wohlstand und Armut. Der Reichtum des Landes ist in zunehmendem Maße nur für die „oberen Zehntausend“ reserviert. Die anderen müssen für ihr Auskommen bis an die Grenze ihrer Belastbarkeit arbeiten. Dabei blieb das Familieneinkommen in den letzten Jahren nur deshalb einigermaßen konstant, weil immer mehr Menschen zwei oder drei Jobs haben und „weil immer mehr Familienmitglieder immer länger arbeiteten. Für fast drei Viertel der Beschäftigten fielen seit 1990 die Bruttolöhne um 19 %. Das untere Drittel erhielt 2000 sogar 25 % weniger Lohn als 20 Jahre zuvor."[31] Im Jahr 2003 lebten bei ständig steigenden Werten 12,5 % der rund 300 Millionen Einwohner unterhalb der Armutsgrenze. In absoluten Zahlen sind das 35,9 Millionen Menschen.[32] „Während die untersten 18 % der Bevölkerung erheblich verschuldet sind, ... verfügen die obersten 5 % allein über 69 % des Privatvermögens."[33]

Umso absurder war es, dass eine der ersten Amtshandlungen des neu gewählten, „wiedergeborenen" Präsidenten George W. Bush 2001 darin bestand, die Reichen durch eine Steuerreform noch mehr zu begünstigen. Seit 1980 ist das Einkommen der Oberschicht – 1 % der Bevölkerung – um 157 % gestiegen. Für jede Million Dollar Einkommen dürfen die Reichen nach dieser Reform nun 60.000 Dollar weniger Steuern bezahlen. Durchschnittsverdiener und die unteren Einkommensgruppen dagegen gingen leer aus.[34] Ex-Präsident Jimmy Carter, bis vor kurzem Mitglied der *Southern Baptists*, schreibt: „In den ersten drei Jahren unter Bush stieg die Zahl der Amerikaner, die in Armut leben, um 3,5 Millionen, während gleichzeitig das Einkommen der 400 reichsten Amerikaner allein im Jahr 2002 um 10 Prozent in die Höhe schnellte. Ein weiteres Anzeichen für die wachsende Kluft zwischen Arm und Reich in den letzten Jahren sind die Gehälter der Topmanager. Früher verdienten sie das 40fache vom Lohn eines durchschnittlichen Arbeiters, heute ist es das 400fache."[35]

Die Arbeitslosigkeit lag Anfang 2005 offiziell bei gut 6 %. Tatsächlich dürfte sie jedoch bei mindestens 12 % liegen, schätzt der Münchner Volkswirt und Autor Conrad Schuhler.[36] Bei Schwarzen, die 12 % der Bevölkerung ausmachen, lag sie Anfang 2007 laut *NPR (National Public Radio)*, dem öffentlich-rechtlichen Rundfunk, sogar bei 39,6 %. Die Diskrepanz zwischen den offiziellen und den tatsächlichen Zahlen lässt sich durch die statistische Erhebungsmethode der Arbeitsämter und durch das große gesellschaftliche Stigma erklären, das mit der Erwerbslosigkeit verbunden ist. Die Arbeitslosenquote wird vor allem durch Telefonbefragungen bei Personen ermittelt, die bei den Arbeitsämtern in der Vorwoche als aktiv arbeitssuchend gemeldet waren. Das bedeutet, dass alle jene nicht mitgerechnet werden, die sich nicht melden, „weil sie keine Leistungen zu erwarten haben oder sich nicht dem Stigma des Arbeitslosen aussetzen wollen, was ihnen in der Kreditkartengesellschaft USA sofort jeden Kredithahn zudrehen würde."[37]

Doch selbst die Registrierten und als Arbeitslose Anerkannten erhalten nicht in jedem Fall Arbeitslosengeld. Je nach Bundesstaat bekommen nur etwa 30 bis 40 % der Antragsteller Hilfe. Der Betrag, der bei einer niedrigen Bemessungsobergrenze 35 % des letzten Nettolohns ausmacht, wird maximal 26 Wochen lang gezahlt. Und dies geschieht fast ausschließlich in Form von Lebensmittelmarken. Im Anschluss daran gibt es keine Arbeitslosen- oder Sozialhilfe.[38] Und danach fallen die Arbeitslosen einfach aus der Statistik heraus. Sie sind laut amerikanischer Definition nicht mehr arbeitslos.

Kurios und tragisch angesichts dieser sozialen Missstände ist die Tatsache, dass sich die Mehrheit der Armen nicht der Unterschicht, sondern der Mittelschicht zurechnen. Und selbst die Allerärmsten, etwa diejenigen, die auf der Straße leben und über Entlüftungsschächten in den Bürgersteigen nächtigen, werden auf die Frage nach ihrer persönlichen Lage und ihrer Zufriedenheit mit der Regierung in vielen Fällen davon schwärmen, was für ein großartiges Land Amerika sei. Es ist nicht unbedingt der Alkohol, der ihr Urteilsvermögen trübt, sondern wohl eher eine patriotische Propaganda, die ihnen einredet, dass sie trotz ihres traurigen Schicksals teilhaben am amerikanischen Traum.

Viele Aspekte des amerikanischen Systems sind gekennzeichnet von einem darwinistisch anmutenden Faustrecht des wirtschaftlich Stärkeren und einem kalten Desinteresse am Schicksal des sozial Schwächeren. Dennoch wird das System von einem erstaunlich großen Teil der Gesellschaft getragen. Die *offizielle* politische Unterstützung für das System ruht allerdings im Vergleich zu anderen westlichen Demokratien auf einer verhältnismäßig schmalen Basis. Denn typischerweise gehen weniger als 50 % an die Urne, wenn es darum geht, den Staatspräsidenten zu wählen.

Trotz der gravierenden sozialen Schieflage scheinen sich Politik und Medien dennoch einig zu sein in ihrem Lob, dass Amerika das großartigste Land der Erde sei. Die Euphorie in ihrer patriotischen Propaganda kennt keine Grenzen, und die meisten Amerikaner glauben dieser internen Marketingkampagne. Sie schürt ihren Nationalstolz, und sie stimmen mit ein in das Loblied über Amerika, obwohl gerade viele der glühendsten Patrioten ihr eigenes Land – und oft sogar ihren eigenen Bundesstaat – noch nie verlassen haben. Ihnen fehlt einfach das Wissen über den Rest der Welt. Und so können sie die USA nicht mit anderen Ländern vergleichen. Nur so ist zu erklären, dass selbst die Leidtragenden des Systems sich kritiklos in ihr Schicksal fügen und Amerika für das „gelobte Land" halten. Das ist das Überraschende an Amerika.

Ebenso erstaunlich – und nicht zuletzt verbunden mit der großen Armut – ist das Thema „Gewaltkriminalität" bzw. Kriminalität an sich.

Zu fast jeder Zeit sitzen etwa fünf Millionen Amerikaner hinter Gittern: drei Millionen im Gefängnis, und „weitere zwei Millionen", schreibt Conrad Schuhler, „befinden sich in verschiedenen Phasen des Gerichts- und Strafvollzugs. Allein die Gefängnisinsassen machen das Siebenfache der entsprechenden Quoten in Europa aus."[39] Dabei ist der Anteil der Schwarzen an der Gefängnisbevölkerung relativ zu ihrem Anteil an der Gesamtgesellschaft ebenso wie bei der Arbeitslosigkeit dreimal so hoch wie der der Weißen. Da ein Großteil der Gefangenen das Heer der Arbeitslosen vergrößern würde, wenn sie in Freiheit wären, müsste man zumindest viele dieser 5 Millionen Personen der Arbeitslosenstatistik hinzufügen. Schuhler schätzt, dass sich allein dadurch die Arbeitslosenquote im Lande um 2 % erhöhen würde.

Für viele außerhalb von Amerika ist nur schwer nachvollziehbar, warum das angeblich christlichste, reichste und demokratischste Land der Erde im Vergleich zu anderen westlichen Industriestaaten bei Armut und Kriminalität die Statistiken anführt.

3. Der Triumph der Lobbyisten

Nach der Einstellung von Präsident George W. Bush zu umweltpolitischen Themen befragt, gab Senator John McCain einmal zu verstehen: „Die Haltung des Weißen Hauses zum Klimawandel ist furchtbar enttäuschend. Leider haben in Washington die Sonderinteressensgruppen Vorrang. Die wichtigsten Lobbyisten, darunter auch die der Energiekonzerne, üben auf dem Kapitol enormen Einfluss aus."[40]

Amerika ist in der Tat das Land der Sonderinteressengruppen und Lobbyisten. Ein Lobbyist ist bekanntlich jemand, der im Auftrag und Interesse eines Unternehmens oder einer Branche Einfluss nimmt auf eine Regierung bzw. auf die gesetzgebenden Gremien eines Staates. Diese Einflussnahme geschieht über persönliche Kontakte, häufig Freundschaften, und bewegt sich nicht selten in einer sensiblen Grauzone. Dabei ist der Schritt zu Interessenskonflikten, unerlaubter Einflussnahme und Bestechung nicht sehr groß. Die Medien sind – zumindest außerhalb von Amerika – voll von Berichten über entsprechende Rechtsbrüche. Immer wieder beschäftigen sich parlamentarische Untersuchungsausschüsse mit Fällen, in denen die Grenze zur Illegalität überschritten wurde.

Da die Aktivitäten von Unternehmen letztlich darauf abzielen, ihren Umsatz und Gewinn zu steigern, ist es die Aufgabe und Absicht der Lobbyisten, die Regierenden und Gesetzgeber so zu beeinflussen, dass diese Ziele erreicht werden. Einerseits geschieht dies durch die Herbeiführung einer günstigen Wirtschafts-, Steuer-, Finanz-, Umwelt-, Arbeits- und Sozialpolitik, andererseits durch die Erlangung lukrativer Aufträge vonseiten der Regierung.

Der ultimative Traum eines jeden Lobbyisten ist die hundertprozentige Kontrolle oder Steuerung der staatlichen Entscheidungsträger zur maximalen Begünstigung der eigenen Auftraggeber. Natürlich sind die Interessen von Konzernen und den dahinter stehenden Unternehmern eher selten deckungsgleich mit denen der Bürger. Deshalb gibt es in rechtsstaatlichen Demokratien Gesetze, Gerichte, eine parlamentarische Opposition und freie Medien, die kontrollierend und regulierend eingreifen. Das ist die Theorie – auch in Amerika. Die Praxis sieht jedoch ganz anders aus.

Das Amerika zu Beginn des 21. Jahrhunderts ist der wahrgewordene Traum der amerikanischen Öl- und Waffenindustrie und ihrer Lobbyisten.[41] Führende Vertreter dieser Industriezweige haben es bis in die höchsten Ämter des Staates geschafft und scheinen jetzt in geradezu berauschender Weise davon zu profitieren. Das Erstaunliche: Niemand zieht sie dafür vor Gericht. Es war die Ölindustrie, die den größten Einfluss genommen hat auf die Bildung der Bush-Administration, schreibt Schuhler: „In das Team, das die Amtszeit des neuen Präsidenten vorzubereiten hatte, entsandten die Energiefirmen 20 ihrer besten Manager. So sah die neue Regierung dann auch aus:“[42]

- George W. Bush, der Präsident, war zuvor Ölunternehmer – wenn auch nicht besonders erfolgreich. Darüber hinaus war er über Jahre der politische Frontmann des texanischen Energieriesen *Enron*. Dieses Unternehmen endete schließlich in einem betrügerischen Bankrott, bei dem Tausende von Investoren ihre Altersvorsorge verloren.
- Dick Cheney, Vizepräsident, war bis zu seinem Eintritt in die Regierung Chef von *Halliburton*, dem weltgrößten Zulieferer der Ölindustrie. „Zum Abschied erhielt er von seiner Firma einen Bonus von 36 Millionen Dollar, der in Millionentranchen bis auf den heutigen Tag ausbezahlt wird.“[43] Man fragt sich, wofür er das bekam oder besser: Welche Erwartungen waren oder sind an diese großzügige Gabe geknüpft?

- Condoleezza Rice, zunächst Sicherheitsberaterin, dann Außenministerin, war vorher Mitglied des Vorstands von *Chevron*, des zweitgrößten Ölkonzerns der USA.
- Don Evans, Wirtschaftsminister, war Chef von *Tom Brown*, einer großen Öl- und Gasgesellschaft.
- Lawrence Lindsay, ökonomischer Chefberater des Präsidenten, war Mitglied des Aufsichtsrates bei *Enron*.
- Robert Zoellick, Handelsbeauftragter der US-Regierung, war vorher hauptberuflicher Berater von *Enron*.
- Gale Norton, Innenministerin, war Anwältin für verschiedene Ölfirmen.
- J. Steven Giles, Staatssekretär im Innenministerium, war Lobbyist der Ölindustrie.
- Donald Rumsfeld, Verteidigungsminister, und Thomas White, Armee-Minister, gehören zu einer Gruppe von 15 hochrangigen Mitgliedern der Bush-Regierung, die größere Aktienpakete von *Enron* besaßen.
- John Ashcroft, Justizminister, konnte nicht an den Ermittlungen gegen den betrügerischen *Enron*-Konzern teilnehmen, da er persönlich hohe Geldzuwendungen von diesem Unternehmen erhalten hatte.[44]

Darüber hinaus wurden die Senatoren und Kongressabgeordneten von der Öl- und Energieindustrie großzügig bedacht. „94 der 100 Mitglieder des Senats hatten allein von *Enron* größere Zuwendungen bekommen, von den Mitgliedern des Abgeordnetenhauses waren es 186 (43 %)."[45]

„Die überragende Stellung der Ölleute", schreibt Schuhler, „wird ergänzt durch das Gewicht der Vertreter der Rüstungsindustrie. Laut dem Arms Trade Resources Center des World Policy Institute hat Bush 32 wichtige Positionen mit Managern, Beratern und Großaktionären bedeutender Rüstungsbetriebe besetzt."[46] Darunter finden sich der stellvertretende Außenminister Richard Armitage, dessen Beratungsfirma *Armitage Assoc. LLC* vor allem Rüstungsfirmen wie *Boeing* und *Raytheon* zu ihren Kunden zählt; der stellvertretende Verteidigungsminister Paul Wolfowitz, Berater der Firma *Northrop Grumman*; Marineminister Gordon England, vormals Präsident von *Lockheed Martin*; Transportminister Norman Mineta, zuvor stellvertretender Präsident von *Lockheed Martin* sowie I. Lewis Libby, Bürochef im Weißen Haus, Berater von *Northrop Grumman*.[47]

Die Rüstungsindustrie hat es ebenso geschafft, ihre Interessenvertreter an höchster Stelle zu platzieren. Sie wollte ganz sichergehen und in Bezug auf die großen politischen Entscheidungen nichts dem Zufall überlassen. Deshalb wird auch das Parlament von der Rüstungsindustrie großzügig bedacht. Schließlich müssen Rüstungsetats und Kriegserklärungen in einer Demokratie vom Parlament ratifiziert werden. In den Jahren „2001/2002 wurden von der Rüstungsindustrie 6,9 Millionen Dollar an Abgeordnete des Repräsentantenhauses und weitere 2,6 Millionen an Senatsmitglieder gezahlt. Zwischen diesen Spenden und dem Abstimmungsverhalten der Parlamentarier besteht ein eindeutiger Zusammenhang."[48] Denn diejenigen Mitglieder des Repräsentantenhauses, die für den Krieg im Irak stimmten, „hatten etwas mehr als doppelt so hohe Zuwendungen aus dem Rüstungssektor erhalten als diejenigen, die mit Nein stimmten ... Im Senat war der Zusammenhang ... beinahe ebenso auffallend."[49]

Es ist demnach nicht verwunderlich, dass die Bush-Regierung ein besonderes Interesse am Wohlergehen der Öl- und der Rüstungsindustrie zu haben scheint.[50] Seit „dem Amtsantritt der Regierung Bush", so Schuhler, „haben sich die Rüstungsausgaben um über 100 Milliarden Dollar (30 %) erhöht. Die wirklich ausgabenintensiven Beschlüsse werden dabei erst in naher Zukunft wirksam. So kann allein [die] Stationierung und Erhaltung eines Raketenschutzschildes während der nächsten zwanzig Jahre bis zu 238 Milliarden Dollar verschlingen."[51]

Insgesamt hat George W. Bush über 100 hochrangige Beamte in seiner Regierung, die genau jene Wirtschaftsbereiche beaufsichtigen, die sie selbst einst als Lobbyisten, Anwälte oder Berater vertraten. Heute sorgen sie dafür, dass die Gesetze für Arzneimittel, Lebensmittel und die Umwelt „industriefreundlich" sind. Unter den ehemaligen Industrievertretern, die jetzt dieselben Industrien, also ihre ehemaligen Klienten oder Arbeitgeber beaufsichtigen, schreibt der amerikanische Journalist Bill Moyers, „sind ein ehemaliger Lobbyist der Fleischindustrie, der dabei hilft, zu entscheiden, wie Fleisch etikettiert wird; ein ehemaliger Lobbyist eines Pharma-Konzerns, der die Gesetze für Arzneimittel beeinflusst; ein ehemaliger Lobbyist der Energie-Industrie, der einerseits dafür bezahlt wird, dass er für seine alte Lobby-Firma Klienten akquiriert und der andererseits bei der Festlegung von jenen Landmengen hilft, die seine ehemaligen Klienten für die Bohrung nach Öl und Gas benutzen können."[52] Auffallend ist bei diesem geradezu plutokratischen System, dass es in der Bevölkerung kaum Widerstand dagegen gibt. Im Gegenteil: Das von Patriotismus getriebene Verlangen nach nationaler Größe – natürlich unterstützt durch eine entsprechende Propaganda – veranlasst viele Amerikaner, diesen Demokratieabbau sogar zu unterstützen. „Auf dem Gebiet der Innenpolitik", meint der Princeton-Religionswissenschaftler Jeffrey Stout, „hat das Verlangen der Öffentlichkeit nach einem Erhalt der wirtschaftlichen Dominanz Amerikas im Endeffekt den Plutokraten erlaubt, die Zentralfunktionen der Regierung zu übernehmen."[53]

Der Einfluss der Lobbyisten reicht natürlich auch über die Grenzen des Landes hinaus. Auf dem Ölweltmarkt haben Washington und nicht zuletzt die Bush-Regierung durch politische, wirtschaftliche und militärische Maßnahmen dafür gesorgt, dass Amerika das weltweite Ölgeschäft maßgeblich bestimmt.[54] Das große Geschäft und die Politik mit ihrer Fortsetzung in Militäraktionen gehören in Amerika zusammen. „Die unsichtbare Hand des Marktes funktioniert nicht ohne die sichtbare Faust. McDonald's kann nicht prosperieren ohne McDonnell-Douglas, den Fabrikanten der F-15-Kampfflieger",[55] hatte schon Thomas L. Friedman festgehalten. Friedman war Assistent von Madeleine Albright, Außenministerin in der Clinton-Regierung. Seit dem Dienstantritt von George W. Bush scheint diese Zusammenarbeit eine neue Qualität erreicht zu haben. Erstaunlich ist, dass finanzielle Zuwendungen an Abgeordnete und sonstige Formen der direkten Einflussnahme, die in anderen Demokratien strafbar sind, in Amerika seltener geahndet werden. Dieses System infrage zu stellen wäre unpatriotisch. Und da es sich bei Amerika bekanntlich um *God's own country*, „das Land Gottes" handelt, sei es letztlich auch unchristlich, ja, geradezu gottlos, dies zu tun.

4. Wie der Präsident zu seinen Stimmen kommt

Wie demokratisch ist die selbst ernannte Leitdemokratie der Welt, wenn es um Wahlen geht? Wer bestimmt, wer Präsident wird – oder auch, wer die Interessen des Volkes im Parlament vertritt? Ist wirklich das Volk der Souverän? Entscheidet Mehrheitswille, wer die Geschicke des Landes lenkt? Spätestens seit der Präsidentschaftswahl des Jahres 2000 gibt es viele innerhalb und außerhalb der Vereinigten Staaten, deren Vertrauen in die Rechtmäßigkeit der amerikanischen Wahlen erschüttert ist. Dazu beigetragen hat vor allem die investigative Arbeit des amerikanischen Wirtschaftsjournalisten Greg Palast. Mit seinen Berichten über Manipulationen an den Wählerregistern in Florida erreichte er ein großes Publikum.[56] Das Vertrauen in die Rechtmäßigkeit der amerikanischen Wahlen wurde auch in Verbindung mit der Wahl des Jahres 2004 nicht wiederhergestellt. Im Gegenteil. Dabei sind die kurz nach der Stimmenabgabe im Müll gefundenen offiziellen Wahlunterlagen noch das geringste Problem.[57]

Es gibt Intellektuelle innerhalb des Landes, die sich dieses Problems angenommen haben. Die Titel[58] einiger vor kurzem erschienen Bücher sprechen für sich:

- Ist Demokratie hier möglich? Prinzipien für eine neue politische Debatte.[59]
- Funktioniert die amerikanische Demokratie noch?[60]
- Der gebrochene Zweig. Wie der Kongress Amerika im Stich lässt und wie man ihn wieder reparieren kann.[61]
- Der Verlust unserer Demokratie. Wie Bush, die extreme Rechte und die Konzerne die Amerikaner verraten.[62]
- Der Diebstahl der Demokratie. Die neue Politik der Wählerunterdrückung.[63]
- Wurde die Präsidentschaftswahl des Jahres 2004 gestohlen? Befragungen am Wahlabend, Wahlbetrug und die offizielle Zählung.[64]

Die Probleme des Systems sind vielfältig. Für den Außenstehenden überrascht zunächst die generell geringe Wahlbeteiligung in jenem Land, das so stolz ist auf seine Demokratie. Diese Passivität der Wähler kann sicherlich neben anderen Faktoren zu den Symptomen eines kranken Systems gerechnet werden. Zur Präsidentschaftswahl im Jahr 2000 sind 105 Millionen Amerikaner an die Wahlurne gegangen; vier Jahre später waren es immerhin 122 Millionen.[65] Doch grundsätzlich gehören die Vereinigten Staaten in Bezug auf die Wahlbeteiligung im Vergleich zu den anderen Demokratien der Welt traditionell zum unteren Fünftel.[66] Ein Grund dafür ist wohl auch die nur in einer bestimmten Zeitspanne mögliche umständliche Registrierung als Wähler. Nur wenn man dies getan hat, darf man nämlich wählen. Ferner gibt es laut Spencer Overton 4.600 verschiedene Wahlbestimmungen.[67] All das sind vergleichsweise hohe Hürden für eine Wahlbeteiligung. Und auch das längst überholte so genannte *Electoral-College*-System,[68] demzufolge der Präsident in Wirklichkeit durch unabhängige Wahlmänner in den einzelnen Bundesstaaten gewählt wird – also nicht direkt durch die Bürger – öffnet Tür und Tor für Probleme. Sie reichen bis hin zur Missachtung oder gar Verfälschung des Wählerwillens.[69] Auch das dürfte dem Wähler nicht gerade das Gefühl geben, dass es auf seine Stimme ankommt. Immerhin: Unter denen, die sich als Wähler registrieren lassen, sind die gläubigen und damit in der Regel kirchlich organisierten Amerikaner mit 89 % stärker vertreten, als die nicht gläubigen mit nur 78 %.[70]

Wenn es um die so genannten *Primaries* geht, also die Vorauswahlen, bei denen die Parteien entscheiden, wer sich unter ihrer Flagge um ein Staatsamt bewerben darf, diktiert fast ausschließlich Geld, wer zum Zuge kommt. Dabei ist es gleich, um welche Partei es geht. Diese Vorwahlen gibt es übrigens nicht nur bei den Präsidentschaftswahlen, sondern auch bei der Bewerbung um die Abgeordnetensitze im Kongress. Es ist also nicht die Partei, die Kandidaten aufgrund ihrer erwarteten Gewinnchancen oder Verdienste um die Partei auf eine Liste setzt. Vielmehr muss sich der Kandidat selbst durchsetzen. Somit führt er gewissermaßen drei „Wahlkämpfe": 1. muss er große Kapitalgeber finden, die ihn unterstützen, 2. muss er sich gegen die anderen Kandidaten seiner Partei durchsetzen und 3. muss er den Wettbewerber der gegnerischen Partei im eigentlichen Wahlkampf besiegen. Bei den Kongresswahlen hat sich eindeutig gezeigt, dass jene Kandidaten, die das meiste Geld auftreiben, in den Vorwahlen auch die besten Gewinnchancen haben.[71] Besonders die hohen Kosten der Wahlwerbung im Fernsehen haben „die Rolle des Geldes in der amerikanischen Politik", so Al Gore, „radikal erhöht – und damit auch den Einfluss jener, die das Geld geben".[72] Es werden also nicht die Qualifiziertesten als Volksvertreter nach Washington entsandt, und auch nicht diejenigen, die am stärksten auf die Bedürfnisse der Menschen eingehen, sondern jene, die den besten Zugang zu bedeutenden Kapitalquellen haben. So überrascht es auch nicht, dass es in Amerika keinen parteilichen Fraktionszwang gibt.

Das Problem dieser Wahlfinanzierung ist, dass die großen Geldgeber später eine Gegenleistung für ihre Großzügigkeit erwarten. Sie kaufen sich gewissermaßen politischen Einfluss.[73] Ihre Interessen stimmen aber oft nicht mit denen der Bevölkerung überein. Im Gegenteil. „Das Ergebnis ist, dass die öffentliche Politik in Bezug auf Themen, die von der Umwelt bis zur Wirtschaft reichen, in überproportional starkem Maße die Interessen der großen Geldgeber reflektiert, und zwar auf Kosten der Durchschnittsbürger."[74] Da der Kampf um das Präsidentschaftsamt nach einem ähnlichen Muster abläuft, gibt es auch hier eine systemimmanente starke Abhängigkeit vom *Big Business*.

Besonders auffallend und nachvollziehbar ist die Nähe zum großen Geld bei der Republikanischen Partei und ihren Kandidaten. Entsprechend ist die Orientierung ihrer Wähler und Sponsoren. Sie stehen

- für die Interessen der großen Kapitalvermögen
- gegen Steuererhöhungen
- für den freizügigen Waffenbesitz

- für ein konservatives Christentum[75]
- für die Rechte von Grundeigentümern
- für eine konservative Wirtschaftspolitik
- für eine konservative Sozialpolitik.[76]

Die Klientel der Demokratischen Partei besteht im Vergleich dazu grundsätzlich aus Schwarzen, Latinos, Juden, Gewerkschaftsmitgliedern, Vertretern der unteren Einkommensschichten, Liberalen (insbesondere in Bezug auf soziale und kulturelle Positionen), und gebildeten Weißen – also einer verhältnismäßig großen Personengruppe mit allerdings deutlich geringeren finanziellen Mitteln.[77] Traditionell standen auch Katholiken hinter der Demokratischen Partei. Seit der Polarisierung der Gesellschaft und der beiden großen Parteien durch die Abtreibungsfrage haben sich jedoch viele Katholiken – insbesondere die konservativen und wohlhabenderen unter ihnen – von den Demokraten ab- und der Republikanischen Partei und ihren Kandidaten zugewandt.[78] Entsprechend stellt sich das Spendenaufkommen der beiden Parteien dar, das bei den Republikanern grundsätzlich üppiger ist.[79]

Eine Besonderheit des amerikanischen Wahlsystems ist die alle 10 Jahre nach der Volkszählung stattfindende Neudefinition der Wahldistrikte. Diese Maßnahme soll den demographischen Veränderungen einer wachsenden Bevölkerung Rechnung tragen. Kurios ist allerdings, dass es die amtierenden Politiker sind, die das Recht haben, die Grenzen nach eigenem Belieben neu zu ziehen. Die Folge ist, dass sie diese Grenzen, wenn es um ihre eigenen Wahlbezirke geht, „so festlegen, dass sie keine Wahl verlieren können."[80] Diese Gepflogenheit schützt also das Establishment und zementiert den Status quo. Der Wahlrechtsexperte Spencer Overton spricht deshalb davon, dass in der amerikanischen Politik häufig der Fuchs das Hühnerhaus bewacht.[81]

Außerdem werden jene überparteilichen Bürgerinitiativen durch Schikanen behindert, die darauf abzielen, wahlberechtigten Bürgern – besonders unterprivilegierten und weniger gebildeten – dabei zu helfen, sich an der Wahl zu beteiligen.[82] Bekanntlich handelt es sich bei diesem Personenkreis eher um Sympathisanten der Politik der Demokraten. In einigen Bundesstaaten – Florida, Kentucky und Virginia – dürfen ferner Personen mit Vorstrafen nicht an der Wahl teilnehmen. Außerhalb der USA gibt es ein solches Gesetz ausschließlich in Armenien. In anderen amerikanischen Bundesstaaten[83] gilt diese Regel nur für eine Reihe von Vorbestraften, nicht aber für alle. Auf diese Weise wurde allein im Jahr 2004 –

unter dem Einfluss einer republikanischen Mehrheit im Kongress – mehr als zwei Millionen Amerikanern die Wahlberechtigung entzogen. In Florida und Virginia dürfen 25 bis 30 % aller männlichen Schwarzen nicht wählen, weil sie eine Vorstrafe haben. Und es handelt sich hier wohlgemerkt um eine verbüßte Strafe, die eigentlich die Rehabilitation der Betroffenen nach sich ziehen sollte.[84] Da Schwarze überwiegend demokratisch wählen und ein Großteil der anderen Vorbestraften typischerweise auch, helfen auch diese Gesetze eher dem republikanischen Establishment. Unbekannte machten sich bei den letzten Präsidentschaftswahlen das Halbwissen weiter Bevölkerungskreise über diese Gesetze zunutze, indem sie besonders in ärmeren und vorwiegend schwarzen Wahlbezirken das Gerücht streuten, dass auch solche Personen nicht wählen dürften, die ihre Strafmandate für Falschparken nicht bezahlt haben.[85] In einem Fall ist es außerdem vorgekommen, dass in einem vorwiegend demokratisch wählenden Wahlkreis Flugblätter verteilt wurden, denen zufolge wegen des erwarteten großen Andrangs vor den Wahllokalen, die republikanisch Wählenden am Wahltag und die demokratisch Wählenden erst einen Tag später wählen sollten.[86] Wer in seiner Naivität dieser Aufforderung folgte, musste natürlich feststellen, dass man ihm einen Bären aufgebunden hatte und dass die Wahl bereits ohne ihn zu Ende gegangen war.

Besonders skandalös sind einige Wahlvorschriften, die der – zu jener Zeit republikanisch dominierte – Kongress kürzlich verabschiedet hat. Eine Bestimmung hält im Grunde genommen vor allem solche Personengruppen von der Wahl ab, die voraussichtlich für den politischen Gegner gestimmt hätten. Dazu gehört – natürlich unter dem Vorwand, einem möglichen Wahlbetrug vorzubeugen – ein Gesetz, nach dem künftig nur derjenige seine Stimme abgeben darf, der seine Identität anhand eines staatlichen Ausweises mit Foto nachweisen kann.[87] Da es in Amerika keinen Personalausweis gibt, ist hier entweder von einem Führerschein oder einem Reisepass die Rede. Die meisten Amerikaner verfügen zwar über zumindest eines dieser Dokumente, da ihr Besitz jedoch nicht vorgeschrieben ist, gibt es durchaus Personen, die sich so nicht ausweisen können. Dazu gehören 23 % aller älteren Bürger und 78 % aller männlichen Schwarzen zwischen 18 und 24. Auch Indianer, drei Millionen Behinderte und die Ärmsten der Armen haben in der Regel keinen amtlichen Bildausweis. Da die wenigsten in diesen Personengruppen ein Auto besitzen, haben die meisten keinen Führerschein, und da von ihnen auch verhältnismäßig wenige außer Landes reisen, braucht die Mehrzahl keinen

Reisepass. Insgesamt gehören 6 bis 10 % der gesamten Wählerschaft oder 20 Millionen Amerikaner in diese Personengruppen. „Zufällig" würden sie auch typischerweise in Mehrheit den Kandidaten der Demokratischen Partei wählen.[88] „Was die Republikaner hier geschaffen haben", so Andrew Gumbel in einem Artikel der in Ohio herausgegebenen Zeitung *The Nation*, „ist im Grunde genommen ein System, durch das sie eine Vielzahl von Instrumenten haben, um ihre Gegner davon abzuhalten, überhaupt erst ihre Stimme abzugeben."[89]

Vielen scheint jedoch selbst das nicht zu genügen. Bei der Präsidentschaftswahl im Jahr 2004 kam es bei der Stimmenabgabe an mehreren Orten zu einer offensichtlichen Benachteiligung der innerstädtischen Bevölkerung. Diese Menschen sind zum größten Teil arm und schwarz, wählen also mehrheitlich den demokratischen Kandidaten. In entsprechenden Wahllokalen gab es teilweise nur einen oder zwei Wahlcomputer. Die Folge waren Wartezeiten vor den Lokalen von bis zu fünf Stunden, in Einzelfällen sogar bis zu neun Stunden – und das bisweilen in strömendem Regen. Für viele dieser Bürger war die Versuchung übergroß, an diesem unfreundlichen Novembertag lieber nach Hause zu gehen und in der warmen Stube zu sitzen, als ihr verfassungsmäßiges Recht auszuüben und sich dabei eine Lungenentzündung zu holen. Im Gegensatz dazu gab es bei den Wahllokalen der Vororte grundsätzlich keine Wartezeiten. Dort war nämlich eine ausreichende Zahl von Wahlcomputern aufgestellt. „Zufällig" wählen die überwiegend weißen Vertreter der Mittelschicht, die hier wohnen, typischerweise und bekanntermaßen republikanisch. Nach der Präsidentschaftswahl 2004 gingen bei der *Voter Hotline*, dem Beschwerdetelefon der Bürgerinitiative *Common Cause*, etwa 200.000 Klagen über Unregelmäßigkeiten in Verbindung mit der Wahl ein.

Zu diesen Unregelmäßigkeiten gehört auch das Verschwinden von Namen ordnungsgemäß registrierter Wähler von entsprechenden Listen. Deshalb konnten bei der Präsidentschaftswahl im Jahr 2004 in Ohio 500.000 eingetragene Personen nicht wählen. Das waren etwa 10 % aller Wähler in diesem Bundesstaat. Auffällig ist wiederum, dass das ausgerechnet in überwiegend demokratisch wählenden Städten wie Cincinnati, Columbus, Cleveland und Toledo passierte.[90] Andererseits zeigte der Computerbericht für Clyde, Ohio, eine Wahlbeteiligung von 131 %.[91] Auch in Benton County, Arkansas, sprang diese Zahl bei der *Mid-term Election* im November 2006 zeitweise auf über 100 %. Gleichzeitig wurden in Florida – und zwar im Sarasota County und drei weiteren Kreisen – 60.000 Stimmen überhaupt nicht gezählt.[92] In einer „Bananenrepublik" könnte es kaum schlimmer zugehen.

Zumindest seit den letzten beiden Präsidentschaftswahlen werden über 80 % aller Stimmen elektronisch gezählt. Dafür sind zwei Arten von Computern im Einsatz:

1. Ein so genannter *Touchscreen Computer*, bei dem der Wähler mit dem Finger ein Feld auf der Monitor-Oberfläche berührt, um seine Präferenz für einen Kandidaten zum Ausdruck zu bringen.
2. Ein *Optical Voting System*; das ist ein optischer Scanner, der mit der Hand ausgefüllte Papier- oder Kartonbögen „liest".

In beiden Fällen werden die Stimmen elektronisch wahrgenommen und auf eine *Memory Card* geladen. Dieses Speichermedium wird nach Ende der Stimmenabgabe aus dem Computer entfernt und in einen *Master Computer* gesteckt. Dieser wiederum zählt die Stimmen und erklärt den Gewinner.

Dieser Zählvorgang ist unsichtbar und geheim – so geheim, dass er sich jeder demokratischen Kontrolle entzieht. Die entsprechende Software und Hardware wird vor allem von den drei Firmen Diebold, Election Systems & Software (ES&S) und Sequoia geliefert. Dabei decken Diebold und ES&S allein etwa 80 % des Marktes für die elektronische Stimmenabgabe ab. Diebold ist Marktführer. Die Produkte dieses Unternehmens sind in 30 Bundesstaaten im Einsatz. Sie zählen etwa 40 % aller Stimmen in den USA.

Die Autorin, Hausfrau und Großmutter Bev Harris aus Seattle, Washington, war beunruhigt über das Wahldebakel im Jahr 2000 in Florida. Deshalb gründete sie eine kleine Bürgerinitiative namens *Black Box Voting* und ging den Fragen nach: „Wie zählt Amerika eigentlich seine Stimmen?", „Wie zuverlässig sind die hierbei eingesetzten Computer?", „Ist es möglich, Wahlergebnisse zu manipulieren?" Sie kam bei ihrer Recherche zu erstaunlichen Ergebnissen.[93]

Die erste Überraschung erlebte sie, als sie die angeblich supergeheime Diebold-Software, mit der die amerikanischen Wählerstimmen gezählt werden, fast zufällig im Internet fand. Zur Unterstützung ihrer Arbeit nahm sie dann die Hilfe von international anerkannten Computerexperten in Anspruch. Einer von ihnen, Dr. Avi Ruben, Technischer Direktor des *Information Security Institute* der Johns-Hopkins-Universität, analysierte die Software. Sein Ergebnis: Er habe „bedeutende und weitreichende Sicherheitsschwächen entdeckt."[94] Er bestätigte, dass diese Schwächen es möglich machten, dass Personen eine mit dieser Software gezählte Stimmenabgabe „in erheblicher Weise manipulieren" könnten, und zwar „auf eine Art und Weise, die schwer zu entdecken" ist.[95] Dr. Hugh Thompson, Direktor der *Security Innovations, Inc.*, ein weiterer Computer-Sicherheitsexperte, bestätigte diese Analyse.[96]

Bev Harris suchte dann zusammen mit einigen Mitgliedern ihrer Bürgerinitiative und zwei Computer-Sicherheitsexperten den Wahlbeamten Ion Sancho in Florida auf. Sancho hatte auf Kreisebene als *Supervisor of Elections* u. a. die beiden letzten Präsidentschaftswahlen im Leon County in der Nähe von Talahassee geleitet und überwacht. Da er wegen seiner Kompetenz und Integrität allgemein hoch geschätzt ist, war ihm im Jahr 2000 auch die Verantwortung für die Wiederholung der Stimmenauszählung für den gesamten Bundesstaat Florida übertragen worden. Damals hatte er bei dem Kopf-an-Kopf-Rennen zwischen George W. Bush und Al Gore seine nochmalige Auszählung allerdings nicht beenden können: Eine höchstrichterliche Entscheidung hatte vollendete Tatsachen zugunsten von George W. Bush geschaffen.

Bei ihrem Besuch in Florida wurde Harris u. a. von Harri Hursti aus Finnland begleitet. Auch er ist wie Ruben und Thompson ein international anerkannter Computer-Sicherheitsexperte. Seine Aufgabe bestand zunächst darin, die bei der Stimmenzählung eingesetzten *Memory Cards* zu untersuchen. Zur Überraschung aller Beteiligten fand er heraus, dass diese Speichermedien nicht nur Informationen über die abgegebenen Stimmen der Wähler enthielten, sondern auch ein aktives Programm, „das die gespeicherten Wahldaten bearbeitet".[97] Dieses, so Hursti, könne dazu verwendet werden, ein Wahlergebnis zu verändern. Und diese Veränderung könne man dann nicht entdecken, wenn die Summe der abgegebenen Stimmen nicht verändert werde.[98] Das heißt: Wenn man einem Kandidaten per Manipulation mehr Stimmen geben will, als dieser in Wirklichkeit erhalten hat, muss man einem seiner Kontrahenten die gleiche Zahl von Stimmen abziehen.

In dem erwähnten Test wählte Wahlleiter Ion Sancho per Los einen seiner zahlreichen Wahlcomputer des *Optical Voting System* aus und arrangierte zusammen mit seinen Mitarbeitern eine simulierte, aber wirklichkeitsgetreue Wahlsituation. Bev Harris und ihre Freunde füllten – für die Kamera und die anderen Beteiligten sichtbar – je einen Stimmzettel (*Ballot*) aus. Dabei stimmten zwei Personen bei einer fiktiven Frage mit „Ja" und sechs mit „Nein". Danach simulierte der Wahlleiter das Ende der Stimmenabgabe und zog die *Memory Card* vorschriftsmäßig aus dem Computer heraus, um sie danach in den Zähl- und Auswertungs-Computer zu stecken. Dieser sollte nun das offizielle Ergebnis produzieren, das Sancho als Wahlleiter dann unterschreiben und weiterleiten würde. Und natürlich wäre zu erwarten gewesen, dass bei den acht sichtbar abgegeben und in den Computer eingelesenen Stimmen auch das Ergebnis auf zwei „Ja"- und sechs „Nein"-Stimmen gelautet hätte. Harri Hursti hatte jedoch – mit dem Wissen der anderen Beteiligten – das auf der *Memory Card* entdeckte Programm dazu benutzt, um genau das zu tun, was nach seiner Analyse möglich war. Er hatte die vorhandene Software so programmiert, dass die Zahl der Stimmen nach seinen Wünschen von der *Memory Card* selbständig verändert wurde. Tatsächlich verkündete der *Master Computer* dann zur Überraschung aller und in Verfälschung des „Wählerwillens", dass sieben „Wähler" mit „Ja" und einer mit „Nein" gestimmt hätten. Der offensichtlich verstörte Wahlleiter rang in einer live mitgeschnittenen Videoaufnahme eine Weile nach Worten und bestätigte dann, dass er bei einer wirklichen Wahl keinen Grund gesehen hätte, dieses vom Auswertungs-Computer produzierte Ergebnis nicht zu unterschreiben.[99]

Der Beweis war erbracht, dass die Manipulation der amerikanischen Wahlen möglich ist. Gab es aber auch Anhaltspunkte dafür, dass jemand diese Möglichkeit tatsächlich genutzt hat? Auffällig ist in diesem Zusammenhang, dass der demokratische Präsidentschaftskandidat Senator John Kerry nach den Hochrechnungen am Wahlabend im Jahr 2004 vorn lag. Diese Hochrechnungen basierten auf den so genannten *Exit Polls*, also Befragungen der Wähler nach Verlassen der Wahllokale – eine Methode, die auch in anderen Ländern angewendet wird. Sie führt schon unmittelbar nach Schließen der Wahllokale zu recht genauen Trendprognosen. Trotz seines prognostizierten Vorsprungs auf der Grundlage dieser bewährten Methode verlor Kerry die Wahl, und zwar angeblich in Ohio. Irgendwie, so Kinsley, ist Ohio in den letzten Minuten der Auszählung plötzlich „auf mysteriöse Weise" Bush zugefallen.[100] Der Wahl-Rechtsanwalt Cliff Arnebeck berichtet, dass er ein auf „Laut" gestelltes Telefonat zwischen John Kerry und dessen Anwalt mit angehört habe. Darin habe Kerry sich frustriert darüber geäußert, dass New Mexico immer von Bush gewonnen werde, ganz gleich, wie die demographische Zusammensetzung dort sei. Denn es sei aufgrund der sozioökonomischen Struktur jenes Bundesstaates ein überwältigend deutliches Votum zugunsten des demokratischen Kandidaten zu erwarten gewesen. „Kerry wusste", so Arnebeck, „dass Betrug im Spiel war."[101] Nach den Ungereimtheiten bei der Stimmenauszählung in Ohio kündigte Kerry dann auch an, dass er eine Untersuchung der Wahlcomputer beantragen werde. Umso überraschender war dann allerdings, dass er sich innerhalb von 12 Stunden nach Verkündigung des Wahlergebnisses – zugunsten von George W. Bush – ohne Gegenwehr zum Verlierer erklärte. Viele seiner Wahlhelfer und Wähler waren verärgert. Was hatte ihn umgestimmt?

Und was hatte zu der offensichtlichen Diskrepanz geführt zwischen dem sehr wahrscheinlichen Wahlausgang in New Mexico und dem Ergebnis der landesweiten Hochrechnungen einerseits – die beide Kerry favorisierten – und den tatsächlich von den *Master Computern* „verkündeten" Resultaten andererseits? Gibt es noch konkretere Anhaltspunkte für eine Manipulation als diese relativ vagen Verdachtsmomente? Möglicherweise ja. Im Jahr 2000, so die verantwortliche Wahlleiterin von Volusia County in Florida, habe der *Master Computer* in jenem Kreis Al Gore *minus* 16.022 Stimmen gegeben.[102] Da derselbe Auswertungs-Computer bei Wahlen für andere Ämter immer fehlerfrei gearbeitet habe, so Experten, könne es sich nur um das Ergebnis eines Eingriffs gehandelt haben. Zu denken gibt außerdem die Tatsache, dass die für diesen kuriosen Fehler verantwortliche *Memory Card* seit damals unauffindbar ist, also nicht mehr überprüft werden kann.[103]

Wer wäre in der Lage gewesen, die Diebold-Software auf einer oder mehreren *Memory Cards* zu manipulieren – ebenso wie es der Finne Harri Hursti in der Demonstration geschafft hat? Natürlich hatte der Hersteller selbst diese Möglichkeit. Hat er sie auch genutzt? Hatte er überhaupt ein Interesse daran?

Bei manchen kritischen Wählern in Amerika hinterlässt der Umstand einen faden Beigeschmack, dass Diebold als Unternehmen und einige seiner leitenden Mitarbeiter aktiv am Wahlkampf für George W. Bush beteiligt waren. Was genau meinte der *CEO* des Unternehmens, Walden O'Dell, als er am 14. August 2003 in einem *Fundraising Letter* zugunsten von George W. Bush schrieb: „Wir haben uns dazu verpflichtet, Ohio dabei zu helfen, im kommenden Jahr die Wählerstimmen für den Präsidenten zu beschaffen."[104] „Dies beweist nichts", schreibt Michael Kinsley von der *New York Times*, „außer, dass der C.E.O. ein Idiot ist. Er ist ein Idiot, wenn sein Unternehmen die Wahlmaschinen nicht manipuliert, und er ist ein noch größerer Idiot, wenn er es tut."[105] Und wofür genau hat der 8. Distrikt des *Republican Committee* Diebold Geld gezahlt? Das ging nämlich aus Buchhaltungsunterlagen hervor, die Bev Harris im Müll von Diebold in Texas fand.[106]

Vermutlich werden wir nie die Antworten auf diese Fragen erhalten. Denn selbst eine erneute Auszählung der Wählerstimmen scheint in Amerika nur eine Farce zu sein. Dies bewiesen Bev Harris und ihr Team in Cuyahoga County, Ohio, in der Nähe von Cleveland. Dort war nämlich nach der Präsidentschaftswahl im Jahr 2004 eine erneute Zählung der Stimmen beantragt worden. Das Prozedere ist allerdings äußerst kurios. Bei einer solchen Wiederholung der Stimmenauszählung wird nämlich zunächst nur eine angeblich per Zufallsprinzip ausgewählte Menge von 3 % der abgegebenen Stimmen vor den Augen der Öffentlichkeit gezählt. Und nur dann, wenn es in diesen 3 % Fehler gibt, werden die restlichen 97 % noch einmal gezählt. Diese 3% werden jedoch nicht wirklich per Zufall ausgewählt, sondern von einem Vertreter der Wahlbehörde bestimmt. Im Fall von Cuyahoga County im Jahr 2004 wurde dann auch noch bekannt, dass die Mitarbeiter der Wahlbehörde in der Nacht vor der öffentlich angesetzten Wiederholung der Zählung sichergestellt hatten, dass die zur Zählung ausgewählten 3 % keine Fehler enthielten.[107] *There is no business like show business*. Die Öffentlichkeit muss ruhig gehalten werden. Die Wahrheit aber – und die Demokratie – bleiben auf der Strecke. Und Kritiker der Unregelmäßigkeiten und Wahlmanipulationen werden von den Republikanern einfach als schlechte Verlierer dargestellt. Wer Kritik übe, verhalte sich unsportlich und undemokratisch.[108]

Und noch etwas ist in diesem Zusammenhang bemerkenswert. Die schier unglaubliche Geschichte der Bev Harris wurde am 2. November 2006 im Bezahlfernsehen *HBO* ausgestrahlt. Erstaunlich ist, dass es weder in der Bevölkerung noch in der Politik daraufhin einen Aufschrei der Entrüstung gab. Es gab keinen parlamentarischen Untersuchungsausschuss, kein breites Medienecho, keine Thematisierung des Problems in den Talkshows. Die Bevölkerung tut, was John Kerry tat: Sie schweigt und akzeptiert. Ist es Lethargie, Resignation oder das Ergebnis einer Gehirnwäsche durch die patriotische Propaganda, derzufolge in „Gottes Land", dem Paradies diesseits von Eden, nicht sein kann, was nicht sein darf?

5. Die Stadt auf dem Berg

Die Ansicht, dass es sich bei den Vereinigten Staaten von Amerika um „Gottes Land" handelt, wird offenbar von einer überkonfessionellen Mehrheit der amerikanischen Gesellschaft geteilt. Trotz, vielleicht auch gerade wegen der verfassungsmäßig verankerten Trennung von Staat und Kirche hat sich in Amerika eine Art Zivilreligion etabliert. Sie drückt sich in mehrheitlich geteilten Glaubensvorstellungen, Symbolen und Ritualen aus. Das Phänomen einer Zivilreligion ist zu einem so selbstverständlichen Teil der amerikanischen Kultur geworden, dass es dem einzelnen Amerikaner gar nicht bewusst ist. Es war der amerikanische Soziologe Robert Bellah, der 1967, auf der Höhe des Vietnamkrieges, mit seinem Artikel „*Civil Religion in America*" diesen wichtigen Teil des amerikanischen Zeitgeistes pointiert beschrieb. Auch wenn die Kerngedanken seiner Beobachtungen und Überlegungen schon lange vorher zu finden sind,[109] hat sein Aufsatz eine Identitätsdebatte ausgelöst, die bis heute anhält.

Nach Bellah gehören zur amerikanischen Zivilreligion der Glaube an ein höheres Wesen namens Gott, die Vorstellung, dass die amerikanische Nation den Gesetzen Gottes folgt und die Gewissheit, dass Gott die Vereinigten Staaten führt und beschützt. Entsprechende Symbole und religiöse Formeln finden sich auf allen Münzen und Geldscheinen, etwa *In God we trust* („Wir vertrauen auf Gott"), im Fahneneid: *One nation under God* („Eine Nation unter Gott") und in der häufig öffentlich verwendeten Formel *God bless America* („Gott segne Amerika"). Ferner werden entsprechende Ausdrücke dieser Religiosität vorzugsweise in politischen Reden, bei der Beerdigung von Soldaten, den Helden der Nation, und der Begehung der politischen Feiertage bemüht. Der *Memorial Day*, an dem der gefallenen Amerikaner aller Kriege gedacht wird, bildet zusammen mit dem *Thanksgiving Day*, dem Erntedankfest, dem Veteranentag sowie den Geburtstagen von George Washington und Abraham Lincoln den „rituellen Jahreskalender"[110] der Zivilreligion.

„Die amerikanische Zivilreligion", so der amerikanische Religionswissenschaftler Rowland Sherrill, „ist eine Form der Hingabe, des Ausblicks und der Selbstverpflichtung. Sie vereint die Bürger des Landes lose mit den Vorstellungen, die sie besitzen und zum Ausdruck bringen in Bezug auf das heilige Wesen, die heiligen Ideale, den heiligen Charakter und die heilige Bedeutung ihres Landes … Die Menschen glauben, dass ihr Land in besonderer Weise von Gott gesegnet wurde. … Amerika und die Amerikaner haben daher einen besonderen Platz und eine besondere Rolle in der Welt und der Menschheitsgeschichte."[111] In einer im Jahr 2002 durchgeführten Meinungsumfrage gaben 48 % aller Amerikaner an, dass sie der Meinung sind, die Vereinigten Staaten hätten im überwiegenden Teil ihrer Geschichte den besonderen Schutz Gottes erfahren.[112]

In einem Land, in dem über 93 % der Bevölkerung angeben, an Gott zu glauben, und nur 7 % angeben, religionslos zu sein, 59 % häufig beten und 40 % einmal wöchentlich zum Gottesdienst gehen,[113] scheint es für die politischen Führer außerdem nur opportun und politisch korrekt zu sein, gelegentlich darauf zu verweisen oder zumindest durchblicken zu lassen, dass auch sie diesen Glauben teilen. Bei solch öffentlichen Bekenntnissen wird jedoch tunlichst darauf verzichtet, den verwendeten religiösen Begriffen eine dogmatische oder kirchliche Prägung zu geben – etwa indem die Namen „Jesus Christus" oder „Mose" genannt werden. Es scheint um den kleinsten gemeinsamen Nenner fast aller Religionen zu gehen, bei dem der Angehörige zumindest keiner größeren Religion oder monotheistischen Weltanschauung Anstoß nehmen könnte. Ausgeschlossen werden dabei allerdings Atheisten, Polytheisten und Animisten.

Eine Wurzel der amerikanischen Zivilreligion geht zurück auf Johannes Calvin (1509–1564), der in Genf ein christliches Gemeinwesen geschaffen hatte. Dieses wiederum inspirierte protestantische Reformatoren in Schottland und England zur Nachahmung.[114] Die erste Formulierung einer offenkundigen Bestimmung der USA stammt von John Winthrop.[115] Der gläubige Puritaner und Anführer der *Massachusetts Bay Colony*, einer Vorläuferin des späteren amerikanischen Bundesstaates Massachusetts, hielt 1630 auf dem Weg nach Amerika eine oft zitierte Predigt. An Bord der *Arabella* sagte er vor seinen Mitreisenden: „So steht es um die Sache zwischen Gott und uns. Wir sind für diese Aufgabe einen Bund mit Ihm eingegangen. Wir haben einen Auftrag übernommen. … Denn wir müssen bedenken, dass wir eine Stadt auf dem Berg sein werden. Die Augen aller Menschen werden auf uns sehen."[116] In dem Zusammenhang wies er aber auch auf die Bedingungen dieses Privilegs hin: „Uns ist heute geboten, den Herrn, unsern Gott, zu lieben und uns untereinander zu lieben, auf Seinen Wegen zu wandeln und Seine Gebote und Bestimmungen und Gesetze und die Artikel unseres Bundes mit Ihm zu halten, auf dass wir leben und uns vermehren, auf dass der Herr, unser Gott, uns segnen möge in dem Land, zu dem wir fahren, um es zu besitzen. Doch wenn sich unsere Herzen abwenden, so dass wir nicht gehorchen, … werden wir mit Sicherheit untergehen …"[117]

Mit dem Bild von der „Stadt auf dem Berg" spielte Winthrop auf einen Vergleich Jesu in der Bergpredigt an.[118] Dieser illustrierte damit nämlich die Verantwortung und Vorbildrolle des Christen in der Gesellschaft. Winthrop spiegelte mit dieser Anleihe aus der Bibel offenbar die allgemeinen Empfindungen der frühen Siedler. Sie sahen sich nämlich schon vor ihrer Ankunft in der neuen Heimat als „Gottes neues Israel" oder „Gottes neues Zion". Winthrop sahen sie als eine Art Mose, der sie in das verheißene Land führte. Die Überquerung des Atlantiks wurde für sie sinnbildlich die Durchquerung des Roten Meeres bzw. die Überquerung des Jordan. Ähnlich wie Gott das Volk Israel zu einem Modellvolk machen wollte, durch das die übrigen Völker der Welt gesegnet werden sollten, sahen sich die Amerikaner als ein Volk, das von Gott für eine besondere Aufgabe zum Segen der Welt bestimmt war und ist. Der wirtschaftliche und dann auch militärische Erfolg schien diese Sicht für viele Amerikaner zu bestätigen.

Auch die Sprache der amerikanischen Unabhängigkeitserklärung enthält religiöse Anspielungen und Anleihen aus der Bibel. Trotz der festgeschriebenen strikten Trennung von Staat und Kirche und trotz eines Ringens um eine Stärkung des Konzepts der Vernunft, erwähnt das Dokument nämlich einen „Schöpfer" und spricht von „göttlicher Vorsehung".[119]

Das frühe Idealbild eines amerikanischen Gottesstaates hatte aber durchaus seine Schönheitsfehler, denn der „Bund mit Gott" und die „Stadt auf dem Berg" schloss Indianer, Schwarze und Katholiken nicht mit ein. Im Gegenteil: „Amerika wurde auf der Grundlage eines Völkermordes gebaut", schrieb die Autorin Susan Sontag 1967, indem sie auf die teilweise Ausrottung der Indianer verwies, „nämlich auf der nicht infrage gestellten Anmaßung des Rechts weißer Europäer, eine einheimische, technisch rückständige farbige Bevölkerung auszurotten, um den Kontinent in Besitz zu nehmen."[120]

Gerechtfertigt wurden diese Gewalt und auch die Gewalt in späteren kriegerischen Auseinandersetzungen immer wieder durch Anleihen aus dem Alten Testament, und dort besonders aus Berichten über die Kriege Israels im Namen Gottes. „Erlösende Gewalt", schreiben die Amerikaner Robert Jewett und John Shelton Lawrence 2003, „spielt in den biblischen Erzählungen eine wichtige Rolle, und zwar in Bezug auf Eroberungen, nationale Sicherheit und moralische Reinigung".[121] Da Amerika das „neue Israel Gottes" sei, sah offenbar niemand darin einen Widerspruch zu den christlichen Werten, die zumindest gemäß dem Anspruch amerikanischer Politiker das Handeln des Landes bestimmten.

Dabei hat sich im Laufe der Geschichte die Vorstellung einer eher passiven Vorbildrolle des Landes – eben der Stadt auf dem Berg – mehr und mehr in die einer proaktiven Rolle eines missionarisch getriebenen göttlichen Ordnungshüters gewandelt. Als Beleg dafür sei zunächst das Eingreifen in die beiden Weltkriege genannt.[122] Am bisher stärksten aber wurde dieser Wandel im Verständnis der angeblich von Gott übertragenen Rolle Amerikas in der Welt im Angriffskrieg gegen den Irak unter George W. Bush deutlich.

Bereits im Jahr 1900 hatte der Schriftsteller und Senator Albert J. Beveridge[123] im U.S.-Senat gesagt: „Der allmächtige Gott … hat das amerikanische Volk als die auserwählte Nation gekennzeichnet, damit es endlich in der Erneuerung der Welt eine Führungsrolle übernehme. Dies ist der göttliche Auftrag Amerikas. … Wir sind die Treuhänder für den Fortschritt der Welt, die Bewahrer des gerechten Friedens."[124] Und auch die Kriegspräsidenten Wilson und Roosevelt sowie ihre Nachfolger im Kalten Krieg haben die Ausbreitung von Freiheit und Demokratie als Motiv für ihre Militärpolitik genannt. „Stets ging es dabei um die Weltgeltung der amerikanischen Verfassung", schreibt Herbert Kremp, „um das ideale und ideelle Reich, das sie verheißt, um das Reich also des Guten. Die Verfassung trägt das Priestergewand einer Zivilreligion."[125]

Ronald Reagan gehörte später zu jenen, die das Bild von der „Stadt auf dem Berg" wieder aufgriffen und mit Vorliebe verwendeten. Aber noch stärker kommt die Vorstellung einer göttlichen Berufung Amerikas in der Rhetorik von George W. Bush zum Ausdruck. Er bezeichnete den Krieg gegen den Terror zumindest anfangs als „Kreuzzug" und als „Krieg gegen das Böse". Nur drei Tage nach dem 11. September 2001 sagte er, dass es „unsere Verantwortung gegenüber der Geschichte sei … die Welt vom Bösen zu befreien".[126] Und neun Tage nach dem Anschlag sagte er vor dem Kongress: „Es geht hier nicht nur um die Freiheit Amerikas. Dies ist der Kampf der gesamten Welt. Dies ist der Kampf der gesamten Zivilisation. Es ist der Kampf aller, die an Fortschritt und Pluralismus, Toleranz und Freiheit glauben."[127] Und natürlich ist Amerika jene globale Erlösernation, die stellvertretend für Gott und in seinem Auftrag die Welt rettet.

Die zivilreligiöse Vorstellung, Gott habe Amerika deshalb gesegnet, damit andere Nationen am amerikanischen Vorbild gesunden, birgt beim genaueren Hinsehen zumindest eine gewisse Ironie. So schreibt Robert Bellah: „Wir sind mehr denn je eine Stadt auf dem Berg. Doch was sehen die Augen all jener Menschen, die uns ansehen? Sind wir das Vorbild christlicher Nächstenliebe, zu dem John Winthrop und die Puritaner des 17. Jahrhunderts uns machen wollten? Wir sind bei weitem kein so gutes

Vorbild, wie wir es sein könnten. Warum haben wir von allen entwickelten Industrienationen die höchste Armutsrate, den größten Prozentsatz der Bevölkerung ohne Krankenversicherung und die größte Zahl von Todesfällen durch Schusswaffen? Warum sind wir aufgeteilt in zwei Nationen, von der die eine im Wohlstand der Ersten Welt lebt und die andere im Elend der Dritten Welt – ebenfalls wie keine andere fortschrittliche Nation?"[128]

Amerika ist dem Anspruch nach tatsächlich das christlichste aller Industrieländer, seinem Verhalten nach allerdings zugleich das unchristlichste, meint der Umwelt-Journalist Bill McKibben.[129] Amerika sieht gar nicht gut aus, fährt er fort, wenn man einen einfachen Maßstab für die Bewertung von Christlichkeit anlegt – nämlich, wie viel das Land tut, um den Ärmsten dieser Welt zu helfen. „Schließlich sagte Jesus, als er in den Tagen vor seiner Kreuzigung seine Botschaft für seine Jünger zusammenfasste, dass man den Unterschied zwischen den Gerechten und den Verdammten daran erkennen könne, dass sie die Hungrigen gespeist, den Durstigen zu trinken und den Nackten Kleidung gegeben haben und dass sie die Fremden beherbergt und die Gefangenen im Gefängnis besucht haben."[130] Im Jahr 2004 habe Amerika im Verhältnis zu seinem wirtschaftlichen Leistungsvermögen bei der Entwicklungshilfe weltweit nach Italien an vorletzter Stelle gelegen – und das nicht, weil die Amerikaner soviel Geld an private Hilfsorganisationen zahlten. Außerdem: „18 % der amerikanischen Kinder leben in Armut (verglichen mit 8 % in Schweden). Egal, wo man den Maßstab ansetzt, um die Sorge um die Geringsten unter uns zu bewerten – Kinderernährung, Säuglingssterberate, Zugang zu Kindergartenplätzen – wir stehen unter den reichen Ländern fast immer an letzter Stelle – und das oft mit großem Abstand. Es geht nicht nur darum, dass … Amerika in all diesen Kategorien das Schlusslicht bildet, sondern dass das überwiegend christliche Amerika bei jenen Kategorien das Schlusslicht bildet, denen Jesus besondere Aufmerksamkeit geschenkt hat."[131]

75 % aller Amerikaner glauben, dass die Bibel lehrt: „Gott hilft denen, die sich selbst helfen." Tatsächlich aber steht dieser Satz nicht in der Bibel. Er stammt von Benjamin Franklin und steht im Grunde genommen im krassen Widerspruch zur Botschaft der Bibel.[132] Und wie steht es um das Thema „Gewalt"? Trotz des sechsten Gebots („Du sollst nicht töten!"), so McKibben, ist Amerika das gewalttätigste aller reichen Länder. „Obwohl uns gesagt wurde, dass wir auch die andere Wange hinhalten sollen, sind wir die einzige westliche Demokratie, die ihre Bürger noch

hinrichtet, und zwar am meisten in jenen Bundesstaaten, in denen das Christentum theoretisch am stärksten ist."[133]

Auch der *außenpolitische* missionarisch-zivilisatorische Anspruch Amerikas erscheint beim genaueren Hinsehen wenig glaubwürdig. Zwar hat Amerika Deutschland von einer faschistischen Herrschaft befreit, doch dies kann nicht als Beleg für eine generell selbstlose demokratische und freiheitsliebende Politik gewertet werden. Denn in anderen Fällen – etwa im Spanien Francos, im Portugal Salazars, im Kuba vor Castro, in Persien, Saudi-Arabien, Mittel- und Südamerika – war und ist die Einrichtung und Stützung von rechtsgerichteten Diktaturen geradezu ein Leitmotiv amerikanischer Außenpolitik. „,Das waren zwar Scheißkerle', wie das geflügelte Wort der fünfziger Jahre lautete, ,aber eben unsere Scheißkerle.'"[134] Dort sah Amerika weg – und tut es auch heute noch –, wenn Völker unterdrückt, Menschenrechte verletzt und die Prinzipien von Freiheit und Demokratie mit Füßen getreten wurden. Der in Wien lebende jüdische Schriftsteller Robert Menasse schlussfolgert dementsprechend: „Die USA ... definieren heute Demokratie und Rechtszustand als ein Verhältnis zwischen Leitmacht und Vasallen."[135]

Die Vorstellung einer göttlichen Erwählung und Mission Amerikas mit einer daraus abgeleiteten religiösen Verehrung des Heimatlandes wird vor allem von Nichtamerikanern kritisch gesehen. Denn durch eine Vergottung des Vaterlandes besteht die Gefahr, imperialistische Ambitionen zu rechtfertigen und die Unterdrückung anderer mit christlichen und zivilisatorischen Motiven schönzureden.[136] Dass so etwas möglich ist, haben wir an der Geschichte des „Dritten Reiches" gesehen. Hitler und die Nationalsozialisten rechtfertigten die Eroberung osteuropäischer Länder mit der Überlegenheit der arischen Rasse und dem daraus abgeleiteten Recht auf Lebensraum.

Auch in Deutschland stand am Anfang einer unheilvollen Entwicklung ein übertriebener Patriotismus mit dem Konzept einer besonderen Erwählung des deutschen Volkes durch „die Vorsehung". Der Kieler Historiker Hartmut Lehmann hat nachgewiesen, wie in Deutschland eine spezielle Verbindung von protestantischem Glauben und Politik das Aufkommen der Nazidiktatur begünstigte. Es sei gerade die Vorstellung einer göttlichen Erwählung gewesen, die den Nationalismus gestärkt habe. „Das Bild vom auserwählten Volk half bei dem Versuch, Nationalismus und christlichen Glauben miteinander zu vereinen. So wurden politische Ziele und religiöse Tradition miteinander vereint, und so wurde die Säkularisierung bekämpft …"[137] Deshalb stellten sich auch viele deutsche Protestanten gegen die Einführung der Demokratie. Sie waren für den Erhalt eines autokratischen Systems, solange es auch nur den leichtesten Hauch einer theokratischen Idee verkörperte. Wenn es Anfang der 1930er Jahre schon keine Monarchie mehr gab, so sollte es wenigstens ein Herrscher sein, der das Volk nach dem Willen Gottes oder zumindest „der Vorsehung" führte. Dass Hitler im Frühjahr 1933 seine SA-Braunhemden in den Gottesdienst schickte, war für die konservativen Protestanten ausreichender Beweis dafür, dass seine Machtergreifung „mit einer religiösen Erneuerung und einer Rückkehr der meisten, wenn nicht gar aller Deutschen zum wahren christlichen Glauben einhergehen" würde.[138] Je stärker die deutschen Protestanten in ihrer konservativ-christlichen Tradition verhaftet waren, „d. h. je mehr sie auch weiterhin an eine besondere Rolle der Deutschen im Plan Gottes glaubten, desto mehr begrüßten sie Hitlers Aufstieg zur Macht. Während sie zu Hitlers Rhetorik und seiner Abschaffung demokratischer Einrichtungen applaudierten, taten sie wenig, wenn überhaupt etwas, um jene zu beschützen, die von den Nazis verfolgt wurden."[139]

Wird Amerika den gleichen Weg gehen? Wahrscheinlich nicht. Gewisse Parallelen drängen sich dennoch auf. Im Gegensatz zu Europa, das bereits alle Staatsformen wie theokratische Monarchie, aufgeklärte Monarchie, Nationalismus, Faschismus und Kommunismus ausprobiert hat, ist Amerika „in vielerlei Hinsicht eine radikal-ideologische Nation geblieben", schreibt Wolfgang Koydl, „die in ihrer Form der Demokratie nicht weniger als das Heil der Menschheit sieht. Gerade die Verknüpfung mit einem religiös verbrämten Sendungsbewusstsein verwirrt, irritiert und bestürzt viele Europäer."[140] Es drängt sich also nicht nur der Verdacht auf, dass das amerikanische Konzept von Demokratie in seiner propagandistischen Vermarktung hell leuchtet, während es in der konkreten innen- und außenpolitischen Umsetzung tatsächlich gar nicht so gut darum bestellt ist. Es ist die systematische Blindheit einer Mehrheit der US-Amerikaner für die Begrenzungen und Mängel ihrer eigenen Form von Demokratie, die viele ausländische Beobachter mit Sorge erfüllt.

Teil III: Wie sich der christliche Glaube entwickelt hat

1. Nur das Ergebnis zählt

Um Amerika zu begreifen oder um zu verstehen, was die amerikanische Gesellschaft und Politik bewegt,[1] muss man sich unbedingt mit weiteren Aspekten des amerikanischen Christentums und dem Glaubensgut der Amerikaner befassen. Wenn mindestens 93 % der Amerikaner an Gott glauben und über 40 % sagen, sie seien wiedergeboren, und wenn zugleich immer mehr Vertreter der religiösen Rechten in die Politik drängen, dann ist Religion in Amerika im Gegensatz zum säkularisierten Europa zweifellos eine entscheidende Triebfeder des gesellschaftlichen und politischen Handelns. Außerdem ist sie eine wichtige Quelle für die Bildung der kulturellen Leitwerte. Eine Klärung der amerikanischen Prägung des Christentums sowie der religiösen Konzepte und Überzeugungen in der amerikanischen Gesellschaft ist daher dringend erforderlich und das umso mehr, als das Christentum *Made in USA* besonders für den Europäer und ganz speziell den Deutschen schwer zu verstehen ist.

Manche sozialpolitischen Entscheidungen und gesellschaftlichen Einstellungen und Verhaltensweisen in Amerika scheinen dem christlichen Ideal zu widersprechen. Der von einer Mehrheit gewollte und unterstützte aktuelle politische Umgang mit dem Phänomen „Armut" beispielsweise wird zumindest aus europäischer Sicht geradezu als unchristlich bewertet. Es überrascht immer wieder, dass selbst engagierte Christen in den USA diesen Gegensatz zwischen praktizierter Nächstenliebe des Einzelnen einerseits und staatlich tolerierter sozialer Ungleichheit und Ungerechtigkeit andererseits ganz und gar nicht als Widerspruch empfinden.

Um dieses Missverhältnis zu begreifen, muss man die ideologischen und historischen Unterschiede des protestantischen Christentums in Europa und in Amerika betrachten. Während der kontinentaleuropäische Protestantismus geprägt ist durch das Luthertum und später den lutherischen Pietismus, haben sich in Amerika der Calvinismus und insbesondere der calvinistische Puritanismus als wertebestimmende und staatstragende Form des Christentums durchgesetzt.[2] Dies hatte – und hat bis zum heutigen

Tag – deutliche Auswirkungen auf das Verhältnis des Einzelnen zu Staat, Kirche, Gesellschaft, Beruf, Wirtschaft, Kultur, Moral, Ethik usw.

Um das zu veranschaulichen, muss man sich die unterschiedlichen Auswirkungen von Luthertum und Calvinismus am Beispiel der Arbeitsethik vor Augen führen. Auch wenn im heutigen Europa das Verhalten des Einzelnen in weit geringerem Maße durch christliche Überzeugung geprägt ist als in Amerika, finden sich auch hier mehr oder weniger deutliche Spuren eines Verhaltenscodex, der durch christliche Werte und Vorstellungen bestimmt ist. Im lutherischen Protestantismus wird das Hauptgewicht auf die *Ausführung* der Arbeit gelegt. Die Erfüllung von Aufgaben erhält geradezu eine religiöse Qualität, wobei der Erfolg oder das Ergebnis dieser Arbeit mehr in den Hintergrund tritt.[3] Für seine Rechtfertigung vor Gott, für die Erlangung des ewigen Lebens, war für den Lutheraner der Glaube entscheidend und nicht das Vorweisen einer weltlichen Leistung. Die Ausführung seiner Arbeit war für ihn eine Konsequenz seines Standes als Erlöster und Ausdruck seiner Dankbarkeit gegenüber Gott, aber nicht die Bedingung für seine Erlösung. Im Gegensatz dazu ist für den Calvinisten bzw. den calvinistisch geprägten Puritaner die Ausführung der Arbeit vergleichsweise weniger wichtig als ihr *Ergebnis*. Es ist der Erfolg der Arbeit, der nämlich den äußeren Beweis für die göttliche Annahme des Gläubigen liefert.

Diese calvinistische Arbeitsethik hat dann im Zusammenwirken mit der Vorstellung einer göttlichen Vorherbestimmung zur Tolerierung, wenn nicht gar zum Ideal einer sozialen Ungleichheit geführt. Die Lehre von der Vorherbestimmung, auch Prädestinationslehre genannt, geht davon aus, dass Gott schon vor Erschaffung der Welt festgelegt hat, wer für die Ewigkeit gerettet wird und wer nicht. „Demnach existiert eine ‚natürliche‘ Ungleichheit zwischen den Auserwählten und den Verworfenen. Da das Auserwähltsein in materiellem Wohlstand oder beruflichem Erfolg auch äußerlich sichtbar [sei], war auch die materielle Ungleichheit eine Folge der göttlichen Vorsehung und von daher legitimiert.“[4]

Dagegen lehrte die besonders durch den Halleschen Pietismus[5] weiterentwickelte lutherische Arbeitsethik, dass der Nutzen der individuellen Arbeit auf das Wohl der Gemeinschaft gerichtet sein müsse. Das Handeln des Christen sollte also im Dienst der Gemeinschaft stehen.

Auch die jeweilige Einstellung gegenüber dem Staat hat zu unterschiedlichen Formen des protestantischen Christentums geführt. Martin Luther musste schon am Anfang seiner Reformation feststellen, dass der „gemeine

Mann" und insbesondere der Bauer in den Bauernunruhen des 16. Jahrhunderts dazu neigte, das Wesen der neuen lutherischen Sicht von „der Freiheit des Christenmenschen" misszuverstehen. Luther hatte die Menschen dazu aufgerufen, sich vom Joch der geistlichen Herrschaft durch eine übermächtige Kirche zu befreien und ihre Lehre von der Werkgerechtigkeit zurückzuweisen. Die ewige Seligkeit, so Luther, könne man sich nicht durch das Spenden von Geld an die Kirche und die Verrichtung frommer Werke verdienen. Diese Botschaft der Befreiung hatten aber breite Volksschichten als einen Aufruf auch zur politischen Revolution verstanden.

Um sein Lebenswerk zu retten, bemühte Luther sich, den ausschließlich religiösen Charakter seiner Lehren noch deutlicher herauszustellen. Er wollte keine politische Revolution, sondern eine Reformation von Christentum und Kirche. Vielleicht ist er bei seiner Betonung der ausschließlich religiösen Aspekte seiner neuen Sicht vom Glauben über das Ziel hinausgeschossen. Außerdem stellte er sich auf die Seite der protestantischen Obrigkeit, die damit gedroht hatte, der Reformation ihre Unterstützung zu entziehen, wenn Luther sich nicht eindeutig gegen die Bauernaufstände mit ihrem politischen und sozialen Charakter ausspräche. Die deutschen Fürsten fürchteten nicht nur den Verlust von Macht und Einfluss, sondern auch von Leib und Leben. Luther stellte sich folglich auf die Seite der Obrigkeit und misstraute fortan dem einfachen Mann. Dieser wurde gewissermaßen entmündigt. So wurde aus der protestantischen Bewegung und dem reformierten Christentum in Deutschland eine Fürsten- und Staatskirche. Die Entwicklung eines Wohlfahrtsstaates war somit auch nur eine logische Konsequenz, denn viele der sozialen Aufgaben der Kirche wurden jetzt die Angelegenheit von Fürst und Staat. Nächstenliebe und speziell die christliche Verantwortung gegenüber den Armen und der Ausgleich sozialer Ungleichheit wurden zwar als christliche Kernanliegen gesehen, aber durch die weitgehende Entmündigung des „gemeinen Mannes" und die enge Identifizierung des kirchlichen Christentums mit der Obrigkeit wurden solche Aufgaben weitestgehend vom Staat wahrgenommen.

Ganz anders dagegen lief die Entwicklung in Amerika. Der calvinistische Puritanismus wird bis heute getragen von einer aktiven und mündigen Laienschaft. Kirche und Staat sind getrennt. Soziale Aufgaben und besonders die Hilfe für Arme, Witwen und Waisen werden in weitaus höherem Maße von den Kirchen oder einzelnen Personen als vom Staat wahrgenommen.[6] Und für den Calvinisten war es nicht die Mitgliedschaft in einer Kirche, die zur Erlösung führte, sondern allein die individuelle Berufung oder Auserwählung durch Gott. „Dieser religiöse Individualismus findet seinen Ausdruck in der freiwilligen Zugehörigkeit zu einer religiösen Denomination – einem Hauptkennzeichen des US-amerikanischen Puritanismus auch heute noch.“[7]

Damit im Zusammenhang steht aber auch die für Europäer überraschende Opposition vieler amerikanischer Christen gegenüber sozialen und wirtschaftlichen Hilfsprogrammen für die Schwächeren in der Gesellschaft durch den Staat. Die Hilfsprogramme, so argumentieren die Evangelikalen, würden sich „in die individuelle Verantwortung des Einzelnen für seine Erlösung einmischen.“[8] „Gott hilft jenen, die sich selber helfen.“[9] Einige der evangelikalen Prediger verkündigen ein so genanntes *Prosperity Gospel.* Sie nähren den Glauben, dass man im Gebet nur nennen müsse, was man sich wünscht, um es zu bekommen. Wenn man also ein neues Auto, eine bessere Arbeit oder Gesundheit wolle, dann müsse man es nur im Namen Jesu beanspruchen und davon ausgehen, dass man es erhalten werde. Kritiker dieses Glaubens verweisen zu Recht darauf, dass der Besitz von materiellen Gütern so nicht mehr mit der Vorstellung harter Arbeit verbunden wird.[10] Der Umkehrschluss lautet daher schnell: Wer arm ist, hat nicht genug gebetet oder muss sich vielleicht nur bekehren, um teilzuhaben an den Segnungen von Reichtum und *American Dream.*

Die soziale Gerechtigkeit ist sicher eine von vielen Fragen, an denen sich die Fundamentalisten und Liberalen in Amerika reiben. Das hat Tradition, ist aber nicht auf das Thema „Armut“ beschränkt. Schon in den Anfangsjahren der Republik, so der amerikanische Religionssoziologe Robert Wuthnow, habe es immer wieder religiös-gesellschaftliche Konflikte gegeben. Die gegenwärtige Auseinandersetzung zwischen Fundamentalisten und Liberalen sei also nichts Neues. Bei den Konflikten der Vergangenheit ging es auch um Sklaverei, Trunksucht, Krieg, Gleichberechtigung von Mann und Frau und Einwanderung. So waren es etwa die gelockerten Einwanderungsgesetze, die in den 1960er Jahren zu einer Art Kulturkrieg führten. Viele Fundamentalisten fühlten sich durch den ständigen Zustrom nicht westlicher Einwanderer bedroht. Sie befürchteten eine nicht protestantische Überfremdung und damit den Untergang ihres protestantischen Amerika. Die meisten Liberalen dagegen nahmen gegenüber der religiösen Vielfalt eine begrüßende Haltung ein.[11]

Darüber schrieb Wuthnow 1990.[12] Die gegenwärtige politisch-religiöse Entwicklung in Amerika aber – das wird mit jedem Tag deutlicher – scheint eine noch nie da gewesene Qualität erreicht zu haben.

2. Von Minderheitenschutz zu Mehrheitsdiktat

Als Amerika sich konstituierte, indem sich die *Founding Fathers* zusammensetzten, um ihrem Land eine Verfassung zu geben, hatten sie die Gründe für ihre Auswanderung aus Europa und für die Schaffung eines neuen Staatsgebildes lebendig vor Augen. Sie waren vor der Unterdrückung und Bevormundung durch eine weltliche und kirchliche Obrigkeit geflohen. In ihrem neuen Staat sollte es keine Staatskirche geben. Deshalb verankerten sie im ersten Zusatz zur Verfassung eine strikte Trennung von Staat und Kirche[13] – nach Ansicht nicht nur von Al Gore einer der wichtigsten Beiträge Amerikas zur weltweiten Politikkultur.[14] Toleranz, die den Schutz von Individuen und Minderheiten beinhaltet, wurde groß geschrieben. Schließlich gehörte jeder der Staatsgründer, sofern er kirchlich gebunden war, einer religiösen Minderheit an. Es gab keine von einer Mehrheit getragene Kirche im Land, sondern zahlreiche zum Teil sehr unterschiedliche religiöse Gruppierungen.

Thomas Jefferson hatte 1776 argumentiert, dass die so garantierte Religionsfreiheit das kirchliche Leben stärken werde, da sie „die Prediger dazu nötigen würde, fleißig und vorbildhaft zu sein".[15] Jefferson war nicht gegen den Glauben an sich – und auch nicht gegen organisierte Religion. Vielmehr warnte er „vor einer Kombination von religiösem Dogma und Regierungsmacht".[16] Die Folge war, dass alle Kirchen gleich behandelt wurden. Das führte zu einem gesunden Wettbewerb unter ihnen. Im Grunde genommen wurden die Prinzipien der freien Marktwirtschaft auch auf den kirchlich-religiösen Bereich übertragen. Außerdem finanzierten sich die Kirchen durch freiwillige Zuwendungen ihrer aktiven Mitglieder selbst. Diese Form der Finanzierung bewirkte nicht nur eine starke Haushaltsdisziplin, sie führte auch dazu, dass sich die Kirchen immer wieder von innen her reformierten und erneuerten. Denn das Feedback für ihre Programme und Aktionen befand sich jede Woche im Klingelbeutel. Eine langweilige Kirche, die aufhörte, die Bedürfnisse ihrer Mitglieder zu befriedigen, hörte einfach auf zu existieren. Insgesamt hat sich so ein außerordentlich vitales und in hohem Maße vom Laientum getragenes Christentum entwickelt. Das verdient Bewunderung. Es hat im sozialen, schulischen und humanitären Bereich viel Gutes geleistet.

Der Staat hatte sich herauszuhalten. Er durfte theoretisch nicht einmal Entscheidungen treffen und Gesetze verabschieden, die einen moralischen Standard definierten. So haben sich die Gerichte immer gegen das Gebet in staatlichen Schulen und – bis zum 27. Juni 2005 – gegen die Zurschaustellung der 10 Gebote in Regierungs- oder Gerichtsgebäuden entschieden.[17] Sie mussten so entscheiden, weil sie sonst die Rechte einer nicht christlichen oder – etwa im Falle des Schulgebets – sogar einer christlichen Minderheit verletzt hätten, die eine andere Form des Gebets bevorzugt. Genau das war der Sinn der Trennung von Staat und Kirche. Gerade weil es keine staatliche Einmischung gab, konnte sich ein freiheitliches soziales, intellektuelles und geistliches Klima entwickeln. In dieser toleranten protestantisch-christlich geprägten Atmosphäre entstanden die unterschiedlichsten Kirchen und Religionsgemeinschaften – insgesamt über 2.150 an der Zahl.[18] 1996 gab es allein 19 verschiedene presbyterianische Kirchen, 32 lutherische, 36 methodistische, 37 episkopale oder anglikanische, 60 baptistische und 241 pfingstlerische oder charismatische Kirchen.[19] Durch ihre Vitalität und ihr starkes soziales Engagement sind sie eine prägende Kraft in der Gesellschaft. Außerdem betreiben sie rund 500 christliche Colleges und theologische Fakultäten an den etablierten Universitäten im Lande.[20]

Die Freiheit und Toleranz, die durch die Trennung von Staat und Kirche ermöglicht wurde, geht jedoch seit geraumer Zeit mehr und mehr verloren. Vor rund 30 Jahren, nämlich Mitte der 1970er Jahre, setzte eine Entwicklung ein, die Amerika schrittweise und systematisch zu einem Land macht, das sich zunehmend intolerant und totalitär verhält – ein Prozess, der längst noch nicht abgeschlossen ist. Und es waren nicht die terroristischen Anschläge vom 11. September 2001, die diesen Prozess ausgelöst haben. Sie haben ihn lediglich beschleunigt, ihm gewissermaßen einen Turbo aufgesetzt. Tragisch an dieser Entwicklung ist, dass nicht etwa boshafte Menschen, die horrende Kriminalität, ein angeblich aggressiver Liberalismus oder eine durch Hollywood propagierte Gewaltkultur hierfür die Verantwortung tragen, sondern Menschen, die in vehementer Weise für das Gute eintreten – das Gute, wie *sie* es verstehen und definieren. Toleranz, Freiheit und der Schutz von Minderheiten bleiben dabei auf der Strecke. Die Politisierung des Christentums und die „Christianisierung" der Politik haben längst begonnen. Der Zeitgeist hat sich verändert. „War in den sechziger Jahren noch die Mehrheit der Amerikaner der Meinung, Kirchen sollten nicht in die Politik einbezogen werden, so stößt sich heute mehr als die Hälfte der Befragten [einer Gallup-Umfrage] nicht mehr daran."[21] Die Evangelikalen, die jetzt zahlenmäßig stark angewachsen sind, scheinen vergessen zu haben, wie sie einst als

Minderheit profitiert hatten von der Trennung von Staat und Kirche, die einen Schutz vor einem Mehrheitsdiktat darstellt. Heute fordern sie in noch nie dagewesener Einigkeit, dass die Trennung von Staat und Kirche aufgehoben wird.[22] So konnte man im Oktober 2002 hören, dass die einflussreiche Fernsehpredigerin Joyce Meyer auf einer Versammlung der basispolitischen *Christian Coalition* sagte: „Ich habe gehört, dass Kirche und Staat getrennt werden sollen. Das ist eine Verführung Satans."[23] Immerhin zählt Joyce Meyer zu den 25 einflussreichsten Evangelikalen in den USA.[24] Aber gerade diese Leugnung, dass die Trennung von Staat und Kirche in den 230 Jahren amerikanischer Geschichte für Glaubensfreiheit und Toleranz gesorgt hat, ist nicht untypisch für die ignorante und manipulative Propaganda der religiösen Rechten im heutigen Amerika.

Beflügelt durch einen Zeitgeist, der nach Einigkeit und Harmonie verlangt und dabei lehrmäßige Unterschiede herunterspielt und letztlich ignoriert, hat sich ein bedeutender kirchlicher Block im Land gebildet, der sich unter dem Begriff „christliche Rechte" vereinigt hat. Treffender wäre allerdings die Bezeichnung „*religiöse* Rechte".[25] Denn der Anspruch der Christlichkeit wirkt an vielen Stellen hohl und anmaßend, wie später noch ausgeführt werden soll.

Bei diesem Zusammengehen der Kirchen geht es nicht um eine juristisch organisierte Einheit. Hier geht es um eine Bewegung, die sich über fast alle christlichen Kirchen, inklusive der konservativen, selbst der Katholischen Kirche, erstreckt. Darin geben die so genannten „Wiedergeborenen" den Ton an – und das in zunehmendem Maße.

Das Konzept der Wiedergeburt geht zurück auf ein Bild, das Jesus gebraucht hat, um einen inneren Vorgang zu beschreiben, der sich in einem Menschen abspielt, wenn er sich Gott zuwendet. Nach biblischer Sicht wird diese Wiedergeburt oder auch Neugeburt auf mysteriöse Weise durch den Heiligen Geist gewirkt.[26] Für die Pfingstler und Charismatiker unter den Evangelikalen wird die Wiedergeburt in der Regel mit dem erstmaligen Auftreten der Zungenrede (Glossolalia) gleichgesetzt. Hierbei wiederum handelt es sich um ein hörbares, unkontrolliertes ekstatisches Phänomen. Es vermittelt den Eindruck, die betroffene Person, das Medium, sei das Sprachrohr einer innewohnenden Macht. Die ausgestoßenen Laute sind allerdings in den allermeisten Fällen unverständlich. An der *University of Pennsylvania* haben Neurologen dieses Phänomen, das auch aus nicht christlichen Religionen bekannt ist, im Jahr 2006 wissenschaftlich untersucht. Der Radiologe, Psychiater und Religionswissenschaftler

Andrew Newberg, der die Studie leitete, untersuchte die Hirnaktivitäten von fünf afroamerikanischen Frauen, während sie in Zungen redeten. Dabei zeigte sich, „dass die Aktivität der vorderen Stirnlappen stark eingeschränkt war."[27] Diese Hirnregion ist für die Kontrolle der Sprache, aber auch die bewusste Steuerung des Verhaltens insgesamt zuständig. Dieses Forschungsergebnis, so die Interpretation der deutschen evangelikalen Zeitschrift *IdeaSpektrum*, „stehe im Einklang mit der Selbsteinschätzung der Christen, die Glossolalia praktizieren. Sie seien überzeugt, dass nicht sie selbst sprächen …"[28] Auch die Baptisten kennen das Konzept der Wiedergeburt. In der Vergangenheit haben sie allerdings die Zungenrede als Beweis für dieses spirituelle Phänomen sowie die Praxis an sich abgelehnt. Und das tun sie teilweise auch heute noch. Angesichts einer erstarkenden charismatischen Bewegung und einer spürbaren Abwanderung ihrer Mitglieder hin zu den Charismatikern scheint diese Ablehnung jedoch vielerorts aufzuweichen.

Laut einer Gallup-Umfrage aus dem Jahr 2003 bezeichnen sich gut 40 % aller Amerikaner als wiedergeborene Christen.[29] Das sind bei einer Gesamtbevölkerung von rund 300 Millionen rund 120 Millionen Menschen und zugleich etwa die Hälfte aller Christen in den USA.[30] Diese Zahl war kurz nach den Terroranschlägen von New York und Washington sogar bis auf 46% gestiegen und lag nach Recherchen von Kevin Phillips 2005 immer noch bzw. wieder bei 42 %.[31] Da die Wiedergeburt ein Hauptkennzeichen der Evangelikalen ist, handelt es sich bei diesen Personen vorwiegend um Evangelikale.[32]

Zu ihnen gehören die schnell wachsenden pfingstlerischen oder charismatischen Kirchen und die mit minus 1 % pro Jahr zahlenmäßig schrumpfenden Baptisten. Die Gruppe der Pfingstkirchen (*Pentecostal Church*) ist 1906 an der Westküste der Vereinigten Staaten entstanden. Sie sind in zahlreichen Einzelkirchen organisiert. Ihnen gehören heute allein in den USA etwa 20 Millionen Menschen – vorwiegend Ärmere und weniger Gebildete – an. Diese zur Ekstase neigende protestantische Gruppierung betont besonders die erwähnte Gabe der Zungenrede, die sie auf das neutestamentliche Pfingstereignis zurückführt.[33] Für viele Pfingstler und ihre Kirchen ist dieses Phänomen unabdingbare Voraussetzung für die Erlösung des Einzelnen. Darüber hinaus beanspruchen die Pfingstler andere übernatürliche Geistesgaben wie das Wunderheilen, d.h. die Heilung von Krankheiten durch angeblich übernatürliche Kräfte, und die prophetische Gabe, d.h. die mysteriöse Eingebung von Botschaften, die sie als von Gott gesandt betrachten. Diese Botschaften haben für sie in der Regel eine höhere Autorität als die Bibel.

Die zweite große Gruppe innerhalb der Evangelikalen sind die Charismatiker. Sie sind den Pfingstlern in vieler Hinsicht ähnlich – ein Grund dafür, dass die beiden Begriffe häufig austauschbar verwendet werden und zu Recht verwendet werden können. Die charismatische Bewegung ist allerdings deutlich jünger als die Pfingstkirchen. Ihre Entstehung fällt in die 1960er und 1970er Jahre. In den 1980er Jahren hat die Bewegung vor allem in den USA und in Kanada noch einmal einen besonderen Schub erhalten. Auch wenn das Phänomen der so genannten Zungenrede bei den Charismatikern ebenfalls eine bedeutende Rolle spielt, wird es in der Regel nicht als Bedingung für die Erlösung gefordert. Die charismatische Bewegung ist weitaus diffuser als die Gruppe der Pfingstkirchen. Sie ist dadurch gekennzeichnet, dass ihre angeblich von Gott gewirkten Phänomene bei Personen in den unterschiedlichsten Kirchen auftreten. Zu ihnen gehören in Amerika insbesondere die Römisch-Katholische, die Anglikanische, die Orthodoxe, die Episkopalische und die Lutherische Kirche sowie inzwischen auch zahlreiche Baptistische Kirchen. Da die traditionell orientierten Kirchen Phänomene dieser Art ursprünglich ablehnten und teilweise sogar als von Satan inspiriert bewerteten, kam es dadurch oft zum Ausschluss der betroffenen Personen und somit fast zwangsläufig zur Gründung neuer charismatischer Kirchen durch diesen Personenkreis. Die größten unter diesen Denominationen sind die *Assemblies of God*, die *Church of God in Christ*, die *Church of God* und die *United Pentecostal Church*. Mehr und mehr wachsen die Pfingstbewegung und die charismatische Bewegung jedoch zusammen, so dass man heute praktisch von einer einzigen Bewegung sprechen kann. Ihre Strahlkraft ist groß und nimmt noch weiter zu. Nach vorsichtigen Schätzungen wächst die Bewegung weltweit jährlich um 19 Millionen Anhänger und repräsentiert heute mit rund 600 Millionen Mitgliedern ein Drittel der gesamten Christenheit. Eine eindeutige Zählung in den Vereinigten Staaten ist schwierig, da sich viele Charismatiker nach wie vor offiziell zu ihren traditionellen Kirchen bekennen.[34]

Die dritte nennenswerte Kraft der Evangelikalen sind die Baptisten. Wie der Name schon andeutet, betont diese protestantische Kirche, die ihre Wurzeln bei den Wiedertäufern des 16. Jahrhunderts in England und der Schweiz hat, nach neutestamentlichem Vorbild die Taufe von erwachsenen Gläubigen durch Untertauchen. Die Zahl der Mitglieder in den unterschiedlichsten baptistischen Kirchen der USA lag bei abnehmender Tendenz zur Jahrtausendwende bei 33 Millionen. Weltweit gibt es etwa 43 Millionen Baptisten. Sie sind in den meisten Fällen nach dem kongregationalistischen Prinzip in dezentralen und autonomen Einzelgemeinden organisiert. Ihre Glaubenspunkte variieren nicht zuletzt deshalb zum Teil erheblich. Die größte unter den baptistischen Kirchen ist die *Southern Baptist Convention* mit ihren (je nach Zählweise) rund 11 bis 16 Millionen Mitgliedern.[35] Diese Kirche ist zugleich auch die größte protestantische Einzelkirche in den USA.

Der harte Kern der rund 300 evangelikalen Organisationen – Pfingstler, Charismatiker, Baptisten – sind das Rückgrat der religiösen Rechten. Doch auch andere Personen, Organisationen und Kirchen gehören zur politisch aktiven religiösen Rechten, und zwar in zunehmendem Maße. Darunter befinden sich auch bisher eher als traditionell eingestufte protestantische und liberale Kirchen und Gemeinschaften. Die evangelikale Form des Christentums setzt sich inzwischen sogar innerhalb der Römisch-Katholischen Kirche und des Judentums (!) durch.[36] Das einende Element für diese neue Harmonie sind das Konzept der Wiedergeburt und immer häufiger die charismatischen Phänomene, ferner die auf der politischen Agenda stehenden so genannten Familienwerte und eine angebliche Bedrohung des Christentums durch den so genannten weltlichen Humanismus.

Zwar ist die Wiedergeburt ein wesentliches und vereinendes Merkmal des evangelikalen Glaubens, doch nicht alle Christen, die sich als wiedergeboren bezeichnen, sind auch Evangelikale. Andererseits gibt es das Konzept der Wiedergeburt auch in den traditionellen Kirchen, die sich zu einer evangelikalen Auffassung des Glaubens hingezogen fühlen. Im strengeren Sinne (also wenn man die offiziellen Mitglieder der klassischen evangelikalen Kirchen zählt) machen die grundsätzlich konservativen weißen Evangelikalen 25,4 % der Bevölkerung aus.[37] Das sind 65 Millionen der 207 Millionen vom statistischen Bundesamt Amerikas erfassten legal im Land lebenden Erwachsenen.[38] Zählt man die meist noch nicht getauften Kinder dazu und all jene, die mit der evangelikalen Glaubenseinstellung sympathisieren, mag man sich durchaus der Zahl nähern, die im Jahr 2003 die *Washington Post* nannte. Sie ging nämlich davon aus, dass es in Amerika 98 Millionen Evangelikale gibt. Die eher liberalen Protestanten stellen 22,1 % und die Katholiken 21,8 % der Gesamtbevölkerung.[39]

Wenn es um evangelikale Glaubenspunkte und religiös-politische Werte geht, sind die Trennlinien zwischen den Kirchen in zunehmendem

Maße verschwommen. Die Evangelikalen und ganz besonders die Charismatiker sind die am schnellsten wachsende religiöse Gruppe im Land – ein Trend, der sich weiter fortsetzt.[40] Die lehrmäßigen, aber auch organisatorischen Abgrenzungen zwischen den verschiedenen Kirchen spielen eine immer geringere Rolle. Es hat sich mittlerweile ein überkonfessioneller Konsens entwickelt, der sich an einigen wenigen theologischen, mehrheitlich aber ideologischen und politischen Schlagwörtern, Werten und Überzeugungen festmacht.[41] Sie finden sich wieder in der religiösen Rechten, zu der neben den Evangelikalen auch die Lutheraner der Missouri Synode gehören und selbst so eigenwillige Gruppierungen wie die Mormonen (Kirche Jesu Christi der Heiligen der letzten Tage) und die Vereinigungskirche (*Unification Church*) unter der Leitung des umstrittenen Koreaners Sun Myung Moon.[42]

Herausragender Teil der evangelikalen Wachstumsbewegung sind die rund 1.000 leicht charismatischen und vom *New Age* beeinflussten Megakirchen à la Chicagos *Willow Creek Community Church*[43], die wie Pilze aus dem Boden sprießen. Sie sind außerordentlich vital und unterhaltungsorientiert, wenngleich nicht immer langlebig. In ihnen steht oft nicht so sehr die christliche Botschaft und ihre Verkündigung im Mittelpunkt, sondern eher der moderne trendabhängige Mensch mit seinen vielfältigen Bedürfnissen, Ansprüchen und Wünschen. Es geht um eine „radikale Konzentration auf die ‚persönliche' Bedürfnislage."[44] Diese Megakirchen sind „postmoderne Religions-Supermärkte".[45] Sie bieten das geistliche Pendant zu *Shopping Malls*, und zwar nach dem Motto: „Möchtest du heute eine Geistesheilung, hinduistische Atemübungen oder einfach nur ein wenig stimulierende Stimmungsmusik?"[46] „Man verkauft mit betriebswirtschaftlich optimiertem Marketing und Kapitaleinsatz eine für die kulturellen Bedürfnisse der US-Mittelklasse präparierte idealisierte Vorstellung vom Christentum."[47] In den Predigten, so ein Reporter der *New York Times* nach einem Besuch einer Megakirche in Phoenix, Arizona, geht es um die Züchtigung der Kinder, wie man seine beruflichen Ziele erreicht, sein Geld richtig investiert und seine Schuldenlast reduziert. Und die zweimal wöchentlich stattfindende Aerobic-Veranstaltung nennt sich in jener Kirche „Stramme Gläubige".[48] „Nicht von ungefähr beschäftigt eine ‚Megakirche' wie Willow Creek, repräsentativ für eine im Augenblick sehr erfolgreiche religionswirtschaftliche Mode, nur eine Handvoll in USA ausgebildeter Theologen, dafür das Hundertfache von Psychologen, Betriebswirtschaftlern, Medienleuten, Sozialarbeitern usw."[49]

Die populärsten unter den Pastoren dieser Megakirchen sind häufig auch Autoren erfolgreicher Bücher. Der religiöse Gehalt dieser Werke ist jedoch begrenzt. „Man könnte die Verweise auf Bibelstellen in den meisten dieser Bestseller weglassen“, meint der Umweltjournalist Bill McKibben, „und sie würden immer noch ebensoviel Sinn ergeben. … Sie sind ein perfekter Spiegel der säkularen Bestseller-Liste – ja, der säkularen Kultur mit ihrer amerikanischen Fixierung auf die Verbesserung der eigenen Person, die Steigerung des Selbstwertgefühls. Des eigenen Ichs. … Sie bieten eine unheimliche Spiegelung der dominanten Kultur, einer Kultur der unerbittlichen Besessenheit vom eigenen Ich.“[50]

Inzwischen gibt es in Amerika über 1.000 solcher Kirchen mit einer regelmäßigen Besucherzahl von 2.000 und mehr pro Gottesdienst. Die Gesamtzahl der mehr oder weniger regelmäßigen Besucher dieser Megakirchen allein liegt zwischen 8 und 12 Millionen.[51] Woher kommen diese Menschen? Viele von ihnen stammen aus den eher gemäßigten und traditionellen protestantischen Kirchen, die dadurch teilweise einen spürbaren Aderlass erfahren haben. So musste allein die Presbyterianische Kirche im Jahr 2006 in ihrer Zentrale und in ihren ausländischen Missionsstationen 130 Mitarbeiter entlassen, um – von der Not diktiert – 9,15 Millionen Dollar im Jahr einzusparen.[52] Die heute etwa 2,3 Millionen Mitglieder starke Kirche ist allein im Jahr 2005 um fast 50.000 Mitglieder geschrumpft.[53] Aber auch die Baptisten schrumpfen um gut 300.000 Mitglieder pro Jahr. Viele dieser Abgänger zieht es zu den charismatischen Kirchen. Hier finden sie durch die emotionalen und übernatürlichen Phänomene genau den „Kick“, der ihnen durch die Unterhaltungskultur des Fernsehens schmackhaft gemacht wurde und nach dem viele Amerikaner geradezu süchtig sind. Außerdem sind die Amerikaner ohnehin geneigt, ihre Religionszugehörigkeit öfter zu wechseln als die Europäer.[54]

Was charakterisiert nun den evangelikalen Glauben, dessen Anhänger weltweit immerhin mit einer Rate von 4,7 % im Jahr wachsen? Typisch für das evangelikale Christentum sind folgende Merkmale:

- eine Betonung der Erlöserrolle Christi
- eine Betonung von Bekehrung und Wiedergeburt
- ein individuelles Streben nach Erlösung
- eine bewusste, häufig durch eine Erwachsenentaufe vollzogene Entscheidung für eine Kirche
- der Glaube an die Autorität der Bibel
- ein innerer Drang zur Evangeliumsverkündigung und „Seelenrettung“

- eine gewisse theologische Verschwommenheit[55]
- eine betonte Emotionalität in der Gottesdienstform
- eine Betonung von Moralität und persönlicher Frömmigkeit
- immer häufiger auch das Praktizieren der Zungenrede.

Obwohl niemand in der westlichen Welt öfter in die Kirche geht als die Amerikaner und speziell die Evangelikalen, wissen die meisten nur wenig über die Glaubenslehren ihrer eigenen Kirche[56] und die der Bibel insgesamt. Stephen Prothero, Religionswissenschaftler an der *Boston University*, bezeichnet seine Landsleute als „religiöse Analphabeten".[57] Über 90 % der Amerikaner mögen zwar an Gott glauben, „dennoch fehlt den meisten von ihnen Prothero zufolge das Grundwissen über die Bibel und die christliche Lehre – von den anderen Weltreligionen ganz zu schweigen".[58] Protheros Untersuchungen und Befragungen haben Erstaunliches über die Bibelfestigkeit der Amerikaner zutage gefördert: „Noah, der biblische Archenkapitän, hatte eine französische Frau, und zwar aus dem Herzogtum Bar in Lothringen. Die hieß Jeanne d'Arc, oder wie man in den USA sagt: Joan of Arc."[59] Das Wort für Arche (*arch*) wird nämlich ebenso ausgesprochen wie „Arc". „Vielleicht glauben deshalb zehn Prozent der Amerikaner, dass Noah mit der Jungfrau von Orleans verheiratet war. Fast zwei Drittel der US-Bürger können nicht einmal die Hälfte der Zehn Gebote nennen und kaum 50 Prozent von ihnen auch nur einen der vier Evangelisten. Amüsant ist auch die Tatsache, dass jeder zweite amerikanische Oberschüler Sodom und Gomorrha für ein Ehepaar hält."[60] Dennoch stützen sich Zigmillionen von Amerikanern auf die Bibel. Sie wissen zwar nicht so genau, was drin steht. Aber an das, was sie nicht wissen, glauben sie ganz fest. Das trifft erstaunlicherweise auch auf einen großen Prozentsatz der evangelikalen Fundamentalisten zu.[61] Die Autorität der Bibel scheint eher symbolisch und schlagwortartig verstanden zu werden. Denn in wesentlichen Punkten folgt man im Zweifelsfall eher Konzepten des Volksglaubens, kirchlichen Traditionen, charismatischen Persönlichkeiten und populärer Mehrheitsmeinung als den eigentlichen Lehren der Bibel.

Mit beißendem Zynismus beschreibt auch der an der Harvard-Universität lehrende amerikanische Literaturkritiker Harold Bloom das Verhältnis der Evangelikalen zur Bibel. In seinem Buch *The American Religion*, weist er nach, wie der Fundamentalismus etwa der *Southern Baptists* dem schiitischen Fundamentalismus iranischer Prägung in schockierender Weise ähnlich ist. „Obwohl die [baptistischen] Fundamentalisten auf der Unfehlbarkeit der Bibel bestehen, geben sie jedes tatsächliche Lesen der Bibel auf, da die Sprache der Bibel tatsächlich zu fremd und zu schwierig sei, als dass sie diese verstünden. Was übrig bleibt, ist die Bibel als physisches Objekt, kraftlos und in Leder gebunden, eine letzte Ikone oder ein magischer Talisman.“[62] Glaube mutiert zum Aberglauben, und an die Stelle einer nüchternen Auseinandersetzung mit der Bibel tritt eine schwer zu definierende „Führung“ durch den „Geist“. „Wir werden durch den Geist zusammengehalten, nicht durch Worte“, zitiert er einen Verwaltungsangestellten der *Southern Baptists*.[63]

In der Tat wird das Lesen der Bibel zusätzlich dadurch erschwert, dass die evangelikalen Kreise in Amerika die altertümlich geschriebene – teilweise mit auslegenden Kommentaren versehene – *King-James*-Übersetzung der Bibel favorisieren. Sie wird von modernen Amerikanern kaum noch verstanden. Diese bis heute mehrfach überarbeitete Version in einer Übersetzung des Originals aus dem frühen 17. Jahrhundert hat in den Augen vieler evangelikaler Fundamentalisten, die ja an ein wortwörtliches göttliches Diktat der Bibel glauben, eine geradezu heilige Qualität. Oft schreiben sie den englischen Wörtern Göttlichkeit zu, ohne zu bedenken, dass das Original der Bibel in Hebräisch bzw. Griechisch verfasst wurde und somit bereits durch den Übersetzungsvorgang einer gewissen Interpretation unterworfen war.

Innerhalb der großen Gruppe der Evangelikalen gibt es die Fundamentalisten. Mit etwa zwei Dritteln stellen sie die Mehrheit unter den Evangelikalen und sind der wichtigste und wertebestimmende Faktor nicht nur innerhalb der Evangelikalen, sondern innerhalb der religiösen Rechten insgesamt. Sie bilden nicht nur den harten Kern der Bewegung, sondern sind auch die treibende Kraft in der Politisierung des amerikanischen Christentums. Mit absoluter Entschlossenheit und teilweise fanatischer Verbissenheit wollen sie einen Kulturwandel in Amerika herbeiführen und drängen immer mehr an die politische Macht.

3. Die „glorreichen“ Vier

Beschäftigt man sich mit der religiösen Rechten in Amerika, kommt man an einem Kleeblatt fundamentalistischer Politakteure nicht vorbei. Es handelt sich dabei um den Katholiken Paul Weyrich, den Baptisten Jerry Falwell, den Baptisten charismatischer Prägung Pat Robertson und den ebenfalls baptistischen Charismatiker Tim LaHaye. Diese haben bzw.

hatten großen Einfluss auf das Denken von Millionen von Menschen, die ihnen unkritisch folgen bzw. folgten.

Paul M. Weyrich, geboren 1942 in Wisconsin, ist gelernter Journalist. Über eine Karriere bei einer Zeitung, einem Radiosender und als Pressesekretär für einen republikanischen US-Senator stieg der engagierte Katholik Anfang der 70er Jahre in die Politik ein. Vor allem mit der finanziellen Unterstützung des ebenfalls katholischen Bierbrauers Joseph Coors gründete er – meist zusammen mit anderen – eine Vielzahl von politisch konservativen Organisationen. Zu ihnen gehörten die *Heritage Foundation* (1973), die *Free Congress Foundation* (ursprünglich *Committee for the Survival of a Free Congress*, 1974), die *Christian Voice* (1977), das *American Legislative Exchange Council* und das *Council for National Policy*. Unter Konservativen gilt Weyrich, der nach einer Wirbelsäulenverletzung seit 2001 auf einen Rollstuhl angewiesen ist und dem 2005 beide Beine amputiert wurden, heute als der mächtigste Mann in der amerikanischen Politik.[64]

Jerry Lamon Falwell (1933–2007), geboren in Virginia, war Pastor der Baptisten, Fernsehprediger sowie Gründer der politisch-religiösen Basisbewegung *Moral Majority*, der „moralischen Mehrheit" und der *Liberty University*. Aus der von ihm 1956 gegründeten *Thomas Road Baptist Church* in seiner Heimatstadt Lynchburg, Virginia, ist mittlerweile eine Megakirche geworden.[65] Falwells Zuschauergemeinde am Fernsehschirm (*Old Time Gospel Hour*) zählte mehrere Millionen.

Falwell hatte zunächst das öffentliche Lynchburg College in seiner Heimatstadt besucht, ohne dort jedoch einen Abschluss zu erlangen. Später studierte er Theologie an dem damals staatlich nicht anerkannten *Baptist Bible College* in Springfield, Missouri, wo er 1956 einen *Bachelor*-Abschluss erwarb. Falwell verwendete gerne einen Doktortitel vor seinem Namen. Tatsächlich hat er von drei – allerdings staatlich nicht anerkannten – Hochschulen Ehrendoktorhüte erhalten. Doch selbst in den USA, wo der Umgang mit dem Doktortitel großzügiger gehandhabt wird als in Deutschland, gilt die Verwendung eines Doktortitels aufgrund einer Ehrendoktorwürde als unehrenhaft, wenn nicht gar betrügerisch.[66]

1995 gründete Falwell die monatlich erscheinende Zeitschrift *The National Liberty Journal*, und zwar als Sprachrohr für seine politischen Ansichten, zur „Bildung" der Wähler und um seine prophetischen Endzeittheorien zu verbreiten. Unter anderem behauptete Falwell, der in der Offenbarung des Johannes erwähnte Antichrist lebe bereits unter uns, und zwar in der Gestalt eines männlichen Juden.[67] Im Jahr 1999 machte die

Zeitschrift Schlagzeilen, als sie in einem Artikel behauptete, Tinky Winky von den Teletubbies könnte ein verstecktes homosexuelles Symbol sein, da diese animierte Figur aus dem Kinderfernsehen violett sei, ein antennenähnliches umgedrehtes Dreieck auf dem Kopf habe und eine Handtasche trage. Später distanzierte Falwell sich von den Aussagen dieses Beitrags.

Mit den Homosexuellen und ihren Interessenvertretungen hatte Falwell immer wieder Zusammenstöße. Bereits 1984 musste er dem Schwulenaktivisten Jerry Sloan nach einem verlorenen Prozess 5.000 Dollar bezahlen; in einer Fernsehdebatte in Kalifornien hatte Falwell geleugnet, je gesagt zu haben, die homosexuell orientierten *Metropolitan Community*-Kirchen seien ein „widerwärtiges und satanisches System", das „eines Tages völlig ausgelöscht werde und dass es aus diesem Anlass eine Feier im Himmel geben werde". Als Sloan behauptete, er habe ein Band, das eine solche Aussage vonseiten Falwells beweise, bot dieser ihm besagte 5.000 Dollar für den Fall, dass er dieses Band vorlegen könne. Sloan konnte. Falwell weigerte sich allerdings zu zahlen; ein Gericht zwang ihn schließlich dazu.

Obwohl die Homosexuellen wohl sein Lieblingsfeindbild darstellten, hatte Falwell auch immer wieder Probleme mit Präsident Bill Clinton, dem öffentlichen Schulsystem, den Liberalen, den Muslims und den Gewerkschaften. „Die Gewerkschaften", so sagte er einmal, „sollten lieber die Bibel lesen, als mehr Geld zu fordern." Es ist daher nicht verwunderlich, dass Falwell auch als „Agent der Intoleranz" bezeichnet wurde.[68]

Marion Gordon „Pat" Robertson, Jahrgang 1930, ist die schillerndste Figur dieser vier religiösen Aktivisten. Er wurde wie Falwell in Virginia geboren. Sein Vater, ein Demokrat, war Senator in Washington. Pat selbst besuchte zwischen seinem 12. und 16. Lebensjahr nacheinander zwei Militärinternate. 1948, als in den USA die Wehrpflicht wieder eingeführt wurde, entschied er sich für einen Dienst bei den *Marines*. Innerhalb dieser Elite-Kampfeinheit bestand seine Aufgabe während des Koreakriegs in der Versorgung eines amerikanischen Offiziersklubs in Japan mit Alkohol. Danach studierte er bis 1955 Jura und erwarb auch einen entsprechenden *Bachelor*-Abschluss von der *Yale University*. Im Anschluss erhielt er dann jedoch keine Zulassung als Anwalt, da er die Prüfung der Anwaltskammer nicht bestand. Kurz darauf, 1956, erlebte er nach eigenen Angaben seine Wiedergeburt und entschloss sich darauf hin zu einem Theologiestudium. Dies schloss er 1959 mit einem *Master of Divinity* ab. Obwohl er offiziell zu den *Southern Baptists* gehörte, sprach Robertson kurz nach seiner Bekehrung zum ersten Mal in Zungen. Dennoch wurde er 1961 zum Pastor der *Southern Baptist Convention* ordiniert.

Bereits 1960 hatte er in Virginia Beach, Virginia, den religiösen Fernsehsender *Christian Broadcasting Network* (*CBN*) und 1977 die *CBN University* gegründet.[69] 1988 bewarb er sich bei der Republikanischen Partei um die Kandidatur als Präsident der Vereinigten Staaten. Mit diesem Ansinnen scheiterte er jedoch – nicht zuletzt deshalb, weil er in einem Versuch, sich als Kriegsheld des Koreakriegs darzustellen, seine Rolle beim Militär prahlerisch übertrieben hatte. Seine politischen Ambitionen verwirklichte er dann jedoch durch die Gründung der *Christian Coalition*.

Robertsons Einfluss erstreckt sich – ebenso wie bei Falwell – über eine Fernsehgemeinde von mehreren Zehnmillionen. Er nutzte ihn geschickt, um sich ein beträchtliches Wirtschaftsimperium aufzubauen. Neben einer Reihe von humanitären Non-Profit-Organisationen gründete er auch gewerbliche Unternehmen, zu denen der Fernsehsender *International Family Entertainment Inc.* (*IFE*) gehörte. Eine Tochtergesellschaft der *IFE* war der *Family Channel*, der schließlich allein in Amerika 63 Millionen Kabelabonnenten hatte. 1997 verkaufte Robertson den Sender für 1,9 Milliarden Dollar an *Fox Kids Worldwide*.[70] Dabei legte er vertraglich fest, dass der Sender auch weiterhin zweimal täglich sein eigenes wichtigstes Propagandaforum, den *700 Club* ausstrahlen müsse.

Robertson ist heute ein außerordentlich wohlhabender Mann, dessen Medienimperium u. a. auch nach Asien, Großbritannien und Afrika reicht. Sein Fernsehsender *CBN* wird in 180 Ländern ausgestrahlt, seine Programme in 71 Sprachen gesendet. In den USA hatte er – zumindest vor dem Verkauf des *Family Channel* – nach Ted Turner (*CNN*) und *HBO* das drittgrößte Kabelnetzwerk des Landes.

Neben dem Mediengeschäft hat Robertson aber auch mit einer Vielzahl anderer Aktivitäten Geld verdient. Dabei geriet er mehrmals in die öffentliche Kritik, weil er sich scheinbar über Gesetze und ethische Standards hinwegsetzte. Mit Charles Taylor, dem liberianischen Diktator, der von den Vereinten Nationen einiger Kriegsverbrechen beschuldigt wurde und für den er sich auch im Weißen Haus einsetzte, machte er Goldgeschäfte – er hatte in Liberia für 8 Millionen Dollar eine Mine gekauft. Und mit Mobutu Sese Seko, dem damaligen Diktator von Zaire, machte er Diamantengeschäfte.

1994 bat Robertson seine Fernsehgemeinde händeringend um Spenden für Flüchtlinge und Opfer des Massakers von Ruanda. Mehr als peinlich wurde es für ihn allerdings, als herauskam, dass er dann mit Flugzeugen seiner Non-Profit-Hilfsorganisation, die durch Spenden finanziert worden waren, technisches Gerät für seine Diamantenmine in Zaire transportierte. Die Verbraucherschutzbehörde von Virginia leitete daraufhin Untersuchungen ein. Das Ergebnis: Robertson habe „absichtlich durch irreführende Aussagen und andere Implikationen die Öffentlichkeit dazu verleitet, Geld zu spenden".[71] Daraufhin kam es 1999 zu einer Anklage. Diese wurde jedoch durch die Intervention des republikanischen Generalstaatsanwalts von Virginia, Mark Earley, zurückgezogen. Robertson war zwei Jahre zuvor Hauptspender für die Wahlkampagne von Parteifreund Earley zum Generalstaatsanwalt gewesen.[72]

Pat Robertson beansprucht immer wieder, in direktem Kontakt zu Gott zu stehen, die Gabe der Prophetie und der Zungenrede zu besitzen, Katastrophen durch göttliche Eingebung vorhersagen und Wirbelstürme durch seine Gebete umleiten zu können. Es ist dieser Pat Robertson, dem Millionen amerikanischer Christen folgen und – so ist zu befürchten – dessen Vorstellungen und Wertesystem sie in ihrem eigenen Denken und Handeln beeinflussen.

Timothy F. LaHaye schließlich, der vierte der wichtigsten fundamentalistischen Politakteure, wurde 1926 in Detroit geboren. Er studierte Theologie und erwarb einen pastoraltheologischen *Doctor-of-Ministry*-Abschluss am *Western Theological Seminary* und später einen *Doctor of Literature* an der von Falwell gegründeten *Liberty University*. Nach Abschluss seiner theologischen Ausbildung wirkte der evangelikal-fundamentalistische Pastor in Kalifornien. Ende der 70er Jahre gründete LaHaye zusammen mit dem baptistischen Fernsehprediger Jerry Falwell die *Moral Majority*, und 1981 war er Mitbegründer des ebenso geheimnisvollen wie einflussreichen *Council for National Policy* (*CNP*), das heute hinter der Republikanischen Partei die Strippen zieht. Zwischen 1996 und 2006 schrieb LaHaye, der behauptet, mindestens 50 Bücher über den angeblichen Geheimbund der Illuminati gelesen zu haben, 19 religiöse Romane mit einer Gesamtauflage von bisher rund 80 Millionen. Gegenstand der in über 30 Sprachen übersetzten Bücher, die er mit Hilfe von Jerry B. Jenkins – einem erfahrenen Schriftsteller – verfasste, war immer seine von ihm selbst für biblisch und wahr gehaltene apokalyptische Vorstellung vom Ende der Welt und der Wiederkunft Christi. Hauptabnehmer der Bücher sind vor allem „Frauen mittleren Alters im Süden und Mittleren Westen Amerikas sowie im Irak stationierte Soldaten".[73] Sein Kollege und Gesinnungsgenosse Jerry Falwell bezeichnete die Veröffentlichung dieser Bücher, die von vielen Lesern wie göttliche Wahrheit angenommen werden, „als das wohl einflussreichste religiöse Veröffentlichungsereignis seit der Bibel".[74] LaHaye gilt nach einer Umfrage unter Evangelikalen vor George Bush und Billy Graham als der einflussreichste Christ in Amerika innerhalb der letzten 25 Jahre.[75]

Es sind vor allem diese vier Persönlichkeiten, die einen konservativ-religiösen „Kulturwandel" in Amerika eingeleitet haben: Weyrich, der katholische Stratege, der die beiden Prediger Falwell und Robertson mit ihren riesigen Gefolgschaften vor den Fernsehgeräten zu konservativ eingefärbter und protestantisch-religiös motivierter politischer Aktion inspirierte und der politische Prediger und Romanautor LaHaye, der den Massen Weltuntergangsphantasien liefert, die diese für die immer weniger gelesene Bibel eintauschen und als Handlungsanleitung für Politik verstehen.[76]

4. „Wir wissen, was Gott will"

Der christliche Fundamentalismus in Amerika ist eine Glaubenshaltung, die vor allem bei den Evangelikalen anzutreffen ist. Deshalb werden die Begriffe „Evangelikale" und „Fundamentalisten" auch häufig synonym verwendet. Der Begriff geht zurück auf ein im Jahr 1909 veröffentlichtes vierbändiges Werk mit dem Titel *The Fundamentals*.[77] Es ist die Veröffentlichung einer Reihe von Aufsätzen,[78] die kurz zuvor allen Geistlichen in den USA per Post zugeschickt worden waren. Darin wurden alle Christen dazu aufgerufen, sich zu den fundamentalen Lehren des Christentums zu bekennen. Dazu zählten die Verfasser neben der wortwörtlichen Inspiration der Heiligen Schrift auch die jungfräuliche Geburt Jesu, seinen Kreuzestod als stellvertretende Sühne für die Menschen sowie seine leibliche Auferstehung von den Toten als Vorwegnahme des Geschehens bei seiner sichtbaren Wiederkunft.[79] Die Fundamentalisten sind keine eigene Kirche, sondern vor allem der harte Kern der Evangelikalen und heute damit die treibende Kraft in der religiös-politischen Mobilisierung Amerikas. Etwa zwei Drittel aller Evangelikalen, also über 60 Millionen, können als Fundamentalisten bezeichnet werden.[80] Im erweiterten Sinne kann man aber auch einige katholische, presbyterianische und andere nicht evangelikal-protestantische Gruppen und Einzelpersonen als fundamentalistisch bezeichnen.

Der Fundamentalismus entstand seinem Wesen nach im 19. Jahrhundert als Reaktion auf die darwinsche Evolutionstheorie und die moderne Theologie.[81] Letztere war vielen Christen zu liberal.[82] Martin E. Marty und R. Scott Appleby argumentieren, dass der Fundamentalismus grundsätzlich in Krisenzeiten entstehe. Dabei sei es ganz gleich, ob die Unsicherheiten und Bedrohungen real seien oder nur als solche angenommen werden. Zu Krisen zählen sie auch soziale, wirtschaftliche und politische Veränderungen, die Menschen als bedrohlich empfinden.[83] Der Fundamentalismus ist demnach zugleich eine Protest- und Angstreaktion auf gesellschaftliche Umwälzungen und scheinbar nicht zu meisternde Herausforderungen, denen mit gezielten Provokationen begegnet wird. In solchen Situationen der Unsicherheit flüchten sich viele in die „tröstende Sicherheit des absoluten Glaubens. Und sie werden", so Al Gore, „leichter verführbar durch die Anziehungskraft weltlicher Führer, die in simplistischen Erklärungen absolute Sicherheit beanspruchen und alle Probleme als Manifestationen eines Kampfes zwischen Gut und Böse darstellen."[84] Die britische Ex-Nonne und vergleichende Religionswissenschaftlerin Karen Armstrong weist nach, dass der religiöse Fundamentalismus z. Z. in allen großen monotheistischen Religionen der Welt auftaucht und plädiert dafür, ihn nicht nur negativ zu bewerten.[85]

In Amerika sind die christlichen Fundamentalisten vor allem jene Evangelikalen, die ihren Glauben besonders ernst nehmen. Die Trennlinien zwischen ihnen und den anderen Evangelikalen sind allerdings oft verschwommen und variieren in Abhängigkeit von Tagesereignissen. Eine Beschreibung ist daher nicht ganz unproblematisch. Wollte man die Fundamentalisten dennoch als eine gesonderte Gruppe beschreiben, dann treffen folgende Merkmale auf sie zu, die im Wesentlichen über die Beschreibung der Evangelikalen hinausgehen: Sie

- glauben an die Verbalinspiration, also das göttliche Diktat eines jeden Wortes in der Bibel;
- interpretieren die Bibel buchstäblich und oft ohne Beachtung des Zusammenhangs;
- beanspruchen für sich, Gottes Willen genau zu kennen, etwa aufgrund von Privatoffenbarungen;
- sind weitgehend antiintellektuell und bildungsfeindlich;[86]
- sind stark moralisierend und neigen zu Werkgerechtigkeit;
- neigen in Theologie und Moral sowie den Fragen von Wahrheit und Irrtum zu einer Schwarzweißsicht der Welt;

- sehen ihre Glaubenshaltung als alleinseligmachend;
- neigen im religiösen Dialog zu Dogmatismus und Konfrontation;
- betonen die Heiligkeit des Sonntags;
- sind Abweichungen gegenüber intolerant;
- neigen zu Aggressivität und Militanz;
- vertreten politisch konservative Positionen;
- betonen die Notwendigkeit von blindem Vertrauen gegenüber Gott;
- betonen die jenseitigen und prophetischen Aspekte des christlichen Glaubens.[87]

Und Ex-Präsident Jimmy Carter meint: „Fundamentalisten kämpfen leidenschaftlich gegen jede Infragestellung ihres Glaubens. Sie sind oft wütend und greifen verbal oder sogar physisch all jene an, die ihnen bei der Durchführung ihres Programms in die Quere kommen. … Diese Art von Fundamentalismus lässt sich zusammenfassend mit drei Begriffen charakterisieren: Unnachgiebigkeit, Herrschaft und Isolation."[88]

Anhand ihrer Endzeit-Theologie wird ein prinzipieller Aspekt der fundamentalistischen Bibelauslegung deutlich, der Anlass zur Sorge gibt. Während einige nicht fundamentalistische Theologen wohl an die göttliche Inspiration der Bibel und die Möglichkeit eines göttlichen Vorher*wissens* glauben, gehen sie letztlich davon aus, dass die prophetischen Aussagen der Bibel lediglich beschreiben, *was sein wird.* Die Fundamentalisten glauben im Gegensatz dazu, solche Aussagen zeigten, *was nach Gottes Willen sein soll.* Ein kleiner Unterschied mit großen Folgen. Denn während die einen glauben, dass Gott vorhersieht, was einmal auf Erden geschehen wird, glauben die Fundamentalisten an eine göttliche Vorher*bestimmung*. Die Konsequenz dieses Unterschieds zeigt sich darin, dass die Fundamentalisten in vermeintlichem Gehorsam gegenüber Gott und stellvertretend für ihn, die Zukunft nach ihrem Verständnis der Prophetie und ihrer Auslegung des Willens Gottes – ob diese Sicht nun fehlerhaft sei oder korrekt – um jeden Preis und mit allen Mitteln selbst herbeiführen wollen. Es ist gerade dieser Aspekt, der das fundamentalistische Christentum und seine Politik so gefährlich macht.[89]

Am Anfang war der Fundamentalismus auch in konservativ-christlichen Kreisen Amerikas nicht besonders populär. Doch dann, etwa seit den 1940er Jahren, haben gemäßigtere Persönlichkeiten wie Billy Graham und Carl F. H. Henry[90] diese Sicht des christlichen Glaubens bei einer größeren Zahl von konservativen Christen in Amerika gesellschaftsfähig gemacht.[91] Die amerikanische Journalistin und Autorin Barbara Victor hat sich mit dem Phänomen des evangelikalen Fundamentalismus intensiv auseinandergesetzt. In *Beten im Oval Office*[92] beschreibt sie die Fundamentalisten mit den Worten: „Heutzutage besteht die Masse der aktiven Glaubenskämpfer in der evangelikalen Bewegung aus kultivierten, ernsthaften, selbstbewussten, gebildeten, charmanten, energischen und hochmotivierten Menschen, die alle ihre ganz persönliche Heilsgeschichte haben, die sie voller Stolz erzählen."[93] Sie besitzen also nicht mehr die äußerlich sichtbare Weltfremdheit etwa der *Amish*. Der Fundamentalismus ist heute nicht nur die dominante theologische Richtung innerhalb der evangelikalen Bewegung, sondern auch ein wichtiger Teil der amerikanischen Zivilreligion und Kultur. Die Quasi-Kriegserklärung der Islamisten an Amerika, die Terroranschläge von New York und Washington sowie gegen Amerika und Amerikaner auch anderswo in der Welt, haben einen weiteren Beitrag dazu geleistet, dass die amerikanische Gesellschaft noch einmal einen Rechtsruck in das Lager der Fundamentalisten vollzogen hat.

Man sorgt sich bei den Fundamentalisten um den Zustand und die Zukunft des Vaterlandes, das man bedroht sieht durch einen allgemeinen Sittenverfall, eine wachsende Liberalisierung und eine ständig steigende Kriminalität. Die Angriffe vonseiten islamistischer Terroristen haben in weiten Teilen der Bevölkerung darüber hinaus zu einer Rückbesinnung auf patriotisch-konservativ-christliche Werte geführt. Deren Betonung reicht einigen nicht, und eine wachsende Zahl von Fundamentalisten geht noch einen Schritt weiter in der Anwendung des puritanischen Erbes: Sie will das Land „für Gott zurückgewinnen", d.h. Amerika in einen Gottesstaat verwandeln. Sie berufen sich auf eine Aussage Gottes im Schöpfungsbericht der Bibel. Dort wird nämlich erwähnt, dass Adam über die gesamte Schöpfung herrschen solle (im Englischen: „*to have dominion over*"), also auch, so die Vertreter dieser Denkweise, über Gesellschaft und Staat. Folglich wird diese extreme politisch-religiöse Richtung „Dominionismus" (*Dominionism*) oder auch Rekonstruktionismus genannt. Ihre Anhänger spielen eine bedeutende Rolle in verdeckten Organisationen wie dem *Council for National Policy*.[94] Dieser Rat übt inzwischen großen Einfluss auf die Politik der Vereinigten Staaten aus.[95]

Bis in die 1960er Jahre waren die Fundamentalisten, die sich damals noch als Minderheit verstanden, im Sinne einer Weltflucht politisch eher abstinent. Dann fingen sie jedoch an, sich mit politischen Mitteln gegen die Modernisierung und Säkularisierung der Gesellschaft zu wehren.

Auslösende Ereignisse hierfür waren die politischen und juristischen Erfolge der Bürgerrechtsbewegung. Dieser ging es u. a. um die Gleichberechtigung von Mann und Frau, das Verbot von Gebeten in öffentlichen Schulen und eine gewisse Liberalisierung in Sexualfragen. Dies zusammengenommen lag für die Fundamentalisten jenseits der Schmerzgrenze. Sie sahen das „heilsgeschichtliche Design eines ‚christlichen Amerika'" bedroht[96] und begannen, sich gegen die Ausbreitung des Liberalismus und „Humanismus", wie sie es nannten, zur Wehr zu setzen.

Mit dem raffinierten Einsatz von Fernsehen, *Direct-Mailing*-Programmen und verschiedenen sozialen Netzwerken unabhängiger Pastoren haben es die Fundamentalisten geschafft, eine große Öffentlichkeit zu erreichen. Und es wurden bedeutende Summen gesammelt, um für oder gegen politische Positionen und Kandidaten ins Feld zu rücken.[97] Psychologischen Rückenwind erhielten sie u. a. durch die Wahl von Jimmy Carter zum ersten evangelikalen Präsidenten der Vereinigten Staaten, auch wenn dieser selbst sein Amt nicht für religiöse Propaganda missbrauchte. Um ihre politischen Ziele besser zu erreichen, schlossen sich die evangelikalen Fundamentalisten schließlich mit anderen konservativ-christlichen Kräften im Lande zusammen. Dazu gehören vor allem katholische Kreise. So entstand die religiöse Rechte der Vereinigten Staaten.

Dieser Zusammenschluss hatte allerdings auch seine Probleme. Denn es zeigte sich bald, dass einige der fundamentalistischen Prediger, die es gewohnt waren, in Feindbildern zu denken und sich gegen andere religiöse Gruppen abzugrenzen, nicht über ihren Schatten springen konnten. Während Falwell die Katholiken und Juden umwarb, verkündeten andere Fundamentalisten, dass Gott die Gebete dieser Gläubigen nicht erhöre.[98]

Doch nicht das ganze protestantische Amerika ist heute fundamentalistisch. Die wachsende Dominanz des Fundamentalismus und die zunehmende Aggressivität und Penetranz seiner Vertreter haben jedoch zu einer Polarisierung der Gesellschaft geführt. Nach Ansicht von Stephen Prothero hat diese Entwicklung vielen Amerikanern sogar eine Auseinandersetzung mit Glaubensfragen insgesamt vergällt. „Religion wurde jenen, die sich als liberal verstehen, zum Symbol für Intoleranz, Ignoranz und einen Marsch ins Mittelalter."[99] Dabei wird die Kluft zwischen den beiden Lagern des Kulturkampfes tatsächlich immer tiefer. Die beiden Seiten stehen sich immer fremder gegenüber. Die meisten Amerikaner außerhalb der fundamentalistischen Kerngebiete im Süden und Mittleren Westen der USA haben nur eine unzureichende Vorstellung von den Glaubenspunkten, die von Millionen der fundamentalistischen Kirchgänger vertreten werden. In noch größerem Maße trifft das natürlich auf Europa zu. Die meisten europäischen Politiker und Journalisten schütteln angesichts gewisser politischer Phänomene in Amerika nur den Kopf. Die Glaubenswelt der Fundamentalisten ist ihnen über die Maßen fremd und unverständlich.[100]

Der in Belgrad geborene US-„Poet-Laureate" Charles Simic beschreibt seine Eindrücke vom Fundamentalismus auf einer Fahrt durch den Süden der Vereinigten Staaten auf seine eigene Weise. Für diese Menschen sei es leicht, so Simic, Christen von anderen Amerikanern zu unterscheiden. Die anderen seien für die Fundamentalisten Liberale, weltliche Humanisten, Katholiken, Atheisten, Abtreibungsbefürworter usw. Sie alle haben eines gemeinsam: „Alle, alle werden zur Hölle fahren. Die absolute Gewissheit dieses Ergebnisses ist, wie ich herausfand, eine Quelle tiefer Befriedigung für die Gläubigen."[101] Weiter schreibt er: „Als ich religiöse Talkshows im Nachtprogramm sah, bekam ich zu hören, dass die vielen Kriege, die uns der Präsident versprochen hat, bereits in der Bibel vorhergesagt worden sind. Friede auf Erden wurde nie erwähnt. Was die Leute begeisterte, denen ich zuhörte, war die Macht tödlicher Waffen. Ich gewann den Eindruck, es sei anstößiger, an die Evolution zu glauben, als eine Stadt in Schutt und Asche zu legen. ... Sie verwerfen moderne Naturwissenschaft und träumen von einem theokratischen Staat ... Ihr Ideal ist ... Gehorsam ohne Fragen und vollständige Konformität in allen Angelegenheiten von Religion und Politik."[102]

5. „Wenn das Geld im Kasten klingt ..."

Das phänomenale Wachstum des evangelikalen Fundamentalismus in Amerika wäre nicht vorstellbar ohne die Rolle der Medien. Vor allem Rundfunk- und Fernsehsender sorgten dafür, dass die Evangelikalen – besonders ab Mitte der 1970er Jahre – einen beträchtlichen Zulauf hatten. Außerdem nahmen sie große Summen Geld ein und gewannen an politischem Einfluss.

Radio und Fernsehen sind in Amerika von jeher weitgehend frei von jeder staatlichen Einmischung. In der Zeit von 1920 bis 1960 trat das Thema „Religion" im Rundfunk fast ausschließlich im Rahmen der so genannten *Public-Service*-Beiträge auf. Dies waren kostenlose Werbespots zugunsten des Gemeinwohls, die in ihrer religiösen Variante typischerweise die traditionellen großen Glaubensrichtungen wie Protestantismus, Katholizismus und Judentum favorisierten. Die Evangelikalen kamen zunächst nur dann an das Licht der Medienöffentlichkeit, wenn sie im Rahmen der damals noch relativ knappen Werbeblöcke Sendezeiten für viel Geld kauften oder mit großem Kostenaufwand eigene Sender gründeten. Der Wendepunkt kam 1960, als die *Federal Communications Commission* (*FCC*) entschied, „dass auch die etablierten Kirchen ihre Sendezeiten ohne Rabatt bezahlen müssen. Gesendet wurde dann fast nur noch, was Profit einbrachte".[103] Auf diese Weise konnten die in der Mitgliederwerbung hochmotivierten und zur finanziellen Gebefreudigkeit erzogenen Evangelikalen deutlich mehr Sendezeit kaufen, was sie dann auch taten. Da zugleich die Preise für die gekaufte Sendezeit stiegen und damit das Interesse der Sender an der Ausstrahlung von kostenlosen so genannten *Public-Service*-Sendungen sank, verschwand die Ausstrahlung von Sendungen der etablierten Religionen zunehmend. Die in Europa als Volkskirchen definierten Denominationen waren es im Gegensatz zu den evangelikalen Freikirchen ohnehin nicht gewohnt, systematische Mitgliederwerbung zu betreiben. Ihre Zahl wurde nämlich vor allem durch nachwachsende Kinder der Mitglieder konstant gehalten, die in ihre Kirchen hineingeboren wurden. Entsprechend waren sie es auch nicht gewohnt, für die Ausstrahlung von Sendungen bedeutende Summe aufzubringen. So gewannen die Evangelikalen in der Wahrnehmung der Öffentlichkeit mehr und mehr an Bedeutung. Eigene Rundfunk- und Fernsehsender waren zunächst selten. 1977 wurden noch 92 % aller religiösen Sendungen wie Werbung behandelt, d. h. die vor allem evangelikalen Kirchen mussten für die Ausstrahlung bezahlen.

Doch dann begann der rasante Aufbau zahlreicher eigener evangelikaler Rundfunk- und Fernsehsender. 1985 zählte der Verband der *National Religious Broadcasters* (*NRB*) bereits 1.180 Radiostationen, 1995 waren es 1.463 und 1998 sogar 1.616. Und die Zahl der christlichen Fernsehstationen stieg allein in den drei Jahren von 1995 bis 1998 von 111 auf 242.[104] Die größten unter ihnen: Das der Familie Crouch gehörende *Trinity Broadcasting Network* (*TBN*), Pat Robertsons *Christian Broadcasting Network* (*CBN*) und das *FamilyNet* der *Southern Baptists*. 74 % aller Pfingstler und 56% der Charismatiker sehen sich heute mindestens einmal pro Woche eine religiöse Fernsehsendung an. Zum Vergleich: Von den übrigen Christen tun dies nur etwa 35 %.[105]

Neben der Zuschauerzahl wuchs auch der scheinbar nie versiegende Strom an Spenden. *TBN*, der größte der christlichen Sender, hat heute rund 400 Angestellte und mehrere Hundert Tochterstationen. Der Sender, der zwar einer pfingstlerischen Familie gehört, aber nicht nur evangelikale Sendungen ausstrahlt, hat jährliche Spendeneinnahmen von rund 170 Millionen Dollar und erwirtschaftet einen Überschuss von 60 Millionen Dollar. 70 % der Einnahmen kommen von kleinen Leuten, und zwar in Einzelbeträgen von unter 50 Dollar. Die gutgläubigen Spender werden offenbar durch Aufrufe des Gründers Paul Crouch (Jahrgang 1937) zum Geben motiviert. „Wenn du durch TBN geheilt oder gerettet oder gesegnet wurdest und hast nichts gespendet", so predigte er etwa 1997, „dann beraubst du Gott und wirst deinen Lohn im Himmel verlieren."[106] Natürlich ließen Crouch und seine Familie[107] keinen Zweifel daran, wohin ihre Zuschauer ihr Geld schicken sollten.

Heute können sich die Crouches durch die Naivität ihrer Zuschauer ein Leben im Überfluss leisten. Paul Crouch, der Gründer des Senders, genehmigte sich im Jahr 2004 ein Gehalt von über 400.000 Dollar, seine Frau Jan war etwas bescheidener: Sie „begnügte" sich mit 361.000 Dollar. Zu ihrem Vermögen gehört u. a. ein Privatjet im Wert von mehreren Millionen sowie einige Luxushäuser, von denen das teuerste 8 Millionen Dollar gekostet hat. Geld spielt offenbar keine Rolle. Und so konnte Paul Crouch im Jahr 1998 leicht eine Zahlung von 425.000 Dollar an einen ehemaligen Mitarbeiter verkraften, damit dieser Stillschweigen bewahre über eine homosexuelle Affäre mit seinem Chef aus dem Jahr 1996.[108]

Auch Pat Robertson leidet bekanntlich keine Not. Sein *Christian Broadcasting Network* kann mit einem jährlichen Budget von 230 Millionen Dollar planen. Anders als bei den Crouches kommen jedoch „nur" 100 Millionen Dollar von Zuschauern. Die Quelle der restlichen Einnahmen liegt im Dunkeln. Da jedoch Holly Coors, die Frau des Brauereimagnaten Joseph Coors, Mitglied des Aufsichtsrats bei Robertsons *CBN University* ist und Robertson in einem seiner Bücher über die persönlich erfahrene Großzügigkeit des texanischen Milliardärs H. L. Hunt und seiner Familie schreibt, kann man mit einiger Berechtigung mutmaßen, dass *CBN* bedeutende Spenden von Unternehmerseite erhält.[109]

Die religiösen Fernsehsender mit dem glamourösen Leben ihrer Inhaber, die nicht selten wie Pop-Stars leben, sind immer wieder gut für Skandale. Die größte Skandalgeschichte entwickelte sich um Jim Bakker, einen pfingstlerischen Fernsehprediger aus Michigan (Jahrgang 1939) und seine Frau Tammy Faye. Sie hatten zunächst einige Jahre überaus erfolgreich für Pat Robertson und etwa ein Jahr für Paul Crouch gearbeitet. Ende der 70er

Jahre gründeten die Bakkers dann in North Carolina ihren eigenen Fernsehsender: das *PTL Network* (*PTL* steht für *Praise The Lord*). Schon Mitte der 80er Jahre generierten sie ein geschätztes wöchentliches Spendenaufkommen von über einer Million Dollar. Davon erlaubten sie sich Gehälter von je 200.000 Dollar im Jahr. Jim gönnte sich darüber hinaus Prämien von über 4 Millionen Dollar, einen Rolls Royce und Luxus-Immobilien in verschiedenen Bundesstaaten. Doch 1987 brach das Imperium relativ schnell zusammen. Jim Bakker war erpresst worden. Seine Mitarbeiter hatten der Schauspielerin Jessica Hahn 265.000 Dollar Schweigegeld gezahlt, damit sie ihre sexuellen Dienste für Bakker nicht ausplauderte. Als die Geschichte dann aber doch öffentlich wurde, zog Bakker sich aus der Leitung des Senders zurück.[110] In der Folge erwarb Jerry Falwell den Sender, konnte ihn aber nicht vor dem Bankrott bewahren.

Die sexuellen Eskapaden des Eigentümers waren jedoch nicht das einzige Problem des *PTL Network* gewesen. Bakker wurde 1989 wegen Betrugs und ähnlicher Vergehen zu 45 Jahren Gefängnis verurteilt. In einer Wiederaufnahme des Verfahrens wurde das Strafmaß 1991 allerdings auf acht Jahre reduziert. Und bereits 1993, nachdem er fünf Jahre abgesessen hatte, wurde Jim Bakker wegen guter Führung vorzeitig entlassen. Ein Jahr zuvor hatte seine Frau sich von ihm scheiden lassen.

In der Betrachtung des Erfolgs der evangelikalen Fernsehsender stechen zwei Tatsachen heraus: 1. Die schier unbegreifliche Naivität und Verführbarkeit der vielen Millionen von Zuschauern und 2. die Habsucht der angeblichen Diener Gottes. Dass die Fernsehprediger immer wieder menschlichen Schwächen erliegen, mag man ihnen noch am ehesten verzeihen – und das taten ihre Fernsehzuschauer offenbar auch –, dass sich jedoch ein so deutliches und immer wiederkehrendes Muster der Verführung einerseits und der persönlichen Bereicherung und des Betrugs andererseits entwickelte, muss zu den erstaunlichsten Phänomenen des amerikanischen Christentums gerechnet werden. Die Diskrepanz zwischen dem Idealismus Christi und dem Materialismus seiner Jünger ist schockierend. Und die Scheinheiligkeit, mit der hier unter der Benutzung ernster religiöser Gefühle Geld für den eigenen Luxus eingetrieben wird, betrachten Kritiker des Systems zu Recht als zutiefst unmoralisch.

Neben den genannten religiösen Sendern gibt es ein Heer von Rundfunk- und Fernsehpredigern, deren Auftritte entweder über nicht eigene evangelikale Stationen oder über nach wie vor bezahlte Sendungen bei kommerziellen Anstalten ausgestrahlt werden. Zu ihnen gehören und gehörten auch über Amerika hinaus bekannte Personen wie Billy Graham und sein Sohn Franklin, Jerry Falwell, Jack van Impe, Robert Schuller, Joyce Meyer, James Dobson, Oral Roberts und Rex Humbard. Ihre Botschaften reichen von eher traditioneller Verkündigung über Hetzpredigten gegen Deutschland, weil dort die Nazigefahr angeblich immer noch nicht gebannt sei,[111] bis zu abstrusen apokalyptischen Verschwörungstheorien und der stets beliebten Suche nach dem Antichristen. Fast allen gemeinsam ist die immer wiederkehrende und teilweise penetrante Aufforderung, Geld zu spenden und ein gewisser Hang zum Sensationellen, um die Zuschauer vom gefürchteten Weiterschalten abzuhalten. Wenn man bei der thematischen Entwicklung der Inhalte die großen Trendlinien der evangelikalen Rundfunk- und Fernsehverkündigung beschreiben wollte, dann kristallisiert sich folgendes Bild heraus:

- Die zunächst gemäßigt evangelikale Theologie wurde immer fundamentalistischer.
- Es wächst ein theologischer Konsens unter den Vertretern der verschiedenen Richtungen – inklusive der katholischen.[112]
- Die Themen „Prophetie“ und „das Ende der Welt“ gewinnen zunehmend an Beliebtheit.
- Die Rolle und das Wohlbefinden des Staates Israel genießen ein immer größeres Interesse.
- Rundfunk und Fernsehen werden zunehmend und mit wachsendem Erfolg genutzt, um die Schar der gläubigen Konsumenten zu politischer Aktion zu bewegen.

Neben den elektronischen Massenmedien spielen natürlich auch die Printmedien, christliche Popmusik[113] und christliche Hollywood-Filme eine bedeutende Rolle. Die mehr als 2.500 so genannten christlichen Buchgeschäfte[114] im Lande, in denen allerdings nicht ausschließlich Bücher verkauft werden, setzen Waren im Gesamtwert von rund 3 Milliarden Dollar im Jahr um. Die drei größten religiösen Zeitschriften Amerikas sind *Charisma*, *Christianity Today* und *World*.[115]

Charisma, eine etwa 100-seitige Monatszeitschrift, liefert schon beim flüchtigen Durchblättern einen Einblick in das charismatisch-pfingstlerische Verständnis vom Christentum. Bei einer Zählung der häufigsten Begriffe in den Überschriften und Unterüberschriften des redaktionellen Teils sowie im Fettdruck der religiösen Werbung der Juli-Ausgabe 2006 taucht der Begriff „Geist“ mit seinen abgeleiteten Unterformen[116] am häufigsten auf, nämlich 30-mal. Das mag nicht überraschen. Erwähnenswert ist jedoch, dass der Zusatz „Heiliger" wie in „Heiliger Geist" oder „Geist Gottes" auffallend selten vorkommt. Das zweithäufigste Wort ist dann allerdings schon *„Power"*, das auf Deutsch bekanntlich Macht, Gewalt, Herrschaft, Kraft und Stärke bedeutet (15-mal). Wenn man dann auch noch die Begriffe „Explosion" (6-mal), „Krieg", „Kampf", „Schlacht" (zusammen 8-mal) und „Sieg" (8-mal) hinzunimmt, die an Häufigkeit nur von den Begriffen „Christen" und „christlich" (zusammen 12-mal) und Gott (11-mal) übertroffen werden, dann ergibt sich hier ein aufschlussreiches Bild.

Die Menge und Qualität der Gewaltszenen im Fernsehen und in weltlichen wie „christlichen" Videospielen, das vehemente Eintreten für den freien Schusswaffenbesitz, die Vorliebe für den Einsatz militärischer Gewalt zur Lösung politischer Probleme, die von der religiösen Rechten betriebenen Versuche, die Todesstrafe auszuweiten – all diese Phänomene scheinen sich in der Sprache und Begriffswelt dieser Zeitschrift, ja, der pfingstlerisch-evangelikalen Glaubensauffassung widerzuspiegeln. Sie verschmelzen gewissermaßen mit dem Religiösen. Der Begriff „Christus" andererseits tauchte in der betrachteten Ausgabe der Zeitschrift *Charisma* nur dreimal auf – und das ausschließlich in der Werbung. Und auch das Wort „Jesus" erschien nur zweimal – einmal davon in der Werbung.

Und dann ist da noch die Musik. Die christliche Popmusik, bei der die Unterschiede zur säkularen Popmusik immer mehr verwischen, macht mit ihren Milliardenumsätzen inzwischen 10 bis 13 % des gesamten Musikgeschäftes in den USA aus. Das hat natürlich die Begehrlichkeit der nicht religiösen Medienriesen geweckt. Sie haben bereits einige der religiösen Hersteller geschluckt. Auch Bertelsmann hat inzwischen eines der größeren religiösen Labels erworben. Wenn es jedoch um das richtig große Geld geht, könnte auch das Musikgeschäft bald in den Schatten gestellt werden von einer weiteren Medienbranche: Die größten Wachstumschancen im evangelikal-fundamentalistischen Mediengeschäft räumt man den religiösen Filmen ein. Hier geht es beispielsweise um die Verfilmung von Endzeit-Themen à la Tim LaHaye, bei denen der Übergang zu Science-Fiction-Filmen wie *Star Wars* und *Raumschiff Enterprise* fließend ist.

6. Die Politisierung des Christentums

Schon im Herbst 1979 versuchten evangelikale Kreise direkten Einfluss auf die amerikanische Politik zu nehmen. So berichtet Jimmy Carter:

„Ein paar Wochen vor der Geiselnahme im Iran besuchte mich der neu gewählte Präsident der *Southern Baptist Convention* im Oval Office. Das war seit vielen Jahren Routine, zumal ich als Präsident der Vereinigten Staaten zufällig selbst ein Baptist war. Ich gratulierte ihm zu seinem neuen Amt und ein paar Minuten lang tauschten wir Höflichkeiten aus. Bevor er und seine Frau mich wieder verließen, sagte er: ‚Mr. President, wir beten, dass Sie sich abwenden von Ihrer Religion des säkularen Humanismus.' Ich war wie vor den Kopf gestoßen, denn ich hielt mich für einen loyalen, traditionellen Baptisten und wusste nicht, was er meinte."[117] Für die ungeduldige fundamentalistische Avantgarde ging Jimmy Carter damals offenbar nicht weit genug in der angestrebten „Christianisierung" des Landes. Er achtete nämlich die Trennung von Staat und Kirche, die für ihn typisch amerikanisch und ein Garant für Religionsfreiheit war.

Fast zeitgleich waren jedoch andere Kräfte schon dabei, Schritte zu unternehmen, die auf die Entfernung dieser Schutzmauer abzielten. Um Amerika „für Gott zu retten", gründete der baptistische Fernsehprediger Jerry Falwell 1979 die *Moral Majority*. Durch diese basispolitische Organisation sollten evangelikale Christen in ganz Amerika dazu motiviert und ausgebildet werden, fundamentalistische Werte und Ziele politisch durchzusetzen. Der Anstoß zu diesem Schritt kam jedoch nicht von ihm selbst oder anderen evangelikalen Fundamentalisten. Es war der streng katholische Paul Weyrich, der sich bereits seit einigen Jahren bemüht hatte, Gläubige verschiedener Kirchen zu einer politisch-konservativen Ökumene zusammenzuführen. Bei einem Treffen in Lynchburg, Virginia, im Jahr 1979, das Falwell eingefädelt hatte, war es nämlich der Polit-Stratege Weyrich, der die Idee einer moralischen Mehrheit entwickelte, die es zu organisieren galt. So kam es zur Gründung der *Moral Majority*. Diese politisch-religiöse Ökumene orientierte sich an konservativ-christlichen und patriotischen Werten. „Abtreibung zum Beispiel", so Josef Braml, „war nicht mehr nur ein Thema der Evangelikalen oder der Katholiken, vielmehr war es aus der Sicht dieser politischen Glaubensgemeinschaft ein moralisches, religionsübergreifendes Thema."[118] Die *Moral Majority* war danach zehn Jahre lang die bedeutendste politisch-religiöse Bewegung in Amerika. Ihre Aktivitäten wurden jedoch zunächst von der großen Politik in Washington und den nationalen Medien kaum wahrgenommen.

Ende der 80er Jahre war es wieder Weyrich, der die Initiative ergriff. Diesmal sprach er den ehrgeizigen und gerade als Präsidentschaftskandidaten der Republikaner gescheiterten, zur charismatischen Bewegung zählenden Fernsehprediger Pat Robertson an. Das Ergebnis: Robertson gründete 1989 die *Christian Coalition of America.*[119] Diese ebenfalls basispolitische Organisation setzte bei den Strukturen und Erfolgen der *Moral Majority* an, wurde aber noch erfolgreicher als diese. Mit ihr gelang Robertson die Einleitung eines Politik- und Kulturwandels in Amerika. Als Vehikel für seinen Weg an die Macht benutzte er gezielt die Republikanische Partei. Außerdem setzte er teilweise verdeckte Methoden ein.[120] Bis 2006 hatten die Vertreter der religiösen Rechten die Mehrheit in der Republikanischen Partei, dem Kongress, dem Senat und im Obersten Gericht erlangt. Gegen ihren Willen kann inzwischen niemand mehr zum Präsidenten gewählt werden. Ihre Repräsentanten nehmen Einfluss auf Gesetzgebung, Rechtsprechung und öffentliche Meinung.

Ein Kultur- und Wertewandel in Amerika wird immer augenfälliger. Mehrheitswille ist inzwischen wichtiger als Minderheitenschutz. Die Herrschaft des so genannten Guten steht über der Toleranz. Man ist sich einig, dass das Land „für Gott" zurückerobert werden müsse, und zwar wie in einem Krieg, „Straßenblock um Straßenblock, Viertel um Viertel, Bundesstaat um Bundesstaat".[121] Das Sendungsbewusstsein der religiösen Rechten, die Überzeugung, im Sinne und im Auftrag Gottes zu handeln, ist durch nichts zu erschüttern. Die Züge moralisch-religiös verbrämter autoritärer Intoleranz werden dabei immer deutlicher. Die Aggressivität nach innen und außen nimmt zu. „Die Entrückungs-, Endzeit- und Armageddon-Höker der Vereinigten Staaten", schreibt Kevin Phillips, „stehen den schiitischen Ayatollahs in nichts nach".[122] Die Werte, die das Land groß gemacht haben, werden verraten, ja, pervertiert. Und „Otto Normalverbraucher" – in Amerika heißt er „John Doe" – hat lange nichts davon gemerkt. Oder schlimmer noch: Er begrüßt und unterstützt mittlerweise diese Entwicklung.

George W. Bush ist vor allem deshalb Präsident der Vereinigten Staaten geworden, weil die *Christian Coalition* seinen Wahlkampf massiv unterstützt hat. Dies geschah nicht zuletzt über die inzwischen mehr als 125.000 evangelikalen Ortsgemeinden. Das war im Jahr 2000 so, und das war in noch höherem Maße 2004 der Fall, als 40 % der Bush-Stimmen aus dem Lager der konservativen Christen kamen. Als Gegenleistung fordern sie jetzt allerdings eine fundamentalistische Politik. Und genau so artikuliert sich die Politik und Rhetorik der Bush-Regierung auch. „Die Weltanschauung der Bush-Regierung stützt sich auf einen religiösen Fundamentalismus – das heißt, sie betont das Absolute, Autorität und

Tradition sowie die göttliche Hand in der Geschichte und über den Vereinigten Staaten."[123] Eine solche Weltanschauung ist jedoch gefährlich und läuft dem Ideal eines demokratischen Systems zuwider. Sie entzieht sich der Kritik und Regulierung durch demokratische Kontrollmechanismen, denn sie leitet ihre Legitimation nicht mehr in erster Linie vom Willen des Volkes ab, sondern vom unfehlbaren und allweisen Allerhöchsten selbst. Das zumindest ist der Anspruch ihrer Vertreter.

Es gibt zunehmend einflussreiche Persönlichkeiten, die offen nach einem Gottesstaat rufen. Jerry Falwell, der immerhin durch eine Fernsehgemeinde von mehreren Zehnmillionen gestützt wurde, hat z.B. gesagt: „Ich hoffe, ich werde den Tag noch erleben, wenn wir, so, wie in den frühen Tagen unseres Landes, keine öffentlichen Schulen mehr haben. Die Kirchen werden sie wieder übernommen haben, und die Christen werden sie betreiben."[124] Noch deutlicher wird Pat Robertson, der bekanntlich ebenfalls über Zigmillionen Anhänger verfügt: „Eine Regierung kann nicht erfolgreich arbeiten, wenn sie nicht von gottesfürchtigen Männern und Frauen unter den Gesetzen des Gottes Jakobs geleitet wird."[125] Denkwürdig ist seine Anspielung auf die Gesetze des „Gottes Jakobs" und nicht die Prinzipien Jesu Christi. Dies deutet auf einen möglichen Brückenschlag zu den Juden hin und damit den Versuch, die politische Allianz der religiösen Rechten zu vergrößern. Andererseits scheinen sich die kriegerisch-autokratischen Passagen des Alten Testaments und das dort beschriebene Konzept einer Gottesherrschaft eher mit den politisch-martialischen Idealen Robertsons zu decken. Und der finanzstarke, aber umstrittene Sektenführer Sun Myung Moon, Leiter der Vereinigungskirche (*Unification Church*) – er steht der Bush-Familie nahe[126] –, sagte: „Wir müssen eine autokratische Theokratie haben, um die Welt zu regieren. Deshalb können wir den politischen Bereich nicht vom religiösen trennen. Mein Traum ist es, eine christliche politische Partei ins Leben zu rufen, zu der die protestantischen Kirchen, die Katholiken und alle Sekten gehören. Wir können die religiöse Welt mit einem Arm und die politische Welt mit dem anderen umarmen."[127] Und auch D. James Kennedy, Leiter der fundamentalistisch-presbyterianischen Mediengruppe *Coral Ridge Ministries* in Florida,[128] sagte: „Unsere Aufgabe ist es, Amerika, ungeachtet aller Kosten, für Christus einzunehmen und die göttliche Herrschaft über jeden Aspekt und jede Institution der menschlichen Gesellschaft auszudehnen."[129] Deutlicher kann man die Pläne der religiösen Rechten nicht ausdrücken.

Angesichts solcher Aussagen und Entwicklungen in der amerikanischen Gesellschaft und Politik ist auch der Kurswechsel in der US-Außenpolitik, die Aggression gegenüber ausgewählten Ländern und die in ihrer Einseitigkeit immer riskantere Israelpolitik nicht überraschend. Die vom Präsidenten festgelegte „Achse des Bösen“ und die rauere Gangart und Einschüchterungspolitik gegenüber den kritischen politischen „Freunden“ – z. B. im Falle des Irak-Krieges – darf somit nicht verwundern. Auch der Kurswechsel in der Innenpolitik, die zunehmende Beschneidung bürgerlicher Freiheiten und Grundrechte, die „Christianisierung“ der Politik und die Politisierung des Christentums mit dem Rückenwind der Anti-Terror-Gesetze machen deutlich, dass wir es in der Tat mit einer neuen Weltordnung zu tun haben. „Was die Medien Globalisierung nennen, ist weitgehend eine Amerikanisierung“, meint Mark Hertsgaard.[130] Doch diese Einschätzung greift zu kurz. Seit Beendigung des Kalten Krieges, den Anschlägen von New York und Washington sowie der Gründung von *Moral Majority* und *Christian Coalition* hat sich Amerika in beängstigender Weise verändert. Und dieser Prozess ist längst noch nicht abgeschlossen. Kevin Phillips geht sogar soweit, diesen Wandel als „eine der perversesten Veränderungen Amerikas“ zu bezeichnen.[131]

Es ist diese Kombination von Politik und Religion, die Anlass zur Sorge gibt. Was schon seit den 1970er Jahren in Vorbereitung war und gegen 1980 offiziell wurde, kann seit dem 11. September 2001 mit großer Leichtigkeit umgesetzt werden. Die Angst der Amerikaner vor weiteren traumatischen Ereignissen ist dabei nützlich und wird geradezu geschürt. Unter der Überschrift „Heimatschutz“ hat man Maßnahmen zur Bekämpfung des inländischen Terrorismus möglich gemacht, die vor dem 11. September noch undenkbar waren. Dieser Gummi-Paragraph kann mit großem Spielraum bedarfsgerecht ausgelegt und angewendet werden. Ohne Anfangsverdacht kann er auf Aktionen des zivilen Ungehorsams und Demonstrationen ausgedehnt werden. Die Behörden können nun gegen jede Organisation und Person und ganz besonders gegen unliebsame politische Gegner und Kritiker vorgehen.[132] Wie lange wird es noch dauern, bis auch religiöse Organisationen mit Lehrmeinungen, die von denen der evangelikalen Fundamentalisten abweichen, ins Fadenkreuz der neuen Ordnungshüter geraten? Mit dem fundamentalistischen Islam scheint der Anfang gemacht zu sein.

Es gibt aber offenbar noch Amerikaner, die mit Sorge beobachten, wie die Machthaber in Washington den Krieg gegen den Terror ausnutzen, um das demokratische System mehr und mehr auszuhöhlen. In einem Brief an die *U.S. News & World Report* brachte eine Leserin dies zum Ausdruck:[133] Sie mache sich Sorgen wegen der „Anhäufung von Macht im Weißen Haus und der Geheimniskrämerei, die Entscheidungsprozesse umgeben. Wenn Cheney sagt: ‚Dies ist eine Schlacht um die Zukunft der Zivilisation', dann offenbart das eine Besessenheit mit einem überhöhten und übertriebenen Verständnis seiner eigenen Person. Zweifellos stellen Terroristen weltweit eine gefährliche Bedrohung dar, doch ich habe zunächst einmal mehr Angst vor den Mächten in meinem eigenen Land. Größenwahn und Absolutheitsdenken führen zu schlechten Einsichten, gefährlichen Entscheidungen und einer Geringschätzung der Ansichten anderer. Ich dachte, wir führen einen Krieg für die demokratischen Ideale in der Verwirklichung von Politik."[134]

Die neue Gesetzeslage und eine Propaganda der Angst, gepaart mit dem allgegenwärtigen und religiös überhöhten Patriotismus, sind für die amerikanische Regierung günstige Voraussetzungen, unter denen sie das Einverständnis der Bevölkerung für praktisch jede Einschränkung demokratischer Rechte und Freiheiten erwirken kann. „Wer Widerspruch wagt", meint Schuhler, „ist von vornherein als Verräter an Menschen und Werten des Vaterlands gebrandmarkt. Wer indes mitmacht, handelt auch im Sinn des Allmächtigen, als dessen Agent die US-Regierung fungiert."[135] Die Folge ist eine erstaunliche und gefährliche Vermischung von Politik und Religion. Und den Regierenden wird es leicht gemacht, die Regierten zu manipulieren. Es sind gerade dies die Anfänge eines totalitären Systems.

Aus der Sicht des säkularen Europa ist schwer nachvollziehbar, was sich in den USA abspielt. Man ist geneigt, das religiöse Element in der amerikanischen Politik eher als ein vorgeschobenes Motiv zu bewerten. „Man weigert sich, zu erkennen, dass die amerikanische Rechte heute von Ideen, nicht von Interessen getrieben wird."[136] Europäische Politiker und Journalisten scheinen die religiöse Motivation und Dimension vieler weltpolitischer Entscheidungen der USA zu ignorieren. Das postideologische, säkularisierte Westeuropa geht offenbar noch davon aus, dass Fortschritt und Moderne zwangsläufig nicht religiös sein müssen. Die Unfähigkeit zu erkennen, dass politische Entscheidungen in modernen Gesellschaften auch wieder religiös motiviert sein können, also von Ideen oder Idealen getrieben werden, und nicht zwangsläufig nur wirtschaftlich oder militärstrategisch bedingt sind, ist wahrscheinlich eine der Ursachen für ein grundlegendes Kommunikationsproblem zwischen dem „alten Europa" und dem Amerika der religiösen Rechten. Von diesem Verständnisproblem sind offenbar selbst die europäischen Politologen nicht ausgeschlossen. „Dass George W. Bush im Weißen Haus betet, wird als Beweis für unerträgliche Selbstgerechtigkeit oder eine wahnhafte Persönlichkeitsstruktur angeführt – als gehorche er, wie einst Johanna von Orléans, Stimmen in seinem Kopf."[137]

Teil IV: Was die Fundamentalisten wirklich glauben

1. Das Evangelium nach Superman und Rambo

Was aber glaubt das amerikanische Volk – und besonders die politisch aktiven evangelikalen Fundamentalisten – im Einzelnen? Wie groß sind die Unterschiede zur Welt des europäischen Christentums oder gar des europäischen Säkularismus? Wodurch werden die Werte und Konzepte der Amerikaner und speziell der amerikanischen Christen geprägt? Wenn man vom Volksglauben spricht, dann handelt es sich dabei eher nicht um die „reine Lehre", die in den theologischen Seminaren gelehrt, in religiösen Fachbüchern beschrieben und in Gottesdiensten von der Kanzel gepredigt wird. Es ist vielmehr das, was tatsächlich in den Köpfen der Menschen existiert und sich aus verschiedenen Quellen speist.

Zweifellos stehen neben der religiösen Früherziehung im Elternhaus und der Schulbildung scheinbar so banale Dinge wie Comic-Hefte, Romane, Fernsehserien, Videospiele und Hollywood-Filme weit oben. Gemeint sind hier vor allem die nicht religiösen Medien. Sie – und das trifft ganz besonders auf Filme zu – haben schon immer auch religiöse oder quasi-religiöse Werte transportiert. Man kann vermuten, dass die meisten Menschen zumindest einen gewissen Prozentsatz an Konzepten, Werten und Verhaltensanleitungen mehr oder weniger unreflektiert aus ihnen übernehmen. In gewisser Weise haben sie für die Massen die Rolle der kirchlichen Unterweisung in moralischen Fragen übernommen. In einem Interview aus dem Jahr 1977 meinte George Lucas, der Schöpfer der *Star-Wars*-Filme über die Botschaft, die er mit seinen Filmen zu vermitteln sucht: „Ich wollte eine moralische Studie im traditionellen Sinne schaffen, die ... greifbare Vorschriften liefert, ... solche, die Kinder verstehen können. ... In der Vergangenheit haben wir diese von der Kirche, der Familie bekommen, und in der modernen Welt bekommen wir sie von den Medien – aus den Filmen."[1]

Und auch George Barna, *Chairman* der im Jahr 2005 gegründeten evangelikalen Hollywood Filmgesellschaft *Good News Holdings*, hat erkannt, wie wichtig der Film für die religiöse Erziehung ist – und das umso mehr, als „die amerikanischen Christen den Bezug zur Bibel verloren haben".[2] Barna, ein gelernter Demoskop und Buchautor, hat in seinen Untersuchungen herausgefunden, dass die Massenmedien einen größeren Einfluss auf das Wertesystem von Christen haben als örtliche Kirchengemeinden und dass der geistliche Charakter eines Menschen im Wesentlichen bis zum frühen Erwachsenenalter geformt wird. „Deshalb sei es für den Kulturkampf, den Christen kämpfen müssten, von entscheidender Bedeutung, dass sie die Macht der Massenmedien einsetzen, um mitzuhelfen, die Seelen von Kindern und Teenagern zu retten."[3]

Doch auch säkulare Filme transportieren religiöse Botschaften. Was für Inhalte vermitteln sie aber im Einzelnen? Wenn es in den USA ein großes, alles überragendes Thema gibt, das die Gemüter bewegt und die Kassen der Produzenten füllt, dann ist es der Mythos vom amerikanischen Superhelden. Zunächst erschien dieser Quasi-Erlöser in Form von Comic-Heften auf der Bildfläche, und zwar während der Depression, also 1929, und dann bis weit in die 30er Jahre hinein. Damals war das Vertrauen in die politischen und wirtschaftlichen Institutionen Amerikas erschüttert, und viele verzweifelte Amerikaner sehnten sich nach einer Lösung ihrer Probleme. Die bekanntesten dieser Superhelden, die dann auch teilweise über die Grenzen der Vereinigten Staaten hinaus populär und später auch mehrfach verfilmt wurden, sind *Superman*, *Batman*, *Spiderman*, *Phantom* und *Captain America*.

Der amerikanische Theologe Robert Jewett und sein Landsmann, der Philosoph und Kulturwissenschaftler John Shelton Lawrence, haben sich mit dem Mythos des amerikanischen Superhelden, seiner zugrundeliegenden Botschaft, ihren Wurzeln und ihrer Wirkung auseinandergesetzt.[4] Dabei haben sie das immer wiederkehrende Handlungsschema der Geschichten herausgearbeitet: Danach ist der Ausgangspunkt und Handlungsort häufig die heile Welt einer amerikanischen Kleinstadt im mittleren Westen, die in ihrem Ursprungszustand als moralisch und sozial vollkommen, ja, geradezu paradiesisch dargestellt wird. Dann dringt das Böse in diese Welt ein, das so groß und mächtig ist, dass die demokratischen Institutionen entweder zusammenbrechen oder aus anderen Gründen – Korruption, Feigheit, Unfähigkeit – nicht in der Lage sind, das Problem zu bewältigen. Die Erlösung des Gemeinwesens geschieht dann endlich dadurch, dass sich ein mit verdeckter Identität lebender Durchschnittsmensch in einen (oft maskierten) Superhelden verwandelt, der zur Hilfe eilt. Dieser Superheld hat übermenschliche Fähigkeiten und Kräfte, eine unfehlbare Menschenkenntnis, ein absolutes Urteilsvermögen und einen tadellosen moralischen Charakter. Er ist männlich, ja, sogar ausgesprochen maskulin. Doch er vermittelt in den meisten Fällen den Eindruck, er sei asexuell; gegenüber den Annäherungen seiner weiblichen Bewunderer bleibt er grundsätzlich neutral bis ablehnend. Dieser Superheld löst dann das Problem des Gemeinwesens, indem er die Bösewichte mit Gewalt und außerhalb von Gesetz und demokratischer Ordnung eigenhändig besiegt. In der Regel geschieht dies, indem er sie mit Waffen umbringt oder sie mit blossen Händen kampfunfähig macht oder tötet. Danach kehrt in der geretteten Kleinstadt erneut Frieden und Harmonie ein. Der Superheld verschwindet wieder, und zwar genau so mysteriös wie er gekommen war. Das ursprüngliche Paradies ist wiederhergestellt. Ende der Geschichte.

Dieser Superheld hat deutlich Züge eines säkularisierten Jesus Christus. Die Handlung erinnert stark an den biblischen Erlösungsplan: Das Böse ist von außen in die Welt eingedrungen. Die Menschheit kann sich nicht selbst erlösen. Gott wird Mensch in Jesus Christus, kommt also gewissermaßen vom Himmel herab, lebt ein sündloses Leben als Single, erwirkt die Erlösung der Menschheit und fährt danach wieder in den Himmel auf.

Der Unterschied zwischen dem biblischen Original und der säkularisierten Kopie besteht aber vor allem darin, dass Jesus mit Liebe, Barmherzigkeit, Geduld, Überzeugung, Respekt vor der Entscheidung des Einzelnen und schließlich Selbstopferung sein Erlösungswerk erreicht, der amerikanische Superheld aber mit brutaler und tödlicher Gewalt zum Ziel kommt. Da Letzterer sich auch außerhalb des Gesetzes und in Missachtung demokratischer Prozesse und Institutionen bewegt, taugt er im Grunde genommen weder als christliches noch als demokratisches Vorbild.

Das Handlungsmuster der Comic-Hefte wurde dann in mehr oder weniger abgewandelter Form auch auf jene überaus zahlreichen und äußerst beliebten und damit kommerziell erfolgreichen Hollywood-Filme übertragen, die wir als *Action*-Filme kennen. Zu ihnen gehören die teilweise auch in Deutschland bekannten Filme *The Lone Ranger* („Reiter mit der Maske"), *First Blood* („Rambo"), *Unforgiven* („Erbarmungslos"), *Braveheart*, *The Patriot* („Der Patriot"), *Air Force One*, *Independence Day* sowie zahlreiche Western und Kriegsfilme. Die populärsten Titelhelden sind Schauspieler wie John Wayne, Sylvester Stallone, Clint Eastwood, Charles Bronson, Arnold Schwarzenegger, Mel Gibson, Steven Seagal, Harrison Ford – um nur ein paar zu nennen. Die Tatsache, dass diese Stars auch außerhalb von Amerika bekannt sind, sagt viel über die Beliebtheit der Filme und den Verbreitungsgrad des amerikanischen Heldenmythos mit dem ihm zugrundeliegenden Wertesystem. Auffällig ist allerdings, dass ab 1980 in den Filmen das Böse immer häufiger von einer korrupten Regierung bzw. von korrupten Amtsinhabern ausgeht. Die Filme *Rambo* und *Unforgiven* können hierfür als Belege angeführt werden.

Was aber ist das zugrundeliegende Wertesystem dieser Filme? Erschreckenderweise ist es weder christlich noch demokratisch. Im Gegenteil: Es hat deutlich faschistische Züge. Dies haben Jewett und Lawrence überzeugend nachgewiesen:

1. Die Supermacht in der Hand einer einzelnen Person kann mehr Gerechtigkeit schaffen als demokratische Institutionen.
2. Die demokratischen Systeme von Gesetz und Ordnung und verfassungsmässiger Beschränkung sind in verhängnisvoller Weise fehlerhaft, wenn sie mit dem wirklich Bösen konfrontiert werden.
3. Das Gemeinwesen nimmt in keinem Fall Schaden durch die Verwüstungen eines solchen Superhelden, dessen Dienste scheinbar selbstlos sind.
4. Die ganze Welt braucht die Dienste des amerikanischen Heldentums, das die Bösen durch uneigennützige Kreuzzüge vernichtet.[5]

Auch einige *Science-Fiction*-Filme – wie die *Star-Wars*-Reihe mit ihren militärischen Befehlsstrukturen, autoritären Problemlösungsansätzen sowie ihrer Verherrlichung von Gewalt – passen in dieses zumindest faschistoide Schema. George Lucas selbst, der Schöpfer der *Star-Wars*-Filme, scheint keine Demokratie, sondern eine Welt von Herrschern zu wollen. Entsprechend sind seine Anleihen bei faschistischen Vorbildern. Im Nachschlagewerk für die große Fangemeinde der *Star-Wars*-Filme, dem „Insider's Guide to *Star Wars*", heißt es: „Die abschließende Feierszene ist fast Einstellung für Einstellung einem ähnlichen Segment in *Triumph des Willens* (1934) nachgestellt worden."[6] Der Film *Triumph des Willens* von Leni Riefenstahl, Filmemacherin im Dienste Hitlers, gilt in Deutschland als ein Schandstück nationalsozialistischer Propaganda.

Dass die Filme mit den faschistischen Superhelden und ihren gewaltsamen Problemlösungen nicht nur der harmlosen Unterhaltung dienen, sondern auch zur Nachahmung animieren können, hat z.B. der Fall Timothy McVeigh bewiesen. Er hatte 1995 das FBI-Gebäude in Oklahoma City in die Luft gesprengt und war dafür später zum Tode verurteilt und hingerichtet worden. McVeigh, Mitglied einer neonazi-ähnlichen Gruppe von waffen- und gewaltverliebten Amerikanern, war ein Bewunderer von Action-Helden wie Sylvester Stallone in *Rambo* und Chuck Norris in *Missing in Action*. In einer Biographie über McVeigh[7] ist zu lesen, dass er in diesen Filmhelden richtige Männer sah und selbst so sein wollte wie sie.[8] In den mit ihm geführten Interviews erklärte und rechtfertigte er sein Verhalten immer wieder aus den Handlungen der Filme. Er sah sich als Verkörperung von Luke Skywalker, dem heldenhaften Jedi-Ritter aus *Star Wars*, dessen erfolgreicher Angriff auf den Todesstern den Film beendet.[9]

Offenbar begeistern die faschistischen Werte der amerikanischen Superhelden und ihre Methoden der Problemlösung nicht nur emotional gestörte junge Leute mit geringer Bildung. Dass der amerikanische Präsident George W. Bush und einige seiner Mitarbeiter, also die Führungsspitze der Leitdemokratie dieser Welt, mit diesen Pop-Helden und ihren Wertesystemen zumindest unreflektiert und leichtfertig umgehen, zeigt eine kuriose Begebenheit aus dem Jahr 2002. Das deutsche Nachrichtenmagazin *Der Spiegel* hatte seine Ausgabe vom 18. Februar 2002 betitelt: „Die Bush-Krieger – Amerikas Feldzug gegen das Böse". Zur Illustration waren Bush und seine Kernmannschaft als typische amerikanische Superhelden verfremdet dargestellt. „George W. Bush erhielt einen muskulösen Rambo-Körper, der eine automatische Waffe und einen Munitionsgürtel trug. Vizepräsident Cheney wurde zum ‚Terminator', während die Sicherheitsberaterin Condoleezza Rice als Xena, die Kriegerprinzessin, verkleidet war. Der Außenminister Colin Powell war Batman, und Verteidigungsminister Donald Rumsfeld war Conan der Barbar, der ein Blut triefendes Schwert hielt."[10]

Der damalige US-Botschafter in Deutschland, Daniel Coats, ein Evangelikaler, besuchte daraufhin die Redaktion des *Spiegels*. Er kam jedoch nicht, um gegen die Verunglimpfung der amerikanischen Würdenträger zu protestieren, sondern um mitzuteilen, dass sich der Präsident geschmeichelt fühle. Außerdem bestellte er 33 vergrößerte Abzüge des Titels als Poster, da sich alle dargestellten Bush-Mitarbeiter ein solches Poster ins Büro hängen wollten. „In diesem Zusammenhang ist es schwer zu vergessen", schreiben Jewett und Lawrence, „dass John Rambo in *First Blood* die Polizeizentrale einer Kleinstadt niederbrennt und dass er in *First Blood, Teil 2* schließlich die Computer und die Funkausrüstung der CIA-Einsatzleitung mit einer Bleidusche versieht. … Die Schar der superheldenhaften Berater, die Rambo unterstellt sind, lassen vermuten, dass sie seinen Kreuzzug unterstützen, ohne sein Abweichen vom Ethos einer konstitutionellen Demokratie zu begreifen."[11]

Man kann annehmen, dass *Rambo*, *Spiderman* & Co. nicht nur im Weißen Haus und unter *nicht* religiösen Kindern und Erwachsenen als Vorbilder dienen. Inwieweit stehen auch Politiker der religiösen Rechten und ihre „christlichen" Wähler unter dem Einfluss dieser Idole und ihrer Werte? Schlummert hier schon die Sehnsucht nach einer Gottesherrschaft oder einer ‚göttlich gelenkten' Diktatur? Was muss geschehen, damit die faschistischen Ideale, die in diesen Geschichten zur Problemlösung taugen, auch im wirklichen Leben zu einer freiwilligen Ablösung der Demokratie führen?

2. Das Ende der Welt nach Tim LaHaye

Wie sehen die evangelikalen Fundamentalisten Amerikas die Zukunft? Die Bibel – und das trifft besonders auf einige ihrer prophetischen Bücher zu – befasst sich bekanntlich an mehreren Stellen mit dem, was uns bevorsteht. Da geht es z.B. um die letzte große Schlacht der Menschheitsgeschichte (Harmagedon),[12] die angeblich – wenn man die Symbolsprache der prophetischen Bücher wörtlich auslegt – das Weltende einläutet. Es geht um den Antichristen, der die Christen verfolgen wird; ein 1.000-jähriges Friedensreich, in dem paradiesische Zustände herrschen und in dem die Gläubigen regieren werden, und es geht natürlich um die Wiederkunft Christi. All das sind Themen, die auch potenziell Vorlagen für die Politik liefern. Da sich die evangelikalen Fundamentalisten – so zumindest ihr Anspruch – sehr genau an die Bibel halten, sollte man vermuten, dass ihre Politik durch ein biblisches Zukunftsbild geprägt ist.

Bedauerlicherweise sind viele der biblischen Aussagen über die Zukunft in einer Symbolsprache verschlüsselt. Also müssen sie interpretiert werden. Das wiederum lässt Raum für Spekulation und persönliche Meinung. Gefährlich wird es, wenn eine solche private Sicht zur absoluten Wahrheit erhoben wird und wenn Menschen überredet oder gar gezwungen werden, solche Spekulationen oder gar abstruse Phantasien als verbindliches Wort Gottes anzunehmen – und wenn daraus Politik abgeleitet wird. Hinzu kommt der fatale Hang vieler Fundamentalisten, biblische Aussagen über die Zukunft als göttliche Handlungsanleitung zu verstehen und nicht einfach nur als Offenbarung dessen, was sein wird. In der Tat wird die Politik der religiösen Rechten in hohem Maße von Vorstellungen geleitet, die nur angeblich auf die Bibel zurückgehen. Deshalb muss die Frage an dieser Stelle nicht heißen: „Was sagt die Bibel über die Zukunft?“, sondern: „Was glauben die Fundamentalisten in Bezug auf die Zukunft?“

Da die Bibel unter Fundamentalisten weit weniger gelesen und verstanden wird, als viele von ihnen behaupten, muss man der Frage nachgehen, wer denn ihre Vordenker sind und welche Vorstellungen diese verbreiten. Zunächst zu den Vorstellungen: Ein überaus populäres Konzept ist die so genannte geheime Entrückung. Dabei geht man von der Vorstellung aus, dass Gott seine Auserwählten in naher Zukunft überraschend zu sich in den Himmel aufnimmt, während die Ungläubigen auf der Erde zurückbleiben. Dazu ein Beispiel aus einer bereits 1954 ausgestrahlten Radiosendung:

„So sicher, wie dies das Wort Gottes ist, werden eines Tages jene, die dich angefleht, dich gewarnt und für dich gebetet haben, verschwunden sein. Der Prediger wird weg sein, Mutter wird weg sein, die Frau wird weg sein, und das Babybett wird leer sein. Oh, was für ein Erwachen das sein wird! Stell dir vor, du stehst eines Morgens auf, und deine Frau ist nicht da. Du rufst nach ihr, aber sie antwortet nicht. Du gehst die Treppe nach unten, aber sie ist nicht da. Du rufst deine Tochter im Obergeschoss und fragst sie, wo Mutter ist, aber deine Tochter antwortet dir nicht. Auch deine Tochter ist verschwunden. Du rufst die Polizei an, doch die Leitung ist belegt. Hunderte, ja, Tausende rufen gleichzeitig dort an und blockieren die Leitungen. Du läufst nach draußen und triffst dort auf den Kumpel, mit dem du am Vorabend eine wilde Party gefeiert hast. Er ist kreidebleich. Er ist außer Atem und stottert herum. Schließlich platzt es aus ihm heraus: ‚Meine Frau ist weg. Mein Bruder ist weg, und ich weiß nicht, wo sie sind.‘ Eine Frau läuft die Straße hinunter und schreit mit überdrehter Stimme: ‚Jemand hat mein Baby entführt!‘ Und nach kurzer Zeit sind die Straßen mit Menschen gefüllt. Sie schluchzen, weinen und klagen über das Verschwinden ihrer Angehörigen. Was ist geschehen? Der Herr ist wie ein Dieb in der Nacht gekommen. Er hat heimlich, still und leise diejenigen hinweggenommen, die ihm ebenso wie Henoch vertraut hatten, und niemand wurde zurückgelassen, der dich jetzt noch warnen, für dich beten oder dir den Weg zeigen könnte.“[13]

Vielleicht war es dieser angsteinflößende Beitrag im Radio, der den Prediger und Schriftsteller Tim LaHaye zu seiner Theologie vom Ende der Welt inspiriert hat. In Anlehnung an die Offenbarung des Johannes, das letzte Buch der Bibel, einigen anderen isoliert genommenen Versen aus dem Neuen Testament und den theologischen Phantasien von Hal Lindsay, ist die „geheime Entrückung" der Gläubigen, die angeblich jederzeit und ohne Vorwarnung geschehen könne, zum Herzstück der Zukunftserwartung von LaHaye geworden. Mit seinen Romanen, die mehrfach die Bestseller-Liste der *New York Times* angeführt haben und die zum Teil auch verfilmt wurden, hat Tim LaHaye seit 1996 einen bedeutenden Einfluss auf den Volksglauben und die Zukunftserwartung Amerikas. Es sind ganz besonders die Fundamentalisten, die fest davon überzeugt sind, dass seine Romanphantasien identisch sind mit der Botschaft der Bibel und einer unmittelbar bevorstehenden Wirklichkeit.

Allein die wörtliche Übersetzung der englischen Originaltitel seiner Bücher ist aufschlussreich:

- Zurückgelassen: Ein Roman über die letzten Tage der Erde (1996)
- Trübsal-Zwang: Das fortlaufende Drama jener, die zurückgelassen wurden (1997)
- Nicolae: Der Aufstieg des Antichristen (1998)
- Seelenernte: Die Welt ergreift Partei (1999)
- Apollyon: Der Zerstörer ist entfesselt (2000)
- Profi-Killer: Auftrag: Jerusalem, Ziel: der Antichrist (2000)
- Der Innewohnende: Das Tier ergreift Besitz (2001)
- Das Malzeichen: Das Tier regiert die Welt (2001)
- Entweihung: Der Antichrist besteigt den Thron (2002)
- Die Übrigen: An der Schwelle zu Harmagedon (2003)
- Harmagedon: Die kosmische Schlacht der Zeitalter (2003)
- Babylon erhebt sich (2003)
- Glorreiche Erscheinung: Das Ende der Tage (2004)
- Das Geheimnis auf dem Ararat (2004)
- Die Erhebung: Bevor sie zurückgelassen wurden (2005)
- Die Europa-Verschwörung (2005)
- Das Regime: Bevor sie zurückgelassen wurden (2005)
- Der Rand der Finsternis (2006)
- Die Entrückung (Mitte 2006 noch in Arbeit)[14]

Die Romane befassen sich vor allem mit dem Auftreten des Antichristen. Dieser, so die Romanphantasie, ist ein Rumäne namens Nicolae Carpathia und beginnt in den Werken von LaHaye seine politische Karriere zunächst in seinem Heimatland. Er wird Mitglied des Parlaments und dann Präsident Rumäniens. Danach steigt er zum Generalsekretär der Vereinten Nationen auf. Unter seiner Führung und unter der Herrschaft der Vereinten Nationen schließen sich alle Länder der Welt zu einem einzigen staatsähnlichen Gebilde zusammen. Sie schaffen ihr Militär ab, und die Menschheit erlebt einen weltweiten Frieden, wie es ihn noch nie gegeben hat. Die Medien werden unter dem *Global Community Network* gleichgeschaltet, und die Religionen verschmelzen zu einem gemeinsamen Glauben. Schließlich wird Carpathia als Führer der „globalen Gemeinschaft“ ausgerufen und wie ein Gott verehrt. Diejenigen, die sich der neuen Religion des „Carpathianismus“ nicht anschließen, werden von Carpathia und der Welt im Allgemeinen bekämpft. Außerdem erlebt die Welt eine Vielzahl von Katastrophen, die LaHaye als Gerichte Gottes für die Menschheit darstellt. Doch nicht alle fügen sich der Herrschaft des Antichristen: Im Großraum Chicago gibt es eine Gruppe, „Trübsals-Macht“ oder „Trübsals-Kampftruppe“ (*Tribulation Force*)[15] genannt, die sich den Bemühungen Carpathias widersetzt.[16]

Die von LaHaye immer wieder beschriebene und von den Fundamentalisten erwartete Zukunft lässt sich folgendermaßen zusammenfassen:

- Die Welt wird immer schlechter – besonders in sozialer und moralischer Hinsicht.
- Christus kommt zur Erde: bald, plötzlich, überraschend und in den Wolken des Himmels, jedoch unbemerkt!
- Dabei nimmt er seine Getreuen zu sich auf. Das ist die geheime Entrückung.
- Die Ungläubigen leben auf der Erde weiter.
- Es wird dann ein tyrannischer und antigöttlicher politischer Führer die Macht ergreifen, in Jerusalem seinen Regierungssitz einrichten und dort einen neuen Tempel bauen. Das ist der Antichrist.
- Er wird die Juden und die dann neu bekehrten Christen verfolgen.
- Die nicht entrückten Menschen erleben eine sieben Jahre dauernde Zeit der Trübsal oder Bedrängnis, in der Gott seinen Zorn über die Menschheit ausgießen wird. Ein Drittel der Juden wird Christus in dieser Zeit als Messias annehmen. Die anderen zwei Drittel werden umkommen.
- Dann wird Christus ein weiteres Mal zur Erde zurückkehren – jetzt allerdings sichtbar.
- Der Antichrist wird dann einen letzten großen Angriff gegen Christus anführen.
- Christus wird den Antichristen und seine Anhänger besiegen.

- Christus wird ein 1.000-jähriges irdisches Friedensreich errichten. Sein Sitz wird ebenfalls in Jerusalem sein. Satan wird während dieser Zeit eingesperrt sein, kann also keine Menschen mehr zum Bösen verführen.
- Da Gott dem jüdischen Volk einige angeblich unwiderrufliche Verheißungen gegeben habe, die bisher nicht erfüllt wurden, die Juden Christus bei seinem ersten Auftreten vor 2.000 Jahren aber abgelehnt hatten, werden die ursprünglich Abraham gegenüber gemachten Versprechungen dann während dieser Zeit eingelöst.
- Am Ende der 1.000 Jahre wird Satan für kurze Zeit freigelassen. Er wird die Menschen auf der Erde noch einmal täuschen und verführen.
- Danach wird Satan vernichtet.
- Die ungläubigen Toten werden auferstehen.
- Das Jüngste Gericht findet statt; die Gläubigen werden mit dem ewigen Leben belohnt und die Ungläubigen werden auf ewig den Folterqualen der Hölle übergeben.
- Gott schafft einen neuen Himmel und eine neue Erde für die Erlösten.

Laut einer *Newsweek*-Umfrage vom Oktober 1999 glauben 45 % aller Christen in Amerika und 71 % der Evangelikalen, dass die Welt in der so genannten Schlacht von Harmagedon untergehen wird.[17] In jener Auseinandersetzung werden Jesus Christus und der Antichrist gegeneinander antreten. Vermutlich ist die Zahl derer, die dies glauben, nach dem 11. September 2001 und den Kriegen im Mittleren Osten noch gestiegen. Dieses nicht zuletzt von LaHaye geprägte Bild von einer nahe bevorstehenden Zukunft hat offenbar auch im Weißen Haus Spuren hinterlassen. So schreibt Kevin Phillips, dass die Kenntnis von LaHayes Romanen hilft, so manche Aussagen und Entscheidungen Bushs besser zu verstehen. Sie erklären etwa, warum George W. Bush in seinem Aufruf zum Irak-Krieg die Vereinten Nationen verhöhnte, auf dem „bösen Regime in Bagdad" herumritt und vorgab, dass Demokratie und nicht Öl das Motiv des Krieges sei. Bush versuchte sich allem Anschein nach in die Welt der LaHaye-Romane einzufügen und dabei nicht auf die falsche Seite, nämlich die des Antichristen, zu geraten. LaHayes „böser Antichrist", der einen französischen Finanzberater zur Seite hatte und durch die Vereinten Nationen an die Macht gekommen war, hatte sein Hauptquartier im irakischen Neubabylon eingerichtet, das nicht weit von Bagdad entfernt ist. Die im Roman auftretende militärische Trübsalsmacht, die im Namen Gottes kämpfte, repräsentierte das Gute und hatte nichts mit Öl zu tun. Deshalb durfte auch Bush in seinem Feldzug nichts mit Öl zu tun haben. Auf diese Weise versuchte er das, was als biblische Prophetie betrachtet wird, zu erfüllen und sich in den Augen seiner fundamentalistischen Gefolgschaft noch klarer als ein Werkzeug Gottes zu etablieren.[18] George W. Bushs Nahostpolitik entspricht praktisch 1:1 dem religiösen Weltbild LaHayes und Millionen seiner Leser.[19] Ob er selbst an dieses Weltbild glaubt oder ob er sich lediglich bemüht, den Erwartungen seiner fundamentalistischen Wählerbasis zu entsprechen, dürfte letztlich sekundär sein.

Es ist die Vorstellung der plötzlichen und geheimen Entrückung der Gläubigen, die vom allgemeinen christlichen Glaubensgut besonders stark abweicht. Diese Sicht regt offenbar die Phantasie vieler evangelikaler Fundamentalisten an. Heute glauben 63 % aller Amerikaner daran. Bei den Pfingstlern sind es sogar 90 %.[20] Gern werden im Zusammenhang mit dieser Vorstellung Geschichten von Flugzeugabstürzen mit vielen Toten geschildert, wenn nämlich die wiedergeborenen Piloten angeblich im Flug oder bei der Landung plötzlich von Gott aus dem Cockpit entfernt werden. Oder es werden schwere Autounfälle beschrieben, die auf die Entrückung der Fahrer zurückgeführt werden. Ein in den 1970er Jahren beliebter Stoßstangenaufkleber warnte beispielsweise den nachfolgenden Verkehr allen Ernstes: „Wenn du dieses Auto ohne Fahrer auf der Autobahn fahren siehst, dann bin ich entrückt worden."[21]

Die Entrückungstheorie geht zurück auf Manuel Lacunza (1731–1801), einen chilenischen Jesuiten. Als angeblich bekehrter Jude hatte er unter dem falschen Namen Rabbi Ben Esra ein Buch geschrieben, in dem diese Idee zum ersten Mal auftaucht. Eine Kopie dieses Buches gelangte 1826 in die Bibliothek des Erzbischofs von Canterbury. Kurz darauf übersetzte Edward Irving (1792–1834), Pastor der protestantischen Kirche in Schottland, das Buch ins Englische und übernahm offenbar auch die darin enthaltene Entrückungslehre. Das Werk erschien 1827 unter dem Titel *The Coming of the Messiah* („Die Ankunft des Messias").[22] Drei Jahre später hatte eine gewisse Margaret McDonald in Schottland angeblich eine Vision. Während einer Wunderheilungsversammlung soll ihr Gott offenbart haben, dass die wiedergeborenen Christen vor der so genannten „großen Trübsal"[23] von der Erde entrückt werden. In der Folge griffen neben Irving auch die in Großbritannien ansässigen „Brüder" oder „Plymouth-Brüder" unter der Leitung des Juristen John Nelson Darby (1800–1882) die Idee auf.

Letzterer bereiste zwischen 1862 und 1877 Nordamerika und verbreitete dabei die Lehre von der geheimen Entrückung.[24] Zu denen, die sie annahmen, gehörten auch theologisch gebildete Persönlichkeiten der Presbyterianer und Baptisten. Der bekannteste unter ihnen war der Erweckungsprediger Dwight L. Moody. Ein weiterer Vertreter dieser Theorie wurde Cyrus I. Scofield, der 1909 eine Bibel-Übersetzung[25] mit zahlreichen von ihm verfassten Fußnoten und Kommentaren herausgab.

Scofield (1843–1921), geboren in Michigan, war ursprünglich Jurist und ein Mann von zweifelhaftem Ruf. Aufgrund seiner Trunksucht wurde er als Staatsanwalt entlassen und musste wegen einer Urkundenfälschung für sechs Monate ins Gefängnis. Während dieser Zeit erlebte er das, was er als Bekehrung bezeichnete. Diese religiöse Erfahrung hielt ihn jedoch nicht davon ab, ein Jahr später von seiner Mutter die letzten Ersparnisse zu erschwindeln und seine Frau und Kinder wegen einer anderen Frau zu verlassen. Nach seinem Gefängnisaufenthalt wurde er trotz eines fehlenden theologischen Studiums Pastor.[26] Außerdem bezeichnete er sich zeitweise als „Dr. Scofield", ohne einen entsprechenden Titel erworben zu haben.

Nicht zuletzt mit Hilfe der Veröffentlichung durch die angesehene *Oxford University Press* trug die Scofield-Bibel zu einer breiten Akzeptanz der Entrückungslehre bei. In dieser Bibelausgabe interpretiert und kommentiert Scofield bestimmte Texte derart, dass sie die Theorie einer geheimen Entrückung weiter stützten. In der Folgezeit lehrten einige der wichtigsten theologischen Ausbildungsstätten der Evangelikalen diese Vorstellung.[27] Die Scofield-Bibel wurde schließlich zur favorisierten Lektüre der Baptisten.

Hinzu kam bald eine mit ähnlichen Fußnoten und Kommentaren versehene Bibel von einem gewissen Finis Jennings Dake (1902–1987), einem amerikanischen Pfingstler aus Missouri. Er lehnte jede förmliche Bildung und die traditionelle Theologie ab. Sein 1961 und 1963 verfasster Bibelkommentar,[28] der u. a. auch die Rassentrennung rechtfertigt, war das Produkt einer so genannten persönlichen Eingebung, die er als übernatürlich erklärte. Ein Großteil seiner Arbeit in der Auslegung der Schrift stützte sich nicht einmal auf das Lesen der Bibel. Er behauptete, der Heilige Geist lehrte ihn einfach Hunderte von Versen, obwohl er sie nie gelesen oder auswendig gelernt habe.[29]

Die Dake-Bibel wurde die bevorzugte Übersetzung der Pfingstler und Charismatiker. Auf diese Weise fand die Vorstellung einer geheimen Entrückung auch in den pfingstlerischen und charismatischen Kreisen Amerikas eine weite Verbreitung. Das Verständnis der Leser in Bezug auf bestimmte Bibelstellen wurde schlichtweg durch die Meinung der Bibelübersetzer bzw. Kommentatoren geleitet.

Es war schließlich Hal Lindsay, der 1970 mit seinem Buch *The Late Great Planet Earth* (Der späte großartige Planet Erde)[30] der Entrückungslehre zu einem Quantensprung in ihrer weltweiten Verbreitung verhalf. Das Buch, das u. a. in besonderer Weise die Endzeitereignisse mit der prophetisch verstandenen Rolle Israels verband, stürmte als eines der erfolgreichsten Bücher aller Zeiten die Bestseller-Listen. Es wurde in 30 Sprachen übersetzt und bereits in den ersten 10 Jahren angeblich 30 Millionen Mal verkauft. Durch die Unterstützung der damals vermehrt auftretenden und an Einfluss und Finanzkraft gewinnenden evangelikalen Rundfunk- und Fernsehsender löste es eine nahezu panische Endzeit- und Entrückungshysterie aus. Ein solches Phänomen wiederholte sich dann Ende der 90er Jahre noch einmal in abgewandelter Form im Vorfeld der Jahrtausendwende.

Die biblische Grundlage für die religiösen Spekulationen entnehmen ihre Vertreter vor allem Bibeltexten, die sich auf die Zeit vor dem Ende der Welt beziehen: „Dann werden zwei auf dem Felde sein; der eine wird angenommen, der andere preisgegeben. Zwei Frauen werden mahlen mit der Mühle; die eine wird angenommen, die andere wird preisgegeben. Darum wachet; denn ihr wisst nicht, an welchem Tag euer Herr kommt.“[31] Und: „Wir wollen euch aber, liebe Brüder, nicht im Ungewissen lassen über die, die entschlafen sind, damit ihr nicht traurig seid wie die anderen, die keine Hoffnung haben. Denn wenn wir glauben, dass Jesus gestorben und auferstanden ist, so wird Gott auch die, die entschlafen sind, durch Jesus mit ihm einherführen. Denn das sagen wir euch mit einem Wort des Herrn, dass wir, die wir leben und übrigbleiben bis zur Ankunft des Herrn, denen nicht zuvorkommen werden, die entschlafen sind. Denn er selbst, der Herr, wird, wenn der Befehl ertönt, wenn die Stimme des Erzengels und die Posaune Gottes erschallen, herabkommen vom Himmel, und zuerst werden die Toten, die in Christus gestorben sind, auferstehen. Danach werden wir, die wir leben und übrigbleiben, zugleich mit ihnen entrückt werden auf den Wolken in die Luft, dem Herrn entgegen; und so werden wir bei dem Herrn sein allezeit.“[32]

Für bibelfeste Christen im „alten Europa“, aber auch in Amerika, ist es allerdings schwer nachvollziehbar, wie man angesichts der Aussagen, „Siehe, er kommt mit den Wolken, und es werden ihn sehen alle Augen“[33] und „Denn wie der Blitz ausgeht vom Osten und leuchtet bis zum

Westen, so wird auch das Kommen des Menschensohns sein"[34], von einer *geheimen* Wiederkunft Christi und einer *geheimen* Entrückung der Gläubigen sprechen kann, die nur von einigen auserwählten Menschen wahrgenommen oder erlebt werden kann.

Außerdem wird im Matthäusevangelium deutlich gesagt, dass die Gläubigen nicht ausgenommen werden von der Trübsal oder Bedrängnis der letzten Tage und dass die Wiederkunft Christi erst *danach* stattfinden wird und nicht davor. „Denn es wird dann eine große Bedrängnis sein, … aber um der Auserwählten willen werden die Tage verkürzt. … Sogleich aber nach der Bedrängnis … wird erscheinen das Zeichen des Menschensohnes am Himmel. Und dann werden wehklagen alle Geschlechter auf Erden und werden sehen den Menschensohn kommen auf den Wolken des Himmels mit großer Kraft und Herrlichkeit."[35] Die Gläubigen werden also laut Bibel – und so sehen es auch die nicht evangelikalen Christen – nicht vorher entrückt, um vor der Bedrängnis oder Trübsal verschont zu werden.

Im Sinne derjenigen, die an die geheime Entrückung glauben, gäbe es nach der Wiederkunft Christi eine zweite Chance zur Bekehrung. Das decke sich jedoch nicht, so christliche Kritiker, mit dem Befund des Neuen Testaments.

Der relativ eindeutige biblische Text scheint Evangelikale aber nicht davon abzuhalten, die Romanphantasien eines Hal Lindsay und eines Tim LaHaye wie inspirierte biblische Wahrheit zu behandeln und ihren darauf fußenden Glauben in Programme und Taten umzusetzen. Dabei schüren sie Angst vor der Zukunft. Dazu gehörte auch die Vorstellung, die Welt würde am 31. Dezember 1999 untergehen. Hamsterkäufe, Versammlungen auf dem Ölberg in Israel und Ähnliches waren die Folge. Es ging sogar soweit, dass viele meinten – und das trifft zu einem großen Teil auch heute noch zu –, es mache keinen Sinn mehr, sich für eine Verbesserung der sozialen Verhältnisse und die Rettung der Umwelt einzusetzen. Die Entrückung stünde ja ohnehin unmittelbar bevor. Auf die Frage eines Fernsehjournalisten, ob er sich nicht Sorgen mache um die zunehmende Umweltverschmutzung, antwortete Jerry Falwell sinngemäß, dass ihm die Umwelt egal sei, da Jesus bald wiederkomme. Wir sollten die Umwelt deshalb lieber ausbeuten, bevor es sie nicht mehr gäbe.[36] Auch die Weigerung der amerikanischen Regierung, das Kyoto-Protokoll zur Emissionsreduzierung zu unterschreiben, soll von dieser Sicht der Zukunft mit beeinflusst worden sein. Die Schöpfung wird nicht geachtet. Den meisten evangelikalen Fundamentalisten fehlt ein sonst unter Christen übliches Bewusstsein, von Gott als „Haushalter“ zur Bewahrung von Natur und Kreatur eingesetzt worden zu sein. Robertson scheint in diesem Punkt allerdings kürzlich eine „Bekehrung“ erfahren zu haben, denn auch er glaubt jetzt an die Erderwärmung.[37] Wie diese Wende zu bewerten ist, bleibt allerdings zunächst offen.

Eine weitere Konsequenz der evangelikal-fundamentalistischen Sicht der Zukunft ist die paranoide Angst vor einer „finsteren Elite weltlicher Humanisten, Liberaler und Feministen“, die dabei sei, die christliche Familie zu zerstören, christliche Werte zu vernichten und die Freiheiten zu beschneiden, wozu auch die Beschlagnahmung von Schusswaffen gehöre.[38]

Schon in seinem 1980 veröffentlichten Buch *Battle for the Mind* (Die Schlacht um den Verstand) schrieb Tim LaHaye: „Die meisten Menschen von heute erkennen nicht, was der Humanismus wirklich ist und wie er unsere Kultur, unsere Familien und unser Land – und eines Tages die ganze Welt – zerstört. … Die meisten Übel in der heutigen Welt können auf den Humanismus zurückgeführt werden, der von unserer Regierung, der U.N., dem Bildungssystem, dem Fernsehen und den meisten anderen einflussreichen Dingen des Lebens Besitz ergriffen hat.“[39] Wenn die Amerikaner nicht aufwachten und erkennen würden, schrieb LaHaye, „wer der Feind wirklich ist, werden die Humanisten ihr Ziel der völligen Weltherrschaft bis zum Jahr 2000 erreicht haben“.[40] Eine solche Weltherrschaft, so LaHaye, wäre antigöttlich und würde zur Verfolgung der Christen führen. Die hier vorgenommene Verkehrung der Werte ist erstaunlich. Während der Humanismus in Europa als etwas Wertvolles gesehen wird, verunglimpfen ihn die evangelikalen Fundamentalisten und benutzen ihn als Schimpfwort.

Zur ständig geschürten Paranoia der evangelikal-fundamentalistischen Kreise gehört auch die fortgesetzte Suche nach dem „Antichristen“. Etwa 40 % aller Amerikaner glauben, dass dieser Antichrist eine Person sei und bereits heute unter uns lebe.[41] Zu unterschiedlichen Zeiten sah man mal in Henry Kissinger, mal in dem Schah von Persien den Antichristen, dann wieder in Bill Gates oder dem Generalsekretär der Vereinten Nationen. Der Antichrist sei gegen Gott und errichte nach der Entrückung der Gläubigen seinen Regierungssitz in dem dann neu errichteten Tempel in Jerusalem und bringe großes Leid über die Welt.[42] In seinen Romanen spricht LaHaye von einer finsteren Gruppe von Menschen, dem „Rat der Zehn“ oder dem „Rat der Weisen“, die darauf hinarbeiteten, über all jene, die nach der Entrückung zurückgeblieben sind, eine unheilvolle sozialistische Weltherrschaft zu errichten.[43] Bei alledem ist auch der Kampf um die immer knapper werdenden Nahrungsmittel ein zentrales Thema.

Diese Sicht der Zukunft löst aber sogar in Amerika Widerspruch aus – zumindest bei den nicht evangelikalen Christen: Das Konzept einer geheimen Entrückung sei ein Hirngespinst, so Barbara R. Rossing, Professorin für Neues Testament an der Lutherischen Hochschule für Theologie in Chicago. Die Bibelauslegung der Fundamentalisten vertrete nicht nur ein falsches Bild von Gott und der Bibel, so Rossing, sondern vermittle den Eindruck, dass es vor allem um das Hereinbrechen von Weltkriegen, blutigen Zusammenstößen, Erdbeben, Krankheiten und anderen Katastrophen gehe. „Unglücksfälle von schwindelerregendem Ausmaß werden von Prophetie-Freaks begrüßt, weil sie das Gefühl vermittelten, Gott sei gegenwärtig und lebendig."[44] Die Entrückungs- und Harmagedon-Szenarien, so Rossing, kommen der Vorliebe der Amerikaner für Katastrophenfilme und Überlebensgeschichten entgegen.[45] Die Botschaft der Prophetie-Romane LaHayes sei, so fasst sie ironisch in Anspielung auf Johannes 3, Vers 16[46] zusammen: „Also hat Gott die Welt geliebt, dass er uns den Dritten Weltkrieg sandte."[47]

Doch selbst die Evangelikalen haben nicht alle diese merkwürdige Sicht der Zukunft eines Tim LaHaye mit den entsprechenden Schlussfolgerungen. Aber auch ihre Vorstellungen lassen nichts Gutes ahnen. Zwar widerspricht beispielsweise P. Andrew Sandlin[48] den fatalistischen Ansichten von Jerry Falwell. „Es wird eine völlig christliche Kultur auf Erden geben", schreibt er, „und zwar nicht nur nach dem zweiten Kommen Christi sondern auch *davor.* ... Daher gehen wir mit der Gewissheit voran, dass alle menschlichen Feinde Christi vor seiner Wiederkunft ihm unterworfen sein werden. Das ist die Zuversicht, die uns antreibt, dafür zu arbeiten, Amerika zu Gott zurückzubringen."[49] Aber auch er zeichnet in seiner Vision der Zukunft ein von Zwang und Gewalt geprägtes Szenario.

Es ist nicht erst ein Phänomen der Gegenwart, dass an die Bibel angelehnte Phantasien die amerikanische Politik beeinflussen. Bereits in den 1970er Jahren, nämlich bald nach der Veröffentlichung von *Late Great Planet Earth,* hat Hal Lindsey durch dieses Buch indirekt Einfluss auf den späteren Präsidenten Ronald Reagan gehabt, wenn es um dessen Außenpolitik ging.[50] Reagan gehörte nicht zu den Evangelikalen. Als Säugling katholisch getauft, wuchs er als Presbyterianer auf und bezeichnete sich lediglich als „wiedergeboren". Das hielt ihn allerdings nicht davon ab, unter dem Einfluss seiner Frau seine Entscheidungen von Horoskopen und der Konstellation von Sternen abhängig zu machen.[51] Sein Kontakt zu Jerry Falwell hat den Präsidenten davon überzeugt, dass die letzte große apokalyptische Schlacht der Menschheitsgeschichte, „Harmagedon noch in unserer Generation" unabwendbar stattfinden würde.[52]

Angesichts der enormen Popularität der Hal-Lindsay- und Tim-La-Haye-Bücher sowie der Aktivitäten zahlreicher evangelikaler Rundfunk- und Fernsehsender, die deren Zukunftserwartungen gegenüber einem unkritischen und leicht verführbaren Millionenpublikum ebenfalls propagieren, ist es nicht verwunderlich, dass nach einer Umfrage 59 % aller Amerikaner glauben, dass sich die apokalyptischen Prophezeiungen der Bibel erfüllen werden.[53] Geschätzt wird, dass „30 bis 50 Millionen US-Bürger … glauben, dass die letzten Tage der Menschheit bereits angebrochen sind."[54] In den allermeisten Fällen, so die Kritik jener, die an biblische Vorhersagen über die Zukunft glauben, handele es sich jedoch nicht um die tatsächlichen Prophezeiungen der Bibel, auf deren Erfüllung viele Amerikaner warten, sondern um Romanphantasien von Tim LaHaye, Hal Lindsay und ihren Gesinnungsgenossen. Diese verkaufen die Autoren allerdings als die Wahrheit der Bibel.

3. Wer errichtet das 1.000-jährige Reich?

Für evangelikale Fundamentalisten spielt die Vorstellung eines 1.000-jährigen Friedensreiches, das in unmittelbarer Zukunft anbrechen werde, eine besondere Rolle. Die Lehre von einem solchen Reich, auch Millennium genannt, geht auf die Offenbarung des Johannes zurück. Dort heißt es: „Und ich sah einen Engel vom Himmel herabfahren, der hatte den Schlüssel zum Abgrund und eine große Kette in seiner Hand. Und er ergriff den Drachen, die alte Schlange, das ist der Teufel und der Satan, und fesselte ihn für tausend Jahre, und warf ihn in den Abgrund und verschloss ihn und setzte ein Siegel oben darauf, damit er die Völker nicht mehr verführen sollte, bis vollendet würden die tausend Jahre. … Und ich sah die Seelen derer, die enthauptet waren um des Zeugnisses von Jesus und um des Wortes Gottes willen …; diese wurden lebendig und regierten mit Christus tausend Jahre. Die anderen Toten aber wurden nicht wieder lebendig, bis die tausend Jahre vollendet wurden. Dies ist die erste Auferstehung. Selig ist der und heilig, der teilhat an der ersten Auferstehung.

Über diese hat der zweite Tod keine Macht; sondern sie werden Priester Gottes und Christi sein und mit ihm regieren tausend Jahre."[55]

Die biblischen Angaben für eine zeitliche Einordnung, den Ort der Verwirklichung und die näheren Umstände eines solchen tausendjährigen Reiches erscheinen allerdings vage und sind daher interpretationsfähig. Hinzu kommt, dass dieses Phänomen innerhalb der Bibel nur in der Offenbarung des Johannes vorkommt und dass dieses Buch sich weitgehend einer Symbolsprache bedient. Deshalb gibt es innerhalb des Christentums unterschiedliche Sichtweisen bezüglich der Auslegung und Erfüllung dieser Vorhersage. Die Fundamentalisten legen grundsätzlich alle biblischen Texte buchstäblich aus. Dennoch sind sie sich untereinander nicht einig, ob Christus vor Beginn des Millenniums wiederkommt oder erst danach. Jene, die die Wiederkunft Christi vor das tausendjährige Friedensreich setzen, generell die Fundamentalisten, werden als Prämillennialisten bezeichnet, die anderen als Postmillennialisten. Die zweite Sicht, dass Christus erst am Ende der 1.000 Jahre wiederkommt, wird eher von den liberalen Evangelikalen und anderen Protestanten vertreten. Einig sind sich allerdings alle Evangelikalen in zwei Punkten: 1. die Bibel spricht von einem buchstäblichen Gottesreich, das auf der Erde errichtet wird und 2. der Beginn dieser 1.000 Jahre steht kurz bevor.

Beide Sichtweisen haben sehr unterschiedliche politische Konsequenzen. Die Prämillennialisten glaubten traditionell, sie müssten die letzten Ereignisse vor der nahen Wiederkunft Christi geduldig erleiden, da sie diese ohnehin nicht ändern könnten. Deshalb hielten sie sich eher zurück, wenn es darum ging, einen vollkommenen Gottesstaat auf Erden zu verwirklichen. Die Postmillennialisten dagegen wollten und wollen die Dinge selbst in die Hand nehmen. Sie wollen aktiv mithelfen, das tausendjährige Friedensreich auf Erden zu verwirklichen. In diesem Reich, so ihre Vorstellung, werden sie dann zusammen mit Christus herrschen, und alle Menschen werden sich zu Christus bekehren.

Die letztere Sicht hat in Amerika Tradition. Evangelikale Postmillennialisten, die ja ihr Land im zivilreligiösen Sinne als das Neue Israel sahen, haben durch Reformen und Erweckungen darauf hingearbeitet, die Vereinigten Staaten zu einem vollkommenen christlichen Friedensreich zu machen. Im Erfolg ihrer Arbeit und dem allgemeinen gesellschaftlichen und kulturellen Fortschritt in Amerika sahen sie Anzeichen dafür, dass das Millennium nun bald anbrechen werde. „Das goldene Zeitalter würde die Kulmination gegenwärtiger Reformbemühungen zur Beendigung der Sklaverei, der Unterdrückung und von Krieg sehen", schreibt der amerikanische Historiker George Marsden. „Darüber hinaus würden in dieser wunderbaren Zeit die Naturwissenschaften, Technik und Bildung Fortschritte machen und nicht erträumte Leistungen hervorbringen. Die Amerikaner ließen sich gerne davon überzeugen, dass ihr Land dazu bestimmt sei, in solch einem kulturellen Fortschritt die Führung zu übernehmen. ... Die geistliche Hoffnung wurde so teilweise säkularisiert und verstaatlicht."[56]

Analysiert man allerdings die Politik der religiösen Rechten im Allgemeinen und von George W. Bush im Besonderen, dann lässt sich keine eindeutige Zuordnung zum Prä- oder Postmillennialismus vornehmen. Die Signale sind gemischt, oft widersprüchlich. Die in der amerikanischen Politik dominierenden Fundamentalisten glauben, dass Harmagedon und die geheime Entrückung unmittelbar bevorstünden. Sie verweisen auf die Terroranschläge, Naturkatastrophen, den alltäglichen Sittenverfall im Lande und die Ereignisse im Mittleren Osten. Andererseits sehen sie die Vereinigten Staaten – sicher auch bedingt durch den Einfluss eines zivilreligiösen Patriotismus – als die Erlösernation für den Rest der Welt. *Sie selbst* wollen eine christliche Welt schaffen und nicht darauf warten, dass Christus ihnen dies abnimmt. Entsprechend verkündete George W. Bush: „Die Freiheit, die wir so hochschätzen, ist nicht Amerikas Gabe an die Welt, sondern Gottes Geschenk an die Menschheit", „Der Ruf der Geschichte ist an das richtige Land ergangen", Wir opfern uns für die Freiheit von Fremden".[57] „Hier spricht", so der deutsche Religionswissenschaftler Hans G. Kippenberg, „nicht der ‚Weltpolizist', sondern der ‚Erlöser'."[58] Als selbst ernannter Führer der „Achse des Guten" kämpfe Bush gegen die endzeitlichen Kräfte des Bösen. Seinem Selbstanspruch nach ist er natürlich von Gott dazu berufen.

Bis zu Beginn der 1970er Jahre scheinen die evangelikalen Fundamentalisten noch weltflüchtig, duldungsbereit und kulturpessimistisch gewesen zu sein. Sie waren eine Minderheit im Land und hielten sich weitgehend aus der Politik heraus. Sie hofften darauf, dass sie nach bereitwilligem Erleiden der „großen Drangsal", die „schicksalhaft-unabwendbar" über die Welt hereinbrechen werde, für würdig befunden würden, zu den 144.000 Erlösten zu gehören, von denen die Offenbarung spricht.[59] Nachdem sie jedoch zahlenmäßig und an politischem Gewicht gewachsen sind – und nicht zuletzt angestoßen durch katholische Kreise –, scheinen sie Lust auf Macht bekommen zu haben. Die Verwirklichung eines

Gottesstaates im Sinne eines 1.000-jährigen irdischen Friedensreiches ist nun für sie zu einem realistischen Ziel geworden. Bush und die religiöse Rechte sind daher heute eher welterobernd, kampfbereit und gewaltbereit. Dies betrifft besonders den Kampf gegen die angeblich antigöttlichen Liberalen im eigenen Lande und die Kriege gegen das Böse in Afghanistan, im Irak und gegen den Weltterrorismus.

Jene Fundamentalisten, die schon hier auf Erden einen Gottesstaat verwirklichen wollen, werden von Kritikern der religiösen Rechten seit Mitte der 90er Jahre auch als „Dominionisten“ oder „Rekonstruktionisten“ bezeichnet. Der Rekonstruktionismus ist aus konservativem presbyterianischem Gedankengut hervorgegangen. Vertreter dieser Denkweise, zu der heute bereits über 35 Millionen Amerikaner gehören sollen, sehen im ersten Buch Mose 1,26 einen entsprechenden Auftrag Gottes an die Gläubigen: Sie sollen die Welt beherrschen (Englisch: *to „have dominion over“*). In dem entsprechenden Text der Schöpfungsgeschichte heißt es nämlich: „Und Gott sprach: Lasset uns *Menschen* machen, ein Bild, das uns gleich sei, *die da herrschen* über die Fische im Meer und über die Vögel unter dem Himmel und über das Vieh und *über die ganze Erde* …“[60] Einige Vertreter der religiösen Rechten sehen in der Aussage Jesu: „Mir ist gegeben alle Gewalt im Himmel und auf Erden“[61], eine Wiederholung und Verstärkung dieses angeblich göttlichen Auftrags. Die Nachfolger Christi – so ihre Logik – seien ja eins mit Christus und somit Erben der göttlichen Gewaltübertragung. Eine politische Weltherrschaft sei daher anzustreben, in der sie sich selbst als die treuen Sachwalter und ausführenden Organe des Willens Gottes und Jesu Christi auf Erden sehen.[62] Mit dem Erstarken des evangelikal-fundamentalistischen Christentums wurde aus der Vorstellung eines ursprünglich unsichtbaren und geistlichen Reiches Gottes mit der Zeit ein buchstäbliches und politisches Reich. Dieses solle und könne mit Gewalt verwirklicht werden. Und in den Vereinigten Staaten wolle man damit anfangen. Offenbar vergessen sind damit die Worte Jesu „Mein Reich ist nicht von dieser Welt“.[63]

Die Gläubigen, die dazu bestimmt seien zu herrschen, werden als die Auserwählten bezeichnet und von jenen Gläubigen unterschieden, die eine von Gott vorherbestimmte Überlegenheit der auserwählten herrschenden Klasse nicht anerkennen. „Ein Christ, der gegenüber den ‚Auserwählten‘ seine Stimme erhebt, könnte als ‚falscher Prophet oder Träumer von Träumen‘ bezeichnet werden und deshalb nach dem Gesetz aus dem 5. Buch Mose ‚getötet‘ werden.“[64] Und Pat Robertson meint: „Es ist eindeutig, dass

Gott sagt: ‚Ich habe dem Menschen Herrschaft über die Erde gegeben, aber er hat sie verloren. Jetzt wünsche ich mir reife Söhne und Töchter, die in meinem Namen die ganze Erde beherrschen und Satan, die Unfolgsamen und Rebellischen unterwerfen. Nehmt meine Welt von jenen zurück, die sie ausbeuten und misshandeln. Herrscht, wie ich herrschen würde.'"[65] Wer aber zu den Auserwählten gehört, die zum Herrschen berufen sind, bestimmen die Dominionisten. Diese Auswahl solle jedoch nicht nach religiösen Kriterien geschehen, sondern aufgrund politischer Gesichtspunkte. Dazu zählt, ob sie nämlich Republikaner und nicht Demokraten sind, konservativ und nicht liberal und ob sie die Aktionen der politischen Köpfe innerhalb des Dominionismus akzeptierten.[66]

Die geistigen Wurzeln für eine solche Sicht in neuerer Zeit finden sich bei Rousas John Rushdoony und Francis A. Schaeffer. Rushdoony (1916–2001), geboren in New York, war der Sohn armenischer Einwanderer in die USA. Sie waren in ihrer Heimat nur knapp dem Völkermord von 1915 entkommen. Nach Studien in Englisch, Pädagogik und Religion gründete Rushdoony 1965 die *Chalcedon Foundation*. Sie setzt sich dafür ein, dass das so genannte biblische Recht auch in der modernen Gesellschaft zur Anwendung kommt. Zu den bedeutendsten Einrichtungen des Dominionismus zählen heute *Focus on the Family*, das *Family Research Council* und die *Christian Coalition*.[67] Der so genannte „Christliche Rekonstruktionismus" (*Christian Reconstructionism*), wird teilweise als eine extreme Variante des Dominionismus gesehen und teilweise synonym für diesen Begriff verwendet. Diese Richtung will einen glorifizierten Idealzustand Amerikas „rekonstruieren", also etwas wiederherstellen, das es in Wirklichkeit nie gab. Gegner dieser Randgruppe meinen sogar, der Rekonstruktionismus strebe eine Rückkehr zur Sklaverei an und offenbare eine geistige Verwandtschaft mit Hitler und dem Faschismus der Nazidiktatur.[68] In jedem Fall aber, so Rushdoony, seien die Erlösten berufen, im Auftrag Gottes die ursprünglich dem Menschen übertragene Herrschaft über die Welt auszuüben und „Bewahrer des Bundes[69] [mit Gott] zu sein und die Gerechtigkeit, [die] vom Gesetz gefordert wird … zu erfüllen."[70] Der Mensch sei dazu aufgerufen, jene Gesellschaft zu schaffen, die Gott fordert. Was Rushdoony damit meint, schreibt er an anderer Stelle: „Der Mensch, der in einem fortschreitenden Prozess geheiligt wird, wird unweigerlich sein Heim, seine Schule, seine Politik, Wirtschaft, Wissenschaft und alles andere heiligen, indem er alles im Sinne des Wortes Gottes versteht und interpretiert und unter die Herrschaft Christi des Königs bringt."[71] Das sind an und für sich noble Ziele, wenn sie im Geiste Christi durch Vorbild und mit Respekt vor der freien Entscheidung des Einzelnen und auf der Ebene des praktizierenden Christen umgesetzt werden. Problematisch wird das Programm, wenn es per Gesetz und mit dem Gewaltmonopol des Staates umgesetzt wird. Besonders erschreckend ist die Forderung der von Rushdoony beeinflussten Rekonstruktionisten nach der Einführung des alttestamentlichen Rechts. Denn das, so ihre Vertreter, bedeutet die Todesstrafe für Ehebrecher, Gotteslästerer, unverbesserliche Teenager, Homosexuelle, „Hexen" und all jene, die „falsche Götter" anbeten.[72]

Die von der Bibel empfohlenen Formen der Todesstrafe, so die Führer dieser fundamentalistischen Richtung, seien Verbrennen – etwa auf dem Scheiterhaufen –, Steinigung, Hängen und „das Schwert". Außerdem glauben die Rekonstruktionisten, dass Gott, wie im Alten Testament, über ein ganzes Volk urteile. Die Grundlage für sein Urteil sei die Einhaltung von so genannten Bundesgesetzen. Entsprechend sei etwa AIDS ein Gottesurteil.[73]

Ein anderer fundamentalistischer Vordenker, der von vielen – zu Recht oder zu Unrecht – neben Rushdoony als Vater der „christlichen" Herrschaftstheologie gesehen wird, ist Francis A. Schaeffer (1912–1984). Der presbyterianische Theologe und Philosoph wurde in Pennsylvania geboren. 1948 wanderte der damals wohl bedeutendste Theologe des protestantischen Amerika in die Schweiz aus, wo er 1955 in Huemoz-sur-Ollon – im Sinne einer Weltflucht – die christliche Kommune *L'Abri* gründete. Schaeffer sah im weltlichen Humanismus die größte Bedrohung für das Christentum. Diese Philosophie, so Schaeffer, werde den Christen aufgezwungen. Die fundamentalistischen Theologen und Polit-Aktivisten LaHaye und Falwell sahen in Schaeffers Gedankengut jedoch keinen Aufruf zum Rückzug in eine utopische Idylle, sondern eine Aufforderung zu christlich-politischer Aktion.[74] Damit – so ihre Kritiker – hätten sie Schaeffer aber missverstanden.

Die Fundamentalisten sind die treibenden Kräfte im Dominionismus oder Rekonstruktionismus. Es ist jedoch ein Fehler, diese Denkrichtung auf die Pfingstler, Charismatiker und Baptisten zu beschränken. Besonders die Fundamentalisten unter den Presbyterianern sowie konservative Katholiken und Episkopale haben sich im Rahmen der religiösen Rechten dieser Bewegung angeschlossen.[75] Sie gewinnt rasch an Einfluss. Besondere Anziehungskraft scheint sie heute allerdings auf Pfingstler und Charismatiker auszuüben.[76] „Für Menschen, die zum großen Teil ungebildet sind und die oft unwissend blieben, selbst wenn sie das College absolvierten, weil sie Angst hatten, durch ‚die Welt und Weltlichkeit' korrumpiert zu werden, erschien der Dominionismus als ein strahlendes Licht, das ihr tiefsitzendes Gefühl der Minderwertigkeit milderte. Insbesondere die Pfingstler konnten sich mit dem Gedanken trösten, dass die Welt sie nicht mehr als ‚Holy Rollers' (religiös-ekstatische Spinner, G. P.) sah, die unter dem Einfluss des ‚Geistes' tanzten und Glossolalia (ekstatische Zungenrede, G. P.) praktizierten. Diesmal würden sie oben sein – sie würden der Kopf und nicht der Schwanz sein – und die so genannte Elite, die Gebildeten der Welt, würden unten sein."[77] Um diese neue Welt zu ermöglichen, gründete Pat Robertson zusammen mit anderen religiösen Politakteuren überall in den USA Schulen und Universitäten, um „Christen" darauf vorzubereiten, Wahlen zu öffentlichen Ämtern zu gewinnen und dort dann wirksam, und das heißt im Sinne der religiösen Rechten, zu regieren.

Der Journalist Frederick Clarkson hatte bereits 1994 davor gewarnt, dass die Dominionisten danach trachteten, die Demokratie durch eine Gottesherrschaft zu ersetzen, in der eine „Elite" ihre eigene Interpretation des biblischen Gesetzes über das Land verhängen werde. Diese Gottesherrschaft oder Theokratie sei so streng, „dass sie die Todesstrafe auch auf Gotteslästerung, religiöse Irrlehre, Ehebruch und Homosexualität ausdehnen" würde.[78] Auch die Einführung dieser Gottesherrschaft selbst gehe nicht ohne Gewalt vonstatten. Ähnlich den marxistischen Parteistrategen vergangener kommunistischer Regime, die davon ausgingen, dass die Verwirklichung einer vollkommenen Gesellschaftsordnung gegen den Widerstand „Unbelehrbarer" mit Gewalt durchgesetzt werden müsse, sind die Dominionisten fest davon überzeugt, das „Reich Gottes auf Erden" auch mit Gewalt herbeiführen zu müssen. In guter machiavellistischer Tradition heilige der Zweck eben die Mittel. „Wir müssen den amerikanischen Traum beim Schopfe packen", erklärte Ben Kinchlow, einer der Gastgeber von Robertsons *700 Club*, „und ihn dorthin zurückschnappen lassen, wo er ursprünglich sein sollte."[79] Robertson selbst schreibt in einem seiner Bücher über das „geheime Reich Gottes", das er verwirklichen wolle: Das Himmelreich, das schon durch die Gläubigen auf Erden seinen Anfang nehme, „erleidet Gewalt, und gewalttätige Menschen erobern es mit Gewalt".[80]

Angesichts dieser Horrorvision verwundert es nicht, dass die Dominionisten bzw. Rekonstruktionisten vorwiegend im Verborgenen wirken, sich und ihre Ziele tarnen und verdeckte Methoden anwenden.[81] Die meisten ihrer Anhänger haben jedoch keine Vorstellung davon, welches die wirklichen politischen Ziele dieser Menschen sind und wie weit sie sich in Wahrheit von der Bibel und dem Wesen des Christentums entfernt haben. „Im Dominionismus ist das wahre Christentum der Gegenstand der Zerstörung und nicht das Ziel, das es zu verwirklichen gelte.“[82]

4. Die Rechtfertigung der Unmoral

Geradezu diabolisch mutet die von den Fundamentalisten angeblich aus der Bibel abgeleitete Rechtfertigung von Unrecht an. Der Glaube, dass Gott schon vor Erschaffung der Welt festgelegt habe, wer für die Ewigkeit gerettet werde und wer nicht, hat den amerikanischen Schriftsteller James Hogg 1824 veranlasst, ein bemerkenswertes Buch zu schreiben: *The Private Memoirs and Confessions of a Justified Sinner* (Die privaten Memoiren und Bekenntnisse eines gerechtfertigten Sünders).[83] Darin beschreibt Hogg einen Mann namens Robert, der zu dem Schluss kommt, dass Gott von Beginn an festgelegt habe, dass er in den Himmel komme. Daher könne er machen, was er wolle: Er werde in jedem Fall gerettet. Er könne jede beliebige Sünde begehen, ohne dass er dadurch das ewige Leben verlöre. Seine Überzeugung führt ihn schließlich dazu, im vermeintlichen Auftrag Christi und zum Nutzen seiner Kirche als professioneller Killer Menschen umzubringen.

Dieser Roman veranschaulicht die irregeführte Vorstellung einer Prädestination. Nicht weit davon entfernt ist aber auch die Vorstellung einer absoluten und pervertierten christlichen „Heilsgewissheit“. Sie geht nämlich davon aus, dass man nach seiner geistlichen Wiedergeburt nicht mehr „aus der Gnade fallen“ kann – ein Glaube, der in evangelikalen Kreisen besonders ab den 1950er Jahren zunehmend populär wurde. Kritiker dieser Sicht sprechen von einem unbiblischen Konzept, das sie „einmal gerettet – für immer gerettet“ (*once saved – always saved*) nennen. Sie weisen darauf hin, dass dies im Extremfall bedeuten könne, dass ein Mörder nach seiner Wiedergeburt zu den Erwählten Gottes gehörte und es somit fortan egal sei, ob er nun mit dem Morden aufhörte oder weiter mordete. „Die logische Konsequenz dieser Argumentationsweise sei, dass es im Christentum nicht Ex-Sünder, sondern praktizierende Sünder gebe, und zwar als christliche Mörder, christliche Kinderschänder, christliche Vergewaltiger, christliche Diebe, christliche Brandstifter und [Menschen mit] jeder anderen möglichen Form von sozio-pathologischem Verhalten.“[84]

Die politisch aktiven Fundamentalisten von heute – und speziell die Dominionisten – scheinen dieses Konzept noch einen Schritt weitergetragen zu haben; sie glauben nämlich, dass die Erwählten Gottes überhaupt nichts falsch machen können. Das sei auch die Erklärung dafür, dass George W. Bush schon bald nach seiner ersten Wahl zum Präsidenten offenbar unchristliches Verhalten, wie seine Unehrlichkeit gegenüber dem amerikanischen Volk, ohne Probleme mit dem Anspruch seiner eigenen Wiedergeburt in Einklang bringen konnte.[85] Ein solcher Glaube mag dann Tür und Tor für jede unmoralische Tat öffnen, wenn sie im machiavellistischen Sinne nur einem guten Zweck diente: das Böse benutzen, um das Gute zu erreichen. Das rechtfertigt Lügen, Morden, Betrügen und jede andere Form von Verbrechen, ohne dass man sich mit Schuldgefühlen herumplagen oder Reue empfinden muss für das Leben jener, die durch Hinrichtungen, Militäraktionen oder gezielte Tötungen umgekommen sind.[86]

Mag die pervertierte Heilsgewissheit, die dem Gläubigen einen Freibrief für jede Form unmoralischen Handelns ausstellt, schon schlimm genug sein, sie wird aber noch übertroffen von dem Anspruch, durch mysteriöse Eingebungen direkte Order von Gott zu erhalten. Barbara Victor berichtet in diesem Zusammenhang von einem schockierenden Fall. Julia Pendegrast, 60 Jahre alt, ist die Frau eines prominenten Anwalts und Mitglied einer Pfingstgemeinde in Texas. Die in einem baptistischen Haus aufgewachsene Collegeabsolventin erzählte der Autorin: „Wenn man zum Allmächtigen spricht, zum Ewigen, dann hört man auch von Ihm, und ich habe immer von Ihm gehört, über die Heilige Schrift. Später hat Er dann auch laut mit mir geredet."[87] 1979, während der Geiselkrise in der US-Botschaft in Teheran, nahm dieses angebliche Gespräch mit „dem Ewigen" dann sehr konkrete Formen an: „Er sagte mir …, es sei an der Zeit, die Christen zum Kampf gegen das Böse des Islam zu mobilisieren."[88] Später wurde die „Stimme" noch konkreter: „Dank des Ewigen Gottes wusste ich, was ich zu tun hatte, um das von Ihm übertragene Projekt umzusetzen. … In jener Nacht kam Er wieder im Traum zu mir und trug mir auf, ich soll meine Mission ‚Das Wort des Herrn' nennen."[89]

Sie setzte den so genannten göttlichen Auftrag in die Tat um und gründete eine evangelikale Organisation mit entsprechendem Namen, zu der heute landesweit 75.000 Frauen gehören. Erschreckend ist, wie sie das Geld für diese Aktion aufbrachte. Sie betrog nämlich ihren Bruder um sein Erbe, indem sie ihren Vater unter Vortäuschung falscher Tatsachen dazu manipulierte, ihr kurz vor seinem Tode das gesamte Erbe in Höhe von 500.000 Dollar zu übertragen. Als ihr Bruder dies herausfand, war er verständlicherweise „geschockt und wütend" und hat fortan nicht mehr mit seiner Schwester gesprochen.

„Das Signifikante an Julias Geschichte ist", so Barbara Victor, „dass sie normalerweise zu den Menschen gehört, die nicht im Traum daran denken würden, vom eigenen Bruder oder sonst jemandem Geld zu stehlen. In unaufgeregteren Zeiten und bei klaren Sinnen hätte für sie das Gebot ‚Du sollst nicht stehlen' genau das bedeutet, was es aussagt."[90]

Katherine Yurica berichtet von einem Vorfall, der gewisse Ähnlichkeiten zum Fall Pendegrast hat. Auch hier steht die so genannte göttliche Eingebung in krassem Widerspruch zum Wortlaut und Geist der Bibel. Der pfingstlerische Pastor Donald Spitz aus Pensacola, Florida, ein Vertreter der militanten Abtreibungsgegner *Pro Life* und *Army of God* wurde zu einem Mordfall und der Hinrichtung des Mörders interviewt. In dem Gespräch ging es um Paul Hill, ebenfalls Pastor der Pfingstkirche, der den Arzt einer Abtreibungsklinik und dessen Leibwächter ermordet hatte. Hill hatte argumentiert: „Es ist keine Frage, dass man unschuldiges Leben mit tödlicher Macht schützen sollte. Die Frage lautet: Wessen Leben ist unschuldig – das Leben derjenigen, die unsere Kinder umbringen, oder die Kinder, die getötet werden? Die Regierung glaubt, dass jene, die unsere Kinder umbringen, geschützt werden sollten. Wir glauben, dass die Ungeborenen geschützt werden sollen. Die Frage, die sich für uns daher stellt, lautet: Sollten wir nicht unschuldige Leben vor Schaden bewahren, wenn die Regierung uns verbietet, dies zu tun?" Hill war nach seinem Verbrechen gefasst und verurteilt worden. Spitz, der beansprucht, geistlicher Berater des Mörders gewesen zu sein, behauptete, Hill sei mit der Gewissheit gestorben, „das Werk des Herrn getan zu haben".[91] Der Mord sei gerechtfertigt. Auf die Frage des Gastgebers der Talkshow, Brian Copeland, warum er selbst, Spitz, noch nicht ausgezogen sei, um einen Abtreibungsarzt umzubringen, antwortete dieser in aller Ruhe: „Gott hat mir nicht den Auftrag gegeben, das Töten zu übernehmen."[92]

Die Konsequenz dieser religiös motivierten Wahnvorstellungen ist erschreckend. Barbara Victor formuliert diese, bezogen auf Julia Pendegrast, mit folgenden Worten: „Wenn man Julia mit 80 Millionen Menschen multipliziert, dann ergibt das eine Anarchie von erschreckendem Ausmaß. Regeln werden nichtig, und gegen alle Gesetze kann verstoßen werden, um Gottes Wünsche zu erfüllen. Alles ist möglich, wenn es sich nur auf Glauben und Religion stützt."[93]

5. Ohne Israel geht nichts

Amerikanische Juden stellen traditionell den stärksten Block der Pro-Israel-Lobby in den USA. Zu ihnen gehören vor allem Kreise der Hochfinanz, Intellektuelle und die Filmindustrie in Hollywood.[94] Seit einigen Jahren werden die politischen Bemühungen dieser Personengruppen jedoch in den Schatten gestellt von der ständig an Bedeutung gewinnenden Lobbyarbeit der Fundamentalisten. Die religiöse Rechte und hier besonders die Fundamentalisten, die aufgrund ihrer prophetischen Sicht der Zukunft und einer buchstäblichen Auslegung der Bibel den Juden schon immer eine besondere Rolle zugedacht haben, scheinen Israel neu entdeckt zu haben. Die Größe, Stärke und das Überleben des modernen Staates Israel steht ganz oben auf der Agenda der Fundamentalisten. Fast scheint es sogar, als habe dieses Thema die Anti-Abtreibungs-Agitation auf den zweiten Platz verwiesen.[95]

Evangelikale Kirchengemeinden sind dazu übergegangen, überall in Amerika das jüdische Passahfest zu feiern. Sie schreiben pro-israelische Briefe an George W. Bush und lernen Hebräisch, um bei ihren überaus beliebten Reisen in das Heilige Land den israelischen Soldaten jüdische Volkslieder vorsingen zu können. Sie kurbeln den Israel-Tourismus an[96] und sammeln außerdem in ihren Kirchengemeinden bedeutende Geldbeträge zugunsten von Israel. Im Oktober 2002 waren es die Evangelikalen in den USA, die einen Tag der Solidarität mit Israel begingen. Allein in den Südstaaten der USA sollen sich fünf Millionen Evangelikale daran beteiligt haben.[97]

J. Allen Fine – ehemals Pastor der *Southern Baptists*, der nach wie vor Kontakt zur *Christian Coalition* hält, diese jetzt aber kritisch sieht – besuchte 2002 eine Konferenz der *Christian Coalition*. Anschließend berichtete er: „Die Macht der Demonstration und der Drang zur Unterstützung Israels war überraschend. … Für … [die meisten Protestanten] ist Israel geheiligter Boden, und sie warten nur auf die Ankunft Christi und seine Herrschaft während des angeblichen Friedens-Millenniums in Jerusalem. In ihren Augen muss Israel beschützt werden – der Tempel muss wieder errichtet werden – und daher ist das Bemühen, die Palästinenser zu unterjochen und den Irak als Bedrohung zu entfernen, Teil dieser Vorbereitung. … Man gab uns allen kleine israelische Fahnen, die wir schwenken sollten, und eine nachgemachte amerikanische Fahne und eine Fahne mit dem Davidsstern waren zu einer Fahne zusammengenäht, und die wurde zusammen mit vielen anderen Pro-Israel- und Pro-Friedens-Millenniums-Gegenständen in einer Prozession die Gänge auf- und abgetragen. Israelische Tänzerinnen tanzten, und Sänger elektrisierten die Versammlung mit bekannten Pro-Israel-Liedern. Es war ein enormes Spektakel ... Viele Male hörten wir, wie die Worte aus 1. Mose 12,3 zitiert wurden: ‚Ich will segnen, die dich segnen, und verfluchen, die dich verfluchen.'"[98] Auf derselben Konferenz sagte Senator Phil Graham unter großem Applaus: „Wenn Amerika nicht den Charakter oder die Weisheit hat, heute an der Seite Israels zu stehen, wird Gott morgen nicht zu uns stehen. Wir werden bis zur Wiederkunft Christi zu Israel stehen."[99]

Das religiös motivierte Interesse an Israel in den christlichen Kreisen Amerikas begann schon lange vor der Gründung des modernen Staates Israel. 1891 organisierte der fundamentalistische Schriftsteller William E. Blackstone eine landesweite Kampagne, um den damaligen Präsidenten der Vereinigten Staaten, Benjamin Harrison, zu bewegen, die Gründung eines jüdischen Staates in Palästina zu unterstützen. Blackstone hatte 1882 mit seinem Buch *Jesus is Coming* (Jesus kommt) einen Bestseller geschrieben. Darin erläuterte er seine Vorstellungen von einem nahe bevorstehenden Ende der Welt. Die Juden, so seine Ansicht, sollten dabei eine besondere Rolle spielen. Mit seiner Pro-Israel-Kampagne gewann er viele Unterstützer, darunter den Ölmilliardär John D. Rockefeller, den Verleger Charles B. Scribner und den Industriellen J. P. Morgan. Doch obwohl er die Zustimmung der Mehrheit von Senat und Abgeordnetenhaus sowie die des Vorsitzenden des Obersten Gerichts erlangte, verliefen seine Bemühungen schließlich im Sande.[100] Damals fehlte noch die breite Akzeptanz in der Gesellschaft.

Erst 50 Jahre später – beflügelt durch die wachsende Beliebtheit der Scofield-Bibel in baptistischen Kreisen – erhielt die christliche Pro-Israel-Lobby in Amerika wieder Aufwind. Die Gründe: Der Zweite Weltkrieg und der Genozid an den Juden durch das Naziregime hatten bei vielen zu Mitleid und Sympathie für das jüdische Volk geführt. Die Gründung eines eigenen Staates, so meinte man, könnte vielleicht dazu beitragen, dass sich solch ein schreckliches Schicksal nicht wiederholen würde. Außerdem hatten jene Kreise innerhalb der amerikanischen Evangelikalen an Stärke gewonnen, die Israel eine besondere Rolle in der Erfüllung endzeitlicher Prophetien zuschrieben. Folglich kam es 1948 – nicht zuletzt durch die politische Agitation eben dieser Kreise – zur Gründung des modernen Staates Israel.

Als die israelische Führung knapp 20 Jahre später, im Juni 1967, neben der Eroberung des Gaza-Streifens, der Golan-Höhen und der Sinai-Halbinsel auch Jerusalem ganz in Besitz nahm, feierten die amerikanischen Fundamentalisten dies als ein göttliches Zeichen und die Erfüllung biblischer Prophetie. Das Ende der Welt stünde nun unmittelbar bevor, meinten sie. „Dass Jerusalem jetzt nach 2000 Jahren wieder in der Hand der Juden sei", schrieb beispielsweise L. Nelson Bell, der Schwiegervater von Billy Graham, „erfüllt den eifrigen Leser der Bibel mit Begeisterung und erneuert seinen Glauben an die Genauigkeit und Echtheit der Bibel."[101]

In den 1970er Jahren gewannen die Vorstellungen von der göttlich bestimmten Rolle Israels weiter an Popularität. Dafür gab es vor allem drei Gründe: 1. Der wachsende Einfluss evangelikaler Fernsehprogramme, 2. der überwältigende Erfolg des Buches *The Late Great Planet Earth* von Hal Lindsay und 3. die Wahl des Baptisten Jimmy Carter zum ersten evangelikalen Präsidenten Amerikas im Jahr 1977. Anders als George W. Bush heute hielt Carter sich aber zurück, wenn es um eine direkte konservativ-christliche Beeinflussung der Politik ging. Doch die Evangelikalen hatten mit seiner Wahl gewissermaßen einen großen PR-Sieg errungen. Sie waren so endgültig von einer eher marginalen Minderheitsposition in das Rampenlicht der politischen und Medienöffentlichkeit getreten. In der weit gefächerten amerikanischen Kirchenlandschaft wuchs ihre Anhängerzahl mit zunehmender Geschwindigkeit. Die Zeitschrift *Time* bezeichnete folglich das Jahr 1976 als „das Jahr der Evangelikalen".[102]

In den 80er und 90er Jahren waren es dann vor allem die Fernsehprediger Jerry Falwell und Pat Robertson, die mit ihrer eigenwilligen Auslegung der Bibel das Interesse der Evangelikalen und auch anderer christlicher Kreise auf Israel lenkten. Von Mitte der 1990er Jahre bis heute ist es hauptsächlich der religiöse Politagitator, Prediger und Science-Fiction-Autor Tim LaHaye, der mit seinen 19 Romanen über das Ende der Welt die Einstellung der amerikanischen Öffentlichkeit stark prägt und zunehmend auch die Nahostpolitik Amerikas beeinflusst.

Gemäß ihrem Bibelverständnis erwartet die religiöse Rechte, dass in unmittelbarer Zukunft ein globales „liberales", sprich: sozialistisches und damit völlig unamerikanisches Reich des Bösen aufsteigen und unter der mysteriösen Führung eines Weltherrschers Israel angreifen werde. Dieser Weltherrscher sei der Antichrist, die Personifizierung des Teufels. Er werde in Jerusalem in der Mitte einer siebenjährigen „Zeit der Bedrängnis", also nach dreieinhalb Jahren, den Tempel wieder aufbauen. Und er sei es auch, der die ganze Welt in die alles entscheidende Schlacht von Harmagedon führen werde. Da Israel im Mittelpunkt dieser angeblich in der Bibel vorhergesagten Ereignisse stünde, sei es für jeden Gläubigen eine religiöse Pflicht, Israel bedingungslos finanziell, religiös und politisch zu unterstützen.[103]

Die Vorstellung, es handele sich bei dem Antichristen um eine einzelne Person und nicht eine Institution, geht bereits auf den jesuitischen Gelehrten Francisco Ribera zurück. Dieser hatte im 16. Jahrhundert einen Kommentar zur Offenbarung des Johannes geschrieben, in dem er seine Sicht der damals von den Protestanten in Mehrheit vertretenen Meinung gegenüberstellte. Diese gingen nämlich davon aus, bei dem Antichristen handele es sich um das Papsttum.[104]

Das angeblich biblisch begründete Verständnis der Evangelikalen von der heutigen und in die Zukunft reichenden Rolle Israels beschränkt sich nicht allein auf die Lehre vom Antichristen und die Beschreibung eines Endzeitszenarios. Vielmehr gehen die konservativen Christen Amerikas davon aus, dass alle in der Bibel gegebenen Verheißungen und Prophezeiungen, die Israel betreffen, buchstäblich zu verstehen und ausschließlich auf das natürliche Volk Israel zu beziehen sind. Dazu gehören eben auch die vorhergesagte Einnahme Palästinas und die Errichtung eines jüdischen Staates an seiner Stelle.

Diese Sicht, kritisiert der in Deutschland geborene und bis zu seinem Tode in Amerika tätige Theologe Gerhard F. Hasel, stütze sich vor allem auf zwei „Säulen" biblischer Interpretation:

- eine radikale und totale Trennung der Begriffe „Israel" und „christliche Kirche" – eine Auslegung, bei der Begriffe wie „geistliches Israel" nicht auf die christliche Kirche bezogen werden, sondern ausschließlich auf das jüdische Volk, und
- dem durchgängig und absolut gültigen Prinzip der buchstäblichen Auslegung der Bibel.

Beide Prinzipien seien aber falsch, meint Hasel.[105] Sowohl das Alte wie auch das Neue Testament machten außerdem deutlich, dass die Verheißungen zugunsten Israels in vielen Fällen an die Einhaltung von so genannten Bundesvereinbarungen zwischen Gott und Israel gebunden seien. In einem Text, den viele Evangelikale als göttliche Garantie für den Fortbestand eines politischen Israel sehen, hieße es zwar: „Der Herr hat David einen Eid geschworen – davon wird er sich wahrlich nicht wenden: Ich will dir auf deinen Thron setzen einen, der von deinem Leibe kommt." Doch dann, so Hasel, komme die Bedingung, die Israel eben nicht erfüllt habe: „Werden deine Söhne meinen Bund halten und mein Gebot, das ich sie lehren werde, so sollen auch ihre Söhne auf deinem Thron sitzen ewiglich."[106]

Das heißt: Eine fortdauernde Regentschaft der Nachfolger des großen israelitischen Königs David und darin impliziert der Fortbestand Israels auf dem Boden des historischen Israel bis in alle Ewigkeit ist folglich abhängig von der Erfüllung bestimmter vertraglicher Vereinbarungen zwischen Gott und Israel. Da dieser Bund zwischen den Vertragsparteien jedoch durch Ungehorsam, so Hasel, einseitig gebrochen wurde, gelte logischerweise auch die Zusage oder Garantie der ewigen Existenz Israels in seinen traditionellen Grenzen nicht mehr.[107]

Auch die Leugnung, dass sich das Konzept des „geistlichen Israel" auf die christliche Kirche bezieht, verzerre wesentliche Aussagen der Bibel. Der Begriff „Israel" müsse in vielen Fällen, so Hasel, in einem breiteren Sinne verstanden werden. Nach Entstehung der christlichen Kirche schließe diese Bezeichnung in vielen Fällen alle Gläubigen mit ein. Paulus schreibt beispielsweise in seinem Brief an die Galater: „Ihr seid alle durch den Glauben Gottes Kinder in Christus Jesus. ... Hier ist nicht Jude noch Grieche ...: denn ihr seid allesamt einer in Christus Jesus. Gehört ihr aber Christus an, so seid ihr ja Abrahams Kinder und nach der Verheißung Erben."[108] Und in seinem Schreiben an die Gemeinde zu Ephesus weise er darauf hin, so Hasel, dass „die Heiden Miterben sind und mit zu seinem [Christi] Leibe gehören und Mitgenossen der Verheißung in Christus Jesus sind durch das Evangelium".[109] Das heißt, der Begriff „Israel" in seiner neutestamentlichen Verwendung bezieht sich damit häufig auf alle Gläubigen, ungeachtet ihrer ethnischen Herkunft.

Auch eine ausschließlich buchstäbliche und politische Auslegung aller biblischen Textstellen, die „Israel" als Land und „Jerusalem" als Stadt erwähnten, führt laut Hasel in die exegetische Sackgasse. Die Heimat, also das Land und die Stadt, die Abraham, der Stammvater der Juden, selbst erwartete, so Hasel weiter, seien nicht das *irdische* Jerusalem und ein *politischer* Staat Israel gewesen. Denn Abraham „wartete auf die Stadt, ... deren Baumeister und Schöpfer Gott ist".[110] Er und seine Glaubensgenossen sehnten sich nach einem „besseren Vaterland, nämlich dem himmlischen".[111] Beim genaueren Hinsehen handele es sich nicht um buchstäbliche politische und innerweltliche Gebilde, sondern um von Gott geschaffene himmlische Einrichtungen, so Hasel.

Mit dieser Sicht steht er nicht allein da.[112] Der vom Judentum zum Christentum übergetretene Fernsehprediger Doug Batchelor meint, dass die amerikanischen Evangelikalen den gleichen Fehler machen wie die Juden zur Zeit Jesu: „Als Jesus das erste Mal kam, war das jüdische Volk nicht bereit, ihn zu empfangen, weil sie die prophetischen Aussagen bezüglich seines Reiches falsch verstanden hatten. Als er am Kreuz starb, waren sogar seine Jünger verwirrt. Sie hatten ein buchstäbliches Reich erwartet, in dem der Messias seine Feinde besiegt, damit sie den irdischen Glanz aus der Zeit Salomos wiedererlangen konnten. Doch als Jesus das erste Mal kam, kam er, um ein geistliches Reich zu errichten (Lukas 17,21). … Jetzt, unmittelbar vor seiner Wiederkunft, wiederholt die christliche Welt den Fehler der jüdischen Nation. Einige verkehren geistliche Dinge in buchstäbliche, und dann vergeistigen sie den einfachen Buchstaben! Das Tragische an diesem Prozess ist, dass sie auf diese Weise in eine niederschmetternde Enttäuschung hineinlaufen."[113]

Auch Steve Wohlberg weist wie Hasel darauf hin, dass Gottes Verheißungen an das buchstäbliche Volk Israel an Bedingungen geknüpft waren. Im zweiten Buch Mose heißt es: „Werdet ihr nun meiner Stimme gehorchen, und meinen Bund halten, so sollt ihr mein Eigentum sein vor allen Völkern; denn die ganze Erde ist mein. Und ihr sollt mir ein priesterlich Königreich und ein heiliges Volk sein."[114] Diese Verknüpfung der Verheißung an Bedingungen mache „deutlich", so Wohlberg, der wie Batchelor vom Judentum zum Christentum übergetreten ist, „dass die Fortsetzung seiner [Gottes] Gunst gegenüber den Israeliten abhängig war von ihrer Reaktion auf seine Güte und von ihrer Entscheidung, ihm gehorsam zu sein."[115] Außerdem weist Wohlberg nach, dass die Bibel von einer „Erbfolge des Glaubens" spricht, d. h. von einer durchgängigen Linie von gläubigen Menschen seit Abraham, unabhängig von ihrer ethnischen Zugehörigkeit. Es gebe demnach ein buchstäbliches und ein geistliches Israel. „Demnach könne ein Jude zur jüdischen Nation gehören und dennoch nicht Teil des Israels Gottes sein."[116] Deshalb, so Wohlberg – und das weist er überzeugend aufgrund des biblischen Befundes nach –, müssten die Verheißungen und prophetischen Aussagen Israel betreffend auf das geistliche Israel – also Christen ungeachtet ihrer ethnischen Abstammung – angewendet werden.

Doch dies ist nicht die Sicht der Fundamentalisten. Zutiefst überzeugt von der Richtigkeit ihrer Bibelauslegung, haben sie in Amerika eine zionistische Lobby aufgebaut und sich mit den anderen Pro-Israel-Kräften im Lande verbündet. Ihr Einfluss auf die Politik der Vereinigten Staaten ist inzwischen beträchtlich. Schon vor der Amtszeit des amerikanischen Präsidenten Ronald Reagan hatte Hal Lindsay eine Beratungsfirma für nahöstliche Beziehungen gegründet. Zu ihr gehörten damals mehrere Mitglieder des Kongresses und der CIA sowie verschiedene israelische Generäle, Vertreter des Pentagon und der damalige kalifornische Gouverneur Ronald Reagan.[117] Obwohl Reagan wie erwähnt nicht zu den Evangelikalen gehörte, berief er, nachdem er Präsident geworden war, Lindsay in seinen Beraterstab für die amerikanische Nahostpolitik. Außerdem veranstaltete das Weiße Haus in jenen Jahren – von der Öffentlichkeit weitgehend unbemerkt – eine Reihe von Israel-Seminaren, an denen zahlreiche prominente Vertreter der Fundamentalisten teilnahmen. Unter ihnen waren Hal Lindsay, Jerry Falwell, Pat Robertson, Tim LaHaye, Ed McAteer[118], Robert McFarlane und Oliver North. Israel profitierte und war durchaus dankbar für die evangelikalen Bemühungen. Für seine wirksame Lobbyarbeit erhielt Jerry Falwell 1979 von der damaligen israelischen Regierung beispielsweise einen Privatjet als Geschenk. Außerdem verlieh ihm der damalige Premierminister Menachem Begin ein Jahr später den Jabotinsky-Centennial-Orden. Damit war er neben Billy Graham, der den gleichen Orden zur selben Zeit erhielt, der einzige Nicht-Jude, dem diese hohe Ehre zuteil wurde.[119]

Die Ergebnisse der evangelikalen pro-israelischen Lobbyarbeit können sich sehen lassen.[120] Auch Reagan war am Ende überzeugt, dass die letzte große Schlacht, nämlich Harmagedon, unmittelbar bevorstünde. „Wissen Sie", sagte er in einem durch Indiskretion an die Öffentlichkeit gesickerten Gespräch mit dem damaligen Direktor des *American Israel Public Affairs Committee*, Tom Dine, „wenn ich zurückblicke auf Ihre alten Propheten im Alten Testament und die Zeichen, die Armageddon ankündigen, frage ich mich, ob wir nicht die Generation sind, die die Erfüllung dieser Dinge erleben wird."[121] Glücklicherweise hat dann jedoch der Zusammenbruch der Sowjetunion die geopolitische Lage derart verändert, dass Reagan keine militärischen Maßnahmen einleitete, um bei Harmagedon mit dabei zu sein.

Der gefährliche politische Extremismus der christlichen Fundamentalisten geht aber noch weiter: Sie sind der Ansicht, nur die ultrakonservativen Juden unter den Siedlern der West Bank und des Gaza-Streifens seien Gott gehorsam und wohlgefällig. Sie seien es, die die Verheißungen Gottes ernst nähmen und die von Gott versprochene Landnahme Palästinas verwirklichten. So begründet der evangelikale Senator James Inhofe aus Oklahoma diese Meinung mit einem Text aus dem 1. Buch Mose. In Kapitel 13 werde nämlich berichtet, wie Gott Abraham ein Versprechen gibt: „Hebe deine Augen auf und sieh von der Stätte aus, wo du wohnst, nach Norden, nach Süden, nach Osten und nach Westen. Denn all das Land, das du siehst, will ich dir und deinen Nachkommen geben für alle Zeit."[122] Da Abraham sich zu jener Zeit in Hebron befand und Hebron in der West Bank liegt, hieße das, so Inhofe, dass Gott das ganze Land – inklusive der West Bank – den Juden für alle Zeit versprochen habe. „Hier geht es keineswegs um eine politische Schlacht", so Inhofe. „Es ist ein Kampf um die Frage, ob das Wort Gottes wahr ist oder nicht."[123] Dass nicht nur die Juden, sondern auch die Araber über Ismael, Abrahams erstgeborenen Sohn, zu den Nachkommen Abrahams gehören, ignoriert der Senator allerdings beflissentlich.[124] Aus der Sicht dieser Bibel- und Geschichtsverzerrung habe der frühere Premierminister Rabin mit seinem Vertrag von Oslo, in dem er Land für Frieden eintauschte, nicht nur einen Fehler begangen, sondern gesündigt.[125] Deshalb, folgerte Kay Arthur, Leiterin der evangelikalen *Precept Ministries* in Chattanooga, Tennessee, in einem Gespräch mit dem Fernsehsender *CBS*, habe Gott Premierminister Rabin bestraft, indem er ihn in einem Anschlag habe umbringen lassen.[126]

Bei aller Skepsis gegenüber der evangelikalen Umarmung haben sich die Realpolitiker unter den amerikanischen Juden auf die neue Koalition eingestellt und versuchen, die sich daraus ergebenden Chancen zu nutzen. Einer dieser Realpolitiker ist Elliott Abrams. Er ist als *Senior Director* im *National Security Council* (*NSC*) im Weißen Haus für Nahostfragen zuständig. Vor seinem Eintritt in die Bush-Administration leitete er das *Center for Ethics and Public Policy* (*CEPP*) – ein religiöser Think-Tank, der Juden und konservative Christen miteinander versöhnen will. Abrams gehört zum harten Kern neokonservativer Kritiker des israelisch-palästinensischen Friedensprozesses.[127]

Viele amerikanische Juden sind weniger pragmatisch als Abrams. Sie sehen nicht so sehr die politisch-strategischen Chancen für Israel. Sie argwöhnen, dass die evangelikale „Unterstützung Israels [nur] einen Mangel an Respekt vor einem religiösen Pluralismus kaschiere."[128] Da die Evangelikalen glaubten, die Juden müssten am Ende Jesus als den Messias annehmen, damit sich die biblische Prophetie erfülle, sehen einige Juden den christlichen Zionismus als eine Form von Antisemitismus.[129] Andere beklagen, dass die Evangelikalen eigentlich nicht an den Juden als Menschen interessiert seien, sondern in ihnen und in Israel lediglich ein Mittel zum Zweck sehen. Sie, die Juden, seien nur Statisten, die im endzeitlichen Fahrplan der Fundamentalisten eine nützliche Rolle spielten.[130] Sie dürften in den Augen dieser „Christen“ nicht als Juden bestehen, sondern nur dann überleben, wenn sie sich zum Christentum evangelikaler Prägung bekehrten. Andernfalls würden sie wie die „anderen Ungläubigen“ für immer in der Glut der Hölle brennen. Da dieses Schicksal nach der so genannten geheimen Entrückung aus fundamentalistischer Sicht zwei Dritteln von ihnen blühen werde, seien sie nicht gerade begeistert.[131] Verständlicherweise ist die bloße Erwähnung einer sie betreffenden Katastrophe, die dem Holocaust ähnlich ist, ja, diesen in Ausmaß und Schrecklichkeit noch übersteigt, für Juden ein äußerst sensibles und erschreckendes Thema. Entsprechend sehen die meisten von ihnen das evangelikale Christentum trotz seiner pro-israelischen Politagitation als eine Bedrohung.[132]

Die evangelikale Einstellung gegenüber den Juden und das ihnen zugedachte Schicksal kommentierte der jüdische Schriftsteller Gershom Gorenberg wie folgt: „Die Juden sterben oder bekehren sich. Als Jude kann ich mich nicht mit der Zuneigung von jemandem anfreunden, der solch einem Szenario freudig entgegensieht.“ In seinem Buch *End of Days* (Das Ende der Tage) schreibt er über die Evangelikalen: „Sie lieben nicht die wirklichen Juden. Sie lieben uns als Charaktere in ihrer Geschichte, in ihrem Schauspiel, und das sind wir nicht, wir haben auch nie für diese Rolle vorgesprochen, und das Schauspiel geht auch nicht gut für uns aus. ... Wenn man sich das Drama anhört, das sie beschreiben, dann handelt es sich im Prinzip um ein Schauspiel in fünf Akten, in dem die Juden im vierten Akt verschwinden.“[133]

„Gott rette uns vor diesen Menschen“, sagt Yossi Alfer, ein politischer Analyst und Israel-Direktor des *American Jewish Committee*, der zuvor 12 Jahre lang im israelischen Geheimdienst tätig war. „Wenn man sieht, wozu diese Leute Israel und die US-Regierung ermutigen, nämlich die Palästinenser zu ignorieren, wenn nicht noch Schlimmeres, wenn nicht sogar, sie rauszuwerfen, die [jüdischen] Siedlungen so weit wie möglich auszudehnen, dann führen sie uns in ein Szenario einer totalen Katastrophe.“[134] Doch damit nicht genug: Mit wachsender Sorge sieht Alfer, dass sich mehr und mehr Elemente des Weltbildes von Jerry Falwell in den Ansichten von George W. Bush wiederfinden.[135] Das trifft besonders auf die Israel-Politik des Weißen Hauses zu. Entsprechend schlussfolgert der Pastor der kongregationalistischen *United Church of Christ*, Donel McClellan: „Indem sie der Wiederherstellung Israels im Plan Gottes eine solch hohe Priorität einräumen, erheben die christlichen Zionisten dieses Thema zu einer politischen Größe, bei der es keine Verpflichtung mehr gibt, die Torah [das jüdische Gesetz] zu halten oder den Normen internationalen Rechts zu gehorchen."[136] Und auch Barbara Victor kritisiert eine gefährliche Konsequenz der evangelikal beeinflussten amerikanischen Israel-Politik: „Eine Gruppe von Menschen komplett als Satan einzustufen, ist genauso gefährlich, wie eine Gruppe anderer Menschen komplett zu Auserwählten Gottes zu ernennen. Aus biblischer Rhetorik abgeleitete Allgemeingültigkeiten lassen keinen Spielraum für menschlichen Irrtum zu."[137]

6. Dem Richtergott unter die Arme greifen

Schaut man sich das Gottesbild an, das die Fundamentalisten in ihren Köpfen haben, kann einem leicht das Grauen kommen. Es durchdringt und bestimmt alle Bereiche des Glaubens, des Alltags und der Politik. Es ist der Dreh- und Angelpunkt für das Verständnis der religiösen Rechten und ihrer unseligen Verknüpfung von Religion und politischer Gewalt, ja, jeder Form von Zwang und Gewalt. Wenn es stimmt, dass wir so werden, wie der Gott, den wir verehren,[138] dann muss man erschaudern, denn das fundamentalistische Gottesbild ist angsteinflößend und gewalttätig. Und es stellt sich die Frage: Hat sich eine gewaltverliebte Gesellschaft einen gewalttätigen Gott geschaffen? Oder sind so viele Menschen in den USA so gewalttätig, weil sie ein von Gewalt geprägtes Gottesbild haben? Wenn Letzteres zutrifft, woher kommt das, und welche Auswirkungen hat das?

Vorweg: Ein gewalttätiges Gottesbild existiert auch außerhalb Amerikas. Und: Nicht alle Christen in Amerika glauben an einen gewalttätigen Gott. Es gibt nämlich auch Christen in Amerika, ja, sogar konservative Gläubige, die aufgrund ihres anderen Bibelverständnisses an einen absolut toleranten Gott glauben. Er achte nichts so sehr, wie die freie Entscheidung der von ihm geschaffenen Wesen. Doch da sich diese Christen in der Minderheit befinden, selbst tolerant sind, also ihre Überzeugung nicht mit politischer oder sonst einer Gewalt anderen überstülpen wollen, und auch die verfassungsmäßige Trennung von Staat und Kirche nicht nur achten, sondern vehement unterstützen, drängen sie eher nicht an die Macht im Lande. Und deshalb werden sie auch kaum wahrgenommen. Ihre Sichtweise unterscheidet sich grundlegend von den Fundamentalisten.

Vor Erschaffung der Erde, so argumentieren etwa die Siebenten-Tags-Adventisten (*Seventh-day Adventists*),[139] zettelte Luzifer, einer der damals noch loyalen höchsten Engelsfürsten, eine Rebellion gegen Gott an. Er beschuldigte Gott, ein Tyrann zu sein. Dabei gelang es ihm, ein Drittel aller Engel auf seine Seite zu ziehen. Obwohl Gott die moralische Rechtfertigung und die physische Macht gehabt hätte, die Rebellen sofort zu vernichten, tat er das nicht. Er wollte nicht mit Macht und Autorität dagegen angehen, denn er wusste, dass er so die Anschuldigung Luzifers, der später auch Satan oder Teufel genannt wurde, nur bekräftigen würde. Die noch loyalen Engel hätten ihm dann nämlich fortan lediglich aus Angst und nicht aus innerster Überzeugung gedient. Ein Dienst aus Angst aber, so die Adventisten, führe notwendigerweise früher oder später zu einer neuen Rebellion. Gottes Ziel aber sei laut Bibel die Wiederherstellung eines vollkommenen und friedlichen Universums, in dem alle Wesen Gott aus freien Stücken dienten. Wahre Liebe und echte, dauerhafte Loyalität könne nur freiwillig gegeben werden und nicht unter Zwang. Deshalb habe Gott sich zu einer offenen „Beweisführung" entschlossen. Da Luzifer nur auf der Erde weitere Anhänger für seine Auflehnung gegen Gott fand (der Sündenfall), wurde sein Wirkungskreis und der seiner bösen Engel, der Dämonen, von Gott schließlich auf diesen einen Planeten begrenzt.

Seitdem finde auf der Erde – für die Bewohner des Universums und die Menschen gewissermaßen als Schauspiel oder Lehrbeispiel – ein Kampf zwischen Gut und Böse, Gott und Satan statt. Und der Mensch kann entscheiden, auf welche Seite er sich stellt. In diesem Kampf gehe es einerseits um die Gewinnung der Loyalität aller Menschen und andererseits um die Frage, ob Gott, wie Satan behauptet, ein Tyrann sei oder, wie er selbst sagt, ein vertrauenswürdiger, fairer, gütiger, liebender und *liebenswerter* Gott. Die Methoden der Auseinandersetzung dieser beiden Mächte könnten allerdings nicht unterschiedlicher sein: Während der Teufel, von Hass gegenüber Gott und seinen Geschöpfen getrieben, mit Lüge, Betrug, Manipulation und Gewalt arbeite, um Gott schlecht aussehen zu lassen und die Menschen für sich zu gewinnen und letztlich zu vernichten, setze Gott das Mittel der offenen Beweisführung ein. So wolle er auf der Basis freiwilliger Entscheidungen die Herzen – und den Verstand – der Menschen gewinnen. Die Methode Gottes in diesem Konflikt gipfelte in der Menschwerdung Gottes in der Person Jesu Christi und seinem Leben auf der Erde. So offenbarte er das von Liebe und Fairness geprägte Wesen Gottes und erbrachte den ultimativen Liebesbeweis, indem er nämlich freiwillig am Kreuz starb und so die Grundlage für die Erlösung des Menschen schuf. Dies wurde möglich, obwohl sich der Mensch durch seinen Liebes-, Loyalitäts- und Vertrauensbruch gegenüber Gott – auch Sünde genannt – zwischenzeitlich gewissermaßen der Rebellion Satans angeschlossen hatte.

Diese Christen betonen – ebenso wie es zahlreiche andere liberale Gläubige auch tun –, dass Freiwilligkeit die Voraussetzung ist, die einzig mögliche Grundlage, für wahre Liebe zu Gott – ja, jeder Liebe. Gewalt und Manipulation in jeder Form seien unchristlich und antigöttlich – selbst wenn sie ein gutes Ziel hätten. Gott sei tolerant, und er drohe uns auch nicht mit körperlichen Qualen, etwa durch die Bestrafung mit einem ewigen Höllenfeuer, damit wir uns für ihn entschieden. Der Zweck heilige niemals die Mittel. Obwohl Gott alle Menschen für die Ewigkeit retten möchte, setze er niemals seine überlegene Intelligenz ein, um uns zu manipulieren und auch nicht seine göttliche Allmacht, um uns zu zwingen. Er warte auf den Menschen, der sich aus freien Stücken entscheiden müsse.

Damit stehen jene Christen in einem deutlichen Kontrast zu den Prinzipien der katholischen Inquisition, die dem Leitspruch folgte, wonach der Zweck eben doch die Mittel heilige. Deshalb, so die Siebenten-Tags-Adventisten, sollten alle Gläubige auch für den Schutz von Minderheiten, für Religions- und Gewissensfreiheit sowie die Trennung von Staat und Kirche eintreten. Der Begriff, der in einigen Bibelübersetzungen mit „Hölle“ wiedergegeben wird, bezeichne nach ihrer Ansicht häufig lediglich das Grab und der Begriff „ewig“ in Verbindung mit der Vernichtung des Teufels und der Gottlosen, beziehe sich auf die Konsequenz und nicht die Dauer des Vernichtungsprozesses. Das heißt, die Eliminierung der Gottlosen sei von „ewiger Konsequenz“. Sie werden nach dem „Jüngsten Gericht“ sein, als seien sie nie gewesen. Auch das „ewige Feuer“, das die Stadt Sodom vernichtet habe, so ihre Logik, habe die Stadt zwar vernichtet, aber nachweislich nicht ewig gebrannt.

Das daraus abgeleitete Bild eines toleranten Gottes steht in krassem Widerspruch zu jener Vorstellung von Gott, die die Mehrheit aller Christen in Amerika hat. Nichts hat dem Ansehen Gottes und der weltweiten christlichen Kirche mehr Schaden zugefügt, nichts hat öfter zu Gräueltaten im Namen Gottes motiviert und nichts hat Atheisten überzeugendere Argumente gegen das Christentum geliefert, als gerade die Lehre von der Hölle bzw. die Vorstellung eines Gottes, der die Ungläubigen am Ende der Tage mit ewig andauernden, extrem schmerzhaften Qualen bestraft, ja, foltert.

So kann man dem Alt-Atheisten Bertrand Russell nur zustimmen, wenn er schreibt: „Ich meinerseits finde nicht, dass jemand, der wirklich zutiefst menschenfreundlich ist, an eine ewigwährende Strafe glauben kann.“[140]

Wie sich viele Christen die Hölle vorstellen, lässt sich beispielsweise anhand der im Internet veröffentlichten Erzählung eines Baptistenpredigers im Bundesstaat Indiana veranschaulichen: „Eines Nachts wurde ich von dem ohrenbetäubenden Schrei meiner Schwester aus dem Schlaf gerissen. Ich lief die Treppe zu ihrem Zimmer hinauf, und da war sie: völlig verschwitzt und hysterisch. Ich habe sie geschüttelt. Aber sie hat mich nicht wahrgenommen. Deshalb habe ich ihr eine Ohrfeige gegeben. Ich sagte: ‚Was ist los? Hast du geträumt?‘ Sie sagte: ‚Nein, es war kein Traum.‘ Ich sagte: ‚Hattest du einen Albtraum?‘ Sie sagte: ‚Nein, es war Wirklichkeit.‘ Ich sagte: ‚Was ist geschehen?‘ Sie sagte: ‚Jack, ich komme gerade aus der Hölle zurück. Nach ein paar Meilen mit all diesem Glitzern und den Lichtern und all den anderen Dingen, die die Menschheit hinters Licht führen, gab es nichts als verzweifeltes Grauen. Es war eine hoffnungslose Situation. Es war nur Verzweiflung und Hoffnungslosigkeit. Du gehst auf das Tor der Hölle zu und weißt, dass du nie wieder frei sein wirst. Ich kam am Tor der Hölle an, und der Wächter sagte: ›Halt.‹ Ich stand draußen vor der Hölle, und ich sah Menschen, deren Gesichter verzerrt waren. Ihre Zungen waren dick, ihre Augen traten aus dem Kopf heraus, ihre Hände waren zerschunden und bluteten. Ich sagte: ›Bitte, mein Herr, lassen Sie doch etwas Luft hinein.‹ Und er sagte: ›In der Hölle gibt es keine Luft.‹ Dann sagte ich: ›Lieber Herr, gestatten Sie ihnen doch wenigstens einen Schluck Wasser. Und er sagte: ›Kein Wasser in der Hölle.‹ Dann sagte ich: ›Wenn das wahr ist, dann lassen Sie sie doch sterben.‹ Und er sagte: ›Es gibt keinen Tod in der Hölle.‹‘ Sie sagte: ‚Mein Gott, wie lange werden sie leiden?‘ Und er sagte: ‚Für immer und ewig! Die Hölle hat keinen Ausgang, und es gibt in ihr keinen Tod.‘ Sie sagte: ‚Gerade als ich mich umdrehen wollte, um fortzugehen, sagte er: ›Geh zurück, und erzähle ihnen, was du erlebt hast. Und genau in dem Moment sah ich Papa. Und ich sagte: ›Genau, unser Papa ist in der Hölle, weil er nie genug Zeit hatte, das Wichtigste zu tun. Er hat sich um unsere Schulausbildung gekümmert, er hat für unser Essen gesorgt, aber er ist nicht dazu gekommen, ja zu Jesus Christus zu sagen.‹‘“[141]

Die Lehre von der Hölle scheint die verborgene Peinlichkeit einer ganzen Religion zu sein. Meist wird das Thema totgeschwiegen. Viele Christen haben Probleme damit, ihre Vorstellung von einem ansonsten als gütig, barmherzig und liebend gepredigten Gott mit ihrem Glauben an eine äußerst grausame und ewig andauernde körperliche Bestrafung der Ungläubigen durch denselben Gott in Übereinstimmung zu bringen. Dennoch glaubten nach einer Gallup-Umfrage aus dem Jahr 2004 etwa 77 % aller Amerikaner an die Existenz einer Hölle.[142] Gerade nach dem massiven Rechtsruck der amerikanischen Gesellschaft ins Lager der Fundamentalisten infolge der Terroranschläge vom 11. September 2001 ist dieser Prozentsatz für Kenner der religiösen Szene Amerikas nicht ganz überraschend.

Es erstaunt daher auch nicht, dass Forscher der Bundesbank von St. Louis im Jahr 2004 eine Studie vorlegten, nach der der Höllenglaube durchaus als etwas Positives bewertet wird. Er beeinflusse nicht nur das religiöse Verhalten „positiv", sondern wirke sich auch vorteilhaft auf die Wirtschaft aus: „Länder, in denen man damit rechnet, im Jenseits für seine Taten zur Rechenschaft gezogen zu werden, prosperieren stärker als andere. Die Angst vor der Hölle bremse die Korruption, sagen die Forscher. Und Länder mit weniger Korruption zeichnen sich durch höhere Pro-Kopf-Einkommen aus."[143]

Als was genau aber sehen die meisten Christen in Amerika die Hölle? In einem 1992 ebenfalls über das Internet veröffentlichten Artikel der evangelikalen Missionsorganisation *International Outreach* in Ames, Iowa beschreibt der Pfarrer William C. Nichols, wie man sich die Hölle vorzustellen habe. Unter der Überschrift *The Terrors of Hell* (Die Schrecken der Hölle), schreibt er: „Die Hölle ist ein Ofen mit nie verlöschendem Feuer, ein Ort ewiger Bestrafung, an dem die Opfer sowohl an Körper als auch Seele gequält werden ... Die Hölle ist ein Ort, ... an dem der Zorn Gottes in Form eines schrecklichen verzehrenden Feuers offenbart wird und wo die Menschen mit ungestillten Lüsten und Verlangen für immer und ewig gequält werden."[144] Die Schmerzen seien weitaus schlimmer als jede Form von Schmerz, die man sich hier auf Erden vorstellen kann. Letzterer sei verglichen mit den Höllenqualen wie ein „Flohbiss". Die körperliche Qual werde dadurch noch gesteigert, dass die Gefolterten in der Ferne die Herrlichkeit des Himmels sehen könnten, so Nichols, wo die Erlösten die ewige Glückseligkeit genössen.[145]

Und welche Rolle spielt angeblich Gott selbst in Bezug auf diesen grausamen Ort und Vorgang? Auch dazu gibt Nichols Auskunft: „Es ist eine furchtbare und schreckliche Sache, in die Hände des lebendigen Gottes zu fallen. ... Da Gott selbst das Feuer in der Hölle sein wird, kann man nicht einmal daran denken, mit Worten zu beschreiben, welche

Schrecken die Verdammten in der Hölle erleiden werden."[146] Letztlich sei die Ewigkeit der Hölle in der Natur Gottes begründet.[147] „Die Hölle", so Nichols, „müsse ewig andauern, da die Gerechtigkeit Gottes durch die Bestrafung der Sünder, ganz gleich, wie lange sie dauert, nie befriedigt werden könne."[148] Dennoch aber werde Gott, so Nichols weiter, „durch das ewige Leiden der Ungläubigen in der Hölle verherrlicht".[149] Die Hölle sei nicht nur ein Instrument der „Verherrlichung Gottes" (!) und der Bestrafung der Ungläubigen, sondern auch durch das Einflößen von Angst hilfreich zur Bekehrung, d.h. als Motivationshilfe für eine Hinwendung zu Gott geeignet. Sie sei ein „Zuchtmeister", der zum Halten der Zehn Gebote anhalte. Auch sei sie für den Gläubigen eine wichtige Triebfeder für alltägliches missionarisches Handeln am Nächsten: „Die Ewigkeit der Höllenqualen sollte uns umso eifriger machen, anderen Menschen von dem Einen zu erzählen, der sie als Einziger retten kann."[150]

Es überrascht nicht, dass sich T-Shirts mit der über lodernden Flammen platzierten Aufschrift *Turn or Burn* (Bekehre dich oder brenne) in evangelikalen Kreisen großer Beliebtheit erfreuen. Ein neuer Brauch, speziell unter Pfingstlern, ist außerdem das so genannte *Hell House*. Hierbei handelt es sich um das gezielte Erschrecken von Menschen zu Halloween. Der Zweck dieser perversen Übung, die mit dem Element des Gruselns arbeitet, besteht darin, dass Menschen durch ein Schockerlebnis und die Furcht vor ewigen Höllenqualen zur Bekehrung gezwungen werden sollen.[151] Auch Tim LaHayes Gruselromane über das Weltende verwenden eine ähnliche Technik. „Die evangelikalen Leser erhalten nicht nur einen Vorgeschmack auf die Freuden, die sie erwarten, sondern auch das Vergnügen, sich die Leiden jener vorzustellen, die ihre religiösen Vorstellungen verachten. Die Leser können beispielsweise in anschaulichem Detail herausfinden, was mit jenen eigensinnigen Nachbarn geschieht, die sich weigern, mit ihnen gemeinsam die Sonntagsschule zu besuchen."[152]

Konsequent zu Ende gedacht ergibt die Vorstellung einer Hölle ein erschreckendes Gottesbild. Denn im Grunde genommen sagt Gott nach dieser Auffassung: „Liebe mich, oder ich foltere dich ganz langsam und auf die grausamste Weise zu Tode." Oder schlimmer noch: „Ich foltere dich für immer und ewig und sorge dafür, dass du am Leben bleibst, damit du recht lange große Schmerzen und Qualen erleidest." Das heißt, er erwartet Hinwendung, Liebe, Loyalität und Verehrung aufgrund einer Androhung von grausamster Gewalt, also eines Akts des Terrors. In der Hölle selbst setzt er dann seine Allmacht ein, um das Leben der Gottlosen künstlich zu erhalten, damit sie recht lange große Schmerzen erleiden und nicht angesichts der schlimmen Folter zu schnell durch den Tod „Erlösung“ finden. Was aber ist mit den Erlösten? Sie müssten nach dieser abstrusen Vorstellung in Sichtweite und mit dem Bewusstsein eines parallel zum Paradies existierenden Folterofens leben, in dem möglicherweise ihre nächsten Angehörigen im wahrsten Sinne des Wortes „Höllenqualen“ erlitten – eine Vorstellung, die selbst für die Erlösten eine unendliche Qual bedeuten müsste. Und in dieser Folterkammer würde Gott dann selbst für die Intensität der Flammen und die richtige Dosierung der Qualen sorgen. Dies entspräche dann auch noch seinem Wesen; und so werde er verherrlicht. Was für ein furchterregendes, terroristisches Gottesbild!

Es darf nicht überraschen, dass Menschen, die einen solchen Gott verehren und ihm nacheifern, ebenfalls Gewaltanwendung als probates Mittel akzeptieren.[153] Der Zweck heilige eben die Mittel. Hauptsache, die Menschen werden Christen und folgen Gott nach, oder richtiger: fügen sich in eine äußerliche Form von Religion, die den Vorstellungen der Fundamentalisten entspricht. Wie dieses Ziel nun erreicht werde, sei sekundär – ob etwa durch Gesetze und die dahinter stehende Staatsmacht, das Androhen von Gewalt oder den Einsatz von Gewalt selbst. Also auch Bomben, Folter und Todesstrafe seien taugliche und legitime Mittel, wenn es um die Durchsetzung des „Guten“ geht. Das sei ja das Muster, das man sich von dem Gott, den man verehrt, abgeguckt habe. Ein solches Gottesbild ist dem der gewalttätigen Islamisten, jetzt auch „Islamofaschisten“ genannt, erstaunlich ähnlich. Innere Überzeugung, Freiwilligkeit, Barmherzigkeit und Toleranz – Werte, die andere Christen besonders aus dem Neuen Testament ableiten – spielen bei diesen fundamentalistischen Christen Amerikas eine entsprechend geringere Rolle.

Der öffentliche Rundfunk Amerikas, *National Public Radio* (*NPR*), berichtete vor einigen Jahren über eine christliche Spielzeugmesse in den USA.[154] Vorgestellt wurde u.a. die „christianisierte“ oder „pazifizierte“ Version eines ansonsten ausgesprochen gewaltbetonten Videospiels. Während die ursprüngliche Version dieser Freizeitbeschäftigung, in der es um die Kreuzzüge des Mittelalters ging, darauf abzielte, dass der Spieler „Ungläubige“, also Muslime, mit dem Schwert erschlagen konnte, erlaubte die friedlichere Variante, dass man die Nichtchristen mit einer unsichtbaren mysteriösen Kraft, die wohl den Heiligen Geist darstellen sollte, in die Knie zwang. Die „Heiden“ bettelten dann um ihr Leben und wurden von dem Helden des Computerspiels bzw. dem jugendlichen

Spieler an den Bedienungsknöpfen „zwangschristianisiert". Die Vorstellung, dass eine so intime Entscheidung, wie die Annahme eines religiösen Glaubens, nicht erzwungen werden kann, scheint nicht zuletzt aufgrund des fundamentalistischen Gottesbildes eher unterentwickelt zu sein. Der Zweck heilige eben die Mittel. Warum und auf welcher Grundlage sich ein Mensch für Gott oder Jesus Christus entscheidet, sei letztlich nicht von Bedeutung.

Auch die geplante Übertragung der Tim-LaHaye-Romane *Left Behind* auf ein weiteres „christliches" Computerspiel zeigt die verhängnisvolle Verknüpfung von Religion und Gewalt. Auf einer entsprechenden Website antworten die Entwickler auf die Frage, ob in ihrem Machwerk jemand umgebracht werde, dass Leute „verschwinden", genau wie in den Büchern. „Tatsächlich verschwinden sie", so Karin Wolff, „nachdem man mit seinen ‚christlichen Soldaten' auf die Atheisten eingeprügelt oder sie erschossen hat. Die Ungläubigen stehen unter dem Kommando Satans und – man halte sich fest – heißen ‚Global Community Peacekeepers'… In der Demo zum Strategietitel betätigt man sich auf mannigfaltige Weise christlich. Es gibt zum Beispiel einen ‚Missionierungs'-Button. Damit ist es möglich, mit einer Gruppe ‚Gotteskrieger' einen Unentschlossenen einzukreisen und so lange auf ihn einzureden, bis er zu Gott findet … Die amerikanische Satire-Sendung *Daily Show* bringt es auf den Punkt: ‚Verdammt! Er hat den Kerl gerade direkt zwischen die Augen gerettet!' Left Behind soll Jugendliche dazu bringen, sich Fragen ‚von zeitloser Bedeutung' zu stellen."[155] Dieses Spiel mit seiner Verdrehung der Begriffsinhalte, so Wolff, sei ein „Aufruf zur Gewalt und Hetze gegen Un- und Andersgläubige."[156]

Eine solche Philosophie und ein solches Verhaltensschema überrascht dann nicht, wenn man berücksichtigt, dass der von diesen Menschen verehrte Gott der Inbegriff eines grausamen Folterers ist. Was den Anspruch der Christlichkeit hat, ist in Wirklichkeit das genaue Gegenteil davon, nämlich Propaganda zu Ungunsten des christlichen Glaubens.

Teil V: Wie der Gottesstaat verwirklicht wird

1. „Wir wissen, was gut ist für die Menschen"

Wie aber hat die religiöse Rechte, die so genannte christliche Rechte Amerikas, ihre Konzepte und Überzeugungen über ihre Pro-Israel-Agitation hinaus bisher in Politik umgesetzt? Wie weit sind sie auf ihrem Weg zur totalen „Christianisierung" Amerikas? Und wie sieht die Zukunft aus, die sie „für Gott" und Vaterland gestalten wollen? Die Antworten sind besorgniserregend.

Als der Fernsehprediger Jerry Falwell 1979 die *Moral Majority* gründete, um Amerika vor dem moralischen und politischen Verfall zu retten, wollte er das Land zu Gott sowie zu den sittlichen und rechtlichen Grundsätzen der Bibel zurückführen. Als Methode wählte er fast ausschließlich die Politisierung und Mobilisierung von evangelikalen Pastoren. Diese rekrutierte er in die noch junge religiöse Rechte.[1] Darüber hinaus sprach er mit seinem Verkündigungsstil und seinen Themen vor allem die Einfachen und weniger Gebildeten unter den evangelikalen Fundamentalisten an. Seine Agitation hatte bisweilen etwas Plumpes, ja sogar Skurriles an sich. Die Ideale, die er in Amerika verwirklichen wollte, kommen in einem Kommentar zum Terroranschlag vom 11. September 2001 sehr anschaulich zum Ausdruck. Nur 48 Stunden nach dem Ereignis sagte er in einer Fernsehsendung unter Zustimmung von Pat Robertson, der zugeschaltet war: Gott erlaubt „den Feinden Amerikas, uns das zu geben, was wir wahrscheinlich verdienen ... Die Abtreibungsbefürworter müssen dafür einen Teil der Schuld auf sich nehmen. ... Ich glaube wirklich, dass die Heiden und die Abtreibungsbefürworter und die Feministen und die Homosexuellen und die Lesben, die aktiv darauf hinarbeiten, dies zu einem alternativen Lebensstil zu machen, die ACLU, die ‚People for the American Way' – alle diejenigen, die versucht haben, Amerika zu verweltlichen – ich zeige mit dem Finger in ihr Gesicht und sage: ‚Ihr habt dazu beigetragen, dass dies geschehen ist.'"[2]

Auch der einflussreiche evangelikale Senator James Inhofe, seit Anfang 2003 u.a. Vorsitzender des Umweltausschusses im Senat, interpretiert die Terroranschläge vom 11. September 2001 als Gottesurteil. Für ihn zürnt Gott allerdings deshalb mit Amerika, weil das Land den Staat Israel zur Zurückhaltung mahne, wenn es um militärische Reaktionen auf Terroranschläge gegen Israel gehe. Deshalb, so Inhofe, „wurde eine geistliche Tür für einen Angriff gegen die Vereinigten Staaten von Amerika geöffnet".[3]

Ähnlich volksverhetzend und unchristlich wie in seiner Erklärung des Zwischenfalls vom 11. September outete sich Falwell in Bemerkungen zum Thema „AIDS": „AIDS ist der Zorn eines gerechten Gottes gegen die Homosexuellen", hatte er bereits 1991 in einem *CNN*-Interview gesagt. Und er ging noch weiter: „AIDS ist … Gottes Strafe für eine Gesellschaft, die Homosexuelle toleriert."[4] Angesichts ihres eigenen Gottesbildes überrascht nicht, dass die amerikanischen Fundamentalisten nach diesen Aussagen eines ihrer geistlichen Führer nicht protestierten, sondern ihm weiterhin folgten.

Der Erfolg der *Moral Majority* war erst der Anfang, gewissermaßen die erste Welle einer nachhaltigen Umgestaltung der amerikanischen Politikkultur. 10 Jahre nach ihrer Gründung, also 1989, kam dann die zweite Welle. Es war der andere bekannte evangelikale Fernsehprediger, Pat Robertson, der mit seiner *Christian Coalition* über einen Zeitraum von weiteren 10 Jahren die politische Landschaft in Amerika für immer verändern sollte. Der Anstoß hierzu kam wie schon bei Falwell aus katholischen Kreisen. Es war auch diesmal der „erzkonservative Katholik Paul Weyrich", der 1988 – ebenso wie rund ein Jahrzehnt zuvor Jerry Falwell – nun auch Pat Robertson dazu überredete, eine religiös-politische Basisbewegung zu gründen.[5] Dies tat Robertson 1989. Im Gegensatz zu Falwell bemühte er sich eher um Hochschulabgänger, kleinere Geschäftsleute und bereits politisch Aktive.[6] Verblüffend ist dabei die große Gefolgschaft, die Robertson hinter sich brachte. Immerhin war es der amerikanischen Öffentlichkeit nicht verborgen geblieben, dass er immer wieder Probleme mit der Wahrheit hatte.[7] Möglicherweise war es sein Anspruch einer besonderen göttlichen Erwählung und Führung, der Millionen von Fernsehzuschauern veranlasste, ihn geradezu mit Geld zuzuschütten. Robertson behauptete nämlich wiederholt, göttliche Eingebungen zu haben, die Zukunft vorhersagen,[8] Wirbelstürme von seiner Heimatstadt ablenken und Kranke durch Wunder heilen zu können. Wie skrupellos und wenig christlich er jedoch in Wirklichkeit war, zeigte u. a. eine Begebenheit aus dem Jahr 2005. Damals forderte er indirekt dazu auf, den demokratisch gewählten Präsidenten Venezuelas, Hugo Chávez, durch den amerikanischen Geheimdienst ermorden zu lassen.

„Ich lade Euch ein, dass Ihr Euch einer wachsenden Armee christlicher Patrioten anschließt, die darum kämpfen, Amerika zurückzugewinnen", sagte er 1991 auf einer Versammlung von Gleichgesinnten. Damit wiederholte er sinngemäß die Worte des weltweit respektierten Erweckungspredigers Billy Graham, der schon 1985 in Pat Robertsons Fernsehsendung, dem *700 Club*, gesagt hatte: „Es ist an der Zeit, dass Evangelikale darüber nachdenken, sich zu einer Organisation zusammenzuschließen. ... Ich bin dafür, dass Evangelikale sich um öffentliche Ämter bewerben und [Wahlen] gewinnen und die Mehrheit im Kongress erlangen, dass sie die Behörden in ihre Gewalt bekommen, dass sie die Herrschaft über die Exekutive des Staates erlangen. Ich glaube, wenn wir es der anderen Seite überlassen, werden wir verloren sein. Ich wollte, jeder wahre Gläubige würde sich auf irgendeine Weise in die Politik einmischen."[9]

Im selben Jahr, nämlich am 25. September 1985, schlug Tim LaHaye in die gleiche Kerbe. In Robertsons *700 Club* wies er ein Millionenpublikum an den Fernsehschirmen darauf hin, dass es zu jener Zeit in Amerika 110.000 „evangelikale, fundamentalistische und pfingstlerische" Kirchen gab. Wenn nun jede dieser Kirchen, so LaHaye, je einen Kandidaten für ein öffentliches Amt unterstützte, dann könnte die religiöse Rechte innerhalb eines Jahrzehnts jedes durch Wahlen besetzte Amt im Lande innehaben. Da es in den gesamten Vereinigten Staaten nur 97.000 Positionen dieser Art gebe, hätte man mehr „Christen" im Amt, als es Positionen gäbe.[10]

Ein weiterer Mitstreiter Robertsons, der Prediger George Grant aus Florida, hatte bereits lange vor Gründung der *Christian Coalition* verkündet: „Es ist Herrschaft und Kontrolle, um die es uns geht. Die Eroberung der Welt. Dazu hat Christus uns den Auftrag gegeben. ... Deshalb ist das Hauptziel christlicher Politik die Eroberung des Landes, die Eroberung von Menschen, Familien, Institutionen, Verwaltungen, Gerichten und Regierungen für das Reich Christi."[11] Schon die militante Wortwahl ist verräterisch: Es geht um Eroberung.

Der religiösen Rechten in Amerika geht es offensichtlich nicht um eine moralische Erneuerung der Institutionen und der Menschen in ihnen, sondern: „Wir wollen [die bestehenden Institutionen] nur schwächen, um sie letztendlich zu vernichten", wie es in einem Trainingshandbuch der *Christian Coalition* heißt.[12] Dafür sei die in der Verfassung verankerte Trennung von Staat und Kirche nur hinderlich und deshalb abzuschaffen. Robertson und seine Freunde wollten und wollen „die Vereinigten Staaten in eine christlich-fundamentalistische Version des Iran" verwandeln,[13] schreibt Robert Boston von der *Americans United for Separation of Church and State* (Amerikaner vereint für die Trennung von Kirche und Staat), ein intimer Kenner der *Christian Coalition*.

Mehr noch als bei Falwells *Moral Majority* stellte sich bald heraus, dass die *Christian Coalition* in der Umsetzung ihrer Ziele außerordentlich erfolgreich war. Im Gegensatz zur *Moral Majority* gelang es ihr, Einfluss auf die Gesetzgebung des Landes zu nehmen.[14] Sie wählte die Republikanische Partei als Vehikel für ihren Weg an die Macht und nutzte dabei eine gewisse politische Lethargie und Sorglosigkeit in der Bevölkerung. Weitgehend unterhalb des Radarschirms der Medien und der großen Politik in Washington gelang es Pat Robertson, wirksam unterstützt durch seinen Geschäftsführer Ralph Reed, überall im Land Menschen in fundamentalistisch-charismatischen Gemeinden als politische Akteure zu gewinnen. Diese ließen sich dann als Mitglieder der Republikanischen Partei eintragen, um danach auf Gemeinde- und Kreisebene an den Parteiversammlungen teilzunehmen und politische Entscheidungen mitzubestimmen.

Schon bald verfügte Pat Robertson über eine Armee von evangelikalen Politakteuren. Aber auch an Geld fehlte es nicht. Seine finanziellen Mittel wuchsen beträchtlich, als auch die Zahl besonders der charismatischen Kirchengemeinden deutlich wuchs. Bereits 1994 zählte die *Christian Coalition* über eine Million beitragzahlende Mitglieder. Sie waren aus deutlich über 100.000 fundamentalistischen Kirchengemeinden in den gesamten Vereinigten Staaten rekrutiert worden. Zum Vergleich: Die Demokratische Partei hatte eine Mailingliste mit 400.000 Adressen, von denen allerdings nur etwa 100.000 Personen als spendenwillig eingestuft wurden.[15]

Die evangelikalen Politakteure an der Basis beteiligten sich aktiv und mit teilweise verdeckter Zielsetzung an den Diskussionen über kommunalpolitische Themen wie Wasserversorgung, Straßenbau, Schulneubauten etc. Dabei ersannen sie eine besonders raffinierte Technik für die Manipulation der demokratischen Prozesse. Sie entwickelten bei basisdemokratischen Versammlungen eine spezielle Verzögerungstaktik als Strategie. Dadurch gelang es ihnen, die Zahl der Anwesenden bis zur Abstimmung über wichtige Themen und die Besetzung von Ämtern so zu reduzieren, dass sie selbst die Mehrheit hatten. Dazu Craig Berkman, der ehemalige Vorsitzende der Republikanischen Partei im Bundesstaat Oregon: „Wenn sie um ein oder zwei Stimmen überstimmt werden, fangen die parlamentarischen Manipulationen an, und nach zwei oder drei Stunden der Diskussion darüber, wie viele Engel auf dem Kopf einer Stecknadel tanzen können, verlassen die vernünftigeren Menschen, die noch anderes zu tun haben, den Saal. Danach, in den frühen Morgenstunden, werden dann die Dinge entschieden. Auf diese Weise erreichen sie ihre Ziele.“[16] Nicht überraschend wurden mit dieser Methode viele evangelikale Akteure – in zunächst untergeordnete – Partei- und Gemeindeämter gewählt.

Überall in Amerika entwickelte sich bald das, was Robertson gefordert und geplant hatte. Schon 1991 hatte er in einem Spendenaufruf geschrieben: „Wir bei der Christian Coalition stellen eine Armee auf, der die Dinge nicht egal sind. Wir bringen den Menschen bei, wie sie erfolgreich sind, wie sie in Schulausschüsse, Stadtverordnetenversammlungen, Landesparlamente und Schlüsselpositionen der politischen Parteien gewählt werden. ... Wenn wir arbeiten und spenden und organisieren und ausbilden, wird die Christian Coalition bis zum Ende dieses Jahrzehnts die mächtigste politische Organisation in Amerika sein.“[17]

Er sollte Recht behalten, denn tatsächlich veränderte sich die Republikanische Partei durch das Eingreifen dieser „Armee“ nach und nach von unten nach oben. Zugleich wurde sie „mehr und mehr zu einer religiösen Sekte statt einer politischen Organisation“, beklagte die ehemalige Präsidentin des kalifornischen *Alamo City Republican Women's Club* bei der Begründung ihres Rücktritts im Jahr 1993.[18] Eine andere Kalifornierin, die zusammen mit ihrem Mann langjähriges Mitglied der Republikaner war, wollte sich nach längerer politischer Abstinenz wieder kommunalpolitisch engagieren. Doch sie erkannte ihre *Grand Old Party* kaum wieder. So sehr hatten die evangelikalen Akteure sie verändert: „Wir hatten ... den Eindruck, als seien wir durch ein Zeitloch mitten in eine Versammlung von Nazi-Braunhemden gefallen“, beobachtete sie.[19]

Umgekehrt stellten sich viele evangelikale Kirchengemeinden als Propagandaforum der Republikanischen Partei zur Verfügung. So empfand die Journalistin Michelle Goldberg[20] „einige der evangelikalen Kirchen in Staaten wie Ohio und Colorado ... wie ‚Zweigniederlassungen der Republikanischen Partei‘.“[21]

Der Weg an die Macht war für die Fundamentalisten offen. Nur wenige außerhalb der religiösen Rechten nahmen den politischen Ehrgeiz der *Christian Coalition* zunächst ernst. Doch ihre Erfolge stiegen ständig. So schrieb Skipp Porteous, selbst ehemaliger Fundamentalisten-Prediger, schon Anfang der neunziger Jahre: „Diesen Leuten geht es um langfristige Ziele. ... Alle diese Personen, die sie in Wasser- und Schulausschüsse gewählt haben, sind jetzt im System, und sie werden sich nach oben hocharbeiten. Wenn man sie nicht aufhält, werden sie in 20 Jahren das Land regieren."[22]

Etappenziele auf diesem Weg wurden schon viel früher erreicht. Bereits Mitte der neunziger Jahre hatten Vertreter der *Christian Coalition* in 18 der 50 Bundesstaaten die Mehrheit in der Republikanischen Partei erlangt. Und in 81 % der restlichen Bundesstaaten stellten sie eine bedeutende Minderheit dar. Und während die Demokratische Partei vor 1994 in beiden Häusern der Landesparlamente noch in 25 Fällen eine solide Mehrheit besaß, die Republikaner jedoch nur in acht Fällen, hatten sich die Verhältnisse bis 2003 umgekehrt. Die Zahl der Parlamente mit demokratischer Mehrheit war auf sechzehn geschrumpft, während die Republikaner, dank der „christlichen" Hilfe, jetzt schon in 21 Landesparlamenten eine deutliche Mehrheit hatten.

Bis zum Jahr 2006 waren Kongress und Senat fest in der Hand der fundamentalistisch beherrschten religiösen Rechten. Parlamentssprecher, Mehrheitsführer und Fraktionsvorsitzende waren Evangelikale,[23] 130 Mitglieder des 109. Kongresses[24] galten als wiedergeboren.[25] Wie fest diese demokratischen Institutionen im Griff der religiösen Rechten waren, konnte man 2005 sehr anschaulich auch am Fall Terri Schiavo sehen. Damals wollte ihr Ehemann die lebenserhaltende künstliche Ernährung bei der seit 15 Jahren gehirntoten Frau einstellen lassen. Die religiöse Rechte war jedoch – ebenso wie Terris Eltern – mit dieser Entscheidung, die über ein Gericht erwirkt worden war, nicht einverstanden. Sie schaffte es fast, sowohl das Parlament in Washington als auch das Weiße Haus zu benutzen, um ihre Ziele einer Lebenserhaltung um jeden Preis durchzusetzen. Es kam zu einer offiziellen Anhörung des Ehemanns vor dem Kongress und der Unterzeichnung eines speziellen Gesetzes. Des Weiteren folgten vier Anträge an das Oberste Gericht, die allerdings im März 2005 alle abgelehnt wurden. Mit ihrer fanatischen Agitation um diesen Fall herum verwandelte die religiöse Rechte das politische System Amerikas in einen absurden Zirkus.[26]

Ob sich das Oberste Gericht allerdings auch ein knappes Jahr später noch gegen den Ansturm der religiösen Rechten erfolgreich zur Wehr gesetzt hätte, ist mehr als fraglich. Dort hatten sich nämlich inzwischen die Mehrheitsverhältnisse geändert. Fundamentalistischen Politagitatoren war die verhältnismäßig ausgewogene Besetzung des Gerichts schon lange ein Dorn im Auge gewesen. Leute wie Falwell, Robertson und der inzwischen überaus einflussreiche Dobson wollten dies ändern. Als das Oberste Gericht im Jahr 2000 die Zurschaustellung der 10 Gebote auf dem Gelände der Landesregierung von Kentucky für verfassungswidrig erklärte, hatte Dobson die Männer im Obersten Gericht in ihren schwarzen Gewändern mit den Männern des *Ku Klux Klan* in ihren weißen Gewändern verglichen.[27] Und das lediglich, weil sie zu jenem Zeitpunkt noch nicht bereit waren, den ersten Zusatz zur Verfassung über den Haufen zu werfen und die Mauer der Trennung zwischen Staat und Kirche niederzureißen.

Doch schon viel früher waren Stimmen laut geworden, die zeigten, dass der kirchlich-religiöse Einfluss auf die Politik wuchs. Der inzwischen verstorbene vorsitzende Richter William H. Rehnquist hatte schon 1985 indirekt gefordert, die Mauer der Trennung zwischen Staat und Kirche aufzuheben.[28] Und Antonin Scalia, ein weiterer Verfassungsrichter, hatte fünf Jahre später eine Bemerkung gemacht, die so verstanden wurde, dass die Religionsfreiheit seiner Meinung nach ein Luxus sei, den man sich nicht mehr leisten könne.[29] Und im Jahr 2002 schrieb er: Die Regierung beziehe „ihre moralische Autorität" von Gott. Die Regierung ist „Gottes Gesandter", sie hat die Macht zur „Rache" und darf auch „das Schwert des Zorns" führen.[30] Das Problem dieser Sicht, so nicht evangelikale Kritiker, liege nicht so sehr bei der Vorstellung, dass Gott die letzte Instanz sei, als vielmehr bei der Tatsache, dass unvollkommene Menschen mit einer nur scheinbar christlichen Agenda sich anmaßen, für Gott zu sprechen und zu handeln.

Tony Perkins, der Präsident des einflussreichen fundamentalistischen *Family Research Council*, konnte es kaum erwarten, dass Amerika ganz im Griff der religiösen Rechten war. In einem Gespräch mit der *New York Times* attackierte er das gesamte Rechtssystem der Vereinigten Staaten, indem er sagte, dass die Gerichtsbarkeit eine größere Bedrohung für die gewählte Regierung darstelle als terroristische Gruppen.[31] Insofern ist es nicht überraschend, dass die „Eroberung" gerade des Obersten Gerichts, das in den USA politisch außerordentlich mächtig ist, ganz weit oben auf der Agenda der religiösen Rechten stand.

Die religiösen *Power Broker* im Land haben George W. Bush schließlich nicht umsonst ins Amt gehoben. Nach seiner zuletzt gewonnenen Wahl ist jetzt „Zahltag". Und die „Christianisierung" des Obersten Gerichts war eine der Bedingungen für die tatkräftige Unterstützung der Evangelikalen im Wahlkampf. Bekanntlich kann der Präsident die Vakanzen im Obersten Gericht mit Personen seiner Wahl füllen. Die Richter dienen dann auf Lebenszeit. Diese Chance hat George W. Bush sich natürlich nicht nehmen lassen. Die von ihm erwirkten Neubesetzungen im September 2005 und im Januar 2006 entsprachen genau den Vorstellungen der religiösen Rechten. Jetzt haben ihre Vertreter die Mehrheit im Obersten Gericht. „Unter amerikanischen Intellektuellen“, schreibt Fetscher, „wächst die Beunruhigung über die Entwicklung des Landes. Erst unlängst hat der bekannte Rechtswissenschaftler Ronald Dworkin auf die immer reaktionärere Zusammensetzung des *Supreme Court* aufmerksam gemacht“.[32] Aber auch auf der darunter liegenden Ebene der amerikanischen Gerichtsbarkeit entwickelt sich alles nach den Wünschen der religiösen Rechten: „An zehn von 13 Bundesgerichten sind die republikanischen Richter schon in der Mehrheit“, schreibt Marcia Pally.[33] Und die im Dezember 2006 vorgenommene Entlassung von acht unbequemen Staatsanwälten auf Betreiben des Weißen Hauses hat deutlich gemacht, dass der Umbau des Rechtssystems nach den Vorstellungen der religiösen Rechten weitergeht.[34]

Wie groß die Gefahr der angemaßten Christlichkeit für das amerikanische Rechtssystem ist, zeigt die Eingabe des *Constitution Restoration Act* im Februar 2004 in beide Häuser des Parlaments. Bei diesem Gesetz geht es um eine angebliche „Wiederherstellung der Verfassung“. Danach sollte es dem Obersten Gericht untersagt sein, „einen Fall anzunehmen, der sich gegen einen Beamten oder eine Regierungsinstitution richtet, der oder die sich in ihren Handlungen ‚auf Gott als hoheitliche Quelle des Rechts, der Freiheit oder der Regierung‘ beruft.“[35] Auch wenn diese Eingabe bisher noch keine Mehrheit im Parlament gefunden hat, zeigt sie doch, welche Sandkastenspiele die religiöse Rechte schon heute spielt. „Dieses Gesetz“, so schlussfolgert Pally, „hätte es den Gerichten in den unteren Instanzen erlaubt, ihre Urteile und Strafen mit der Bibel zu begründen, ohne dass dagegen Einspruch möglich gewesen wäre.“[36] Wäre dieses Gesetz durchgekommen – und es ist zu befürchten, dass es irgendwann wieder eingebracht wird und dann vielleicht eine Mehrheit findet – dann hätte Amerika ein Gesetz, das direkt zum Gottesstaat führt.

Die religiöse Rechte ist inzwischen so mächtig, dass kein Präsidentschaftskandidat auf seinem Weg ins Weiße Haus an ihr vorbeikommt. Selbst die Demokraten haben angefangen, das Thema „Religion“ für sich zu entdecken. Sie stellen sich mehr und mehr auf die realen Machtverhältnisse in Washington und den veränderten Zeitgeist im Land ein und gehen zunehmend auf die Forderungen der religiösen Rechten ein, indem sie durch eine neuerliche Betonung moralischer Werte auf die Wünsche der christlichen Wählerschaft Rücksicht nehmen.[37] Auch die Popularität des neuen afroamerikanischen Hoffnungsträgers der Demokraten, Barack

Obama, Senator des Bundesstaates Illinois, ist ein Indiz hierfür. Er bekennt sich in auffallender Weise zu den Evangelikalen. Außerdem hat sich innerhalb der Demokratischen Partei in Washington eine liberal-christliche Arbeitsgruppe gebildet – die *Democratic Faith Working Group* (Arbeitsgruppe des demokratischen Glaubens) –, die ihrer Form nach gewisse Ähnlichkeiten zur fundamentalistischen Agitation aufweist, aber eher liberal-protestantisch geprägt ist. Die Gruppe „die sich aus 30 Mitgliedern des Hauses [Kongress] und vielen ihrer Mitarbeiter zusammensetzt", schreibt die *Washington Post* dazu im Mai 2006, „hat damit begonnen, sich monatlich einmal am *Capitol Hill* zu treffen, um Fragen des Glaubens und der Politik zu diskutieren. Dabei eröffnen sie jede Sitzung mit einem Gebet. Ihr Zweck ist, ‚mit den demokratischen Parteifreunden zusammenzuarbeiten und sie dahin zu führen, dass sie in Bezug auf Glaubensfragen keine Berührungsängste haben', sagte der Vorsitzende dieser Gruppe, James Clyburn, demokratischer Abgeordneter aus South Carolina und Sohn eines Predigers, der in der [pfingstlerischen] *Church of God* großgeworden ist."[38]

Viele Demokraten und einige Wahlbeobachter sehen im guten Abschneiden der Demokratischen Partei bei der so genannten *Mid-term Election* im November 2006 dann auch einen Beleg für die Wirksamkeit ihrer Strategie der neuen Christlichkeit und ihres neuen *Appeals* für die Wähler der religiösen Rechten. Die Demokratische Partei löste die Republikaner nämlich sowohl im Kongress als auch im Senat mit einer hauchdünnen Mehrheit als stärkste Partei ab. Einige feiern das Ergebnis als Trendwende, als Rückkehr einer Politik der Mitte und als ein Ende der religiös-rechten Dominanz in der Politik. Andere bewerten den Ausgang der Wahl gar als Beweis für das Einsetzen der Selbstheilungskräfte der amerikanischen Demokratie. Handelt es sich hier aber wirklich um einen Sieg der Demokraten und ihrer gemäßigten Agenda, oder ist es nicht vielmehr in erster Linie eine Niederlage der Republikaner?

Einiges spricht dafür, dass viele der gut organisierten und inzwischen hochgradig politisierten Evangelikalen der Republikanischen Partei lediglich einen Denkzettel verpassen wollten. Grund dazu hätten sie gehabt. In den Wochen vor der Wahl jagte auf republikanischer Seite ein Skandal den anderen – und das gerade in Verbindung mit Themen, die der fundamentalistischen Wählerbasis besonders am Herzen liegen: Homosexualität, eheliche Untreue und Korruption.[39] Außerdem hatte der evangelikale David Kuo, ehemaliger Vertrauter von George W. Bush und Mitglied seiner Führungsmannschaft, in einem Buch durchblicken lassen, dass hochrangige Mitarbeiter des Weißen Hauses die *Base* (die Basis, wie die Evangelikalen im republikanischen Parteijargon genannt werden) lediglich als „nützliche Idioten" bei der Stimmenbeschaffung betrachteten und sich hinter dem Rücken der religiösen Führer über diese lustig machten. Unter den Evangelikalen hatte sich danach Empörung breitgemacht. Kuo rief seine Glaubensgenossen zu einem Jahr der politischen Besinnung und Abstinenz auf.

Natürlich war Bushs Irakpolitik ein wichtiger Faktor für das schlechte Abschneiden der republikanischen Kandidaten bei der *Mid-term Election* im November 2006. Doch nach einer Gallup-Umfrage gaben 74 % der Wähler auch an, dass sie für ihre Entscheidung „Korruption und Skandale" als „sehr wichtig" und „extrem wichtig" betrachteten. Insofern war es dann auch keine Überraschung, dass von den evangelikalen Wählern diesmal nur 50 % republikanisch wählten. Bei der Präsidentschaftswahl im Jahr 2004 waren es noch 78 % gewesen. Außerdem war die Wahlbeteiligung vonseiten der Evangelikalen diesmal deutlich niedriger als im Jahr 2004. Wenn man bedenkt, dass der Republikaner George W. Bush damals 40 % seiner Stimmen aus diesen Kreisen bekam, muss man hier in der Tat von einer gewaltigen Abstrafung der Republikanischen Partei sprechen.

Es ist zu erwarten, dass dieser Denkzettel durch den fundamentalistischen Wähler eine nachhaltige Wirkung auf die Republikanische Partei haben wird. Man kann davon ausgehen, dass sich die Strategen der Partei in den verbleibenden Monaten bis zur nächsten Wahl – diesmal der Wahl eines neuen Präsidenten – besondere Mühe geben werden, die Scharte auszuwetzen. Vermutlich werden sie die Agenda der religiösen Rechten nun besonders eifrig umsetzen. Außerdem werden sie ihrer religiösen Wählerbasis einen Präsidentschaftskandidaten präsentieren, der erwarten lässt, dass er die konservativ-religiöse Agenda noch konsequenter zur Politik macht, als George W. Bush es tat. Das gleiche gilt für den Präsidentschaftskandidaten der Demokratischen Partei. Es ist durchaus vorstellbar – wenngleich weniger wahrscheinlich –, dass der nächste Präsident der Demokratischen Partei angehört. Dies dürfte jedoch nur dann möglich sein, wenn sich dieser den politischen Forderungen der religiösen Rechten unterwirft. Der fundamentalistische Wählerblock ist zu groß, zu mächtig, zu finanzkräftig, zu gut organisiert und zu wirksam gesteuert, als dass die Besetzung des Weißen Hauses noch ohne Robertson, LaHaye, Dobson & Co. geschehen könnte. Der Evangelikalismus, so Ted Haggard, der über seine Homosexualität gestolperte ehemalige Präsident der *National Association of Evangeli-*

cals, sei inzwischen so groß, dass er jede Wahl beeinflussen könne: „Wenn die Evangelikalen ihre Stimme abgeben, entscheiden sie die Wahl.“[40]

Wahrscheinlicher als ein Schwenk zu den Demokraten ist daher, dass sich die evangelikalen Fundamentalisten mit der Republikanischen Partei wieder versöhnen. „Ganz gleich, wie oft die GOP[41] [ihre evangelikalen Wähler] enttäuscht, wenn es um Abtreibung, Homosexuellen-Rechte oder Cloning geht“, schrieb Aaron D. Wolf bereits in einem 2003 veröffentlichten Artikel, „sie werden stets zu jener Partei zurückkehren, die am sichtbarsten und stimmgewaltigsten Israel unterstützt.“[42] Insofern spricht vieles dafür, dass auch im Jahr 2008 wieder ein Republikaner zum Präsidenten der Vereinigten Staaten gewählt wird.

Der offiziell zu den Methodisten gehörende Republikaner George W. Bush ist selbst ein Produkt des evangelikalen Fundamentalismus. Nach einem beruflich relativ erfolglosen Leben mit Alkohol- und Eheproblemen bekehrte er sich mit 40 unter der Anleitung des baptistischen Erweckungspredigers Billy Graham „zu Christus“ und erlebte seine „Wiedergeburt“. Seitdem glaubt er „fest daran“, schreibt Claus Kleber, einst Amerika-Korrespondent des ZDF, „dass Gott ihn in letzter Minute vor dem Verderben gerettet hat, weil er einen Plan mit ihm verfolgt“.[43] Mit Bush, so Kleber, „zog zum ersten Mal so etwas wie missionarischer Eifer ins Weiße Haus ein. … Seit Bush gehören Gebete zu Beginn der Kabinettssitzungen und tägliche Bibelunterweisungen zur Routine. Teilnahme ist keine Pflicht, wird aber erwartet.“[44] Seit dem 11. September 2001 hat die Zahl der Bibelstunden am Regierungssitz in Washington deutlich zugenommen.[45]

James Robison, einer der geistlichen Berater des Präsidenten erzählte den Anwesenden einer Konferenz der *Christian Coalition* im Jahr 2002: „Ich habe gerade mit dem Präsidenten im Oval Office gebetet. Wenn wir mit seinem weißen Pickup-Truck in Texas unterwegs waren, ist es schon oft vorgekommen, dass wir angehalten haben, um zu beten. Als Präsident Bush China besuchte, um sich mit den Führern des Landes zu treffen, hat er ihnen als Erstes von seinem Glauben erzählt … Gott hat mit Sicherheit diesen christlichen Präsidenten zu einer Zeit wie dieser im Weißen Haus platziert.“[46]

Der Verdacht, dass ein gewisses Machtkalkül hinter dieser öffentlich zur Schau gestellten Religiosität steckt, ist natürlich nicht ganz von der Hand zu weisen und wurde ja auch durch Aussagen von David Kuo unterstützt. Europäer hatten schon lange gemutmaßt, dass die zur Schau gestellte Christlichkeit vor allem politische Demonstration ist. Mit Religion, oder besser evangelikaler Christlichkeit, lässt sich eben in Amerika gut Stimmen gewinnen – ganz besonders seit *Nine-Eleven*, dem Terroranschlag vom 11. September 2001. Nicht alle Einschätzungen gehen allerdings so weit wie die des Amerikaners Harold Bloom, der die *Southern Baptist Convention* für das Ergebnis einer „rein politischen und sozialen Verschwörung hält, die sich immer noch als eine religiöse Bewegung verkleidet. Ihr abgeschwächter Antiintellektualismus erinnert einen an den spanischen Faschismus Francos".[47]

Was bei der politischen Form der Christlichkeit gerade auch des Weißen Hauses auffällt – und hier scheinen die politischen Fundamentalisten mit größerem Ehrgeiz und härterer Penetranz zu arbeiten als ihr Präsident – sind die Elemente „Druck" und „Kontrolle". Mit der Einführung und Veröffentlichung so genannter *Scorecards*, also einer veröffentlichten Buchführung des Abstimmungsverhaltens aller Parlamentarier, hat die religiöse Rechte beispielsweise ein wirksames Mittel der Kontrolle und „Züchtigung" der Kongressabgeordneten und Senatoren geschaffen. Bei jeder Gesetzesverabschiedung halten Beobachter aus den Reihen der Fundamentalisten die Zustimmung oder Ablehnung der einzelnen Volksvertreter fest und machen das Abstimmungsverhalten ihren Gesinnungsgenossen in den christlichen Kirchen bekannt.[48] Dabei weisen sie akribisch genau darauf hin, inwieweit das jeweilige Votum mit der Agenda der konservativen Christen übereinstimmt. Während im Jahr 2003 „erst" 38 der 52 Republikaner unter den Senatoren einen Wert von 100 % Übereinstimmung mit dem Programm der Fundamentalisten erhielten, bekamen 2004 bereits 41 Senatoren dieses „makellose" Zeugnis ausgestellt. Zum Vergleich: 38 von 48 Demokraten und ein Unabhängiger brachten es auf null Punkte.[49]

Die Glanzjahre der *Christian Coalition* sind inzwischen vorbei. Der begabte Politstratege Ralph Reed war 1997 unter zweifelhaften Umständen ausgeschieden,[50] was einen herben Verlust für die Organisation bedeutete. Immerhin war er der Hauptarchitekt der politischen Koalition mit der Republikanischen Partei, den Katholiken und anderen Gruppierungen. Und im Jahr 2001 zog sich auch Pat Robertson – inzwischen 71-jährig – aus der Leitung der Organisation zurück, da er mit der Wahl von George W. Bush eines seiner Hauptziele als erreicht betrachtete. Ebenso wie viele seiner Glaubensgenossen sah er in Bush den ersten in einer Reihe von „Regenten", die die Wiederkunft des Messias vorbereiten würden. Ihre wichtigsten Ziele hatte die Organisation jedoch erreicht: Die religiöse Rechte hatte die Schlüsselpositionen der Macht eingenommen, und sie schien nicht geneigt zu sein, diese wieder aufzugeben. Zusätzlich zur *Christian Coalition* und weitgehend an ihrer Stelle haben jetzt – im Sinne einer dritten Welle – gut 20 andere religiös-politische Organisationen ihre Agitation übernommen. Die einflussreichsten unter ihnen sind heute James Dobsons *Focus on the Family*, das *Family Research Council*, *Every Home for Christ*, das *National Right to Life Committee*, die *Concerned Women for America*, das *Eagle Forum* und die *Traditional Values Coalition* – alles Gruppen, die aktiv an der Aufhebung der Trennung von Staat und Kirche arbeiten und damit, so muss man befürchten, den Boden für eine gewaltsame „Christianisierung" Amerikas vorbereiten.[51]

Allein der gelernte Kinderpsychologe James Dobson (Jahrgang 1936), der heute fast 1.300 Angestellte hat und monatlich zehn Zeitschriften an über vier Millionen Personen schickt, beeinflusst wöchentlich eine eigene Radio-Zuhörerschaft von etwa sechs bis zehn Millionen. Sie hört seine Beiträge, die von über 2.000 Rundfunk- und 100 Fernsehsendern in den USA[52] übertragen werden und potenziell 200 Millionen Menschen erreichen.[53] Dobson, der Jerry Falwell und Pat Robertson inzwischen als einflussreichste evangelikale Politaktivisten abgelöst hat, erzählt gern, er habe bereits im Alter von drei Jahren seine Wiedergeburt erlebt. Dies sei anlässlich eines Gottesdienstes geschehen, den sein Vater, ein Prediger der Nazarener, abgehalten habe.

Eine gewisse Bekanntheit erlangte Dobson zunächst durch sein 1970 veröffentlichtes Erziehungsbuch *Dare to Discipline* (Trau dich zu strafen), von dem innerhalb kurzer Zeit zwei Millionen Exemplare verkauft wurden. Die Abnehmer waren zunächst allerdings fast ausschließlich weibliche Evangelikale. Das Werk war nicht nur ein Ratgeber für Eltern, sondern auch eine Antwort auf den moralischen, sozialen und politischen Relativismus der 1960er Jahre in den USA. Die Proteste gegen den Vietnam-Krieg und gegen die puritanische Prüderie hatten besonders unter jungen Leuten zu einer Aufweichung so genannter amerikanischer Werte und zu Promiskuität, Drogenkonsum sowie einer Ablehnung von militärischer Macht, der Politik insgesamt und des *American Way of Life* geführt. „Plötzlich gab es keine festen Werte mehr. Es gab keine Standards. Nichts Absolutes. Keine Regeln. Keine traditionellen Glaubensvorstellungen, auf die man sich stützen konnte ..."[54] Das Manifest praktisch einer ganzen Generation war: „If it feels good, do it!" (Wenn es sich gut anfühlt, tu es!). Dem setzte Dobson eine pädagogische Philosophie der festen Hand entgegen. „Das Buch schlug vor, Kindern kleinere, vorübergehende Schmerzen zuzufügen, um ihnen Respekt vor Autorität einzuflößen. Dazu gehörten Schläge mit dem Riemen und dem Rohrstock. [Das Buch] empfahl, die entsprechenden Gegenstände auf dem Nachtschrank des Kindes aufzubewahren, um es daran zu erinnern, dass ein Auflehnen gegen die Autorität Folgen hat."[55] Andererseits nahm er gegenüber dem Thema „Selbstbefriedigung" eine weniger prüde Haltung ein als die meisten seiner Glaubensgenossen.

1977 verließ Dobson seine Position als Hochschullehrer, um sich der Gründung seiner wöchentlichen Rundfunksendung *Focus on the Family* zuzuwenden. Aus dieser Sendung entwickelte sich bald eine Organisation, die schnell wuchs und an Einfluss zunahm. Parteipolitische Ambitionen hatte Dobson zunächst jedoch nicht. 1983 gründete er zusammen mit anderen das *Family Research Council*, eine Organisation, die inzwischen die *Christian Coalition* als die einflussreichste Lobbyeinrichtung der religiösen Rechten abgelöst hat. Diesen Erfolg hat er vor allem dem konservativen Präsidentschaftskandidaten Gary Bauer zu verdanken, einem Georgetown-Absolventen und früheren innenpolitischen Berater von Ronald Reagan.[56] Der Reporter von *U.S. News & World Report*, Dan Gilgoff, beschreibt, wie James Dobson zunächst das von Ralph Reed hinterlassene Machtvakuum ausfüllte. Im Jahr 2003 zog sich Dobson dann vom Tagesgeschäft seiner *Focus-on-the-Family*-Organisation zurück, um sich ganz Fragen der politischen Strategie zu widmen. Heute traktiert er die Republikanische Partei mit einer Politik der Nadelstiche, und zwar vor allem über die *Arlington Group*. Wie im *Council on National Policy* werden in dieser Organisation – unsichtbar für die Blicke der Öffentlichkeit – die Interessen der religiösen Rechten koordiniert.[57]

Durch seinen eher akademisch-sachlichen Stil in Verkündigung und Agitation sowie seine langjährige Zurückhaltung, wenn es um direkte parteipolitische Aktion ging – er wirkte immer eher als graue Eminenz – erlangte er höchstes Ansehen in Politik und Gesellschaft. „Er ist die glaubwürdigste Persönlichkeit innerhalb der evangelikalen Community",[58] meinte etwa Gary Marx, Direktor der nationalen konservativen Koalition des Bush/Cheney-Wahlkampfes im Jahr 2004. Und Richard Land von der *Southern Baptist Convention* bezeichnete ihn als „den einflussreichsten evangelikalen Führer Amerikas … Das, was seinem Einfluss am nächsten kommt, ist [der Einfluss], den Billy Graham in den sechziger und siebziger Jahren hatte."[59] In einer Umfrage von *PBS* und *U.S. News & World Report* unter Evangelikalen aus dem Jahr 2004 sahen ihn 76 % positiv. In derselben Umfrage erhielt Robertson lediglich 55 % und Falwell 46 %.

Gegenwärtig ist James Dobson unangefochten der einflussreichste Lobbyist der religiösen Rechten. Er hat nicht nur Jerry Falwell und Pat Robertson in ihrer Bedeutung abgelöst, sondern genießt einen größeren Einfluss, als diese selbst in ihrer Blütezeit je hatten. Heute könne Dobson über seine Massenmedien „buchstäblich die Versendung von Säcken mit Post an den Kongress auslösen", sagt Barry Lynn, ein für die Liberalen tätiger Anwalt. Er könne dies, „indem er einfach in seiner täglichen Rundfunksendung über ein Thema im Gesetzgebungsverfahren spricht".[60] Dobson, der seine parteipolitische Abstinenz inzwischen aufgegeben hat, und seine Glaubensbrüder haben keine Scheu davor, ihre Macht auszuspielen und aggressiv in die Politik einzugreifen. „Der Präsident und die Republikanische Partei", so Dobson in einer wenig versteckten Drohung, „‚haben zwei Jahre, um unsere Politik umzusetzen', andernfalls ‚müssen sie bei der nächsten Wahl den Preis bezahlen.'"[61] Dass dies keine leere Drohung war, haben die Zwischenwahlen im November 2006 gezeigt. Sie wurden wie erwähnt von den fundamentalistischen Wählern als Denkzettel an die Adresse der Republikanischen Partei genutzt.

Die Umgestaltung Amerikas, der Kulturwandel im Sinne einer fundamentalistischen Bekehrung des Landes ist nach Ansicht weiter Kreise der religiösen Rechten unumkehrbar. Zwar mag es Rückschläge geben, aber diese werden ihren Weg an die absolute Macht in Amerika nicht dauerhaft aufhalten. In einer Zusammenfassung des Beitrags „*Understanding Dominionism*" (Zum Verständnis des Dominionismus) auf der bereits erwähnten New Yorker Konferenz über die religiöse Rechte heißt es: „Nur wenige Menschen außerhalb der konservativen [US-Bundes-]Staaten wissen um das Phänomen des Dominionismus, einer einflussreichen Form der fundamentalistischen Religion, die glaubt, dass ‚gottwohlgefällige Christen' in naher Zukunft die Kontrolle über die Hebel der politischen und gerichtlichen Macht in Amerika ergreifen müssen. Wenn dies nicht geschieht, so glauben sie, können sich die biblischen Prophezeiungen bezüglich der Entrückung, der Endzeit, Armageddon und schließlich der Wiederkunft Christi nicht erfüllen. … [Populär gemacht durch die Zukunftsromane von Tim LaHaye] ist dieses religiöse Glaubenssystem immer einflussreicher geworden. Wenngleich es zahlreiche Meinungsschattierungen in der religiösen Rechten gibt, sind die Dominionisten und Rekonstruktionisten diejenigen, die glauben, dass sie das neue auserwählte Volk seien, das von Gott den Auftrag erhalten habe, Amerika zu seinem wahren christlichen Glauben zurückzuführen. Viele glauben, sie werden bekämpft von einer ‚satanischen Verschwörung‘ weltlicher Humanisten, die gegen Gott, das Land und die ideale Familie arbeiten. Es hat sich deutlich eine Situation herauskristallisiert, die reif ist für Dämonisierungen, die Benennung von Sündenböcken und eine gefährliche Verwechslung von biblischer Prophetie mit tatsächlichen politischen und historischen Ereignissen. Es ist wahrhaftig an der Zeit, große Teile des Landes auf die Macht und den Einfluss einer religiösen und politischen Bewegung hinzuweisen, die die Trennung von Staat und Kirche infrage stellt und darauf abzielt, eine biblische Gesellschaft zu schaffen, die – in scharfem Gegensatz zur Intention von Verfassung und Gründervätern – mit Hilfe von biblischen Gesetzen regieren will.“[62] Und auch Marcia Pally warnt: „Sollten die Amerikaner eine Regierung wählen, die behauptet, im Besitz absoluten, göttlichen Wissens zu sein, würde diese Wahl, so demokratisch sie auch sein mag, das Ende der Demokratie bedeuten“.[63] Selbst die meisten Evangelikalen wollen dies nicht.[64] Doch es ist zu befürchten, dass die Mehrheit der amerikanischen Wähler durch Propaganda geblendet und durch charismatische Fernsehprediger verführt, zu spät merken wird, wohin die Reise geht. Auch Hitler hatte sich zum „positiven Christentum“ bekannt. Nach damaliger Lesart der deutschen Protestanten wurde dies als „konservativer, fundamentalistischer und nationalistischer Protestantismus“[65] verstanden.

Der Autor und Journalist Chris Hedges, der im Rahmen seines Studiums um 1980 an der Harvard Universität u.a. auch Vorlesungen in Ethik bei James Luther Adams (1901–1994) gehört hat, erinnert sich nach dem Besuch einer Jahrestagung der evangelikal dominierten *National Religious Broadcasters* an die Worte seines Professors. Dieser hatte seinen Studenten damals bereits vorhergesagt, dass sie, wenn sie sein Alter erreicht hätten – er war zu jener Zeit fast 80 – alle gegen „christliche Faschisten“ kämpfen würden. In dieser Zeit fingen Pat Robertson und andere prominente Evangelikale gerade erst an, von einer neuen politischen Religion zu sprechen, „die sich darum bemühen werde, die Herrschaft über alle größeren amerikanischen Einrichtungen zu erlangen, inklusive aller Denominationen der Mitte und der Regierung, um die Vereinigten Staaten in ein globales christliches Reich zu verwandeln. Zu jener Zeit war es schwer, eine so phantastische Rede ernst zu nehmen. Doch der Faschismus, warnte Adams, werde diesmal nicht in der Form von Hakenkreuzen und Braunhemden auftreten. Seine ideologischen Erben würden sich in der Sprache der Bibel verkleiden und mit Kreuzen um den Hals daherkommen, die *Pledge of Allegiance* auf den Lippen.“[66]

2. In den Hinterzimmern der Macht

Wer aber zieht in der religiösen Rechten wirklich die Strippen? Gibt es eine Agenda hinter der Agenda? Gibt es eine Organisation hinter der Organisation? Sicher ist es ratsam, vor Verschwörungstheorien auf der Hut zu sein. Doch soviel ist bekannt: Am 20. November 1975 veröffentlichte die katholische Bischofskonferenz in Amerika in einer Reaktion auf eine höchstrichterliche Pro-Abtreibungs-Entscheidung ihren „Hirtenplan für Pro-Life-Aktivitäten". Er repräsentiert, so Stephen Mumford in seinem Buch über die amerikanische Demokratie und den Vatikan[67] eine einzigartige und präzise Strategie für die Unterwanderung und Manipulation des demokratischen Prozesses in Amerika. Sie basiert weitgehend auf den Ideen des Jesuiten Virgil Blum über einen Politik- und Kulturwandel in Amerika.[68] So weist Blum in einer seiner Richtlinien darauf hin, dass eine katholische Kampagne in Amerika nicht katholisch aussehen müsse, wenn sie erfolgreich sein will. Deshalb sei es nötig, eine starke ökumenische Bewegung ins Leben zu rufen. Entsprechend forderte der „Hirtenplan" auch ganz speziell die Gründung von basispolitischen Organisationen, um die päpstliche Agenda durchzusetzen. Tatsächlich wurden fast alle politischen und politisch-religiösen Organisationen, die heute in der religiösen Rechten und in Washington den Ton angeben, zwischen 1976 und 1980 gegründet. Zu ihnen gehören die *Moral Majority*, die *Heritage Foundation*, das *Eagle Forum* und das *National Right to Life Political Action Committee*. In all diesen Organisationen haben Katholiken sowohl bei der Gründung als auch in ihrer Leitung eine Schlüsselrolle gespielt.

Durch den Katholiken Paul Weyrich hatten die katholischen Bischöfe einen aktiven Part bei der Gründung sowohl der *Moral Majority* als auch der *Christian Coalition* gespielt. Die führende Rolle von katholischen Persönlichkeiten in Pat Robertsons angeblich protestantischem Netzwerk wird in einem Artikel von Joseph L. Conn in der Zeitschrift *Church and State* im April 1993 deutlich nachgewiesen. Genau, wie es der Jesuit Blum und die Bischöfe geplant hatten, hatte die religiöse Rechte zwar ein protestantisches Gesicht. Doch: „Die Beweise häufen sich", so Mumford, „dass die Christian Coalition im Grunde genommen katholisch ist und nicht protestantisch."[69] Nach Auskunft von Mike Russell, dem Kommunikations-Direktor der *Christian Coalition*, aus dem Jahr 1995 war auch ein bedeutender Teil der Basis ganz und gar nicht protestantisch. Von den 1,7 Millionen eingetragenen Mitgliedern waren zu jener Zeit 250.000 katholisch.[70]

Die *Heritage Foundation* spielte bei dieser scheinbar protestantischen, jedoch im Kern katholischen Einflussnahme auf die Politik Amerikas eine Schlüsselrolle. Sie war 1973 mit dem Geld des katholischen Bierbrauers Joseph Coors und unter der Führung von Paul Weyrich ins Leben gerufen worden und gilt heute als einer der wichtigsten *Think-Tanks* Amerikas. Sie hat großen Einfluss auf die amerikanische Innen- und Außenpolitik. Ihre Ziele: Die Stärkung der freien Marktwirtschaft, der individuellen Freiheit, der traditionellen amerikanischen Werte und der nationalen Verteidigung. Außerdem steht sie für eine schlanke Regierung und Staatsbürokratie. Im Gegensatz zu anderen *Think-Tanks*, die vor allem Zeitschriftenartikel, Studien und Memos verfassen, ist die *Heritage Foundation* dafür bekannt, dass sie auch direkt in das politische Geschehen eingreift – so etwa bei der Finanzierung und Schulung von Widerstandsbewegungen in Afghanistan, Angola, Kambodscha, einigen osteuropäischen Ländern und Nicaragua. Anzumerken ist, dass die Stiftung laut *U.S. News & World Report* zumindest in den 80er Jahren auch bedeutende finanzielle Zuwendungen von dem koreanischstämmigen Sun Myung Moon, dem Kopf der ultrarechten Vereinigungskirche, erhalten hat.[71]

Im Jahr 1994 schrieb Ralph Reed: „Die Zukunft amerikanischer Politik liegt in der wachsenden Kraft der Evangelikalen und ihrer römisch-katholischen Alliierten. Wenn diese beiden Kernwählergruppen … in bezug auf Themen zusammenarbeiten und gleichgesonnene Kandidaten unterstützen, dann können sie den Ausgang fast jeder Wahl im Lande bestimmen. … Da sie nicht mehr durch die Bürde der Vergangenheit belastet sind, können Römisch-Katholische, Evangelikale, Griechisch-Orthodoxe und viele religiös Konservative aus den Denominationen der Mitte eine neue Allianz schmieden, die zu der mächtigsten und wichtigsten im modernen politischen Zeitalter gehört."[72]

Der katholische Einfluss – insbesondere der konservativ-katholische Einfluss – auf das Weiße Haus und auf evangelikal-politische Kreise ist in den letzten Jahren deutlich gewachsen. Die stärksten Befürworter einer solchen immer öfter auch offen zutage tretenden interkonfessionellen Verbindung auf Seiten der religiösen Rechten und der von ihr beherrschten Republikanischen Partei sind Chuck Colson, Karl Rove und Ralph Reed. Selbst Präsident George W. Bush, der sich immerhin durch Bemühungen des evangelikalen Billy Graham bekehrt hat, scheint heute zunehmend unter dem Einfluss katholischen Gedankenguts zu stehen. Als Bush sich im Jahr 2004 mit Journalisten verschiedener religiöser Publikationen traf, war die von ihm am häufigsten zitierte noch lebende Autorität nicht etwa ein „Glaubensbruder" aus evangelikalen Kreisen, sondern ein katholischer Priester namens Richard John Neuhaus. „Vater Richard", erklärte er den Anwesenden, „hilft mir, diese religiösen Dinge zu artikulieren."[73]

Neuhaus, 1936 in Kanada geboren und später in die Vereinigten Staaten eingewandert, war zunächst evangelisch-lutherischer Pastor. In den 80er Jahren leitete er das *Center on Religion and Society* des altkonservativen *Rockford Institute*. Später sah er die seiner Meinung nach antisemitischen Tendenzen des Instituts zunehmend kritisch. Deshalb provozierte er seinen Rauswurf und gründete in der Folge das *Institute on Religion and Public Life*.[74] 1990 trat er dann zum katholischen Glauben über, und bereits ein Jahr danach wurde er zum Priester geweiht. Schon Anfang der 90er Jahre entwickelte er zusammen mit Colson die Idee einer Koalition zwischen Evangelikalen und Katholiken. Das Ergebnis ihrer Gespräche war eine 1994 veröffentlichte Erklärung mit dem Titel *Evangelicals and Catholics Together* (*ECT*).[75] Dieses in evangelikalen Kreisen zunächst nicht unumstrittene Dokument trägt die Unterschriften von je 20 evangelikalen und 20 katholischen Spitzenvertretern – unter ihnen auch Pat Robertson.

Diese Anstrengungen zugunsten einer protestantisch-katholischen Koalition, die gerade in baptistischen Kreisen bis vor wenigen Jahrzehnten noch undenkbar gewesen wären, trugen bald Früchte. Schon 10 Jahre nach der Unterzeichnung der *ECT*-Erklärung, also im Jahr 2004, ergab eine Umfrage, dass evangelikale Gläubige Papst Johannes Paul II. mit 59 % Zustimmung sogar noch positiver sahen als Pat Robertson (54 %) und Jerry Falwell (44 %).[76]

Dieser politisch-religiöse Kurswechsel auf Seiten der Baptisten hatte sich bereits im Jahr 2000 angedeutet. Damals hatte die *Southern Baptist Convention* ein elementares Prinzip ihres Glaubens aufgegeben. Sie strich die Selbstverpflichtung, dass Jesus Christus, dessen Wille in der Heiligen Schrift offenbart werde, die einzige Autorität für Glauben und Leben der Baptisten sei. An ihre Stelle trat nach den Worten von Ex-Präsident und Baptist Jimmy Carter „die Herrschaft der ausschließlich männlichen Pastoren".[77] Die Kennzeichen dieses neuen katholisch anmutenden Fundamentalismus, so Carter, „sind Unbeugsamkeit, Selbstgerechtigkeit und ein beflissener Eifer, wenn es darum geht, Zwang (inklusive politischen Zwang) einzusetzen".[78]

Vielleicht liegt hier die Erklärung für die neue Sympathie der baptistischen Evangelikalen für die konservativen Elemente in der Katholischen

Kirche. Der amerikanische Autor James Carroll schreibt: „Auf evangelikaler Seite ist das Maß für religiöse Wahrheit die emotionale Erfahrung der Wiedergeburt; auf konservativ-katholischer Seite ist das Maß für religiöse Wahrheit das Christentum des 13. Jahrhunderts. Was Evangelikale und konservative Katholiken gemeinsam haben, ist ihre Überzeugung, dass man religiöse Wahrheit (selbst wenn sie diese unterschiedlich messen) annehmen muss. Es reicht nicht, dass man nur über sie nachdenkt."[79]

Neben den Prinzipien von Zwang und Bevormundung spielt auch das Prinzip der Geheimhaltung eine wichtige Rolle in der konservativ-religiösen Politik Amerikas. Es ist daher nicht verwunderlich, dass sich in Washington eine Reihe von einflussreichen Geheimzirkeln gebildet hat. Sie alle entziehen sich der Kontrolle durch Parlament und Medien. Einer dieser Zirkel bezeichnet sich selbst lediglich als „die Familie" (*The Family*). Dieser Zusammenschluss von heute vorwiegend republikanischen Senatoren[80] und Kongressabgeordneten[81] ist praktisch unsichtbar. Die Mitglieder treffen sich regelmäßig zu Gebetsgemeinschaften im Pentagon und im Justizministerium und pflegen intensive Beziehungen zur Öl-, Rüstungs- und Luftfahrtindustrie. „Die Familie unterhält eine gut bewachte Datenbank mit den Namen ihrer Mitglieder", schreibt Jeffrey Sharlet, „stellt aber keine Mitgliedsausweise aus und kassiert offiziell auch keine Mitgliedsbeiträge. Die Mitglieder sind aufgefordert, über die Gruppe selbst und ihre Aktivitäten Stillschweigen zu bewahren."[82] Um ihre Existenz zu verschleiern, arbeitet die Familie unter den Namen zahlreicher Deckorganisationen.[83] Das einzige publizierte Ereignis der Familie ist das Nationale Gebetsfrühstück (*National Prayer Breakfast*). Es bringt seit 1953 jedes Jahr im Februar etwa 3.000 führende Persönlichkeiten aus aller Welt in Washington zusammen. Bei diesen überkonfessionellen Zusammenkünften werden Männer – Frauen sind nicht zugelassen – für einen kleineren exklusiven Kreis rekrutiert, der sich öfter trifft. Er dient hinter den Kulissen der Durchsetzung einer politischen Agenda innerhalb des Landes und dem Knüpfen eines internationalen diplomatischen Netzwerkes. Die Familie ist ausgesprochen antikommunistisch eingestellt und arbeitet eng mit rechtsgerichteten Diktatoren in der Dritten Welt zusammen.[84] Die einzige Qualifikation dieser fragwürdigen Politiker besteht darin, dass sie irgendwie religiös sind.

The Family wurde 1935 von Abraham Vereide in Seattle gegründet. Er war ein norwegischer Einwanderer, der sein Geld zunächst als christlicher Wanderprediger verdiente. In verhältnismäßig kurzer Zeit entwickelten sich durch die Initiative von Vereide und einigen wohlhabenden christlichen Geschäftsfreunden wöchentliche Gebetskreise in mehreren Städten der USA. 1941 kam Vereide nach Washington. Es dauerte nicht lange, bis mehr als 100 Kongressabgeordnete seine inzwischen gut publizierten Zusammenkünfte besuchten. Nach Ende des Zweiten Weltkriegs half die Familie auch beim Wiederaufbau Europas. Dabei betrachteten ihre Vertreter „Ex-Nazis für die Anforderungen an eine ‚starke' Regierung für gut geeignet, solange diese bereit waren, Christus ebenso zu verehren wie Hitler."[85] Kurz vor seinem Tod im Jahre 1966 veranlasste Vereide, dass die Organisation wieder aus dem inzwischen erlangten Rampenlicht heraustrat und sich in die exklusive Geheimorganisation verwandelte, die sie heute noch ist.[86]

Die einflussreichste und zugleich geheimste aller konservativen Organisationen, die ins Leben gerufen wurde, um die politisch und religiös konservative Agenda durchzusetzen, ist allerdings das 1981 gegründete *Council for National Policy* (*CNP*). In ihm vereinen sich rund 600 der mächtigsten Konservativen des Landes. Es sind Personen aus Kirche, Politik, Wirtschaft und Medien. Sie treffen sich dreimal im Jahr an geheim gehaltenen Orten hinter verschlossenen Türen, entwickeln die Strategien hinter der Republikanischen Partei und planen, wie die USA noch weiter nach rechts gelenkt werden können. Das Bedenkliche an dieser Organisation: Obgleich hier allein schon wegen ihrer hochkarätigen Besetzung die wirkliche Macht im Lande zu liegen scheint, werden ihre Leiter nicht demokratisch gewählt, und ihre Ziele und Strategien werden vor der Öffentlichkeit verborgen. In einem quasi rechtsfreien Raum werden hier Pläne geschmiedet, die durch keine Verfassung kontrolliert werden. Medien sind zu den Versammlungen des *CNP* nicht zugelassen, Reden und Agenden werden nicht veröffentlicht.

Diese religiös-politische Bewegung begann Anfang der 1980er Jahre, als sich etwa 50 Ultrakonservative im Haus des katholischen *Direct-Mailing-* und *Fundraising*-Experten Richard Viguerie in McLean, Virginia, trafen. Die führenden Köpfe waren neben Viguerie der evangelikale Polit-Aktivist Tim LaHaye und der katholische Politik-Berater und Stratege Paul Weyrich. Vigueries Ziel war es, die eher demokratisch wählenden Weißen der ländlichen Regionen in den Südstaaten auf die Seite der Republikanischen Partei zu ziehen. Als Mittel sollten solch emotional aufgeladene moralisch-religiöse Themen wie die Abtreibung, die Homosexuellen-Frage und das Gebet in öffentlichen Schulen dienen. Auf diese Weise wurde damals das *Council for National Policy* ins Leben gerufen. Von

Anfang an versuchte diese Organisation, zwei Strömungen miteinander zu verschmelzen: die nach politischer Macht strebende religiöse Rechte und den Niedrig-Steuer-und-Schlanke-Regierungs-Flügel der Republikanischen Partei. „Die Theorie war", so Jeremy Leaming und Robert Boston, „dass die religiöse Rechte den basispolitischen Aktivismus und die Muskeln stellen würde. Die andere Seite würde das Ganze finanzieren."[87] Tatsächlich gehörten dann auch der katholische Brauerei-Magnat Joseph Coors und die Milliardäre Herbert und Nelson Bunker Hunt sowie der ebenfalls sehr wohlhabende Geschäftsmann William Cies zu den größten Geldgebern. LaHaye wurde zum ersten Präsidenten gewählt. Die politische Farbe des *CNP* wurde schnell deutlich: Die beiden Hunts ebenso wie Cies und LaHaye standen der 1959 gegründeten *John Birch Society* nahe. Diese ultrakonservative Organisation ist u.a. bekannt für ihre fanatische Kommunistenjagd und ihre Agitation gegen die amerikanische Bürgerrechtsbewegung in den 1960er und 1970er Jahren.

Nach Tim LaHaye wurde im Jahr 1982 Tom Ellis Präsident des *Council for National Policy*. Dieser war zuvor Direktor des *Pioneer Fund* gewesen. Diese Stiftung hatte sich mit ihrer finanziellen Unterstützung darum bemüht, nachzuweisen, dass Schwarze der weißen Rasse gegenüber genetisch minderwertig seien. In dem Zusammenhang muss man unwillkürlich an das Studium der rassischen Unterschiede denken, das in den 1890er Jahren an deutschen Universitäten durchgeführt wurde und Hitler später zur Formulierung seiner Rassenideologie und Politik inspirierte. Die Ergebnisse dieses sozialen Darwinismus führten nämlich zu der Überzeugung, „dass die höheren Rassen das Recht besaßen, über die niedrigeren zu herrschen und dass die Deutschen die höchste Form der menschlichen Spezie darstellten".[88]

Der heutige Exekutiv-Direktor des *CNP* ist Steve Baldwin. Dieser war von 1994 bis 2000 Mitglied des kalifornischen Landesparlaments. Seine Berufung, so Leaming und Boston, illustriert die Strategie der verdeckten Vorgehensweise des *Council for National Policy*. Denn als Parlamentarier war Baldwin einer der Architekten der verdeckten Vorgehensweise der religiösen Rechten, als es darum ging, fundamentalistische Aktivisten in die Schulausschüsse und andere kommunale Gremien zu bringen.

Doch damit nicht genug: Zusätzlich zu ihren Geheimmethoden, ihrer paranoiden Besessenheit von der Angst vor einer kommunistischen Bedrohung und der Verbreitung einer weißen Rassenideologie gehören und gehörten Personen zum *CNP*, die entschlossen sind, die amerikanische

Demokratie durch einen Gottesstaat zu ersetzen. „Ebenso, wie all die anderen Führer der religiösen Rechten des Landes", schreiben Leaming und Boston, „pflegt LaHaye eine ausgeprägte Geringschätzung für den ersten Verfassungszusatz über das Prinzip der Trennung von Kirche und Staat. Dieser verkompliziere ernsthaft ihr Ziel, die Erhebung des fundamentalistischen Christentums zur offiziell anerkannten Staatsreligion zu machen. LaHaye hat innerhalb des *CNP* und anderer Gruppen darauf hingearbeitet, das amerikanische Recht durch ‚biblisches Recht' zu ersetzen."[89]

Zu den gegenwärtigen und ehemaligen Mitgliedern des *CNP* gehören bekannte Vertreter der religiösen Rechten wie Jerry Falwell, Pat Robertson, James Dobson, Ralph Reed, Tim LaHaye und seine Frau Beverly, Gary Bauer, Phyllis Schlafly und Sun Myung Moon. Aber auch weniger bekannte fundamentalistische Führer stehen auf der Liste: etwa Dave Breese von der *„The King Is Coming"*-Show, Richard Land von der *Southern Baptist Convention*, Chuck Missler aus Idaho, der in seiner Radiosendung vorhergesagt hat, dass ein Einmarsch der Truppen des Antichristen in Jerusalem unmittelbar bevorstehe, Don Wildman von der *American Family Association*, Bill Bright von *Campus Crusade*, D. James Kennedy von *Save our Sundays and Save America*, Sam Moore von den *Thomas Nelson Bible Publishers*, Roberta Combs von der *Christian Coalition*, Lou Sheldon von der *Traditional Values Coalition*, Henry Morris, ein bekannter Kreationist, Oliver North, Oberst für Geheimoperationen unter Reagan, und Rousas J. Rushdoony, Gründer der zum Rekonstruktionismus zählenden *Chalcedon Foundation*. Zu den zahlreichen Politikern und Lobbyisten, die Mitglieder sind bzw. waren, gehören u. a. Karl Rove, Hauptberater von George W. Bush, John Ashcroft, ehemaliger Justizminister, Tom DeLay, Jesse Helms, Trent Lott, Ed Meese, Kenneth Starr, Richard Viguerie, Paul Weyrich und Wayne LaPierre von der *National Rifle Association* (*NRA*), der US-amerikanischen Waffenlobby.

Das *CNP* ist durchaus kein Papiertiger. Das beweist allein die Liste jener, die auf den geheimen Versammlungen der Organisation referiert haben. Unter ihnen: George W. Bush, der den Anwesenden im Jahr 1999, also vor seiner ersten Wahl zum Präsidenten, versprach, dass er eine konservative Politik in ihrem Sinne umsetzen werde. Aber auch Vizepräsident Dick Cheney und der damalige Verteidigungsminister Donald Rumsfeld traten mindestens einmal vor den Mitgliedern des *CNP* auf.

Grund zu besonderer Sorge gibt die Nähe der Organisation zum Gedankengut der Rekonstruktionisten in der Gefolgschaft von Rushdoony.

CNP-Mitglied Howard Phillips, Leiter der ultrakonservativen *Constitution Party*, und ein getreuer Nachfolger Rushdoonys, sagte im Jahr 2003 auf einer Versammlung seiner Partei in Oregon: „Wir müssen bereit sein, wenn Gott sich entscheidet, dass wir unsere einstmals großartige Republik wiederherstellen sollen."[90] Zu diesem Zweck, so Phillips, sei seine Partei dabei, eine Armee aufzustellen, um diese Nation zurückzuerobern.[91] *Americans United for Separation of Church and State*, die die Aktivitäten des *CNP* seit Jahren beobachtet, sagt, „dass die Gruppe radikale Ansichten vertritt und gerade deshalb besonders gefährlich sei, weil sie den Aktivismus der religiösen Rechten mit den tiefen finanziellen Taschen der weltlichen Rechten erfolgreich verbindet".

In der Geschichte Amerikas war es bisher üblich, dass alle Präsidenten zumindest versuchten – oder so taten, als würden sie versuchen – auf der Grundlage von Kompromissen zu regieren und für das ganze Volk zu sprechen. Das Weiße Haus unter George W. Bush hat sich erstmals nicht einmal die Mühe gemacht, vorzugeben, dies zu tun. Der Präsident trifft sich heimlich mit seinen geschäftlichen und religiösen Unterstützern; er begünstigt Lobbyisten, die extreme Positionen vertreten, und zwar in Bezug auf Bildung, die Umwelt, die Familie, Schusswaffenkontrolle und jede andere Form von Regulierung. „Bei einem Thema nach dem anderen hat die Regierung Tuchfühlung zur Mehrheit des amerikanischen Volkes verloren", meint Garry Wills.[92] Mit Demokratie hat das immer weniger zu tun.

3. Der Zweck heiligt die Mittel

Der Zweck heilige die Mittel. Mit den Schlagwörtern „Familienwerte", „Patriotismus" und „konservative christliche Werte" gelang es Pat Robertson, eine gemeinsame Plattform zu schaffen, auf der sich nicht nur Fundamentalisten und andere evangelikale Christen versammeln können. Auch etablierte und eher traditionelle Christen wie Katholiken, Lutheraner, Presbyterianer, Episkopale, Methodisten usw. sahen ihre Werte und Interessen hier vertreten.

Neben der Agitation zugunsten ihrer Programmpunkte ging es der religiösen Rechten auch immer wieder um das Schüren von Verfolgungsangst.[93] Das christliche Amerika werde durch die „radikale, sprich: gottlose Linke" verfolgt und in seiner Existenz bedroht, wurde behauptet. Dabei verstand man unter der „radikalen Linken" all jene Teile der Gesellschaft, die sich offen gegen die fundamentalistische Politik aussprachen. Zu ihr gehören die Liberalen,[94] säkulare Humanisten, Umweltschützer, Sozialisten bzw. Sozialdemokraten, Pazifisten, die Vereinten Nationen, Universitätsprofessoren sowie Organisationen, die sich für die Verteidigung der Trennung von Staat und Kirche einsetzen. Aufgrund dieser angeblichen Bedrohung müssten sich die christlichen Kräfte des Landes zusammentun und in einer Vorwärtsverteidigung den Feind, der überall lauere, erbarmungslos bekämpfen und eliminieren, so Robertson und seine Mitstreiter.

Derjenige, der neben Pat Robertson über rund acht Jahre die Strategie, das Gesicht und die Sprache der *Christian Coalition* mehr als jeder andere prägte, ist Ralph Reed. Er ist nicht nur Hauptarchitekt der *Christian Coalition*, sondern auch einer der einflussreichsten Männer der religiösen Rechten, ja der Rechten insgesamt. Ralph Reed jun., Jahrgang 1961, geboren in Virginia und aufgewachsen in Georgia, ist Doktor der Philosophie in Amerikanischer Geschichte. Schon in den 1990er Jahren wurde er von der Zeitschrift *Life* als eine der 20 einflussreichsten Personen seiner Generation bezeichnet. Er gehörte zu den begabtesten politischen Strategen und ist ebenso intelligent wie skrupellos. Pat Robertson erkannte Reeds Talent schon frühzeitig und holte ihn, der zuvor einige Jahre lang als militanter Abtreibungsgegner gearbeitet hatte, als Geschäftsführer zur *Christian Coalition*. Für diese Organisation vergrößerte Reed die Mitgliederbasis von 2.000 auf zwei Millionen und das Spendenaufkommen von 200.000 Dollar auf 27 Millionen Dollar im Jahr. Er war es, der die Brücken von den evangelikalen Fundamentalisten zu den Katholiken, Juden und verschiedenen religiösen Minderheiten schlug.

Reed, der auch eine der grauen Eminenzen der Republikanischen Partei ist, war Wahlkampfberater für sechs Präsidentschaftskandidaten – zuletzt für Bush und Cheney im Jahr 2004 – und weitere 82 Bewerber für den Kongress, den Senat und verschiedene Gouverneursposten.[95] In seinem 1996 veröffentlichten Buch *Active Faith*[96] beklagte Reed, dass die Evangelikalen keine wirkliche Theologie der Politik hätten. Moralisierende Leidenschaft sei nicht genug, meinte er.[97] Inspiriert durch die katholische Sozialethik und unterstützt von Pat Robertson, befürwortete er vehement eine engere Zusammenarbeit zwischen Evangelikalen und Katholiken. Dies hat auch in der Initiative *Evangelicals and Catholics Together* seinen Niederschlag gefunden. Offen ist, was er meint, wenn er von der angestrebten Schaffung einer „nachparteilichen" Wahlsituation in

Washington spricht.[98] Um es ganz vorsichtig zu formulieren: Eine Stärkung der Demokratie, die er offiziell anstrebt, scheint damit nicht gemeint zu sein.

Reed griff in der Führung der *Christian Coalition* und der Ausbildung fundamentalistischer Politakteure gern auf eine martialische Sprache und ebensolche Vergleiche zurück. „Es ist wie ein Guerillakrieg“, schreibt er. „Wenn du deine Position verrätst, versetzt du deinen Gegner damit nur in die Lage, die Zieleinstellung seiner Artillerie zu verbessern. Es ist besser, im Stillen zu operieren, mit Tarnung und im Schutz der Nacht.“[99] Reed hatte offenbar Paul Weyrichs Trainings-Handbuch studiert und verinnerlicht. Darin heißt es nämlich: „Wir werden Guerillataktiken benutzen, um die Rechtmäßigkeit des vorherrschenden Regimes zu untergraben. … Wir müssen gefürchtet werden, so dass sie es sich zweimal überlegen, ob sie den Mund öffnen sollen. … Wir müssen diesen Kampf als einen moralischen Kampf erscheinen lassen – als einen Kampf zwischen Gut und Böse.“[100] In einem Zeitungsinterview erläuterte er diese Strategie und Arbeitsweise der religiösen Rechten und ihrer Kandidaten noch drastischer: „Ich möchte unsichtbar sein. Ich male mein Gesicht [schwarz] an und reise bei Nacht. Du merkst erst, dass es vorbei ist, wenn du im Leichensack liegst.“[101] Erstaunlich, dass ein Mann, der solche Dinge sagt, in der Zeitschrift *Life* als eine der 20 einflussreichsten Personen Amerikas aufgeführt wird.

Reed ermahnte die politischen Kandidaten der religiösen Rechten, Öffentlichkeit zu meiden, besonders öffentliche Debatten, unterhalb des Radarschirms der Medien zu operieren und auch sonst keine Aufmerksamkeit auf sich zu lenken. Es war die *Christian Coalition*, die Werbung für ihre Kandidaten betrieb. Sie tat dies zunächst ausschließlich in fundamentalistischen Kirchengemeinden, später – wenn man sie ließ – auch in etwas gemäßigteren Gruppierungen. Und Pat Robertson hatte in einem Memo mit der Überschrift *How to Participate in a Political Party* („Wie man bei einer politischen Partei mitmacht“) geschrieben: „Beherrscht die Welt für Gott. Erweckt den Eindruck, als sei es euer Anliegen, für die Partei zu arbeiten. Setzt euch nicht für eine Ideologie ein. Versteckt eure Kraft. Stellt nicht eure Christlichkeit zur Schau. Als Christen müssen wir Führungspositionen einnehmen. Personen in führenden Parteiämtern beherrschen die politischen Parteien, und deshalb ist es sehr wichtig, dass reife Christen, wenn immer möglich und nach dem Willen Gottes, eine Mehrheit unter den Führungspositionen einnehmen.“[102]

Auch Paul Weyrich, der zu den Vätern der realpolitischen Umsetzung des Dominionismus zählt und der bei den Konservativen als der „mächtigste Mann in der heutigen Politik Amerikas“ gilt,[103] nutzt zur Erreichung seiner Ziele gern Methoden, die nicht so recht zu einer freiheitlichen und auf Transparenz bedachten Demokratie passen. In den Führungskursen seiner Organisationen wird durchaus schon mal auf Adolf Hitler und die Strategien und Methoden der Nationalsozialisten zur Erlangung politischer Macht Bezug genommen.[104] Eric Heubeck, Vertrauter und Mitarbeiter Weyrichs, verfasste ein Dokument,[105] das auch als Paul Weyrichs Trainings-Handbuch bezeichnet wird. Darin offenbart sich deren menschenverachtende und undemokratische Denkweise.

Die Methoden Weyrichs lassen sich mit Katherine Yurica wie folgt zusammenfassen:

1. „Unwahrheiten sind nicht nur zu akzeptieren, sie sind eine Notwendigkeit. Der Grund: Die Massen werden jede Lüge akzeptieren, wenn sie mit Engagement, Kraft und Überzeugung vorgetragen wird.
2. Es ist nötig, dass man sich selbst als rechtschaffen und die Gegner und ihre Ideen als böse darstellt.
3. Die völlige Zerstörung jedes Gegners muss durch unerbittliche persönliche Angriffe erreicht werden.
4. Es ist nötig, den Anschein überwältigender Macht und Brutalität zu schaffen, um den Willen der Gegner zum Aufbringen jeden Widerstands zu brechen.“[106]

Wie weit Vertreter der religiösen Rechten in der Anwendung dieser Prinzipien gingen, zeigt ein 1994 von Jerry Falwell herausgegebenes Video über den damaligen, zur Demokratischen Partei gehörenden Präsidenten Bill Clinton.[107] Schon auf dem Cover werden ihm Drogenschmuggel, Geldwäsche und Mord unterstellt. Doch damit nicht genug. In dem 80-minütigen Video, das wie eine authentische journalistische Dokumentation aufgezogen ist, interviewt Falwell einen nur als Silhouette hinter Milchglas gezeigten angeblichen Journalisten. Dieser fürchtet nach eigenen Angaben, bei seiner Identifizierung von Clinton oder seinen Helfershelfern umgebracht zu werden. Der mysteriöse Informant berichtet, dass er Kenntnis davon habe, dass Clinton den Tod mehrerer Reporter und eines persönlichen Vertrauten veranlasst habe, weil sie seinen angeblich illegalen Aktivitäten auf die Spur gekommen waren. Später stellte sich jedoch heraus, dass es sich bei dem auskunftsfreudigen angeblichen Journalisten um Patrick Matrisciana, den Produzenten des Videos, gehandelt hatte, der dies dann auch zugab.[108] Er räumte später ferner ein, dass niemand aus Clintons Umfeld je wirklich in Gefahr gewesen sei und dass dieser Betrug Jerry Falwells Idee gewesen sei.[109]

Zum perfiden Repertoire der religiösen Rechten gehört auch die gezielte Beeinflussung von Wahlen über Kirchengemeinden. So erstellte sie einen so genannten „Familienwerte-Wahlführer". Er wurde 1994 in einer Auflage von 40 Millionen und im Jahr 2000 angeblich sogar mit 75 Millionen Exemplaren mit Hilfe von 125.000 Kirchengemeinden in ganz Amerika verteilt. Dieser „Wahlführer" zeigt das in der abgelaufenen Legislaturperiode aufgezeichnete Abstimmungsverhalten (die *Scorecards*) bzw. die Position der verschiedenen Kandidaten zu bestimmten Themen. Dabei nimmt die Haltung gegenüber jenen Themen, die die *Christian Coalition* als Familienwerte bezeichnet, eine besondere Stellung ein. „Da US-Abgeordnete und Senatoren keiner Parteidisziplin unterworfen sind, können sie sich auch nicht hinter einem Fraktionszwang verstecken. Einzelne Politiker laufen somit ständig Gefahr, im Rahmen einflussreicher Kampagnen an den Pranger gestellt und gegebenenfalls bei der Kandidatur um eine Wiederwahl persönlich zur Rechenschaft gezogen zu werden."[110]

Auch sind verleumderische Verzerrungen durchaus an der Tagesordnung. Da wird dann schon mal die Behauptung aufgestellt, der gegnerische Kandidat befürworte die Verwendung von Steuergeldern für die Veröffentlichung „obszöner Kunst". In Wirklichkeit hat der Abgeordnete jedoch nur für die öffentliche Unterstützung der bildenden Künste gestimmt, zu der nun mal auch Aktdarstellungen gehören. Da der Wahlführer immer erst unmittelbar vor der Wahl veröffentlicht wird, haben die Kandidaten dann aber keine Gelegenheit mehr, die Fakten zu korrigieren oder sich anderweitig zu verteidigen.[111]

Wie sehr sich die Evangelikalen inzwischen vom Geist des neutestamentlichen Christentums entfernt haben und wie sehr sich ihre aggressive politische Rhetorik noch weiter verschärft hat, zeigt ein Bericht von Chris Hedges.[112] Der ehemalige Auslandskorrespondent der *New York Times* hatte im Mai 2005 die Jahrestagung des Verbandes der *National Religious Broadcasters* (*NRB*) im kalifornischen Anaheim besucht. In den Vorträgen der Hauptreferenten ging es jedoch nicht etwa um die Verkündigung des Evangeliums und die Bekehrung von Menschen zu jenem Jesus Christus, der immer wieder betont hat, dass sein Reich nicht von dieser Welt sei. In seiner Ansprache machte z. B. Frank Wright, der neue Präsident der Organisation, ohne Umschweife deutlich, worum es dem *NRB* stattdessen geht: politische Macht. Voller Stolz wies er nämlich darauf hin, dass bereits 130 Abgeordnete des Parlaments in Washington Wiedergeborene seien. Außerdem sprach er davon, welche Bundesgesetze er unterstützen und welche er blockieren wolle.

Auch in der darauf folgenden Ansprache von James MacDonald, einem Rundfunkprediger aus Illinois, ging es eher um menschenverachtende kämpferische Politik als um das Evangelium von Liebe, Vergebung und Barmherzigkeit. Er sprach von der angeblichen Christenverfolgung durch die säkularen Humanisten, gegen die man sich zur Wehr setzen müsse. In dem Zusammenhang zitierte er den Bericht über das göttliche Gericht in der Offenbarung des Johannes, dessen Vollstreckung er offenbar aber nicht Gott überlassen wollte. Dieses Buch der Bibel, so behauptete er, sei die einzige Stelle im Neuen Testament, an der Jesus der Gewalt das Wort redet und zur Rache an den Ungläubigen aufruft. „Seine Augen sind wie feurige Flammen … und aus seinem Mund kommt ein scharfes Schwert, mit dem er die Völker erschlagen kann. Er tritt die Weinpresse mit der Schärfe und dem Zorn des allmächtigen Gottes.“[113] Das Reich Gottes sei ein Reich der Macht. Dann machte er sich unter dem Gelächter und Applaus seiner Zuhörer über jene lustig, die „teilen“ wollen und sensibel auf die Bedürfnisse anderer eingehen.[114]

„MacDonald lässt keinen Zweifel daran“, so Hedges, „dass die Tagung als Aufruf zu einer neuen und besonders militanten Bewegung von Christen in der Politik dienen soll. … Diese Bewegung ist eine merkwürdige Mischung aus Fundamentalisten, Pfingstlern, *Southern Baptists*, konservativen Katholiken, Charismatikern und anderen Evangelikalen, die sich alle lehrmäßig untereinander bekriegen, aber dennoch gemeinsam daran glauben, dass Amerika dazu bestimmt sei, eine christliche Nation zu werden, die von Christen geführt wird, die ihrerseits wiederum von Gott geführt werden.“[115] Dazu Al Gore: „Das Aufkommen eines ultrakonservativen Anti-Regierungs-Dogmas, das sich in zunehmendem Maße auf die Ermutigung der Massen zur Feindseligkeit gegenüber Nichtgläubigen stützt, ist eine äußerst beunruhigende neue Entwicklung in der amerikanischen Öffentlichkeit. … Eine politische Fraktion ist zu einer quasi-religiösen Sekte degeneriert. Es ist eine Sekte, die den Eindruck vermittelt, Amerika befinde sich in der Anfangsphase eines ideologischen Bürgerkriegs. … Diese Sekte des rechten Flügels manifestiert häufig einen völligen Mangel an Empathie gegenüber anderen Amerikanern, die sie als ihre ideologischen Feinde identifiziert hat.“[116]

Bis vor kurzem wurde der Dominionismus von vielen noch als Ausrutscher einer kleinen extremen Minderheit am rechten Flügel der Fundamentalisten betrachtet. Im Verband der religiösen Rundfunk- und Fernsehsender ist er nach Hedges Beobachtung inzwischen die vorherrschende Auffassung vom Christentum. Der Ruf nach Herrschaft über Amerika und schließlich über die ganze Welt ist nicht zu überhören. „Amerika werde nach diesem militanten Biblizismus zu einem Werkzeug Gottes, und alle politischen und intellektuellen Gegner der christlichen Führer Amerikas werden ganz einfach als Werkzeuge Satans betrachtet. … Einige einflussreiche Persönlichkeiten forderten die Todesstrafe für eine Vielzahl von ‚moralischen Verbrechen', inklusive Abfall vom Glauben, Gotteslästerung, Analverkehr und Hexerei. Die einzig rechtmäßigen Stimmen in diesem [neuen] Staat werden die der Christen sein. Alle anderen werden zum Schweigen gebracht."

Man könnte diese Aussagen und Programme als fundamentalistisch-propagandistische Rhetorik und extreme Sicht einiger Spinner abtun, wenn sie nicht schon die offizielle Politik eines der mächtigsten Medienverbände in Amerika widerspiegelten. Die *National Religious Broadcasters* haben immerhin über 1.700 Rundfunk- und Fernsehsender als Mitglieder. Diese erreichen nach eigenen Angaben bis zu 141 Millionen Menschen, und – zumindest viele von ihnen – sind fest entschlossen, ihre Sender für die Umsetzung der fundamentalistischen Politik und die „Eroberung" des Landes einzusetzen.[117]

4. Die Veredelung der Unchristlichkeit

Bei der Propagierung ihrer politischen Ziele betont die religiöse Rechte immer wieder die konservativ-christlichen Familienwerte. Tatsächlich gibt es neben den laut propagierten auch weniger publik gemachte Programmpunkte. Diese Taktik der selektiven Kommunikation hängt damit zusammen, dass die konservativ religiösen Strategen ihre Wählerbasis durch die Publizierung von Positionen der republikanischen Stammwähler nicht verschrecken will. Die religiöse Rechte beherrscht zwar inzwischen die Republikanische Partei, um jedoch einen möglichst großen Anteil an traditionellen Anhängern der Partei zu behalten und ihre Mehrheit in Washington wiederzuerlangen, müssen die Fundamentalisten immer wieder auch „Kröten schlucken". Und das bedeutet, dass die religiösen

Politstrategen auch solche republikanischen Positionen und Ziele in das Parteiprogramm integrieren, die in krassem Gegensatz zum Geist des Christentums stehen. Andererseits geben sich auch die nicht religiösen Strategen der Republikanischen Partei größte Mühe, sich die Wähler der religiösen Rechten gewogen zu halten. „Das Ringen um politische Macht erfordert pragmatische Zugeständnisse."[118] Es drängt sich der Eindruck auf, dass sich die religiöse Rechte dabei um der Macht willen prostituiert.

Doch zunächst zu den „Familienwerten" der religiösen Rechten: Zu ihnen gehört mit großem Abstand an erster Stelle die „Heiligkeit" und Bewahrung des menschlichen Lebens und damit im Umkehrschluss eine Ablehnung der Abtreibung in jeder Form und unter allen Umständen. Diese Ablehnung hat häufig fanatische Züge, die bis zu Mord und der Rechtfertigung von Mord, etwa an Mitarbeitern von Abtreibungskliniken, reichen.

Ferner haben sich die politisch-religiösen Fundamentalisten den Kampf gegen Homosexualität und gleichgeschlechtliche Ehen sowie die Aufhebung der Trennung von Staat und Kirche auf ihre Fahne geschrieben. Sie sind für die ausschließliche Unterrichtung der Schöpfungslehre im Biologieunterricht, die Unterstützung von kirchlichen Schulen durch Steuergelder, die Einführung eines Schulgebets auch in staatlichen Schulen und zunehmend die Abschaffung öffentlicher Schulen zugunsten von ausschließlich kirchlichen Schulen, die öffentliche Zurschaustellung von religiösen Symbolen in öffentlichen Gebäuden und eine quasi bedingungslose Unterstützung des Staates Israel.

Seit kurzem gibt es eine Verfügung des Präsidenten, die man als einen weiteren großen Schritt auf dem Wege Amerikas zum Gottesstaat betrachten kann. Sie ermöglicht die Verteilung von Steuergeldern über die Kirchen, und zwar für eine Reihe von Sozial- und Wohlfahrtsprogrammen. Der prominenteste Verfechter dieser „glaubensbasierten Initiative"[119] oder „Wohlfahrtswahl"[120], die auf den militant-missionarischen Pfingstler und späteren Justizminister John Ashcroft zurückgeht, ist Präsident Bush selbst.[121] Die Begründung für dieses Konzept: Der Staat kann mit seinen verhältnismäßig knappen Finanzressourcen mehr erreichen, wenn er die bestehende Infrastruktur der Kirchen, ihre ehrenamtlichen Helfer und die hohe von Nächstenliebe bzw. Missionseifer getriebene Motivation der Glaubensgemeinschaften nutzt.

Die Folge dieser Verfügung ist, dass bedürftige Familien oder Einzelpersonen – unabhängig von ihrer weltanschaulichen Orientierung – gezwungen sind, kirchliche Einrichtungen aufzusuchen. Dort werden sie dann nicht selten genötigt, an religiösen Veranstaltungen teilzunehmen.[122] In Not geratene Amerikaner sehen sich auf diese Weise einem Druck zur Bekehrung ausgesetzt, wenn sie sich um Essen, Unterkunft oder andere lebensnotwendige Dinge bemühen. Andererseits bedeutet das für den Steuerzahler, dass er eine Religion mitfinanziert, an die er vielleicht nicht glaubt.[123] Auf diese Weise arbeitet der Staat mit Steuergeldern über den verlängerten Arm der Kirchen und Religionsgemeinschaften an der Bekehrung Amerikas. Wenn man jetzt noch bedenkt, dass die Regierung schon angedeutet hat, dass einige Glaubensrichtungen anderen vorgezogen werden, wenn es um die Verteilung der Steuermilliarden geht, und dass natürlich diejenigen, die staatliche Gelder erhalten, dem Staat gegenüber auch ihre Bücher öffnen müssen – zumindest früher oder später –, muss man befürchten, dass mit dieser Maßnahme die staatliche „Christianisierung“ Amerikas einen guten Schritt weiter vorangetrieben wurde.[124]

Es ist deshalb nicht verwunderlich, dass sich auf breiter Front Kritik an dieser Verfügung zeigt. *Americans United* hat eine Liste mit jenen Organisationen veröffentlicht, die gegen eine solche „Großzügigkeit“ des Staates sind. Sie umfasst 60 Einrichtungen und reicht von A wie *American Association of School Administrators* bis W wie *Women of Reform Judaism*.[125]

Der Fernsehprediger Jerry Falwell hatte Bedenken ganz anderer Art. Er wollte mit seinen Organisationen nicht in die Abhängigkeit einer Regierung der Demokratischen Partei geraten, die möglicherweise einen ihrer Vertreter nach Bush ins Weiße Haus bringt. Außerdem befürchtete er, dass durch die großzügige Verteilung der Steuermilliarden im Rahmen einer Gleichbehandlung aller Kirchen und Religionen auch solche Kirchen und Religionsgemeinschaften gestärkt würden, die ihm nicht in sein fundamentalistisch-theokratisches Konzept passten. Ausdrücklich nannte er in diesem Zusammenhang die Scientologen, die Zeugen Jehovas und den Islam.[126]

Widerstand gegen religiöse Bevormundung durch den Staat regt sich auch anderswo: Amerikanische Frauenverbände schreiben der religiösen Rechten „eine Taliban-ähnliche – oder einfach alttestamentliche – Philosophie zu, indem sie nämlich die Frauen in einer Welt der männlichen Vorherrschaft in ihre traditionelle Rolle zurückverwiesen.“[127] Ginge es nach der religiösen Rechten – und nach der geht es ja inzwischen mehr und mehr – hieße das, zurück zu Küche, Kind und Kirche. Zu Recht prangern die Frauenverbände die Moral der Fundamentalisten als heuchlerisch an. Während beispielsweise Frauen der Zugang zu Medikamenten bzw. chemischen oder mechanischen Hilfsmitteln mit auch nur dem geringsten sexuellen Bezug – besonders Verhütungsmittel wie Pille, Diaphragma und Schaum – verweigert werden soll, unterstützt man den Gebrauch von Viagra durch Männer.[128]

Scheinheilig wird es auch dann, wenn die religiöse Rechte ebenso vehement gegen jede Einschränkung des Waffenbesitzes und für die konsequente Umsetzung und Ausweitung der Todesstrafe eintritt – und zwar, wenn die so genannte *Christian Reconstruction* das Sagen hätte, sogar durch Steinigung.[129] Die Hersteller von Schusswaffen und ihre Lobby, die *National Rifle Association* (*NRA*), können beispielsweise für ihre Straßendemonstrationen mit Zuversicht auf die evangelikalen Politagitatoren zurückgreifen, wenn es darum geht, wieder einmal mit den Muskeln zu spielen und Stärke zu demonstrieren. „Auf ein Signal versammeln sich Demonstranten an beinahe jedem Ort der Vereinigten Staaten. Nicht ganz zufällig sind das oft die gleichen Leute, die in der religiösen Rechten organisiert sind und die Werte der ersten Siedler verteidigen wollen."[130] Selbst die schlimmsten Verbrechen und Massaker an Schulen haben nicht dazu geführt, dass die Mehrzahl der Amerikaner – und schon gar nicht die Fundamentalisten – den Besitz von Schusswaffen stärker reglementieren wollen. So war es auch nach dem Massaker an der *Virginia Tech* im Frühjahr 2007, bei dem ein psychisch gestörter Student 32 Personen erschoss, bevor er sich selbst das Leben nahm. Bush versicherte, dass er für die Angehörigen der Opfer beten werde. Eine längst überfällige gesetzliche Einschränkung beim Erwerb und Besitz von Schusswaffen hatte er jedoch schon vorher durch seine Pressesprecherin abgelehnt.

Angesichts der evangelikalen Vorliebe für die Todesstrafe überrascht es auch nicht, dass die *Bible-Belt*-Staaten, also jene Bundesstaaten mit den meisten Kirchgängern und dem größten religiösen Einfluss auf die Politik, in der Statistik der vollstreckten Todesstrafen deutlich vorn liegen. Die USA stehen insgesamt „zusammen mit wenig demokratischen Ländern wie China, Russland, Iran und Saudi-Arabien an der Spitze der Staaten mit Hinrichtungen. Die Zahl der Opfer von Mord und Totschlag ist aber deshalb keineswegs geringer. Im Gegenteil … Innerhalb der USA gab es in Texas, das die größte Anzahl von Hinrichtungen aufweist, zwei Mal so viele Opfer von Tötungen pro Kopf der Bevölkerung wie in Wisconsin, dem Staat, der als erster die Todesstrafe abgeschafft hat."[131] Ginge es nach der populären rechtsradikalen Rundfunkkommentatorin Ann Coulter, sollten auch jene Amerikaner hingerichtet werden, die zu den Taliban überlaufen. Dies würde dann die Liberalen im Lande einschüchtern, da sie so sehen würden, welches Schicksal auch ihnen blühen könnte.[132] Man muss sich fragen, wie überhaupt die Todesstrafe, die es heute noch in 38 der 50 Bundesstaaten gibt, zu dem angeblichen Respekt vor dem menschlichen Leben und zu dem christlichen Konzept von Vergebung und Barmherzigkeit passt. Es scheint, dass sich hier das Bild von einem strafenden, ja, folternden Gott bemerkbar macht. Und es drängt sich der Eindruck auf, man wolle auf diese Weise einem als streng und unerbittlich gesehenen Richtergott aushelfen, ihm gewissermaßen in einem vorgezogenen quasi-göttlichen Gericht unter die Arme greifen.

Auch die Gewalt gegenüber Abtreibungsärzten und -krankenschwestern und eine nicht selten unverhohlen geäußerte Sympathie oder gar Rechtfertigung für fanatische Morde an diesem Personenkreis[133] kann als Anmaßung einer vorab vollstreckten göttlichen Strafe verstanden werden. Die Fundamentalisten sind sich absolut sicher, dass sie allein die Ratschlüsse des Allmächtigen kennen. In ihrer grenzenlosen Vermessenheit meinen sie, für Gott sprechen und handeln zu können.

Menschenverachtend und zerstörerisch ist auch, dass sie gegen den Umweltschutz, gegen eine Verbesserung der Arbeitssicherheit in Unternehmen, gegen internationale Verträge, gegen den internationalen Gerichtshof in Den Haag, gegen die Vereinten Nationen, aber für eine aggressive durch militärische Gewalt unterstützte Außenpolitik und für die Umsetzung des *SDI*- oder *Star-Wars*-Programms sind.[134]

Richard Land, Präsident der Kommission für Ethik und Religionsfreiheit der *Southern Baptist Convention* und damit ein wichtiges Sprachrohr von über 11 Millionen Baptisten, stufte den Krieg gegen den Irak als „gerechten Krieg“ ein. Und der zur selben Kirche gehörende Professor für Weltanschauung und Kultur, James Parker, entwickelte seine eigene Rechtfertigung des Krieges. Jesus, so Parker, habe in der Bergpredigt zuerst diejenigen belobigt, die nach Gerechtigkeit streben und dann erst jene selig gepriesen, die barmherzig sind. Auch Paulus schreibe im Römerbrief: „Das Reich Gottes ist nicht Essen und Trinken, sondern Gerechtigkeit und Friede und Freude im Heiligen Geist.“[135] Das heißt, so Parker, Gerechtigkeit komme vor Barmherzigkeit und Frieden und „deshalb müsse man sich auch in der augustinischen Tradition manchmal an einem ‚gerechten Krieg‘ beteiligen, um einen gerechten Frieden herbeizuführen.“[136] Und der Irak-Krieg sei eben ein solcher gerechter Krieg. Gerechtigkeit ist also nicht das, was der Gläubige laut Neuem Testament nach Vergebung seiner Sünden durch Christus erhält, sondern ein Synonym für eine göttliche Strafe. Eine abstruse und infame Auslegung der Bibel.

Aber auch im sozialen Bereich, etwa in der Fürsorge für Kranke und Schwache, scheinen die Vertreter der religiösen Rechten die Werte des Neuen Testaments auf den Kopf zu stellen. Sie sind gegen eine allgemeine Krankenversicherung. Der Grund: Die meisten Krankheiten seien durch sündiges Fehlverhalten der Kranken verursacht und damit selbst verschuldet. Und psychische und geistige Krankheiten seien im Grunde genommen Formen von Dämonenbesessenheit, wären also bei einer Bekehrung zu Christus kein Thema mehr.[137] Sie vertreten auch in der Justizpolitik eine unerbittlich harte Linie. „Von Gruppierungen wie der Christian Coalition gedrängt, dem ‚Verhätscheln' von Kriminellen entgegenzutreten, fordern amerikanische Wähler die von ihnen gewählten Richter und Staatsanwälte unablässig auf, härtere Strafen zu verhängen und sich für verurteilte Kriminelle brutalere, vermeintlich abschreckendere Haftbedingungen auszudenken."[138]

Traditionell ist die Fürsorge für die Armen und das Eintreten für die Schwachen ein Kernanliegen christlichen Handelns. Dies ist jedoch bei den politisch organisierten Religiösen in Amerika ganz und gar nicht der Fall. Im Gegenteil: Sie unterstützen die Reichen auf Kosten der Armen und stärken die Konzerne zu Ungunsten der Arbeiter. Es gibt sogar Stimmen, die jene Steuergelder, die heute den sozial Schwachen, etwa als Sozialhilfe, zufließen, lieber den Reichen geben wollen. Die Armen, so die perverse Logik, seien an ihrer Armut selbst schuld und könnten ja ohnehin nicht mit Geld umgehen. Daher sei es besser, wenn die Reichen noch mehr Geld hätten. Sie könnten dann mehr Arbeitsplätze schaffen oder die Armen praktisch an die Hand nehmen, um sie lebenstüchtig zu machen.[139] Ja, mehr noch: „Ein Land", so karikiert Yurica die Sicht der Fundamentalisten, „dass sich um die Armen kümmere und versuche, die Armen aus ihrer Armut herauszuholen oder sie aus ihrer Armut und schlechten Gesundheit zu retten, würde den Willen Gottes des Allmächtigen umgehen, und eine solche Gesetzgebung sei gegen das Gesetz Gottes."[140] Es sei also nach fundamentalistischer Ansicht moralisch verwerflich, den Armen zu helfen, da sich der Staat so in die Erlösung des Einzelnen einmische.

Indem sie auf 5. Mose 11,26–28 verweisen, wo Gott dem Volk Israel die Bedingungen für seinen Segen einerseits und seinen Fluch im Falle von Ungehorsam andererseits vorlegt, leiten Robertson und andere Fundamentalisten ein angebliches Gesetz Gottes für Reichtum und Armut ab. Sie sehen in diesem Kapitel die generelle Erklärung für den von Gott vorherbestimmten Unterschied zwischen Arm und Reich. Sie glauben, so Yurica, „jene, die arm, krank und schwach sind, seien so, weil Gottes Zorn sie heimgesucht habe – sie seien die ‚Bösen' dieser Erde und sie verdienten den Zorn Gottes, da ihr Verhalten das ganze Land unter die Verdammnis bringe."[141] Und Gary North, promovierter Historiker und Schwiegersohn des Rekonstruktionisten Rushdoony, ergänzt: „In 5. Mose 11,28 geht es um Folgendes: Der Weg zu Reichtum, und zwar sowohl auf individueller als auch korporativer Basis, führt über ein systematisches Befolgen von Gottes Gesetz, wie es in der Bibel offenbart ist."[142] Eine Verbesserung der sozialen und wirtschaftlichen Gerechtigkeit in Amerika ist von der religiösen Rechten also nicht zu erwarten – auch wenn diese, wie oben dargestellt, dringend nötig wäre.

Christliche Werte wie Nächstenliebe, Mitgefühl, Erbarmen, Toleranz und Solidarität kommen bei der religiösen Rechten nicht vor. Schon 1988 hatte Pat Robertson gesagt: „Nachdem die christliche Mehrheit die Herrschaft ergriffen hat, wird der Pluralismus als unmoralisch und böse angesehen werden, und der Staat wird es niemandem erlauben, ihn zu praktizieren."[143] Robert Boston von der *Americans United for Separation of Church and State* hat die Aktivitäten der *Christian Coalition* von ihrer Gründung bis heute verfolgt und dokumentiert. Im Rahmen seiner Recherchen besuchte er eine ihrer jährlichen *Road-to-Victory*-Konferenzen. Auf dieser Veranstaltung, die 1995 in Washington stattfand, registrierte er eine Belagerungsmentalität sowie eine Atmosphäre der Paranoia und des Fanatismus. Dagegen fehlten völlig Mitgefühl, Nächstenliebe oder auch nur simple Anständigkeit.[144] Der konservative Rundfunk-Journalist Neal Boortz schürte nach den Worten von Al Gore den öffentlichen Zorn gegen ein weibliches Opfer des Hurrikans Katrina. In diesem Zusammenhang „kritisierte er sie dafür, dass sie keinen Job hatte und empfahl ihr, dass sie sich der Prostitution zuwende. ‚Wenn das die einzige Möglichkeit ist, für sich selbst zu sorgen', sagte er, ‚dann ist das, verflixt noch mal, besser, als dem Steuerzahler auf der Tasche zu liegen.'"[145]

Insgesamt scheinen es eher die alttestamentlichen Werte und Gesetze zu sein, die die religiöse Rechte leiten. Wenn einige Vertreter der *Christian Coalition* das Sagen hätten, dann gäbe es, wie oben ausgeführt, bald die Todesstrafe durch Steinigung, und zwar für Abtreibung, Ehebruch, Prostitution, Gotteslästerung, Irrlehre, aufmüpfige Teenager und unbelehrbare Homosexualität.[146] Man fragt sich natürlich: Wer bestimmt, was

„Irrlehre" ist, und was dient als Grundlage für die Bewertung solcher religiösen Abweichungen. Solche Forderungen, so Boston, werden zwar heute nur im extremen rechten Flügel der religiösen Rechten artikuliert.[147] Man braucht aber nicht viel Phantasie, um sich vorzustellen, was passiert, wenn die amerikanische Gesellschaft noch einmal einen Rechtsruck macht. Dies könnte nach einem weiteren möglichen Terroranschlag oder sonst einer Megakatastrophe durchaus der Fall sein, und zwar dann, um angeblich Gottes Wohlgefallen, Schutz und Beistand wiederzuerlangen.

Nicht überraschend gehört Toleranz nicht zu den Stärken dieser so genannten Christen. In seiner Fernsehsendung, dem *700 Club*, sagte Pat Robertson 1991: „Ihr sagt, man soll den Episkopalen und den Presbyterianern und den Methodisten und diesen und jenen Gruppen gegenüber nett sein. Unsinn! Ich muss dem Geist des Antichristen gegenüber nicht nett sein."[148] Und zum Geist des Antichristen zählt Robertson alles, was nicht fundamentalistisch-theokratisch ist. Der deutschen Reporterin Andrea Böhm, „erläuterte der Sicherheitschef der Megakirche Southeast Christian Church in Louisville, Kentucky, den theologischen Gehalt des Unternehmens folgendermaßen. ‚Wie Sie ja wissen, leben wir in der Endzeit. Der Kampf des Guten gegen das Böse spitzt sich zu, und wir jagen die Bösen.'"[149]

Nach Kevin Phillips lassen sich die religiös-politischen Themen der Rechten in folgende Schwerpunkte gliedern:

1. Themen, die mit Geburt, Leben, Tod, Sexualität, Gesundheit, Ehe und Familie zu tun haben
2. Reduzierung bzw. Entfernung der Trennung von Staat und Kirche
3. Themen wie natürliche Ressourcen, Klima, Erderwärmung, Endlichkeit der Bodenschätze, Umweltschutz und Öl-Geologie
4. Krieg gegen den Terror, geheime Entrückung, Endzeit, Harmagedon und Kreuzzug gegen den radikalen Islam.[150]

Hinzufügen müsste man noch alle Themen, die mit Israel zu tun und Einfluss auf die amerikanische Außenpolitik haben.

Es gehört zu den erstaunlichen Phänomenen der religiösen Rechten, dass ihre Vertreter einerseits zwar zutiefst davon überzeugt sind, den Willen Gottes genau zu kennen und ihn in seinem Sinne als gerechte Sache in der Politik umzusetzen, andererseits jedoch an so vielen Stellen in so auffälliger Weise die Prinzipien und den Geist Jesu ignorieren – wenn nicht sogar offen mit Füßen treten. Neben Toleranz trifft dies besonders auf das gesamte Thema Gewalt zu. In einem bemerkenswerten Aufsatz im *Toronto Star* kritisiert Calvin White die Aggressivität und Militanz der religiösen Rechten: „Das Christentum ist nicht die Religion des Auge-um-Auge-Prinzips", schreibt er. Vielmehr gehe es um „‚liebe deinen Nächsten wie dich selbst' … ‚und halte auch die andere Wange hin'. Jesus ging davon aus, dass er verraten wird. Er ging davon aus, dass er von den Behörden verhaftet wird. Es gab keine Ermahnungen, dass man sich auf eine Schlacht vorbereiten solle. Es gab keinen blutigen Versuch, die Vorgänge aufzuhalten. Selbst als Jesus brutal misshandelt wurde, während er sein eigenes Kreuz trug und ans Holz genagelt wurde, gab es vonseiten seiner Jünger keine gewalttätige Gegenwehr – nicht einmal einen Aufschrei. Ganz gleich, an welcher Stelle man in den Berichten über Jesus nachliest, kann man nur zu der einen Schlussfolgerung kommen, dass es Jesus um Liebe ging. Wo aber sind die christlichen Prediger, wenn es um die gewalttätigen Aktionen unserer westlichen Führer geht? Wo sind die Fernseh-Evangelisten, die sich jeden Sonntag im Äther breitmachen und ihre Botschaft von Jesus hinausposaunen, wenn es darum geht, die Bunker brechenden Bomben und das Gemetzel zu geißeln?"

Und weiter fragt White: „Wo sind sie, wenn es um die Todesstrafe geht, die in den meisten der amerikanischen Bundesstaaten herrscht? Warum gibt es keinen Aufschrei, wenn Präsident George Bush darauf besteht, dass auch weiterhin Milliarden von Dollar in den Irak-Krieg fließen müssen, was zu mehr amerikanischen Leichensäcken und irakischen Gräbern führt? Warum erheben sich die christlichen Führer nicht und stellen diese Entscheidungen infrage und bestehen mit Leidenschaft darauf, dass Jesus nach einem anderen Weg gesucht hätte, um die Probleme zu lösen?

Wie kommt es, dass zu einer Zeit, da überall in Amerika das Christentum an Bedeutung gewinnt und christliche Werte immer stärker betont werden und ein wiedergeborener Bush sagt, es sei besser, ‚sie' dort drüben zu bekämpfen als auf amerikanischem Boden, dass sich keine vereinte Gruppe von Führern erhebt und ausruft, dass er falsch liegt?" Bush und Blair, so White weiter, „beanspruchen beide Gerechtigkeit für ihre Politik der Zerstörung. Selbst von ihren weltlichen Alliierten wurde ihnen geraten, nicht zu dieser blutigen Gewalt zu greifen. Wo war da der gleiche Druck vonseiten der christlichen Führung? … Ist es nicht interessant, dass die Meinungsumfragen zeigen, dass die Christliche Rechte in Amerika zwar entschieden gegen eine schmutzige Sprache im Fernsehen und in Filmen ist, dass sie zwar schockiert ist über Janet Jacksons entblößte Brustwarze, aber dass sie in denselben Medien mit beträchtlicher Begeisterung von Gewalt angezogen wird."[151]

Doch es gibt auch warnende Stimmen innerhalb der Vereinigten Staaten. Einige befinden sich sogar unter den evangelikalen Baptisten.[152] Ihre Argumente und die Reaktion darauf aus ihren eigenen Reihen sind aufschlussreich. In einem Artikel der *New York Times* berichtet Laurie Goodstein über Gregory A. Boyd in St. Paul, Minnesota. Der überaus populäre Boyd[153] ist Pastor einer evangelikalen Megakirche mit 5.000 Mitgliedern.

Wiederholt baten ihn seine Gemeindemitglieder, diesen oder jenen konservativen Kandidaten für ein politisches Amt öffentlich zu unterstützen und auf politisch-religiöse Veranstaltungen der religiösen Rechten hinzuweisen. Dies lehnte er jedoch stets ab. Aber die Politaktivisten in seiner Gemeinde gaben keine Ruhe. Durch ihre Penetranz irritiert, hielt er vor der letzten Präsidentenwahl schließlich sechs Predigten. Ihr Titel: „Das Kreuz und das Schwert“. Darin betonte er, dass sich „die Kirche aus der Politik heraushalten, nicht über Sexualfragen moralisieren und damit aufhören sollte, zu behaupten, die Vereinigten Staaten seien eine ‚christliche Nation‘. Außerdem sollte die Kirche damit aufhören, amerikanische Militärkampagnen zu verherrlichen. … ‚Wenn die Kirche den Kulturkrieg gewinnt, wird sie unweigerlich verlieren, predigte Mr. Boyd. Wenn sie die Welt erobert, wird sie selbst zur Welt werden. Wenn man dem Schwert vertraut, verliert man das Kreuz.‘“[154] Für Boyd sind die religiös verbrämten Siegesfeiern der Amerikaner anlässlich ihrer irakischen Feldzüge nicht anders als die Siegesrituale der muslimischen Taliban Jahre zuvor in Afghanistan.[155]

Die Rolle der Christen sei es nicht, so Boyd, „‚Macht über andere anzustreben‘ – indem sie die Regierungsgewalt erlangten, Gesetze verabschiedeten oder Kriege führten. Stattdessen sollten Christen … ‚die Herzen von Menschen gewinnen‘, indem sie ebenso wie Jesus Opfer brächten für jene, die in Not seien. … ‚Amerika ist nicht als Theokratie gegründet worden‘“, so Boyd wörtlich, sondern im Gegenteil: „Amerika wurde von Menschen gegründet, die versuchten, Theokratien zu entfliehen. … Das ist der Grund dafür, dass unsere Verfassung in weiser Voraussicht eine Trennung von Kirche und Staat geschaffen hat. … Es tut mir leid, euch sagen zu müssen, fuhr er fort, dass Amerika nicht das Licht und die Hoffnung der Welt ist. Das Licht der Welt und die Hoffnung der Welt ist Jesus Christus.“[156]

Die Reaktion auf seine Predigten war gemischt. Während ihm einige Mitglieder seiner Gemeinde unter Tränen offenbarten, dass er das ausgesprochen habe, was sie zu sagen sich nicht mehr getraut hatten, erklärten 1.000 Mitglieder ihren Austritt. Bei ihnen handelte es sich fast ausschließlich um Angehörige der weißen Vorort-Mittelschicht. Boyd ist jedoch ein einsamer Rufer in der fundamentalistischen Wüste Amerikas. Die überwiegende Mehrheit der Evangelikalen scheint einig, wenn es um die Beherrschung der Vereinigten Staaten geht.

Wohin aber führt die Rolle der religiösen Rechten in der amerikanischen Politik? Auf die Frage, ob etwa die Trennung von Staat und Kirche in Amerika fallen wird, meint Robert Boston von *Americans United for Separation of Church and State*: „Sie wird zunehmend erodieren. Ich sehe Auswirkungen vor allem in drei Bereichen:

1. der Staat wird soziale Dienste mehr und mehr den Kirchen übertragen,
2. es wird mehr Religion in den Schulen geben und
3. es wird zu einer verstärkten Zurschaustellung von religiösen Symbolen im öffentlichen Bereich kommen."[157]

In seinem Buch *Unsere gefährdeten Werte – Amerikas moralische Krise* schreibt der baptistische Ex-Präsident Jimmy Carter über die Baptisten der amerikanischen Südstaaten, die daran arbeiten, die Trennung von Staat und Kirche aufzuheben und die Politik in den Dienst fundamentalistischer Religion zu stellen. Eindrucksvoll zeigt er, welche verheerenden Folgen der fundamentalistische Politikwandel der *Southern Baptist Convention* und anderer Evangelikaler für die USA gehabt hat.[158] Die *„Pro-Life"*-Aktion, so Carter, verbietet die Abtreibung, untersagt Verhütungsmittel und schaffte Sexualkunde-Unterricht in Schulen ab. Dies hat aber nicht zu weniger, sondern zu mehr Abtreibungen geführt, die nun jedoch oft heimlich und von Kurpfuschern vorgenommen werden. Außerdem hat diese Politik zu vermehrten Infektionen und damit letztlich zu mehr Tod statt zu mehr Leben geführt. „Mangels richtiger Sexualerziehung werden Mädchen in Amerika fünfmal so häufig schwanger wie beispielsweise Mädchen in Frankreich; sie haben siebenmal so häufig eine Abtreibung und bekommen 70-mal so häufig Gonorrhoe wie Mädchen in den Niederlanden."[159]

Carter fasst seine Besorgnis schließlich mit folgenden Worten zusammen:

- „Fundamentalisten … bündelten … ihre Anstrengungen und überwanden die vormals respektierte Trennung von Kirche und Staat."[160]
- „Auch wenn sich einzelne Christen (darunter mein Vater) politisch engagierten, verabscheuten wir die Vorstellung, dass sich ganze Kirchengemeinden in die Welt der Parteipolitik einmischten."[161]

- „Eine solche politische Ehe steht im Widerspruch zu meiner Überzeugung, dass Kirche und Staat getrennt sein sollten, und ich würde dieselbe Haltung vertreten, wenn der Bund mit den Demokraten geschlossen worden wäre.“[162]
- „Einige Amerikaner mögen diese Verschmelzung von Kirche und Staat für wünschenswert halten, aber sie erfüllt all jene mit tiefer Besorgnis, die ihre Trennung immer als einen unserer moralischen Werte geschätzt haben.“[163]

Carters baptistischer Glaubensbruder Jerry Falwell sah das natürlich ganz anders. In einem Rundfunkinterview am 4. März 2002 beschuldigte er Jimmy Carter, während dessen Amtszeit Amerika keinen Krieg geführt hat: „Seine Botschaft von Frieden und Versöhnung unter allen Umständen verträgt sich einfach nicht mit den christlichen Lehren, wie ich sie interpretiere. Diese Geschichte mit ‚die andere Wange hinhalten‘ mag ja schön und gut sein, aber sie ist nicht das, wofür Jesus gekämpft hat und wofür er gestorben ist. Was wir tun müssen, ist, die Schlacht zu den moslemischen Heiden tragen und es ihnen tun, bevor sie es uns antun können.“[164] Das ist pure Kriegstreiberei, bei der das Christentum geradezu in sein Gegenteil verdreht und als ideologische Waffe missbraucht wird.

Mit einer solchen Pervertierung christlicher Werte auf breiter Front steuert Amerika unweigerlich in eine düstere politisch und religiös totalitäre Zukunft, die nur wenig mit dem Christentum der Bibel und der Lehre Jesu zu tun hat. Verlängert man die Trendlinien der Vergangenheit in die Zukunft und berücksichtigt die klar definierte Zielsetzung der religiösen Rechten und ihre bisherigen Erfolge, werden die Fundamentalisten und ihre Gesinnungsgenossen nicht halt machen bei einer durchlöcherten Mauer zwischen Staat und Kirche, wie Boston meint. Grund zur Besorgnis gibt dabei ihr immer noch anhaltendes Wachstum auch über den traditionellen Kreis der evangelikalen Kirchen hinaus. Schon heute zeichnet sich ab, dass neben der katholischen Kirche auch die griechisch-orthodoxe Kirche sowie immer mehr Schwarze und Lateinamerikaner – nicht zuletzt über die Brücke der charismatischen Religiosität und der so genannten Familienwerte – die politischen Ziele der religiösen Rechten in zunehmendem Maße offen unterstützen.[165] Das allen gemeinsame Ziel ist die Schaffung einer evangelikal-fundamentalistischen Kultur und – so muss man befürchten – letztendlich die zwangsweise „Christianisierung“ Amerikas und damit die Abschaffung der Demokratie. „Die Spannung zwischen Evangelikalismus und Demokratie“, schreibt die amerikanische Kulturwissenschaftlerin Marcia Pally, „erwächst nicht aus den inhaltlichen Positionen der Evangelikalen, [sondern] ... vielmehr aus dem Ziel der Evangelikalen, im politischen System auf Dauer eine Institution der Regelsetzung zu verankern, die außerhalb des demokratischen Prozesses steht. Das ist ein Angriff auf die Wandelbarkeit von Ideen und die Notwendigkeit regelmäßigen Machtwechsels."[166] Mit anderen Worten: Das Schlimme sei, dass die Evangelikalen die Demokratie abschaffen wollten.

Diese fatalistische Konsequenz der evangelikalen Endzeit-Theologie mag heute noch nicht von allen Fundamentalisten vertreten werden. Was aber wird geschehen, wenn nach einer möglichen weiteren nationalen Megakatastrophe – ob Terroranschlag, Atomunfall, Flutwelle oder Erdbeben – die extremistischen Ansichten und Überzeugungen weiter Zulauf erhalten und die religiöse Rechte dann vielleicht einen Präsidenten ins Weiße Haus bringt, der genau jenen Fatalismus zur Politik macht, der in einigen politischen Themen heute schon durchschimmert.

Es gibt Stimmen in Amerika und in Europa, die meinen, die amerikanische Demokratie habe auch diesmal wieder genügend Selbstheilungskräfte, um die Phänomene eines aufkommenden Extremismus zu überwinden – etwa wie bei der McCarthy-Hetzjagd auf Kommunisten in den frühen 1950er Jahren oder der sogenannten *Mid-term Election* im November 2006. Doch davon ist diesmal nicht unbedingt auszugehen. In einer Vorausschau auf die nächsten drei Jahrzehnte zeichnet Kevin Phillips ein düsteres Bild von Amerikas Zukunft. Er nennt Faktoren, die sich dazu eignen, die religiöse Rechte eher noch zu stärken als wieder abzuschwächen. Dazu zählt er Naturkatastrophen aufgrund von Umweltsünden, Terroranschläge und eine wahrscheinliche Finanzkrise, die durch Amerikas katastrophale Verschuldung ausgelöst werden könnte. Das Phänomen des evangelikalen Fundamentalismus, so Phillips, werde daher nicht so schnell wieder verschwinden, denn „die endzeitlichen Vorstellungen des frühen 21. Jahrhunderts – von Tsunamis und schrecklichen Hurrikans und der AIDS-Krise bis hin zum Aufstieg Iraks, gefolgt von China, dem Öltrauma und gar einer Finanzpanik – eignen sich zu sehr für religiöse Endzeit-Erklärungen".[167] Viele der fundamentalistischen Kirchen hätten für ihre Anhänger darüber hinaus, so Phillips, einen Schutzwall geschaffen, der sie vor sachlichen Informationen und einleuchtenden alternativen Standpunkten abschirmt. Somit sei eine Mäßigung oder gar Abkehr vom gegenwärtigen Trend zum Fanatischen eher unwahrscheinlich.

In seinem Buch *The Baptizing of America – the religious right's plan for the rest of us* (Die Taufe Amerikas – Der Plan der religiösen Rechten für den

Rest von uns) schreibt Rabbiner James Rudin, der 35 Jahre lang Vorsitzender der Kommission für interreligiöse Beziehungen beim *American Jewish Committee* war: „Während Amerika derzeit einen globalen Krieg gegen den internationalen Terrorismus führt, spielt sich innerhalb der USA ein nicht minder verheerender Konflikt ab."[168] Was Rudin befürchtet, ist „eine mit einem legalen Mandat versehene Theokratie, die alle Aspekte des öffentlichen und privaten Lebens unseres Landes kontrolliert".[169] Die christlichen Fundamentalisten, für die Rudin den Begriff „Christokraten" für treffender hält, seien „bestrebt, die permanente Kontrolle über die wichtigsten politischen, kulturellen, erzieherischen, medizinischen, juristischen, wirtschaftlichen und medialen Institutionen der USA zu erlangen".[170]

Dabei erschreckt besonders, dass es weite Kreise in der Bevölkerung gibt, die die Demontage der Demokratie und den Wechsel zu einem totalitären System willig mittragen, ja, mit aktiver Unterstützung selbst herbeiführen wollen. „Für die christliche Rechte in den USA ist Bush … der lang erhoffte Retter, eine Art Messias", schreibt Olivia Schoeller, „‚Stellt euch vor, Al Gore wäre am 11. September Präsident gewesen'", sagen die Evangelikalen und fahren dann fort: „Bushs Präsidentschaft ist Gottes Wille. Bush bestärkt in vielen seiner Reden diese Auffassung, wenn er in einer der Bibel entlehnten Sprache die Welt in Gut und Böse teilt."[171] Die Menschen danken es ihm, bzw. sie danken Gott für seinen Gesandten – wie die bereits erwähnte Fernseh-Predigerin Joyce Meyer: „Gott sei gedankt für einen gottesfürchtigen Präsidenten. Gott hat ihn auf souveräne und übernatürliche Weise in das Weiße Haus gesetzt, und unter seiner Führung können sich die Dinge verändern – und sie werden sich verändern."[172] Allem Anschein nach gibt es inzwischen bedeutende Kräfte in Amerika, die bereit sind, das demokratische System durch eine Gottesherrschaft zu ersetzen, solange man der Überzeugung ist, der Präsident oder Herrscher sei der Stellvertreter Gottes auf Erden. Der Maßstab für eine solche Bewertung ist dann jedoch nicht mehr die Verfassung, die auch die Interessen von Minderheiten berücksichtigt und solche Gesetze garantiert, die politische Korrekturen zulassen, sondern ein populäres Konzept von Christlichkeit, dass dem Mehrheitsglauben entspricht, nicht aber unbedingt dem Geist der Bibel oder dem der Gründerväter Amerikas.

Nicht nur Rudin, sondern auch andere Juden – auch zum Christentum konvertierte Juden – sehen die Entwicklung mit Sorge. „Der Versuch der Neuen Rechten, Erlösung durch Gesetzgebung herbeizuführen, offenbart keine Wiederbelebung, sondern eher die Abwesenheit christlicher Frömmigkeit in unserem Volk", [173] schreibt der Adventist Clifford Goldstein, der über mehrere Jahre Chefredakteur von *Liberty* war, einer adventistischen Zeitschrift zur Verteidigung der Religionsfreiheit.

Die Bemühungen der religiösen Rechten, das demokratische System Amerikas durch eine irgendwie als christlich propagierte Diktatur abzulösen, scheinen auf „wunderbare" Weise auch durch säkular-politische Kreise der Rechten unterstützt zu werden. Letztere haben natürlich keine ideologischen Ziele, sondern wollen schlichtweg an der Macht bleiben. Sie scheinen durch den 11. September eine unselige Lektion gelernt zu haben, nämlich: Angst vor weiteren Terroranschlägen macht das Regieren mit Notstandsgesetzen – in Amerika Präsidialverfügungen oder *executive orders* genannt – sehr viel leichter. Deshalb könnte es sein – so inzwischen die Meinung nicht nur einiger Anhänger von Verschwörungstheorien, sondern auch seriöser politischer Analysten – dass republikanische Kreise Nachrichten über bevorstehende tatsächliche oder auch nur konstruierte Terroranschläge nutzen werden, um eine Diktatur einzurichten.

Im Juli 2007 schrieb Paul Craig Roberts, stellvertretender Staatssekretär im Finanzministerium unter Präsident Ronald Reagan und heute assoziierter Redakteur des *Wall Street Journal*, einen bemerkenswerten Artikel. Darin fordert er den Kongress auf, Präsident George W. Bush und seinen Vizepräsidenten Dick Cheney umgehend des Amtes zu entheben. Andernfalls könnten die Vereinigten Staaten in einem Jahr ein diktatorischer Polizeistaat sein.[174] „Bush hat durch präsidiale Verfügungen alle für eine Diktatur nötigen Maßnahmen installiert, die immer dann ausgelöst werden, wenn Bush einen nationalen Notstand verkündet."[175] Er werde seine geschwundene Popularität in der Bevölkerung dadurch verbessern und den Irak-Krieg auch auf den Iran ausdehnen, indem er terroristischen Fehlalarm auslöse. „Die Bush-Regierung braucht verzweifelt dramatische Ereignisse, um dem amerikanischen Volk Angst zu machen und den Kongress mit dem militaristischen Polizeistaat, den Bush und Cheney kultiviert haben, wieder auf eine Linie zu bringen."[176] Die Republikanische Partei, so William Norman Grigg, Redakteur des *New American*, „betet für einen Terroranschlag".[177] Roberts hält es sogar für möglich, dass die Regierung das Wissen über einen eventuellen Terroranschlag zurückhalten könnte, um ihn so politisch besser ausschlachten zu können. Und mehr noch: „Würde eine Regierung", fragt Roberts, „die uns in zwei Kriege hineingelogen hat und die dabei ist, uns in einen Angriff auf den Iran hineinzulügen, davor zurückschrecken, ‚Terror'-

Anschläge zu inszenieren, um den Widerstand gegen ihre Agenda zu entfernen?"

„Nur eine unbelehrbare Minderheit", so Roberts weiter, „glaubt an die Ehrlichkeit und Integrität der Bush-Cheney-Regierung und die Wahrhaftigkeit der Konzern-Medien. Hitler, der nie in einer deutschen Wahl die Unterstützung der Mehrheit erlangt hatte, benutzte das Reichstagsfeuer, um eine Hysterie anzufachen und das Ermächtigungsgesetz durchzusetzen, das ihn zum Diktator machte. Entschlossene Tyrannen brauchen nie die Unterstützung der Mehrheit, um verfassungsmäßige Ordnungen zu stürzen. Das amerikanische Verfassungssystem steht kurz vor seinem Sturz. Sind zukünftige ‚terroristische' Zwischenfälle … das Instrument, mit dem unsere verfassungsmäßige Demokratie gestürzt wird?"[178]

5. Zur Hölle mit der Umwelt?

Der methodistische Theologe Robert Jewett macht auf ein verheerendes Merkmal des evangelikalen Denkens aufmerksam, das bereits angeklungen ist. Es hat einen Einfluss sowohl auf die amerikanische Friedens- als auch Umweltpolitik. Wenn nämlich einige Elemente der Entrückungstheologie lehrten, „das apokalyptische Ende der Weltgeschichte sei für unsere Zeit von Gott vorherbestimmt, dann könnten wir nichts tun, um dies abzuwenden".[179] „Nach dieser Ansicht", so meint auch Thorkelson, „sei eine Arbeit für den Frieden sowohl unnütz als auch sündig, und alle Anstrengungen, die eine internationale Zusammenarbeit förderten, seien von Satan inspiriert. Jeder Kompromiss mit unseren Kontrahenten werde als Verrat am Vertrauen zu Gott gesehen. Jedes Bemühen zugunsten einer Rüstungskontrolle und einer Gefahrenminderung in Bezug auf Atomunfälle sei eine Unterwerfung gegenüber den dämonischen Kräften."[180]

Ebenso werde jede Anstrengung als unnütz und kontraproduktiv angesehen, die darauf abzielt, die Umweltverschmutzung oder die Erderwärmung einzudämmen. Auch wenn die Verfechter der Entrückungslehre nicht beabsichtigen, einen Holocaust oder eine globale ökologische Krise zu verkündigen, sind sie doch davon überzeugt, dass dies der Wille Gottes sei und dass es nichts gebe, was Menschen tun könnten, diese Gefahren zu verhindern.[181]

Tatsächlich haben die evangelikalen Fundamentalisten lange Zeit eine Theologie und eine Sicht der Zukunft vertreten, die schlimme Folgen für die Umwelt und den Weltfrieden haben. Der Irak-Krieg wird gewissermaßen als ein „Aufwärmen" für die letzte große Schlacht von Harmagedon gesehen. Nach diesem Ereignis soll Jesus Christus nach fundamentalistischer Auffassung bekanntlich wiederkommen. Deshalb betrachten die meisten Evangelikalen „einen Krieg gegen den Islam und eine Zuspitzung der Krise im Nahen Osten nicht als etwas, das man fürchten muss, sondern als etwas, das man begrüßt".[182]

Und durch die Zerstörung der Umwelt könne man die unabwendbare Katastrophe vielleicht sogar noch beschleunigen.[183] Warum sollte man sich Sorgen machen um Dürrekatastrophen, Überflutungen, Hungersnöte und Epidemien, die durch eine Zerstörung des ökologischen Gleichgewichts herbeigeführt werden? Sind dies nicht alles Zeichen der Endzeit, die in der Bibel vorhergesagt wurden? „Warum solltest du dich um den globalen Klimawandel kümmern, wenn Gott dich und die deinen durch die Entrückung rettet? Warum solltest du dir die Mühe machen, auf alternative Energiequellen umzustellen und die Abhängigkeit von Öl aus einem instabilen Nahen Osten zu reduzieren? Bis zur Wiederkunft Christi wird Gott schon für alles Lebensnotwendige sorgen."[184] Darüber hinaus haben viele Evangelikale die Umweltschützer jahrelang als extreme Linke bezeichnet und als Götzendiener beschimpft, denn sie beteten angeblich die Schöpfung an und nicht den Schöpfer.[185]

Die politischen Konsequenzen dieses gefährlichen Glaubens sind schockierend. Schon unter Präsident Ronald Reagan, der damals für seine eigene Wahl erstmals das Stimmenpotenzial der Evangelikalen im Lande genutzt hatte, gab es mit James Watt einen fundamentalistischen Umweltminister (1981–1983). Dieser war bereit, auf der Grundlage seines Glaubens die Umwelt zu plündern. Das Weltende, so die Überzeugung von Watt, steht unmittelbar bevor. Deshalb konnte er in einer öffentlichen Anhörung im Brustton der Überzeugung sagen: „Der Schutz der natürlichen Ressourcen ist unwichtig, da die Wiederkunft Christi unmittelbar bevorsteht."[186] Reagan hatte offenbar den Bock zum Gärtner gemacht.[187] Der politisch übermächtigen amerikanischen Wirtschaft schien diese religiöse Schützenhilfe jedoch gut ins Konzept zu passen, denn sie fürchtete sich vor teuren Umweltschutzauflagen. Deshalb ist die amerikanische Umweltpolitik unabhängig von der jeweiligen Parteizugehörigkeit des Präsidenten und der Mehrheit in den Parlamenten von jeher außerordentlich industriefreundlich. Auch Bushs Vorgänger, der demokratische Präsident Bill Clinton, war kein Freund grüner Politik. Gegenüber dem Kyoto-Protokoll hatte auch er Vorbehalte.[188]

Die jetzige Regierung und die religiöse Rechte nehmen jedoch eine wesentlich extremere Position ein: Wenn Präsident George W. Bush seine umweltpolitische Agenda durchsetzen kann, dann werden

- die Gesetze für saubere Luft, sauberes Wasser und zum Artenschutz gelockert;
- die Grenzwerte zum Schutz der Ozonschicht für Pkw, Geländewagen und schweres Gerät reduziert;
- Unternehmen einige ihrer Umweltverschmutzungen, die sie verursacht haben, vor der Öffentlichkeit geheim halten dürfen;
- jene Industrieunternehmen, die Kohle verbrennen, mit größerer Ruhe die Luft verschmutzen dürfen;
- die Naturschutzgebiete Alaskas nördlich des Polarkreises nicht mehr vor Öl- und Gasbohrungen geschützt sein;
- die Wälder in den amerikanischen Nationalparks nicht mehr durch Umweltprüfungen im gleichen Maße wie bisher geschützt sein, wenn es um eine Ausweitung der kommerziellen Nutzung dieser Ressourcen geht.[189]

Es gibt zwar eine Umweltbewegung in den USA, doch da sie nicht durch das große Geld gefördert wird, hat sie vergleichsweise geringen politischen Einfluss. Dennoch scheint sie – unterstützt durch einige Medien, die Vereinten Nationen und die intellektuelle *Community* – an Schwung zu gewinnen. Die politische Opposition gegen diese Bewegung wird auf Regierungsseite angeführt von Senator James Inhofe aus Oklahoma. Der einflussreiche Republikaner, der seit Anfang 2003 u. a. Vorsitzender des Umweltausschusses im Senat ist, kämpft vor allem gegen die von Ex-Vizepräsident Al Gore angeführte und von zahlreichen Wissenschaftlern unterstützte Initiative zur Umkehr der Erderwärmung.[190] Selbst solche von Al Gore vorgebrachten religiös eingefärbten Warnungen wie „Gott wird jene zerstören, die seine Schöpfung zerstören", können den evangelikal-fundamentalistischen Presbyterianer Inhofe nicht umstimmen.[191] Er nennt Darstellungen über die Erderwärmung den „größten Scherz, der dem amerikanischen Volk je untergejubelt" wurde.[192] Und die amerikanische Umweltschutzbehörde bezeichnete er als „Gestapo".[193] Sein beharrliches Zweifeln an den Argumenten der warnenden Wissenschaftler hat die *New York Times* dazu veranlasst, Inhofe als Meister der „Hysterie des Zweifels" zu bezeichnen.[194] Im Entwurf eines Berichts über die Umwelt im Jahr 2003 hat das Weiße Haus, wohl nicht zuletzt aufgrund von Inhofes Agitation, warnende Hinweise auf eine Erderwärmung entfernen lassen.[195] Hintergrund war auch hier die Sorge um die Wirtschaft. Nach Einschätzung eines privaten Beratungsunternehmens, so Paul Weyrich, würde die Umsetzung des Kyoto-Protokolls angeblich 2,4 Millionen Jobs vernichten, das Bruttosozialprodukt um 3,2 % drücken sowie die Preise für Lebensmittel, Wohnraum und Heizung steigen lassen.[196]

Warum sollte man sich um alle diese Dinge überhaupt Sorgen machen, so das Argument vieler Fundamentalisten, „wenn derselbe Gott, der das Wunder mit den Broten und Fischen gewirkt hat, ebenso gut mit einem Wort ein paar Milliarden Fass Öl herbeischaffen kann?“[197] Natürlich stellt sich die Frage, ob es reiner Zufall ist, dass diese „göttlich inspirierte“ Politik genau mit den Interessen der Konzerne, und zwar besonders der Energiekonzerne übereinstimmt. Ein entsprechender Verdacht erhärtet sich besonders nach dem kürzlich erschienenen Buch von David Kuo, in dem der evangelikale Autor und ehemalige Mitarbeiter des Weißen Hauses durchblicken lässt, dass die Republikanische Partei und das große Geld in den Vereinigten Staaten die Fundamentalisten lediglich für ihre Zwecke missbrauchen.[198]

In der Umweltfrage generell und in Bezug auf die Problematik der Erderwärmung insbesondere ist innerhalb der Evangelikalen nun aber ein Streit entbrannt, dessen Ausgang noch nicht abzusehen ist. Gegen Ende des Jahres 2004 kamen Ted Haggard Zweifel an der Richtigkeit der industriefreundlichen Haltung der Evangelikalen zu Umweltfragen. Haggard war zu der Zeit nicht nur Pastor einer 14.000 Mitglieder großen Megakirche, sondern auch Präsident der *National Association of Evangelicals* (*NAE*), eines Dachverbandes, der 52 fundamentalistische und liberale evangelikale Kirchen vertritt. Insgesamt gehören etwa 30 Millionen Gläubige zur *NAE*. Haggard startete eine evangelikale Kampagne zum Schutz des Erdklimas. Dabei drohte er dem Senat, dass er die Evangelikalen gegen das Establishment in Washington aufbringen werde, wenn diese sich weiterhin weigerten, Gesetze gegen die Erderwärmung zu verabschieden. Im März 2005 zitiert ihn die *New York Times* mit den Worten: „Die Frage ist, werden die Evangelikalen etwas ausrichten können? Und die Antwort ist: Der Senat glaubt ja. Wir vertreten 30 Millionen Menschen, und wenn wir müssen, können wir diese mobilisieren.“[199] Und Haggards Vizepräsident, Richard Cizik, bekräftigte: „Wenn die Evangelikalen sprechen, neigen die Republikaner dazu, zuzuhören, und offen gestanden sind es die Republikaner, die hier verstehen müssen, was Sache ist.“[200]

Die Republikaner taten dies jedoch nicht. Und so schickte Haggard sich an, seinen Plan umzusetzen: Im Februar 2006 gründete er die *Evangelicals Against Climate Change*. Diese Organisation verfasste eine Erklärung, die von 86 namhaften evangelikalen Führern unterschrieben wurde[201] – unter ihnen die Präsidenten von 39 evangelikalen Colleges[202] –, nicht aber Haggard selbst. Er wollte als Vertreter *aller* Mitglieder seiner Organisation neutral bleiben. Immerhin vertraten diese 86 aber eine Mehrheit von 63 % ihrer Basis. Dieser Teil der hier organisierten Evangelikalen ist nämlich laut einer Umfrage der Meinung, dass sich Christen für die Umwelt einsetzen sollten. Bereits ein Jahr zuvor hatten sich 29 evangelikale Führer zusammengetan, um die Evangelikalen dazu zu bringen, sich für die Klimaproblematik einzusetzen. Sie hatten damals beschlossen, innerhalb eines Jahres ein gemeinsames Dokument herauszugeben.[203]

Im Sommer 2006 erhielten die evangelikalen Umweltschützer dann ebenso prominente wie unerwartete Unterstützung. Pat Robertson, der bis dahin eher die für Fundamentalisten typische Einstellung gegenüber der Umwelt eingenommen hatte, verkündete in seinem *700 Club*, dass selbst er jetzt an die Erderwärmung „glaube".[204] Dieser Schwenk einiger Evangelikaler in der Umweltfrage bedeutet andererseits jedoch nicht, dass sich die evangelikalen Umweltschützer nun mit den übrigen Umweltschützern zusammentun würden: Dafür gab und gibt es zu große Unterschiede in Bezug auf Fragen der staatlichen Regulierung, der Geburtenkontrolle und – bei einigen Untergruppen – in Bezug auf Vorstellungen, die als *New-Age*-Religion bezeichnet werden können.[205]

Nicht alle Evangelikale schlossen sich allerdings der neuen Umweltbewegung an. Und zu diesen gehörte auch nicht nur die schweigende Mehrheit. Schon vor der Unterzeichnung des erwähnten Dokuments, hatte der politisch mächtige fundamentalistische Flügel der Evangelikalen Wind von der Sache bekommen. Unter ihnen waren einige regierungs- und konzerntreue Schwergewichte der religiösen Rechten wie Charles Colson, James Dobson, James Kennedy, Richard Land, Richard John Neuhaus und Louis Sheldon. 22 von ihnen gründeten als Gegenbewegung die *Interfaith Stewardship Alliance* (*ISA*)[206] und verfassten im Januar 2006 ein Schreiben an den evangelikalen Dachverband und seinen Präsidenten Haggard. Darin heißt es: „Die Erderwärmung ist kein Thema, in dem Übereinstimmung herrscht, und unsere Liebe zum Schöpfer sowie unser Respekt vor seiner Schöpfung verlangt nicht von uns, dass wir Stellung beziehen. … Wir glauben, dass bibelgläubige Evangelikale die Freiheit haben sollten, in Bezug auf die Ursache, Schwere und Lösung der Erderwärmungsproblematik unterschiedlicher Meinung zu sein. … Einzelne *NAE*-Mitglieder und Angestellte sollten nicht den Eindruck vermitteln, dass sie für alle Mitglieder sprechen."[207]

Der Brief kam so schnell und mit einer solchen Durchschlagskraft, dass Bill Moyers „wusste, dass er im Weißen Haus entstanden sein musste, innerhalb der *politischen* Religion. Ich wusste", so Moyers, „dass es eine konzertierte Antwort war, denn Karl Rove war darüber verärgert, was die evangelikalen Führer da ausgeheckt hatten".[208] Seitdem hat es die *NAE* schwer, sich mit ihrem umweltfreundlichen Kurs durchzusetzen. Bush, Dobson und die führenden Republikaner im Kongress sind dagegen. „Immer, wenn in der GOP Wirtschaftsinteressen mit religiösen Interessen kollidieren", klagt denn auch Richard Cizik, Vizepräsident des evangelikalen Dachverbands *NAE*, „gewinnen die Wirtschaftsinteressen."[209] Auch stellt sich die Frage, ob es wirklich nur Zufall war, dass Ted Haggard sich in dieser Auseinandersetzung gewissermaßen selbst aus dem Verkehr zog. Denn Anfang November 2006, unmittelbar vor der *Mid-term Election*, gab Haggard seine Position an der Spitze der *NAE* auf. Zuvor war ein junger Homosexueller mit der Nachricht an die Öffentlichkeit getreten, dass Haggard seit Jahren eine homosexuelle Beziehung mit ihm unterhalten habe und dass dieser außerdem regelmäßig Drogen nehme. Das Weiße Haus und seine fundamentalistischen Freunde müssen über diesen Wegfall eines politischen Gegners zumindest erleichtert gewesen sein.

Noch ist nicht entschieden, wie der Kampf ausgeht.[210] Noch ist nicht abzusehen, inwieweit die Uneinigkeit zwischen dem umweltbewussten Flügel der Evangelikalen und den Nach-mir-die-Sintflut-Fundamentalisten Einfluss haben wird auf die Wahl des nächsten Präsidenten. Eine nachhaltige Korrektur der Politik von George W. Bush ist trotz der eher kosmetischen Zugeständnisse auf dem G8-Gipfel in Heiligendamm noch nicht zu erkennen. Denn immer noch scheint Bush den Fuchs (sprich die Industrie) für die Bewachung des Hühnerhauses (die Umwelt) einsetzen zu wollen.

6. *Boot Camps* für die kleinen Kampfbeter

Gerade glaubten einige, mit der Niederlage der Republikaner in der Wahl vom 7. November 2006 hätten die gemäßigten Kräfte im Lande der amerikanischen Demokratie wieder einmal zum Überleben verholfen und der

„Kulturkampf" gehe langsam zu Ende. Doch da zeigen ein preisgekrönter Dokumentarfilm und seine Diskussion in der Öffentlichkeit, wie zerrissen das Volk der Vereinigten Staaten in Wirklichkeit ist. *Jesus Camp* von Rachel Grady und Heidi Ewing hat vielen Nicht-Evangelikalen die Augen für die Welt der Fundamentalisten und ihre Ziele erst richtig geöffnet.[211] Der Film zeigt, mit welchen Methoden und mit welcher Entschlossenheit sie in ihrem Kulturkampf „Krieg" führen. Betrachtet man dieses Werk, kommt man zu der Überzeugung, dass sie nicht beabsichtigen, das „Schlachtfeld" als Verlierer zu verlassen oder dass sie auch nur bereit sind, mit den Liberalen in „Friedensverhandlungen" zu treten. Ganz im Gegenteil. Der Film offenbart, dass die evangelikalen Fundamentalisten für die Erlangung des „Endsiegs" ebenso brutale wie intelligente Strategien verfolgen. Eine zielt darauf ab, auch die nächste Generation unter ihre Kontrolle zu bringen, sie zu „christlichen" Dschihadisten zu machen und wirksam für ihre ehrgeizigen politischen Ziele zu benutzen. Und dazu fangen sie früh an. „Gib uns ein Kind, bevor es sieben Jahre alt ist, und wir werden es ein Leben lang behalten"[212], sagt die zu den Pfingstlern gehörende Kinderpastorin Becky Fischer, Hauptakteurin in diesem dokumentarischen Kinofilm. Sinngemäß zitiert sie damit einen Grundsatz, der von Katholiken und Kommunisten gleichermaßen angewendet wurde. Kinder, so Fischer, seien ja im „Christentum so brauchbar".[213]

Der Film zeigt u. a. eine Kinderfreizeit mit dem Namen *Kids On Fire*, (für den Glauben) entfachte Kinder. An ihr nehmen etwa 100 Jungen und Mädchen im Alter von neun bis zwölf Jahren teil. Viele sind mit ihren Eltern gekommen, denn diese setzen große Hoffnungen in die religiöse Entwicklung ihrer Kinder. Sie wissen, dass 43 % der Evangelikalen ihre „Wiedergeburt" vor ihrem 13. Lebensjahr erleben.[214] Das Camp wird abgehalten am Devil's Lake, dem Teufelssee, in North Dakota und besteht aus einer Mischung von evangelikaler Erweckungsveranstaltung, paramilitärischem *Boot Camp* und hysterischer Politindoktrination. Veranstalter ist *Kids in Ministry International*, eine pfingstlerische Organisation. Ihre Leiterin ist Becky Fischer, eine als Pastorin ordinierte Nichttheologin. Ihre Kinder glauben, dass Jesus die „toten" Kirchen nicht besucht. Lebendig sei eine Kirche nur dann, wenn sich spektakuläre emotionale und übernatürliche Phänomene zeigten. „In evangelikalen Kirchen, in denen die Menschen auf- und abspringen, schreien, weinen und in Zungen reden", karikiert Holden das Christentumverständnis von Fischer, „sei der Geist anwesend."[215] Dort, wo Ruhe herrscht, wo also in friedvoller Gemütsverfassung vernünftig nachgedacht wird, so eines der Kinder im Film, sei der Heilige Geist nicht anwesend.

Becky Fischer, die einerseits ausgesprochen liebenswürdig und rational erscheint, hat offenbar zwei Gesichter.[216] In dem Film kann man miterleben, wie sie die Kinder mit einpeitschenden Worten zur Massenhysterie treibt. Die Kleinen tanzen – teilweise zu Heavy-Metal-Musik, an der außer dem Wort „Jesus" in den Texten nichts christlich ist. Ihre kleinen Leiber winden sich, ihre verschwitzten Gesichter sind verzerrt. Sie geraten in Ekstase, werfen die Arme in die Luft und werden – epileptischen Anfällen gleich – wie von einer unsichtbaren Macht zu Boden geworfen. Der Amerikaner Josh Timonen wird beim Anblick dieser Szenen an den im Jahr 1978 von Jim Jones befohlenen Massenselbstmord in Jonestown, Guyana, erinnert. Damals fielen 913 gutgläubige Menschen der Suggestion eines Sektenführers zum Opfer. „Wenn die Erwachsenen entscheiden würden, auf diesem Camp das … [vergiftete] Kool-Aid[-Erfrischungsgetränk] zu verabreichen, dann würden es alle Kinder ohne Widerspruch trinken. Mit ihren Armen in der Luft werden sie darin ‚unterwiesen', wie sie es anstellen, dass der Geist Gewalt ergreift von ihren Körpern und sie in Zungen sprechen lässt."[217]

Dabei schluchzen sie mit verzerrten Gesichtern, kantieren gebetsartig häufig wiederholte politische Formeln: „Eine Nation unter Gott!" und „Gerechte Richter!".[218] Immer wieder sprechen sie in Zungen – und das teilweise auf Befehl von Becky. Ein 12-Jähriger hält wie ein Predigerautomat eine Pech-und-Schwefel-Predigt. Sie lernen: die Welt da draußen sei böse und deshalb zu fürchten, die Weltlichen und Liberalen seien die Feinde und deshalb zu verdammen. Mit ungelenken Bewegungen zerschlagen die kleinen „Kindersoldaten für die Republikanische Partei"[219] Porzellanbecher, auf denen das Wort „Regierung" (*Government*) steht. Das Thema „Abtreibung" wird mit kleinen Plastikfötussen dramatisiert, die die Kinder weinend mit ihren Händen umklammern und für deren ungeborene Seelen sie schluchzend beten. Die Erderwärmung sei eine Lüge, und der Wissenschaft nicht zu trauen, da sie die Evolution lehre. Die Harry-Potter-Geschichten seien Teufelszeug und Zauberei. Harry selbst wäre im Alten Testament hingerichtet worden, schimpft Becky Fischer. Bush sei gut, weil er ein Christ sei und eine Reihe „geisterfüllter" Männer um sich geschart habe.[220] Er wird in der Gestalt eines lebensgroßen Pappkameraden hereingeführt und geradezu wie ein Messias verehrt. Nach ihm strecken sie die Hände aus; ihn segnen sie; für ihn beten sie.[221]

„Wo die Grenze zwischen religiöser Verzückung und Kindesmisshandlung liegt", so der deutsche Journalist Jordan Mejias, „und Glaube in Psychoterror übergeht, ist in diesem Trainingscamp … nicht mehr zu erkennen."[222] „Besonders schwer mit anzusehen", so Kenneth Turan, „sind die *Boot-Camp*-Techniken, die eingesetzt werden, um die Rückfälligen dazu zu bringen, ihre Fehler einzusehen: ‚Wir haben keine Heuchler in der Armee Gottes'"[223], werden sie eindringlich ermahnt. Und Josh Timonen meint: „Ganz gleich, was ihre Absichten sind: diese Erwachsenen haben schrecklichen Kindesmissbrauch begangen."[224] „Wenn jemand wie Becky Fischer Grundschüler darauf programmiert, im Namen Jesu Krieg zu machen", so J. R. Jones, „dann zieht sie den Abzug – auch wenn der Schuss vielleicht erst Jahre später gehört wird."[225]

Eine Auffälligkeit der im Film dargestellten Christlichkeit und christlichen Verkündigung ist die Betonung negativer Begriffe. Ständig ist von Satan, Sünde, Heuchelei und Krieg die Rede. Das Vorbild Jesu Christi mit seiner Botschaft der Liebe spielt praktisch keine Rolle. Nicht das Gute wird attraktiv gemacht, sondern ständig wird auf dem Bösen „da draußen" und „in uns" herumgeritten. Der Begriff „Jesus" bleibt erschreckend blass und ist nicht mehr als eine magische Beschwörungsformel. Die Bibel kommt nur einmal in dem Streifen vor, und zwar nicht als Gegenstand des Studiums und als Quelle göttlicher Weisheit, sondern lediglich als Talisman und magischer Fetisch. Es geht auch nicht um die positive Orientierung der Kinder an biblischen Persönlichkeiten und das Reich Gottes, das nicht von dieser Welt ist, sondern um eine aggressive und militante politische Veränderung des Landes. In diesem Zusammenhang meint Jöns-Peter Schmitz in einem Leserbrief an die *Frankfurter Allgemeine Zeitung* treffend: „Wenn jemand zuerst nach Gottes Reich und Seiner Gerechtigkeit strebt (Matthäus 6,33), sollte als Frucht des Geistes auch etwas erkennbar werden von Liebe, Freude, Friede, Geduld, Freundlichkeit, Güte, Treue, Sanftmut und Keuschheit (Gal. 5,22)."[226] Die Abwesenheit dieser Tugenden im Film vom Camp am Teufelssee habe ihn – und sicherlich nicht nur ihn – betroffen gemacht.

Becky Fischer, Jg. 1951, die ihre Botschaft und ihre Kinderfreizeiten in ihrer freundlich-naiven Art für unpolitisch hält,[227] trainiert ihre Kinder für den heiligen „Kampf gegen den säkularen Rechtsstaat" [228], gegen die Liberalen, die Abtreibungsbefürworter und die Muslime.[229] Auch wenn sie behauptet – und dabei stützt sie sich zu ihrer Verteidigung auf den Apostel Paulus im Neuen Testament –, es ginge ihr um einen geistlichen Krieg:

ihre Kriegsbemalung und die der Kinder, die aggressiv-kämpferische Sprache und ein martialischer Säbeltanz, die kriegerischen Illustrationen und Spiele, die Tonlage der Anfeuerungen und die Kampfaufrufe selbst – all das dürfte bei den Kindern jedoch die Botschaft vermitteln, dass es hier in Wirklichkeit um einen gewöhnlichen Krieg geht. „Wer als Reporter schon einmal die Erziehungsanstalten besucht hat, in Islamistengruppen wie der Hamas", schreibt Andrian Kreye, „[die] Kinder ab dem Vorschulalter für den heiligen Krieg schleifen und auf ihre Rolle als Märtyrer (sprich Selbstmordbomber) vorbereiten, der kommt nicht umhin, Parallelen zu sehen. Spätestens wenn die Pastorin Becky Fischer die Kinderschar anfeuert: ‚Das ist Krieg! Das ist Krieg!' und die Jungen und Mädchen daraufhin in Jubel und Tränen ausbrechen, erinnert man sich an die Palästinenserkinder im Scheich-Raduan-Viertel von Gaza, die in militärischer Formation ‚Allahu Akbar' rufen und dazu Holzgewehre schwenken."[230] Tatsächlich weist Becky Fischer selbst auf die Parallele zu den Palästinenserkindern hin, die als Dschihad-Terroristen rekrutiert werden: „Ich will, dass sich die jungen Menschen der Sache Jesu Christi ebenso hingeben, wie es die jungen Menschen für die Sache des Islam tun. Ich möchte erleben, dass sie ihr Leben für das Evangelium ebenso radikal niederlegen."[231] Und weiter: „Die Kinder lernen, dass ein wahrer Gotteskrieger sich vor nichts und niemandem fürchtet, auch nicht vor dem Tod."[232] Becky Fischer räumt durchaus ein, dass sie damit ihre Form des Christentums mit dem militanten Islamismus auf die gleiche Stufe stellt. Der Unterschied sei jedoch, so Fischer, dass „*wir* die Wahrheit" haben.[233]

Jesus Camp wurde erstmals auf einem Filmfestival[234] im Mai 2006 in New York gezeigt. Ab September desselben Jahres konnte man den Streifen in einigen Kinos in ausgewählten Bundesstaaten mit starkem fundamentalistischem Bevölkerungsanteil sehen. Die breite amerikanische Öffentlichkeit bekam ihn aber erst im Oktober 2006 zu Gesicht. Die Reaktionen waren heftig, aber – und das überrascht nicht – geteilt. Sie beziehen sich einerseits auf das Gezeigte selbst und andererseits auf den Film. Liberale sprechen von Gehirnwäsche, Taliban- und Nazimethoden. Richard Schickel schreibt in der Zeitschrift *Time*: „Was in *Jesus Camp* festgehalten wurde, ist ein hysterischer anti-erzieherischer Versuch, den Verstand junger Menschen gegenüber den Möglichkeiten der Welt verschlossen zu halten, eine Generation von Fanatikern zu züchten."[235] Konservative und evangelikale Filmkritiker sind empört über das Werk und fühlen sich missverstanden. Sie halten ihre Form des Glaubens für verzerrt dargestellt und bezeichnen den Film als gehässige Propaganda gegen das evangelikale Christentum.[236]

Dabei haben sich die beiden Filmemacherinnen in ihrem Streifen jeden Kommentars enthalten.[237] Die Bilder und die Aussagen der gefilmten Personen und Szenen sprechen für sich. Lediglich die zunächst bedrohlich wirkende Musik, die später in eher psychedelische Sphärenklänge umgewandelt wurde[238] und dazwischengeschnittene Aussagen des Anwalts und Rundfunkjournalisten Mike Papantonio lassen darauf schließen, dass Grady und Ewing das Gefilmte kritisch sehen.[239] Papantonio ist nicht nur einer der erfolgreichsten Anwälte Amerikas, sondern auch selbst praktizierender Christ. Er gehört zu den Methodisten und ist als leidenschaftlicher Kritiker des Fundamentalismus bekannt. Die Autorinnen des Films hatten nach eigener Aussage nicht vor, einen politischen oder gar anti-evangelikalen Film zu drehen. Fasziniert von einem schwarzen Kinderprediger in einem vorher von ihnen gedrehten Film[240] wollten sie lediglich das Thema „Kinder und Religion" aufgreifen und vertiefen. Dass der Streifen am Ende einen politischen Charakter bekam, habe sich einfach aus dem gefilmten Material ergeben.[241]

Becky Fischer versteht die Kritik ihrer Glaubensgenossen an dem Film nur teilweise. Ihre Überzeugung, sie sei von Gott berufen, mit ihrer Arbeit an die breite Öffentlichkeit zu treten, und vielleicht auch die freundschaftliche Beziehung, die während der Dreharbeiten zu den beiden Filmemacherinnen entstanden ist, scheinen ihr Urteilsvermögen zu trüben. Sie ist grundsätzlich einverstanden mit dem Gezeigten. Für sie ist das Perverse offenbar der normale Alltag. Sie ist zufrieden mit der Darstellung ihrer Arbeit an den Kindern und ihrer eigenen Person. Ihr Kommentar zum Film, für den die beiden Autorinnen ein Jahr lang gedreht hatten, den sie dann 10 Monate lang im Schneideraum bearbeitet und vor der endgültigen Fertigstellung Becky auch noch zur Zustimmung vorgelegt hatten: „Im Großen und Ganzen gefällt er mir. … Die Mädchen von Loki Films leisten exzellente Arbeit."[242] Und Grady berichtet über Fischers Reaktion: „Sie hat uns sehr unterstützt. Sie war der Meinung, wir hätten genau das getan, was wir ihr versprochen hatten, nämlich ihre Sicht der Welt darzustellen, ihre Bewegung und ihre Philosophie, und zwar in so reiner und wahrhaftiger Weise wie möglich – ohne [dem Zuschauer] unsere eigene Meinung aufzudrängen. Und sie freut sich sehr darauf, [den Film] ihrem Umfeld zu zeigen. … Darüber waren wir sehr glücklich."[243]

Fischer sieht in dem Film sogar die übernatürliche Hand Gottes wirken. Auf einer Missionsreise nach Südafrika im Jahr 2002 hatte ihr ein pfingstlerischer Kollege im charismatischen Sinne prophezeit, dass sie mit ihrer Kinderarbeit an einem großen Medienereignis teilnehmen werde. Derselbe Prediger wiederholte seine Prophezeiung ein Jahr später. Nach Fischers Worten sagte er: „Becky, ich habe einfach das Gefühl, dass es sehr bald eine Öffnung in den Medien geben wird – im Radio und Fernsehen. Es wird Chancen für Kinder in der Erweckung geben, und ich glaube einfach, dass du Programme sehen wirst, in denen es nicht nur um Erwachsene geht, die Zeichen und Wunder sehen, sondern Kinder in der Erweckung. Ich spüre einfach, dass Gott dir diese Tür öffnen wird".[244]

Nach der Veröffentlichung des Films wiederholten die Medien oft den Vorwurf der Gehirnwäsche. Erstaunlicherweise scheint Fischer damit kein allzu großes Problem zu haben. Nach ihrer eigenen Definition ist Gehirnwäsche „die gezielte, systematische Bombardierung mit Ideologien und Konzepten, die sich auf eine Gruppe von Menschen richtet und darauf abzielt, deren Glaubensvorstellungen in eine bestimmte Richtung zu lenken. Es kann sein, dass sich diese Gruppe von Menschen dessen überhaupt nicht bewusst ist. Die Ideologien und Konzepte werden häufig und überzeugend genug wiederholt, so dass die Zuhörer schließlich das glauben, was ihnen gesagt wird, und zwar unabhängig davon, ob die Konzepte wahr sind oder nicht."[245] Es seien vielmehr die weltlichen Medien, die den Kindern in diesem Sinne täglich das Gehirn wüschen. Deshalb, so muss man ihre Ausführungen deuten, sei eine Gehirnwäsche durchaus akzeptabel, wenn sie die „richtigen" Ziele habe, also „im Sinne Gottes" sei.

Es überrascht nicht, dass Becky Fischer angesichts zumindest einer gewissen Blindheit gegenüber dem Konzept der Gehirnwäsche auch nicht gerade eine Verfechterin der Demokratie ist. Gegen Ende des Films wird ein Dialog zwischen Fischer und Papantonio widergegeben. Fischer hatte den Fundamentalisten-Kritiker in einer seiner Live-Radiosendungen angerufen. In dem Gespräch fragt der Jurist die Predigerin, wie sie zur Demokratie stehe. Immerhin würde sie ihre Kinder ständig politisch indoktrinieren. Darauf antwortete sie: „Die Demokratie ist deshalb darauf angelegt, sich selbst zu vernichten ..., weil wir jedem die gleichen Freiheiten einräumen müssen."[246] In einer weiteren Szene des Films wird deutlich, dass Fischer mit ihrer politischen Sicht durchaus nicht allein ist. Es wird eine Familie gezeigt, die eine fundamentalistische Variante des amerikanischen Fahneneids rezitiert. Ihre Formel lässt die von vielen

Evangelikalen ungeliebte Zeile über die sonst übliche „Freiheit und Gerechtigkeit für alle" beflissentlich aus.[247]

Eine andere Kritik zielt nicht so sehr auf den Vorwurf der Gehirnwäsche, des Kindesmissbrauchs und der politischen Indoktrination. Sie befasst sich mit dem Charismatischen in der Arbeit von Becky Fischer. Und sie kommt von Chris Hand, einem baptistischen Pastor und Redakteur der religiösen Zeitschrift *Today's Contender*. Hand, der bis vor 12 Jahren selbst zu den Charismatikern gehörte, sich dann aber distanzierte, findet in der Bibel keine Rechtfertigung für die prophetischen Ansprüche der pfingstlerisch-charismatischen Bewegung. „Ich habe den Eindruck, dass diese Dinge nicht von Gott sind", erzählt er in einem Interview. „Es handelt sich hier vielmehr um die Grauzone telepatisch-spiritistischer (*psychic*) Aktivität, die die Bibel als Medium-Phänomen (*mediumship*) bezeichnet und verbietet."[248] Auch die emotionale Hysterie, die in den charismatischen Versammlungen geschürt werde, sei dem christlichen Glauben fremd und sei dann besonders fragwürdig und teilweise sogar gefährlich, wenn Kinder beteiligt sind. „Diese Art von Erfahrungen hat ein enormes Potenzial, sowohl die Kinder selbst zu verführen als auch die Eltern, die sie dazu ermutigen."[249] Hand, der selbst Kinder im Alter von fünf und acht Jahren hat, würde diese nicht einmal in die Nähe von Becky Fischers *Kids in Ministry* lassen – nicht einmal „innerhalb von einer Million Meilen".[250]

Das Gefährliche an Becky Fischer ist, dass sie zutiefst davon überzeugt ist, mit ihrer Arbeit einer letzten Generation etwas Gutes zu tun, ihnen positive christliche Werte zu vermitteln.[251] So schreibt Chris Hewitt: „... Fischer ist aufrichtig, fromm, mitfühlend und eine der gefährlichsten Personen im Kino in diesem Jahr.... Was Fischer in ‚Jesus Camp' tut, sieht sehr nach Kindesmisshandlung aus, und das Erschreckende ist, dass sie glaubt, sie sei auf der Seite von Engeln."[252]

Becky Fischer ist sicherlich ein Extremfall. Sie steht jedoch nicht allein da, und ihr Fall ist innerhalb der fundamentalistischen Szene bei weitem nicht so außergewöhnlich, wie man es sich wünschen könnte. Ihr Plan, „gleich ganze Generationen junger Christen für den Kulturkampf auszubilden",[253] wird offenbar von anderen Evangelikalen positiv gesehen und unterstützt. Als Ewing und Grady mit ihrer Recherche für den Film begannen und nach „wahrhaft gläubigen" Kindern und Kinderpastoren suchten, riefen sie zahlreiche evangelikale Kirchen an. Dabei wurde „Becky Fischers Name", so die beiden Autorinnen, „von verschiedenen

Kirchen … mehrmals genannt."[254] Fischer selbst verweist auf ihrer Website darauf, dass es zwar nur wenige Organisationen gäbe, die eine ähnliche Arbeit mit Kindern dieser Altersgruppe durchführten, dass es aber andererseits „Tonnen von religiösen Organisationen (*ministries*) gibt, die versuchen, Ähnliches mit Teenagern zu tun."[255] Außerdem veröffentlicht sie im Internet etwa 20 positive Zuschriften, die sie von überall in den Vereinigten Staaten erhalten hat.

„Ich bin ein sehr starker christlicher Filmkritiker", schreibt ein John K. aus Seattle. „Ich habe mir den Film gestern abend angesehen, und ich muss sagen: Ich bin verärgert in den Film gegangen, bestürzt, dass Becky es zugelassen hat, dass solch ein Film in ihrer Kirche gedreht wird. Mir ist jedoch klar geworden, dass ich völlig im Unrechten war und dass ich sie sogar vorverurteilt hatte. Indem ich mir den Film ansah, ist mir bewusst geworden, dass Becky eines der größten Herzen für den Herrn hat, das ich bei religiösen Kinderorganisationen je gesehen habe." Und eine Großmutter aus Texas schreibt: „Mein Mann Michael und ich haben uns am Samstagabend *Jesus Camp* angesehen und haben [das Kino hinterher] sprachlos und in Tränen verlassen. Ihre Organisation ist einfach unglaublich und mit Sicherheit ein ‚Vorreiter'!! Wir haben vier Enkelkinder und beten, dass sie eines Tages solch eine Art von Organisation selbst erleben können." Ein 15-jähriger Teenager aus Georgia fragt: „Wann beginnt das nächste Jesus Camp? Denn ICH MÖCHTE AM JESUS CAMP TEILNEHMEN!!! Ich meine, ich möchte dabei sein – wenn nötig, den halben Sommer." Und andere schreiben: „Auch wenn der Film leicht anti-christlich eingefärbt war, hat er doch Sie und Ihre wunderbare Arbeit gezeigt." Und: „[Der Film] hat mich so stolz gemacht, ein Teil dieser Armee … zu sein."[256]

Becky Fischer verbindet mit ihrer Arbeit für diese „Armee" von zungenredenden und prophezeienden Kindern handfeste politische Ziele. „Wenn diese Kinder damit fortfahren, wenn sie in ihre 20er und 30er Jahre kommen, werden sie anfangen, auf höchster Ebene zu prophezeien. Dann werden sie über nationale Ereignisse, internationale Ereignisse und Dinge für die Kirche prophezeien, und sie werden zu politischen Themen sprechen. Wenn es um Weltereignisse geht, kenne ich Personen, die in prophetischen Kreisen für die Genauigkeit ihrer Prophetie bekannt sind und die private Audienzen beim Präsidenten haben."[257] „Was für eine Macht werden diese Kinder in der Politik und der Religion sein, wenn sie erwachsen sind?", meint auch Nancy Schafer, die Programmdirektorin des Tribeca-Filmfestivals, auf dem der Film erstmals gezeigt wurde. „Die

Kinder von Jesus Camp sind intelligent, fähig, sprechen in Zungen und sind entschlossen, die Welt zu verändern."[258] Und Tobias Weise schreibt in einem Leserbrief: „Die Gefahr, die [vom christlichen Fundamentalismus] ausgeht, kommt nicht in sprengstoffgegürteten Kleinkindern und waffentragenden Männern daher, sie kommt auf leisen Sohlen daher und gewinnt immer mehr Einfluss. Man kommt kaum daran vorbei, sich auszumalen, was eine politische Einflussnahme, ein noch stärkeres Verschmelzen von Kirche und Staat in den USA für Folgen hätte ..."[259]

Den nächsten Schritt – gewissermaßen das Bindeglied zwischen Becky Fischers *Boot Camp* für die kleinen Kampfbeter und der Macht im Weißen Haus – hat Michael Farris geschaffen. Eigentlich sind es drei Schritte. Der brillante Verfassungsrechtler, fundamentalistische Baptistenprediger und Vater von 10 Kindern hat die *Home School Legal Defense Association*, die *Generation Joshua* und das *Patrick Henry College* gegründet.

Durch die 1983 ins Leben gerufene *Home School Legal Defense Association* und seine Musterprozesse hat Farris das Heimschulwesen in Amerika maßgeblich gestärkt. Mehr als 2 Millionen Kinder werden in den USA heute von ihren Eltern zu Hause unterrichtet. Etwa 75 % von ihnen zählen zu den Evangelikalen. Sie wollen ihre Kinder nicht nur vor Drogen und schießwütigen Klassenkameraden schützen, sondern sie auch vor den Gefahren der Evolutionstheorie, sexueller Aufklärung und falschen Freunden bewahren. Die Bildungsphilosophie, die dem öffentlichen Schulsystem zugrunde liegt, ist ihnen viel zu säkular. Tatsächlich scheinen im Kulturkampf zwischen fundamentalistischer Religion und liberalem Säkularismus die Schulbücher eine der letzten Bastionen des säkularen Rationalismus zu sein. Fast schon in einer Überinterpretation des ersten Verfassungszusatzes kommt das Thema Religion dort nämlich nahezu überhaupt nicht vor. Die *Association* hat in mehreren Fällen höchstrichterliche Entscheidungen herbeigeführt, die zu einer größeren Rechtssicherheit und Akzeptanz des Heimschulwesens beigetragen haben. Während 1985 noch 73 % der Bevölkerung diese Form der isolierten Schulbildung – vor allem aus Angst vor religiösem Extremismus – ablehnten, waren es im Jahr 2001 nur noch 54 %.[260] Die Zahl der zu Hause geschulten Kinder steigt auch weiterhin mit 15 bis 20 % pro Jahr rasant an – zumal Forschungsergebnisse zeigen, dass diese Kinder den konventionell Geschulten in akademischen Leistungstests um 30 bis 37 % überlegen sind.[261] Die stärksten Zuwächse des *Homeschooling* in Amerika sind bei islamischen Familien zu verzeichnen, die zweitstärksten bei evangelikalen Fundamentalisten.[262] In konservativen Kreisen gelten Heimgeschulte inzwischen übrigens als eine Elite.[263]

Die *Generation Joshua* wurde 2003 gegründet. Diese Organisation, die bereits jetzt über 31 regionale Verbände oder Klubs verfügt, bemüht sich darum, 11- bis 19-Jährige an die Politik heranzuführen. Die vor allem aus der Heimschul-Bewegung kommenden Jugendlichen werden gern zur Unterstützung republikanischer Wahlkampagnen eingesetzt. Sie sollen für die Stärkung eines „judeo-christlichen Amerika" im Sinne konservativ-christlicher Politik eintreten und kämpfen vor allem gegen die gleichgeschlechtliche Ehe, die legale Abtreibung und die Trennung von Staat und Kirche. Viele dieser jungen Leute besuchen später das *Patrick Henry College*.

Dieses im Jahr 2000 gegründete College ist die neue fundamentalistische Kaderschmiede Nr. 1 für die große Politik in Washington.[264] 85 % der heute etwa 350 Studenten sind aus evangelikalen Heimschulen hervorgegangen.[265] Die Studenten sind praktisch alle weiß, ein Dutzend von ihnen sind asiatischer oder mittelamerikanischer Abstammung, Schwarze gibt es nicht. Das Rauchen und Trinken sowie die öffentliche Zurschaustellung persönlicher Zuneigung zwischen den Geschlechtern ist auf dem Campus verboten.[266] Farris „will hier eine neue politische Elite christlicher Fundamentalisten schaffen".[267]

Der Anfang ist vielversprechend. „Keine höhere Schule vermittelt so viele Praktikanten an das Weiße Haus und an Kongressabgeordnete. … Selbst das Büro des republikanischen Chefstrategen Karl Rove beschäftigte eine Patrick-Henry-Studentin."[268] Im Mai 2006 waren bereits 7 % aller Praktikanten im Weißen Haus Studenten oder Abgänger des kleinen und noch jungen *Patrick Henry College*.[269] Andere Abgänger arbeiten bzw. arbeiteten für das FBI, die Übergangsregierung im Irak und andere Regierungsstellen.[270] Zu den finanziellen Förderern der von Liberalen als extrem prüde angesehenen Bildungseinrichtung gehören Tim LaHaye, *Focus on the Family* und andere konservative Personen und Einrichtungen. Bei Eintritt in das College müssen alle Studenten ein fundamentalistisches Credo unterschreiben, in dem es u. a. heißt: „Die Hölle ist ein Ort, wo ‚all jene, die außerhalb von Christus sterben, eine Ewigkeit lang in bewusster Qual gehalten werden.'"[271]

Es ist nicht zu erwarten, dass die heranwachsende Generation evangelikal-fundamentalistischer Gotteskrieger Jumbos in Hochhäuser steuern oder mit Sprengstoffgürteln um den Leib Busse in die Luft sprengen wird. Doch ihre Variante des Kampfes wird letztlich keineswegs weniger schlimme Folgen haben – zumindest für jene, die mit den Fundamentalisten nicht einer Meinung sind. Auf die Frage, „Was halten Sie von Menschen, die sich vor der evangelikalen Bewegung und der Entschlossenheit dieser Kinder ‚fürchten'?", antwortet Becky Fischer u.a.: „Es kann nur dann furchteinflößend sein, wenn man Werte hat, die entgegengesetzt sind."[272] Und an anderer Stelle meint sie: „‚Extremen Liberalen' … sollten beim Zusehen die Beine in den Stiefeln schlottern."[273]

Es ist zu befürchten, dass diese Drohung nicht nur „extremen Liberalen" gilt, sondern allen, die nicht genau auf der evangelikal-fundamentalistischen Linie liegen. Die religiöse Rechte „will die Vereinigten Staaten in die ‚christliche' Version eines Iran oder Saudi-Arabiens verwandeln. Eine Theokratie. Die Trennung zwischen Kirche und Staat, die unter der Führung von Bush bereits wackelig ist, befindet sich unter einem Frontalangriff durch diese Leute – und sie sind gut organisiert. Die Megakirchen erzählen ihren Gemeindemitgliedern, wen sie wählen, welche Richter sie unterstützen, welche Briefe sie schreiben und wo sie in Bezug auf bestimmte Themen stehen sollen."[274] „Das neue Christentum", so Mike Papantonio, „sei nicht nur hässlich, intolerant und das genaue Gegenteil des wahren Christentums, sondern eine echte subversive Bedrohung für das Land."[275] Gerade der Film über Becky Fischer belegt auf beunruhigende Weise, dass Amerika sich mit großer Geschwindigkeit in das verwandelt, was das Land angeblich hasst. Die Religiöse Rechte, so Arnold, stelle eine „verräterische Bedrohung" für das Land dar und ihre Übernahme des politischen Systems sei praktisch ein „Fait accompli".[276] Und mit Bezug auf Harold Bloom spricht Sloterdijk in diesem Zusammenhang von einer „Mentalitäts-Morphose", „in deren Folge sich die Nation aus ‚wackeren und freien' Bürgern offiziell christlichen Glaubens in einen Hexenkessel aus prophetisch-spiritistischen Freistilkonfessionen verwandelt" hat.[277]

Teil VI: Wie Amerika den Rest der Welt bekehrt

1. Neue Weltordnung nach Amerikas Gnaden

Die Vertreter der religiösen Rechten in den USA haben erklärt, ihr Ziel sei es, nicht nur Amerika zu beherrschen, sondern die ganze Welt unter die „Herrschaft Christi" zu bringen.[1] Ist das nur ein „frommer" Wunsch, oder ist es vorstellbar, dass dieser Gedanke eines Tages in politisches Handeln umgesetzt wird?[2] Gibt es schon heute erste Schritte in diese Richtung? Und ist Amerika politisch, militärisch, wirtschaftlich und ideologisch überhaupt zu einer solchen Dominanz fähig? Um das Potenzial einer „christlichen" Weltherrschaft Amerikas abschätzen zu können, muss man sich die Macht und den Einfluss der USA und die großen Entwicklungslinien und Ziele der amerikanischen Außenpolitik näher ansehen.

Wer bestimmt die amerikanische Außenpolitik? Die evangelikalen Fundamentalisten mögen zwar deutlich an Macht und Einfluss gewonnen haben, doch sie sind bisher nicht diejenigen, die in der Außenpolitik das Sagen haben oder gar allein bestimmen können. Inwieweit decken sich aber ihre Ziele und Werte mit denen der anderen Kräfte? Welches sind diese anderen Kräfte? Und unter welchen Umständen kann es vielleicht zu einer Bündelung oder gar Potenzierung kommen? Es ist davon auszugehen, dass neben den offiziellen Werten von Demokratie und Freiheit – Freiheit zumindest für die amerikanischen Wirtschaftsinteressen – früher oder später auch jene Werte, Ziele und Programme zum weltweiten Pflichtprogramm erhoben werden, an deren Verwirklichung schon heute innerhalb Amerikas gearbeitet wird.

Welche außenpolitischen Machtstrukturen finden die Fundamentalisten heute vor? Welches sind die großen Linien der amerikanischen Außen- und Sicherheitspolitik? Der zum Lager der Neokonservativen zählende Amerikaner Robert Kagan hat eine schonungslose Analyse des amerikanischen Verhältnisses zur Macht geliefert. Sie hilft, die großen Linien der US-Außenpolitik besser zu verstehen – und vielleicht auch in die Zukunft zu verlängern. Kagan war von 1984 bis 1998 Mitglied des

Council on Foreign Relations, einer Non-Profit-Organisation mit großem Einfluss auf die amerikanische Außenpolitik.

In der Frühphase ihrer Geschichte, so Kagan, schienen die Vereinigten Staaten von Vernunft und Menschlichkeit geleitet zu sein. Zwar spielte man seine Macht gegenüber schwächeren Völkern auf dem nordamerikanischen Kontinent aus – etwa den Indianern –, doch in internationalen Beziehungen setzten die Amerikaner, ähnlich den europäischen Staatsmännern von heute, auf „die besänftigende Wirkung des Handels auf internationale Streitigkeiten und sie stellten das Völkerrecht und die internationale öffentliche Meinung über rohe Gewalt".[3] Damals schmähten die Amerikaner „die Machtpolitik", so Kagan weiter, „und verdammten Krieg und militärische Macht – Felder, auf denen sie den europäischen Großmächten weit unterlegen waren. … Sie wussten aus ihrer Lektüre Vattels[4], dass im Völkerrecht ‚Stärke oder Schwäche … nichts zählt. Ein Zwerg ist ebenso sehr ein Mensch wie ein Riese; eine kleine Republik ist nicht weniger souveräner Staat als das mächtigste Königreich'."[5] Heute seien es die Europäer, die in dieser Lage sind. Es sei einerseits die eigene militärische Schwäche, so Kagan, und andererseits die schreckliche Erfahrung zweier Weltkriege, die Europa veranlassten, zur Lösung politischer Konflikte eher sanftere Instrumente wie Multilateralismus, Wirtschaft und Handel einzusetzen.[6]

Solange die Vereinigten Staaten schwach waren, so Kagan, verhielten sie sich in ihrer Politik und in ihren Strategien dementsprechend wie ein schwacher Staat, „nun, da sie mächtig sind, benehmen sie sich auch wie ein mächtiger Staat".[7] Wenn du einen Hammer hast, sagen Kritiker der aktuellen amerikanischen Außenpolitik, fangen alle Probleme an, wie Nägel auszusehen. Die Richtigkeit dieses alten Sprichworts – bezogen auf Amerika – zeigt sich an dem neuen Kurs der amerikanischen Außenpolitik im Mittleren Osten mit den Kriegen in Afghanistan und Irak.

Die Amerikaner seien Cowboys und agierten wie ein „selbst ernannter, aber dennoch weithin mit offenen Armen begrüßter internationaler ‚Sheriff', der sich darum bemüht, in einer in seinen Augen gesetzeslosen Welt, in der Verbrecher oftmals mit Waffengewalt abgeschreckt oder ausgeschaltet werden müssen, ein gewisses Maß an Frieden und Gerechtigkeit durchzusetzen".[8]

Den Nutzen eines solchen Ordnung schaffenden „Sheriffs" sehen die Europäer – und nicht nur sie – allerdings gemindert durch ihre Angst vor einer Macht, die eines Tages vielleicht nicht mehr kontrollierbar ist. Diese Macht sei heute zwar noch – zumindest aus der Sicht Europas – relativ gutmütig, aber dennoch bedrohlich. Für die Europäer, so Kagan, sei daher der UN-Sicherheitsrat ein Substitut für die Macht, die ihnen fehle. Daher hofften sie darauf, „die Macht der USA zu beschränken, ohne selbst Macht ausüben zu müssen. Sie trauen sich“, so schlussfolgert Kagan, „ein unerhörtes Meisterstück an Raffinesse und indirekter Einflussnahme zu: Sie möchten den Koloss dadurch bändigen, dass sie an sein Gewissen appellieren.“[9]

Subjektiv und zum heutigen Zeitpunkt, so Kagan, sehen die Amerikaner im weltweiten Einsatz ihrer Macht ein Mittel zur Förderung einer freiheitlichen Gesellschafts- und Werteordnung. Kagan unterschätzt jedoch folgenden Sachverhalt: Wenn die evangelikalen Fundamentalisten uneingeschränkt agieren können und die Werte und Prinzipien, die sie heute bei der Veränderung Amerikas anwenden, morgen zu ihrer Politik für den Rest der Welt machen, werden sie nicht Freiheit schaffen, sondern Unfreiheit. Dennoch: Heute, so Kagan, seien die Amerikaner – zumindest unter den westlichen Staaten – als Weltpolizisten willkommen. Sie seien weitgehend dafür verantwortlich, dass die Europäer ohne Machtpolitik auskommen. Die Europäer, so Kagan, hätten nach zahlreichen schmerzlichen Erfahrungen mit ihrer Machtpolitik und den Versuchen, ihre zwischenstaatlichen Probleme militärisch zu lösen, einen Zustand relativen Friedens erreicht.[10]

Das sei aber nur möglich, so Kagan, weil die USA die Rolle des Weltpolizisten übernommen hätten. In diesem Zusammenhang verweist er auf Immanuel Kant. Dieser hätte nämlich behauptet, dass ein weltweiter Frieden letztlich nur durch die Schaffung einer Weltregierung möglich sei. Zugleich befürchtete Kant jedoch, dass eine Weltregierung eine noch größere Bedrohung für die menschliche Freiheit bedeuten würde als die kriegerischen Auseinandersetzungen zwischen den Nationalstaaten. Eine solche Weltregierung mit ihrem Machtmonopol würde nämlich unweigerlich zum „schrecklichsten Despotismus“ führen.[11] In der Tat ist die Macht Amerikas inzwischen so groß, „dass sie niemandem gut tut, nicht einmal den USA selbst“.[12] Angesichts dieser Tatsache ist es bemerkenswert, wenn Kagan schreibt: „Amerika hat sich am 11. September nicht verändert. Es hat nur mehr zu sich selbst gefunden.“[13]

Was aber hat Amerika dort gefunden? Wie sieht Amerika sich selbst? Welche Rolle will das Land international spielen? Die Vorstellung, Amerika sei von Gott zu einer besonderen Aufgabe, einer Erlöserrolle für die Welt berufen, sitzt von jeher tief in der amerikanischen Seele, so Kagan. Viele Amerikaner glaubten, die USA müssten einfach eine Großmacht werden und vielleicht sogar die größte Macht auf dem Globus, „weil die Prinzipien und Ideale, auf die sie sich gründeten, unzweifelhaft überlegen waren – überlegen nicht nur den korrupten Monarchien im Europa des 18. und 19. Jahrhunderts, sondern auch den Ideen, die die gesamte Menschheitsgeschichte hindurch Staaten und Regierungen prägten. Nicht nur die permanente Vervollkommnung der amerikanischen Institutionen im Inland, sondern auch die Ausweitung des amerikanischen Einflusses in der Welt sollten die überragende Bedeutung des amerikanischen Experiments unter Beweis stellen.“[14] Sofern keine unerwartete Katastrophe eintritt, schlussfolgert Kagan, „kann man vernünftigerweise davon ausgehen, dass wir gerade erst in eine lange Ära amerikanischer Hegemonie eingetreten sind“.[15] „Nach dem Angriff vom 11. September haben die USA ihren Kurs nicht grundlegend geändert, sondern nur modifiziert und das Tempo erhöht.“[16]

Angesichts der erwähnten innenpolitischen Veränderungen, die durch die religiöse Rechte in Amerika erwirkt wurden und noch angestrebt werden, ist Kagans Schlussfolgerung plausibel, aber äußerst erschreckend: „Amerikaner sind Idealisten. In manchen Angelegenheiten sind sie vielleicht sogar größere Idealisten als die Europäer. Aber sie haben keinerlei Erfahrung darin, Ideale ohne Anwendung von Macht (und Gewalt?, G. P.) zu verwirklichen.“[17] Ebenso wie die Revolverhelden in den amerikanischen Cowboy-Filmen werden die Amerikaner „die Bürger der Stadt verteidigen, ob es denen gefällt oder nicht“.[18] Also folgert Kagan, sei es für die Europäer besser, ein starkes Amerika zu akzeptieren, ja, die Vormachtstellung Amerikas als eine unabdingbare Notwendigkeit zu begrüßen. „Dies dürfte ein annehmbarer Preis für die Bewahrung des Paradieses sein.“[19]

Ob die Welt dann aber noch von allen als Paradies gesehen wird – besonders von denen, die eine andere Werteordnung wollen als die militant-konservativ-christlichen Amerikaner – ist die Frage. Ebenso wie viele seiner politischen und journalistischen Kollegen scheint auch Kagan den Charakter, die missionarische Entschlossenheit und die bedrohlich wachsende intolerante Macht der Fundamentalisten Amerikas zu unterschätzen. Auch ignoriert oder verheimlicht er den aggressiven amerikanischen Wirtschaftsimperialismus und die buchstäblich über Leichen gehende Sicherheits- und Energiepolitik als wesentliche Motive der US-Außenpolitik. Beispiele für diese Politik des nationalen Egoismus lassen sich in Panama, Venezuela, Iran, Saudi-Arabien und Irak nachweisen, wo korrupte Diktaturen gestützt und Staatsmänner, die sich von Amerika nicht korrumpieren ließen, gestürzt oder gar umgebracht wurden. Dies hat zuletzt John Perkins in anschaulicher Weise offengelegt.[20]

Seit dem Sieg über den Kommunismus bzw. dem „Selbstmord" der Sowjetunion hat sich die weltpolitische Situation grundlegend geändert. Die Vereinigten Staaten von Amerika haben seitdem einen noch nie dagewesenen Gestaltungsspielraum. „Keine Macht der Welt", so der Amerika-Kenner und *Zeit*-Herausgeber Josef Joffe, „hat alle anderen Mächte je so weit überragt wie die Vereinigten Staaten zu Beginn des 21. Jahrhunderts."[21] Mit dem Untergang der Sowjetunion ist aber nicht nur eine politische und militärische Beschränkung der USA verschwunden, sondern auch eine ideologische. Vierzig Jahre lang war die Weltordnung durch das Gleichgewicht der beiden großen Blöcke eingefroren. Seitdem ist Amerika praktisch „entfesselt". Was aber macht das Land mit diesen neuen Möglichkeiten? Das amerikanische Sendungsbewusstsein ist bekanntlich nicht erst von George W. Bush erfunden worden. Schon der demokratische Präsident Bill Clinton hatte gesagt: „Wir müssen weiterhin die Verantwortung für die Führung in der Welt übernehmen."[22]

Was genau verstand Clinton unter Führung? Wohin genau will Amerika die Welt „führen"? Welche Ziele sollten nach dem Sieg über den Weltkommunismus erreicht werden? Wer war jetzt der Feind, der bekämpft werden musste? In einer Rede vor der Generalversammlung der Vereinten Nationen im September 1997 benannte Clinton gewissermaßen die erste noch etwas diffuse Phase der neuen amerikanischen Außenpolitik und ihre Ziele. Die Schurkenstaaten, Terroristen, Drogenhändler und das internationale Verbrechen seien nun der Gegner, den es zu besiegen gelte: „Diese Kräfte sind unsere Feinde."[23] Das Ziel sei die weltweite Ausbreitung der Demokratie und so die Schaffung einer allgemeinen Sicherheit – nicht zuletzt auch für das eigene Land. Ein pikanter Aspekt der neuen Außenpolitik, so Joffe, war, dass nunmehr „amerikanische Macht … nicht an den Schlagbäumen anderer Nationen haltmachen [würde]". Warum sollte Amerika sich auch einschränken? Die Ziele – so die Überzeugung in Washington – seien moralisch gut und richtig, und das Land habe die nötige Macht für die Gestaltung einer neuen Weltordnung. „Tatsache ist", so Samuel Berger, nationaler Sicherheitsberater unter Clinton, „die Wirtschaftsleistung unseres Landes ist konkurrenzlos, unsere militärische Macht ist unerreicht, unser politischer Einfluss ist unübertroffen. … Keine andere Nation verfügt über die Kraft, über die diplomatischen Eignungen oder über das Vertrauen, um in Streitfragen zu vermitteln, gegnerische Parteien an den Verhandlungstisch zu zwingen … oder Abkommen durchsetzen zu helfen."[24]

Unter Präsident George W. Bush und nach dem 11. September 2001 kam es zu einer Präzisierung und Weiterentwicklung dieser Grundlinien amerikanischer Außen- und Sicherheitspolitik, gewissermaßen zur zweiten und etwas klarer definierten Phase in der Ausformulierung der neuen globalen Politik Amerikas: Der Feind ist nicht mehr eine politische Ideologie wie einst der Kommunismus der Sowjetunion und auch nicht in erster Linie „Schurkenstaaten", die man mit militärischen Mitteln abschrecken kann. Vielmehr ist er eine mit dem Christentum in Konkurrenz stehende Religion. Der Islam in einer aggressiv-fundamentalistischen und militanten Variante, auch Islamismus genannt, ist der Gegner, „eine globale Franchise ohne feste Adresse".[25] Dieser Feind trifft auf amerikanischer Seite jetzt auf ein ebenfalls fundamentalistisches Land und einen evangelikal-fundamentalistischen Präsidenten mit einer ebenfalls religiös motivierten – und teilweise sogar fanatisierten – einflussreichen Klientel, die ihn politisch stützt.[26] Als Instrument für seine Auseinandersetzung mit Amerika und dem Westen hat der Islamismus bekanntlich vor allem die Gewalt des Bombenterrors gewählt. Dementsprechend reagiert die amerikanische Außenpolitik und Sicherheitsstrategie: „Wir müssen darauf vorbereitet sein", so eine offizielle Verlautbarung aus dem Weißen Haus genau ein Jahr nach dem 11. September, „Schurkenstaaten und ihre terroristische Klientel zu stoppen, bevor sie in der Lage sind, die Vereinigten Staaten und ihre Bündnispartner mit Massenvernichtungswaffen zu bedrohen oder solche gegen sie einzusetzen."[27] Und wenn nötig, sei man auch bereit, „allein zu handeln, wenn unsere Interessen … dies erfordern".[28] „Grob verkürzt", so Joffe, „verdichtete sich Amerikas Antwort auf ‚9/11' in der Formel ‚Alleingang plus Präventivkrieg'."[29]

„Die Verteidigung der Freiheit erfordert die Verbreitung der Freiheit"[30], so die verkürzte Formel der neuen amerikanischen Außenpolitik. Die Sorge vieler Staaten – Feinde und Freunde Washingtons gleichermaßen – ist seitdem allerdings, dass „die USA zugleich als Weltpolizist, Ankläger und Richter"[31] auftreten und die noblen Werte wie Freiheit, Demokratie und Menschenrechte nur ein propagandistisch gut verpackter Vorwand für eine aggressive Machtpolitik sind. Tatsächlich hat kein anderes Land seit 1945 häufiger zur Waffe gegriffen als die USA.[32] Es sollte daher auch nicht allzu sehr überraschen, dass einige – und das trifft nicht nur auf die Islamisten zu – „die Vereinigten Staaten als den eigentlichen Schurkenstaat des Planeten" bezeichnen.[33] Und noch etwas hat sich geändert: Während Amerika bei seinen kriegerischen Auseinandersetzungen in der Vergangenheit oft versucht hat, eine bestehende Ordnung zu sichern, hat sich an den Kriegen in Afghanistan und Irak die neue Qualität der amerikanischen Politik gezeigt: Nunmehr geht es immer öfter um Veränderung, nämlich – zumindest in der offiziellen Lesart Washingtons – um die ideologisch motivierte Zerstörung alter Ordnungen und den Aufbau einer neuen Ordnung auf der Grundlage amerikanischer Werte.[34]

Um in Zukunft seine praktisch uneingeschränkten Handlungsspielräume zu behalten, muss Amerika auch weiterhin das mächtigste Land der Erde bleiben. Und das bedeutet, dass es auch künftig kräftig in seine Rüstung investieren muss. Das tut Amerika auch, und zwar ohne allzu große Anstrengungen. Dabei spielt die amerikanische Wirtschaftskraft eine entscheidende Rolle. Der US-Verteidigungshaushalt macht traditionell etwa vier bis fünf Prozent des eigenen Bruttoinlandsprodukts (BIP) aus. Bei einem BIP von heute 12 Billionen Dollar sind das etwa 500 Milliarden Dollar. Zum Vergleich: China gibt nach offiziellen Angaben 30 Milliarden und Russland 65 Milliarden Dollar im Jahr für Rüstung aus. Rechnet man die jährlichen Wachstumsraten der amerikanischen Wirtschaft der letzten 10 Jahre (3,5 %) hoch, läge das Bruttoinlandsprodukt der USA im Jahre 2035 bei 36 Billionen Dollar. China hätte für den Fall, dass seine derzeitige Wachstumsrate von 7 % unverändert bliebe – was angesichts schon heute auftretender wachsender sozialer Spannungen und Umweltprobleme nicht wahrscheinlich ist –, dann erst ein Bruttoinlandsprodukt erreicht, wie es die USA heute haben, nämlich 12 Billionen Dollar. Auch der Abstand gegenüber Russland würde deutlich bleiben. Im Jahr 2055, so Joffe, wird das US-Bruttoinlandsprodukt „um gut das Vierfache über dem russischen liegen".[35]

Die demographische Entwicklung ist ebenso ein bedeutender Faktor. Auch sie spricht eher für eine fortgesetzte Dominanz Amerikas. Während die Zahl der wehrfähigen jungen Männer in den USA nach gegenwärtigen Trends weiter deutlich steigt, schrumpft sie in Russland. „Da zudem eine historische Korrelation zwischen Bevölkerungs- und Wirtschaftswachstum besteht", so Joffe, „lässt eine schrumpfende Bevölkerung nicht unbedingt eine überragende Wirtschaftsleistung erwarten."[36] Aber auch Europa dürfte Amerika die Führungsrolle auf lange Sicht nicht streitig machen – nicht streitig machen wollen und nicht streitig machen können. Dafür sprechen militärische, ökonomisch-demographische und kulturelle

Gründe, wie Joffe überzeugend argumentiert. Außerdem: Die USA sind heute „der einzige Akteur mit einem globalen Rollenverständnis".[37] Und mit ihren gewaltigen politischen, militärischen und wirtschaftlichen Mitteln sind sie, so Joffe, auch „der einzige Staat, der global handeln kann – zum Guten und zum Schlechten".[38]

Doch die Zahl jener, die Amerikas angebliche außenpolitische Leitlinien, wie die Verbreitung von Demokratie und Menschenrechten, lediglich als Propaganda sehen, scheint zuzunehmen. Immer mehr Beobachter sehen das globale Handeln der USA eher als eine Kraft zum Schlechten. So glaubt auch Wolfgang Haars nicht, dass Amerikas Politik von noblen Motiven getrieben ist. Er bringt die Doppelzüngigkeit der amerikanischen Außenpolitik in einem Leserbrief an die *Süddeutsche Zeitung* treffend auf den Punkt: „Hinter dem Argument, für Freiheit und Demokratie in der Welt das Blut amerikanischer GIs zu vergießen, steht vielmehr der eiserne Wille, die finanziellen, wirtschaftlichen und geopolitischen Interessen der USA mit militärischen Mitteln durchzusetzen oder zu wahren. ... Das Feuer der Freiheit Bushs erlischt unwiederbringlich, wenn es amerikanischen Interessen zuwiderläuft."[39] Die Maxime der amerikanischen Außenpolitik, „die Welt sicher machen für die Demokratie", müsste also eher lauten: „die Welt sicher machen für den amerikanischen Kapitalismus". Danach seien die Militärausgaben logischerweise auch keine (verlorenen) Ausgaben, sondern Investitionen.[40] Der New Yorker Politikwissenschaftler Norman Finkelstein geht sogar noch einen Schritt weiter, wenn er das angemaßte Recht Amerikas zum so genannten präventiven Erstschlag am Beispiel des Irakkriegs etwas überspitzt mit den Worten kritisiert: „Die Vereinigten Staaten machen sich ... der größten Aggression seit der Nazi-Zeit schuldig, in totaler Verachtung des internationalen Rechts und aller internationalen Normen. Wir haben in den Vereinigten Staaten ein Gangster-Regime, das außer Kontrolle geraten ist."[41]

2. Die „Schläferzelle" ist erwacht

Aber wer bestimmt *letztlich* die Leitlinien der amerikanischen Außenpolitik? Wer sind traditionell die mächtigsten Leute hinter der Politik? Wer hält die Fäden der Außenpolitik in der Hand und was sind die Interessen dieser Personen oder Gruppen? Und inwieweit decken sich ihre Werte und Ziele mit denen der evangelikalen Fundamentalisten? Es gibt neben der religiösen Rechten zwei Machtgruppierungen, die innerhalb der Republikanischen Partei um die Vorherrschaft kämpfen. Und sie sind sich nicht unbedingt grün. In jedem Fall aber geht es um Geld – viel Geld. Da sind einerseits die alten Familien der Ostküste, gewissermaßen der amerikanische Adel. Ihre Macht stützt sich vor allem auf das Ölgeschäft. Zu dieser Gruppe gehören aber auch einige der großen Banker bzw. die Stiftungen, über die diese Familien ihr Geld in politische Agitation umsetzten. Bekannte Namen unter ihnen sind Rockefeller, Ford, J. P. Morgan, Carnegie. Diese Allianzen sind vor allem an einer florierenden nationalen und internationalen Wirtschaft interessiert. Für sie ist amerikanische Macht ein Mittel zum Zweck, nämlich zum Zweck des Geldverdienens. Meist planen sie heimlich, so Ted Kahl nicht ganz unironisch, „wie sie mit Hilfe der WTO [Welthandelsorganisation], der CIA etc. andere Länder ausrauben und plündern" können.[42] „Die Reichen", so auch Jeffrey Stout, „dominieren das Land in zunehmendem Maße, und jene, die Amerika dominieren, hoffen offenbar, dass sie die Welt dominieren."[43]

Andererseits gibt es die so genannte Neue Rechte. Zu ihr gehören die religiöse Rechte und Stiftungen, wie die einflussreiche und rechtsextreme *John Birch Society*, aber auch die Neokonservativen oder *Neocons*. Die Macht der Neuen Rechten stützt sich u. a. auf die Rüstungs- und Luftfahrtindustrie sowie andere Quellen „neuen Geldes".[44] Auch diesen Kräften geht es – wie sollte es in Amerika anders sein – um handfeste wirtschaftliche Interessen. Allerdings spielen bei ihnen auch Ideen und Ideale eine große Rolle. Das trifft natürlich besonders auf die religiöse Rechte zu. Das Gleiche kann man aber auch von den *Neocons* sagen. Für diese beiden Machtblöcke innerhalb der Republikanischen Partei hat amerikanische Macht aber eine etwas andere Bedeutung. Denn der Neuen Rechten geht es sowohl um eine zivilisatorische Rolle Amerikas als auch um die religiöse Missionierung der Welt. Die Rivalitäten stoßen vor allem im Nahen Osten zusammen und lassen sich dort an entgegengesetzten Interessen festmachen: Während das Öl-Establishment in wiederholten Konfliktfällen an der Seite seiner arabischen Geschäftspartner stand, unterstützen die *Neocons* und die religiöse Rechte nur Israel, und dies auch noch aus unterschiedlichen Gründen.

Alle Gruppierungen versuchen ihre politischen Interessen vorzugsweise über Stiftungen zu verwirklichen.[45] Diese arbeiten, wenn es um das Ausland geht, nicht selten mit der CIA zusammen. Bereits im Jahr 1967 traf dies auf 100 dieser Non-Profit-Organisationen zu.[46] Diese verdeckte

Vorgehensweise, bei der man politische Ziele mit Hilfe des Geheimdienstes erreicht, wurde spätestens nach dem Zweiten Weltkrieg zum generellen Standard in der amerikanischen Außenpolitik. Der Historiker Carl Oglesby meint daher treffend: „Heimlichkeit ist nicht das Handwerkszeug einer Handvoll von Gaunern, sondern die fest installierte Praxis einer ganzen Klasse, an der sich Tausende spontan beteiligen. Die Verschwörung ist die normale Fortsetzung normaler Politik mit normalen Mitteln."[47]

Die Zusammensetzung der Neuen Rechten ist bei flüchtigem Hinsehen insofern erstaunlich, als die religiöse Rechte und die *Neocons* auf den ersten Blick überhaupt nicht zusammenpassen. Doch um der Macht willen und auf der Grundlage einer geistigen Verwandtschaft bei Methoden und Zielen, die allerdings erst auf den zweiten Blick sichtbar wird, sind die evangelikalen Fundamentalisten mit den *Neocons* eine kuriose Partnerschaft eingegangen.[48] Die *Neocons* haben in den letzten Jahren einen ungewöhnlich starken Einfluss auf die Außenpolitik Amerikas ausgeübt. Deshalb müssen sie in diesem Zusammenhang näher beleuchtet werden. Ihre Bezeichnung hatten sie 1976 von dem amerikanischen Sozialisten Michael Harrington erhalten.[49] Die Bewegung ist vor der Präsidentschaft Ronald Reagans entstanden und unter Bill Clinton – gewissermaßen als Reaktion auf ihn – aufgeblüht.

Bereits in den 1970er Jahren hatte sich also eine Gruppe von ideologischen Vordenkern gebildet, die bis heute Einfluss auf die amerikanische Politik nimmt. Eliot Weinberger bezeichnete sie in ihrem damaligen Stadium als „Schläferzelle"[50] und Kevin Phillips als „Häuptlinge ohne Indianer".[51] Während der Reagan-Jahre stießen dann weitere Konservative hinzu. Die Prominentesten unter den so genannten *Neocons*: Irving Kristol und sein Sohn William, Norman Podhoretz und sein Sohn John, Robert Kagan, Paul Wolfowitz, Richard Perle, Elliott Abrams und Zalmay Khalilzad. Rumsfeld und Cheney gehören zwar nicht zu ihnen, scheinen ihre Ziele aber tatkräftig zu unterstützen. Viele der *Neocons* sind die buchstäblichen und geistigen Söhne jüdischer Einwanderer aus Osteuropa, deren Familien um 1900 vor allem nach New York gekommen waren. Die übrigen Neokonservativen sind mehrheitlich katholisch.

Die *Neocons* verstehen sich als *Think-Tank* und üben durch ihre Ideen großen Einfluss auf die Politik aus. Auch werden sie immer wieder in politisch relevante Positionen gehoben, und zwar insbesondere im Weißen Haus und im Pentagon unter republikanischer Führung.[52] Nach John Micklethwait und Adrian Wooldridge fanden im Jahr 2001 immerhin 20 ihren Weg in die Bush-Adminstration: So Paul Wolfowitz als stellvertretender Verteidigungsminister und Douglas Feith als Nummer 3 im selben Ministerium; Cheneys Bürochef Lewis „Scooter" Libby als Protégé von Wolfowitz; John Bolton im State Department; Jim Woolsey, Richard Perle und Ken Adelman in Rumsfelds *Defense Policy Board.*[53] Grundsätzlich aber wirken sie durch Institute und Zeitschriften.[54] Politisch stehen die *Neocons* – abgesehen von ihrer Außenpolitik – links von den so genannten Altkonservativen. Während Letztere „den moralischen Verfall als Produkt fortschreitender Säkularisierung anprangern, begegnen die Neokonservativen den sozialen und kulturellen Veränderungen im Prinzip mit Optimismus"[55], schreibt Pascal Fischer in einer Veröffentlichung der Konrad-Adenauer-Stiftung. Im Gegensatz zum Liberalismus haben sie „volles Vertrauen in die amerikanischen Ideale und Werte", so Fischer weiter, „in die amerikanische Gesellschaft, den Kapitalismus, die amerikanische Demokratie und damit verbunden in die amerikanischen Institutionen … Und wo die Neue Linke der gewachsenen Macht Amerikas mit Misstrauen begegnet, da sehen die Neokonservativen die Stärke Amerikas als Grundlage einer stabilen Weltordnung."[56]

Die *Neocons* haben besonders in der Außenpolitik, in der sie als Falken gelten, Erfolge gefeiert. Sie schreiben sich insbesondere den Zusammenbruch des Kommunismus auf ihre Fahne. Einige von ihnen feiern ihn als Sieg des Dritten Weltkriegs. So könne man nämlich ihrer Meinung nach den Kalten Krieg bezeichnen. Reagan hatte unter ihrem Einfluss die Sowjetunion als das „Reich des Bösen" dadurch in die Knie gezwungen, dass er im Rüstungswettlauf die amerikanischen Militärausgaben solange erhöhte, bis die Sowjetunion nicht mehr mithalten konnte. Und dies sei erst der Anfang eines weltweiten Siegeszuges der amerikanischen Ideen von Demokratie, Freiheit und Kapitalismus, meint etwa der neokonservative Philosoph und Politikwissenschaftler Francis Fukuyama.[57] Allerdings, so schränkt Laqueur ein, sei der Erfolg der Neokonservativen auch „mit der veränderten Weltlage zu erklären, die ihre Argumente überzeugender macht als die ihrer liberalen Gegner".[58] Während der Wahl-Kampagne im Jahr 2000 hielt sich George W. Bush noch an außenpolitische Realisten wie Colin Powell, Brent Scowcroft und James Baker; erst mit den Terroranschlägen scheint der Interventionismus der Neokonservativen bei ihm zu einer Option herangereift zu sein.[59]

Ein wichtiger Aspekt neokonservativen Denkens ist ihre Vorstellung davon, wie sie ihre Ideale und Ziele in globale Politik umsetzen wollen.

„Wo sich Demokratie und freiheitliche Grundrechte nicht von selbst entwickelten, müsse man sie nach Kräften – notfalls mit militärischem Druck – unterstützen", so Fischer. Ein „Rückzug der USA aus internationalen Krisen … wird … strikt abgelehnt. Es sei im nationalen Interesse, Krisengebiete – notfalls mit Gewalt – zu befrieden und auf den Aufbau stabiler Demokratien hinzuarbeiten."[60] „Die Prinzipien der Freiheit und Demokratie, wie sie in Amerika verwirklicht sind, seien nicht nur überall in der Welt durchsetzbar, sondern müssen auch aktiv verbreitet werden."[61] Dabei sind die *Neocons* gegen eine Einbettung der amerikanischen Bemühungen in die Aktionen internationaler Institutionen und Allianzen und gegen Frieden und Stabilität in der Welt auf der Grundlage eines internationalen politischen Gleichgewichts. Stattdessen setzen sie, wie bereits weiter oben von Robert Kagan ausgeführt, auf eine wohlwollende, aber unangefochtene Alleinherrschaft Amerikas. „Internationale Institutionen", so Fischer, „allen voran die UNO, behinderten die Fähigkeit der USA, Frieden und Sicherheit zu garantieren. In ihr hätten schließlich auch verbrecherische Regime eine Stimme, mit der sie die notwendigen politischen Maßnahmen blockieren können."[62] Wenn es um die unangefochtene Herrschaft Amerikas über diesen Planeten geht, sind sich die *Neocons* mit den Ostküsten-Plutokraten einig: Das Streben nach wirtschaftlicher Weltmacht, so Stout, wird auch von den Reichen „euphemistisch als ein Streben formuliert, potenzielle Rivalen davon abzuhalten, den Status der Vereinigten Staaten als der einzig verbliebenen Supermacht in Frage zu stellen".[63]

Zahlreiche Ideen, Konzepte und Begriffe der neokonservativen Vordenker finden sich früher oder später in der offiziellen Politik Amerikas wieder. Der neokonservative Norman Podhoretz bezeichnet z. B. den Krieg gegen den Terrorismus neuerdings gern als den Vierten Weltkrieg. Damit will er das Ausmaß des Kampfes beschreiben und die beteiligten Nationen – allen voran seine eigenen Landsleute, die Amerikaner – zur Opferbereitschaft motivieren. Außerdem plädiert er dafür, dem Terrorismus einen deutlicheren Namen und damit ein Gesicht zu geben. Deshalb spricht er lieber davon, dass Amerika einen Krieg gegen den „Islamofaschismus" führt.[64]

Um die *Neocons* zu verstehen, reicht es jedoch nicht aus, ihre gegenwärtigen politischen Gedankenspiele, Positionen und Strategien zu betrachten. Was sind ihre darunter liegenden Werte, wo sind ihre philosophischen Wurzeln und inwieweit haben ihre Ideen zu politischen Aktionen geführt? Die bereits erwähnte Katherine Yurica hat in diesem

Zusammenhang bemerkenswerte Beobachtungen angestellt. Der geistige Vater der *Neocons* sei der deutsch-jüdische Philosoph Leo Strauss (1899– 1973), auch wenn dieser seine Gedankenspiele wohl nicht bewusst als Vorlage für eine neokonservative Politik gesehen hat. Er war 1938 auf der Flucht vor den Nazis in die USA eingewandert und unterrichtete von 1949 bis 1968 politische Philosophie an der *University of Chicago*. Strauss gilt als Kritiker der modernen Philosophie und der Moderne insgesamt.[65] Außerdem ist er dafür bekannt, dass er die antidemokratischen und unchristlichen Ideen des italienischen Politphilosophen Niccolò Machiavelli (1469–1527) neu entdeckt und propagiert hat.[66] Eines der Prinzipien Machiavellis für das Erreichen politischer Ziele lässt sich etwas vereinfacht mit dem Schlagwort „Der Zweck heiligt die Mittel" zusammenfassen. Dieses Prinzip, das auch den Jesuiten zugeschrieben wird und während des Massenmordens der spanischen Inquisition (1478–1834) – zumindest sinngemäß – eine Rolle gespielt hat, scheint auch bei den geistigen Kindern und Enkelkindern von Leo Strauss neue Aktualität zu gewinnen.

Basierend auf Shadia Drury[67] fasst Yurica – vielleicht etwas überspitzt, aber durchaus überzeugend – die politische Philosophie von Leo Strauss folgendermaßen zusammen:

- Ein politischer Führer muss die Menschen, die er regiert, ständig betrügen.
- Wer regiert, muss verstehen, dass es keine Moral gibt, sondern nur das Recht des Überlegenen, die Unterlegenen zu beherrschen.
- Religion ist der Leim, der die Gesellschaft zusammenhält. Sie ist eine Handhabe, mit der die Massen manipuliert werden können. Die Religion selbst ist austauschbar.
- Eine weltliche Gesellschaft ist das Schlimmste, was sich die Herrschenden vorstellen können, da sie zu Individualismus, Liberalismus und Relativismus führt. Diese Phänomene wiederum würden politischen Dissens und Rebellion fördern.
- Eine politische Ordnung kann nur dann stabil sein, wenn sie durch eine äußere Bedrohung zusammengehalten wird. Und wenn es keine Bedrohung von außen gibt, muss man sie erfinden.[68]

Eine politische Philosophie dieser Art rückt Amerika – wenn auch nicht unbedingt so gewollt – in die Nähe des Faschismus.[69] Strauss, der nach Yurica zugibt, dass Machiavelli ein boshafter Mensch war, bestätigt dessen Sicht, dass das Christentum die Welt verweichlicht habe[70] und dass eine Rettung nur in einer Rückkehr zur gewalttätigen Welt des Alten Testaments liegen könne.

Zu den Studenten von Leo Strauss an der *University of Chicago* zählten Paul Wolfowitz und der Pat Robertson nahestehende Harry V. Jaffa. Jaffa war in den 80er Jahren mehr als einmal Gast in Pat Robertsons *700 Club*. Auch hatte er einen bedeutenden Einfluss auf Clarence Thomas und Antonin Scalia, beides Richter am Obersten Gericht. Weitere Personen neben den bereits erwähnten, die entweder Freunde von Strauss waren oder von seinen Schülern unterrichtet wurden, sind der ehemalige Justizminister John Ashcroft, Newt Gingrich, Gary Bauer und Michael Ledeen.

Michael A. Ledeen,[71] der mit Pat Robertson seit den 80er Jahren gut bekannt ist und als Berater des *National Security Council* unter Reagan einen beträchtlichen Einfluss auf das Weiße Haus hatte, ist einer der größten Bewunderer Machiavellis. Im Jahr 1999 veröffentlichte der ehemalige CIA-Mitarbeiter und Jude ein Buch über Machiavelli.[72] In ihm zeigt er auf, warum dessen Regeln heute noch so aktuell und wichtig sind wie vor 500 Jahren. So schreibt er: Um die nobelsten Ziele zu erreichen, kann es sein, „dass der Führer zu moralisch verwerflichen Mitteln greifen muss. Das ist die erschreckende Einsicht, warum Machiavelli von so vielen gefürchtet, bewundert und als Herausforderung gesehen wurde. Und das ist der Grund dafür, dass wir uns immer noch zu ihm hingezogen fühlen".[73] Und ein paar Seiten weiter: „Ebenso wie das Streben nach Frieden um jeden Preis Krieg heraufbeschwört und – was schlimmer ist als Krieg – Niederlage und Beherrschung, so führen gute Aktionen manchmal zum Triumph des Bösen, so gibt es ebenso Umstände, in denen böse Taten den Sieg einer guten Sache sicherstellen."[74]

William O. Beeman kommentiert den Einfluss Ledeens mit den Worten: Seine „Ideen werden täglich von Personen wie Richard Cheney, Donald Rumsfeld und Paul Wolfowitz wiederholt. ... Im Grunde genommen glaubt er, dass Gewalt im Dienst der Verbreitung von Demokratie Amerikas offensichtliche Bestimmung sei."[75] Über Karl Rove, George Bushs wichtigsten strategischen Berater, der ebenfalls ein Bewunderer Machiavellis ist,[76] übt Ledeen einen direkten Einfluss auf das Weiße Haus aus. „Mehr als einmal hat Ledeen erlebt, dass seine Ideen, die er per Fax an Rove geschickt hat, zu offizieller Politik oder Rhetorik wurden"[77], zitiert die *Washington Post* einen entsprechenden Artikel in der *Asia Times*.

In den frühen 90er Jahren schrieben Wolfowitz und Khalilzad ein Manifest, das als *No-Rivals*-Plan in die Geschichte einging. Darin wurde erklärt, dass es nach dem Zusammenbruch der Sowjetunion das erste Ziel amerikanischer Politik sein müsse, das Aufkommen politischer Rivalen zu verhindern. Im Jahr 1997 ging aus dieser Gruppe die Stiftung *Project for the New American Century* (Projekt für das neue amerikanische Jahrhundert) hervor. Ihr Ziel war, „‚Beistand zu sammeln für die globale Führung Amerikas' und deren ‚militärische Stärke und moralische Reinheit'"[78] nach den Clinton-Jahren wiederherzustellen. Zu den Stiftungsgründern gehörten Cheney, Rumsfeld, Wolfowitz, Khalilzad, Lewis Libby, Francis Fukuyama, William Bennett, Norman Podhoretz, Bill Kristol, Robert Kagan und Jeb Bush.[79]

Abgesehen von persönlichen Kontakten untereinander, ähnlichen politisch-strategischen Ideen und einem Einfluss auf die politischen Prozesse und Entscheidungen in Washington, fragt man sich, wo sich die religiösen Rechten und die Neokonservativen programmatisch treffen. In Bezug auf ihre ideologischen und historischen Wurzeln liegen sie nämlich weit auseinander. Einig ist man sich jedoch, wenn es um den amerikanischen Patriotismus und die tiefe Überzeugung von der Überlegenheit des *American Way* geht, den man auch in den Rest der Welt tragen will. „Obwohl der Überzeugung der Neokonservativen alles Transzendente fehlt", schreibt Claus Kleber, „hat sie einen missionarischen Motor, konstruiert nach der simplen Logik: Wenn eine solche Ordnung Frieden garantiert, kann eine Weltmacht nur dann in Frieden leben, wenn es ihr gelingt, die ganze Welt so zu organisieren. Zu Ende gedacht lässt sich diese Sicht in dem Satz zusammenfassen: ‚Was gut ist für Amerika, muss auch gut sein für die Welt.'"[80]

In Bezug auf die drei Haupttriebfedern amerikanischer Außenpolitik, nämlich:

1. die globale Sicherheitspolitik und Demokratisierung nach dem Muster der USA,
2. den Wirtschaftsimperialismus und
3. die christliche Missionierung der Welt mit politischen Mitteln,

schreibt Conrad Schuhler: „Als sich … Bush mit seinen christlichen Bataillonen durchgesetzt hatte, zeigte schon die Bildung der neuen Regierung, dass es ohne Schwierigkeiten gelang, gottgefällige Weltmission, Supermacht-Patriotismus und Wirtschaftsinteressen zu verschmelzen. Nicht nur stehen sich die verschiedenen Elemente nicht im Wege, sie befördern einander, schaffen gemeinsam eine einzigartige ideologische Mehrzweckwaffe. … Das ökonomische und Machtinteresse der USA fällt mit dem Fortschritt der Menschheit und, alles überwölbend, mit Gottes Auftrag zusammen."[81]

Im Jahr 2000 erarbeitete die Stiftung *Project for the New American Century* ein Manifest unter dem Titel „Der Wiederaufbau der Verteidigung Amerikas: Strategien, Kräfte und Ressourcen für ein neues Jahrhundert".[82] In diesem Dokument ist die so genannte *Pax Americana*, der amerikanische Frieden, von zentraler Bedeutung. Nach dieser Strategie geht es um die Erhöhung des Rüstungsetats und den Ausbau amerikanischer Militärstützpunkte im Nahen Osten, in Südosteuropa, Lateinamerika und Südostasien. Der Ausbau der militärischen Präsenz in Südostasien beispielsweise „würde es ermöglichen", so wörtlich, „auf den Prozess der Demokratisierung in China einzuwirken". Präventivschläge werden nach Schuhler ebenso empfohlen wie der Einsatz von Atomwaffen. Da nach dem Wegfall der Sowjetunion die militärische Abschreckungsstrategie ein anderes Ziel haben müsse, gehe es jetzt um „Sicherung und Erweiterung von Zonen demokratischen Friedens" und darum, den „Aufstieg neuer Großmacht-Konkurrenten [zu] verhindern; Schlüsselregionen [zu] verteidigen; Umgestaltung des Krieges auszunutzen."[83]

Den politisch konservativen Ideologen dieser Pläne für den Ausbau einer amerikanischen Weltherrschaft war allerdings bewusst, dass sich eine solche radikale und teure Strategie, die noch einmal deutlich über den Status quo hinausgeht, innenpolitisch, aber auch außenpolitisch nicht ohne Weiteres durchsetzen ließe. Deshalb überlegten sie bereits damals, im September 2000, dass man „irgendein katastrophales Ereignis", „ein neues Pearl Harbor" brauche[84], „ehe man den Hebel umlegen könne".[85] Pikanterweise sollte ihnen dieses katastrophale Ereignis genau ein Jahr später mit den Anschlägen vom 11. September 2001 geliefert werden – ein Umstand, der zu mancher Verschwörungstheorie Anlass gab.

Tatsächlich konnten sich die Falken im Weißen Haus und im Pentagon nach *Nine Eleven* relativ leicht durchsetzen und den Rüstungsetat deutlich erhöhen. Sie bauten nunmehr das weltweite amerikanische Militärimperium, in dem die Sonne niemals untergeht, weiter aus. Heute betragen die Rüstungsausgaben der Vereinigten Staaten über 500 Milliarden Dollar im Jahr, also achtmal so viel wie die des zweitplatzierten Russland und insgesamt ebenso viel wie die Militärbudgets aller anderen Länder zusammengenommen.[86] Amerikanische Militärstützpunkte gibt es inzwischen auf allen Kontinenten (außer der Antarktis). Die USA betrieben bereits im Jahr 2003 nach offiziellen Angaben[87] neben ihren 6.000 inländischen

Stützpunkten 702 Militärbasen in etwa 130 weiteren Ländern, und zwar von Grönland bis Australien. Dabei scheint Washington ein Interesse daran zu haben, die tatsächliche Zahl zu verheimlichen. Mehrere Stützpunkte werden in den Veröffentlichungen des Pentagon einfach unterschlagen. Dazu gehören solche in Afghanistan, Israel, Kuwait, Kirgistan, Katar und Usbekistan, im Kosovo und im Irak.[88] Nach Einschätzung des amerikanischen Politikwissenschaftlers Chalmers Johnson (Anfang 2004) dürfte die tatsächliche Zahl amerikanischer Militärstützpunkte und Horchposten mit ihren – um einen Ausdruck von Johnson zu benutzen – „bewaffneten Missionaren" eher bei 1.000 liegen und weiter steigen.[89]

Die neokonservativen Sandkastenspiele für eine absolute Dominanz Amerikas über diesen Planeten wurden konsequent in Politik umgesetzt. Zu der neuen Präventiv-Krieg-Strategie – angeblich gegen die so genannten Schurkenstaaten dieser Welt – gehörte auch die Definition eines „Instabilitätsbogens". Er reicht von Kolumbien über Nordafrika, den Mittleren Osten, bis hin zu den Philippinen und Indonesien. „Zufällig" verfügen viele dieser Länder auch über die größten Erdölvorkommen der Welt.[90] „Es gab eine Zeit", so Johnson, „da konnte man die imperialistische Ausdehnung eines Landes an der Zahl seiner Kolonien messen. Die amerikanische Version einer Kolonie ist der Militärstützpunkt. ... Militarismus und Imperialismus sind siamesische Zwillinge, die an der Hüfte zusammengewachsen sind. Der eine lebt von dem anderen. Sie sind bereits in unserem eigenen Land weit entwickelt; jetzt bereiten sich jedoch beide auf einen Quantensprung vor".[91]

In den letzten zwei Jahrzehnten hat Amerika bereits eine ganze Reihe neuer Stützpunkte in Ländern um den persischen Golf herum eingerichtet. Dazu gehören, so Johnson, „solche antidemokratischen Autokratien wie Bahrain, Kuwait, Katar, Oman und die Vereinigten Arabischen Emirate".[92] Neuerdings sind dazugekommen bzw. stehen noch auf der Wunschliste des Pentagon: Rumänien, Polen, Bulgarien, Pakistan (wo es im Jahr 2003 schon vier US-Stützpunkte gab), Indien, Australien, Singapur, Malaysia, die Philippinen, Vietnam, Marokko, Tunesien, Algerien, der Senegal, Ghana, Mali und Sierra Leone.[93] Um das Geld für eine ehrgeizige Expansion diesen Ausmaßes aufzubringen, werden u.a. Stützpunkte in teureren Ländern – mit kostspieligen Umweltauflagen – geschlossen oder verkleinert. Dazu gehören Deutschland, Großbritannien, Japan und Südkorea.

Kaum bemerkt von der Öffentlichkeit hat Amerika somit die Angst der Weltbevölkerung vor weiteren islamistischen Terroranschlägen und seinen Krieg gegen den Terrorismus genutzt, um sein Imperium weiter auszubauen und seine Kontrolle über diesen Planeten zu festigen. Ist die Welt dadurch aber sicherer, friedlicher, demokratischer und freier geworden? Chalmers Johnson verneint dies. Er hält die Strategie einer universellen amerikanischen Militärpräsenz für ein untaugliches Mittel, um den Terrorismus zu bekämpfen. Dabei stützt er sich auf den britischen Militärhistoriker Corelli Barnett. Dieser habe nämlich beobachtet, dass die Kriege gegen Afghanistan und den Irak die Bedrohung durch Al-Kaida nur noch verstärkt haben. Zwischen 1993 und dem 11. September 2001 gab es weltweit fünf größere Al-Kaida-Anschläge. Allein in den ersten zwei Jahren danach habe es bereits 17 solcher Anschläge gegeben.[94] Deshalb schlussfolgert Johnson: „Der ‚Krieg gegen den Terrorismus' ist bestenfalls ein kleiner Teil der Begründung für alle unsere militärischen Strategien. Der wahre Grund für den Bau dieses neuen Rings amerikanischer Stützpunkte auf dem Äquator ist die Ausdehnung unseres Imperiums und die Verstärkung unserer militärischen Herrschaft über die Welt."[95]

Mit der „hilfreichen" Verquickung von Katastrophen und Machtpolitik scheint somit ein unseliges Muster für die Zukunft sichtbar zu werden. Krisen sind und bleiben ein willkommener Anlass für den Ausbau amerikanischer Macht. „Der als Weltpolizist auftretende Hegemon", resümiert auch Schuhler, „braucht Spannungen, Konflikte, ‚Rechtsbrüche', um für seine permanente Kontrolle legitimiert zu sein und Weltpolitik weiterhin mit den Mitteln entscheiden zu können, in denen er nach Quantität und Qualität gegenüber dem Rest der Welt ein Monopol hat."[96]

Es ist erschreckend zu sehen, wie selbstverständlich in der Zentrale amerikanischer Macht, aber auch in der amerikanischen Gesellschaft insgesamt der Einsatz von Gewalt im Allgemeinen und militärischer Gewalt – auch bei Angriffskriegen – im Besonderen geworden ist. „Ein hochgestellter Berater des Pentagon meinte", so Raeithel, „die Vorstellung, Gewalt dürfe stets nur das letzte Mittel sein, sei etwas Europäisches. ... Clinton handelte sich als Präsident wegen Problemen mit seiner Libido eine Staatsklage ein. Wenn Bush das Völkerrecht bricht, scharen sich amerikanische Politiker hinter ihren Staatschef. Es gibt eben keine echte parlamentarische Opposition in Washington."[97]

Bei der ehrgeizigen Expansion des Imperiums will Amerika sich von niemandem reinreden lassen. Wie sehr das Land die neokonservative Vorstellung einer Befreiung der USA von den „Fesseln" internationaler Institutionen zur Durchsetzung seiner „noblen" Ideen und zur Erlangung der absoluten und ungestörten Weltherrschaft bereits heute in die Tat umgesetzt hat, verdeutlicht eine Auflistung Schuhlers. Sie zeigt, von welchen regulierenden, die Supermacht zügelnden Verträgen und Abkommen Amerika sich bereits verabschiedet hat, bzw. wo es sich weigert, sich in die Weltgemeinschaft einzufügen:

- Der Atom-Teststopp-Vertrag von 1996
- Der Antiraketen-Raketen-Vertrag von 1972
- Der Vertrag über Biologische und Toxische Waffen von 1972
- Das UN-Abkommen zur Eindämmung des internationalen Handels mit kleineren Waffen von 2001
- Der Vertrag über den Internationalen Strafgerichtshof von 1998
- Der Landminen-Vertrag von 1997
- „Im Mai 2001 forderte die EU Gespräche über das US-Programm ‚Echelon', mit dem die USA weltweit Telefonate, Emails und Faxe von Regierungen, Unternehmen und Bürgern abhören. Die USA wiesen jedes Gespräch darüber zurück und führten das Programm weiter fort.
- Der Internationale Gerichtshof im Haag sprach die USA des unerlaubten Einsatzes von Gewalt im Jahr 1986 gegen Nicaragua schuldig. Die USA weigerten sich, die Gerichtsentscheidung anzuerkennen.
- Die UN-Konvention gegen die Folter von 1987."[98]

Al Gore meint: Das amerikanische Streben nach Dominanz „in der Außenpolitik hat die Bush-Administration veranlasst, die Vereinten Nationen zu ignorieren, unsere wichtigsten Allianzen ernsthaft zu beschädigen, internationales Recht zu verletzen und den Hass und die Verachtung vieler im Rest der Welt auf uns zu ziehen".[99]

William Kristol, Gründer und Chefredakteur des neokonservativen *Weekly Standard*, der wohl einflussreichsten politischen Zeitschrift Amerikas und Pflichtlektüre des Weißen Hauses, sagte in einem Interview mit Claus Kleber: „Ich wünschte, wir hätten die Macht, Nordkorea seine Atomwaffen aus der Hand zu schlagen. Ich wünschte, wir könnten das verkommene Mullahregime in Teheran beseitigen, das sein Volk unterdrückt. Mir machen die Grenzen amerikanischer Macht viel größere Sorgen als ihre Exzesse. Wir haben auf dem Balkan zu lange gezögert, wir haben uns aus Ruanda herausgehalten, wir haben Osama Bin Laden zu lange laufen lassen, und wir hätten uns viel früher um Saddam Hussein kümmern sollen. In den letzten dreizehn Jahren sind mehr Menschen wegen unserer Zurückhaltung gestorben als wegen unserer Aktionen. Wir hätten der Welt viel Leid ersparen können."[100]

Zu Recht analysiert Kleber diese Haltung der Neokonservativen als eine „Mischung aus amerikanischem Selbstvertrauen, Glauben an die Überlegenheit der eigenen Idee, … einem Schuss religiösen Sendungsbewusstseins", die in eine Überhebung über andere mündet.[101] Der Splitter im Auge der anderen scheint viel größer als der Balken im eigenen Auge. „Mit der Brutalität und der Ungerechtigkeit ihres eigenen Justizsystems", so der in Montreal geborene Journalist Peter Scowen, „befassen sich Amerikaner … weniger gern, obgleich ihm Jahr für Jahr Menschenrechtsorganisationen im internationalen Vergleich mit die schlechtesten Noten erteilen."[102]

Vor dem Hintergrund der neokonservativen Ideen und Prinzipien muss man sicher auch die 2005 durch George W. Bush vorgenommene Benennung von Paul Wolfowitz zum Leiter der Weltbank sehen. Man braucht nicht viel Phantasie, um sich vorzustellen, dass die Bush-Regierung mit seiner Wahl die neokonservative Machtpolitik Washingtons auch mit den Mitteln der internationalen Finanzpolitik ausbauen wollte. Zum Bedauern von Präsident Bush hat Wolfowitz sich selbst ein Bein gestellt und musste im Mai 2007 seinen Hut nehmen. Mit einem Hinweis auf die Rolle, die Wolfowitz bei der Gründung des *Project for the New American Century* spielte, schreibt Hans Leyendecker in der *Süddeutschen Zeitung*: „Der Verein formulierte Ziele, die damals noch nicht auf der offiziellen Agenda standen: ‚Regierungen, die ‚unseren Interessen und Werten gegenüber feindlich eingestellt sind', sollten attackiert oder beseitigt werden. ‚Wir müssen eine Weltordnung erhalten oder ausbauen, die unserer Sicherheit, unserem Wachstum und unseren Prinzipien dient.'"[103] Die kritische Presse Amerikas betrachtete Wolfowitz als den einflussreichsten aller *Neocons* und beschreibt ihn als „eine Art Rasputin".[104] Es bleibt abzuwarten, ob Wolfowitz nach einer gewissen Schamfrist diese Rolle wieder ausfüllen kann.

In einem Leserbrief, ebenfalls in der *Süddeutschen Zeitung*, bezeichnet Anit Van Hercke die Machthaber in Washington als „eine sich demokratisch verstehende Oligarchie", die es meisterlich schafft, „ihre gruppenspezifischen Absichten vor dem Volk (den Völkern) zu verbergen, indem sie sich hypokritisch und gewissenlos umfangreicher Verschleierungstechniken bedient."[105] Ob militärisch, wirtschaftlich oder religiös: in jedem Fall scheint es vor allem um Macht zu gehen – die Macht Amerikas über diesen Planeten. Entsprechend fällt das Urteil der kritischen akademischen Welt Amerikas über die *Neocons* aus: „Dort spricht man", so Walter Laqueur, „von einer anti-amerikanischen Verschwörung, von

Fanatismus, Totalitarismus, amoralischen Einstellung, imperialistischer Aggression und Faschismus."[106] Amerika ist zu einer Gefahr für die Welt geworden. „Das Weiße Haus unter Bush", schreibt Al Gore, „hat im Jahr 2002 bekannt gegeben, dass die Vereinigten Staaten erstmals in Erwägung ziehen, den Einsatz von Atomwaffen bei Erstschlägen gegen *Nicht-*Atom-Mächte zum Teil ihrer Abschreckungsstrategie zu machen. Diese radikale und rücksichtslose Doktrin nuklearer Erstschläge schafft in Wirklichkeit bei anderen Nationen den Anreiz, selbst so schnell wie möglich eigene Atomwaffen zu entwickeln, um auf Amerika zu reagieren".[107]

Obwohl die *Neocons*, die politisch Konservativen, und die *Theocons*, die theologisch Konservativen, unterschiedliche Wurzeln haben und auf den ersten Blick ganz und gar nicht wie Zwillinge aussehen, gibt es eine hohe Übereinstimmung bei ihren Zielen und Methoden. Während die grundsätzlich weltlichen *Neocons* die *Pax Americana*, die „Befriedung" der Welt durch eine uneingeschränkte Macht Amerikas anstreben, wollen die *Theocons* die Welt „für Christus" beherrschen. Das heißt, sie wollen die fundamentalistisch verstandene und zur Not auch mit Gewalt durchgesetzte Christianisierung der Welt als Voraussetzung für den Anbruch eines 1.000-jährigen Friedensreiches.

Beide wollen Herrschaft über diesen Planeten. In der geistigen Gefolgschaft von Machiavelli und Strauss sind die *Neocons* bereit, für dieses Ziel symbolisch und buchstäblich über Leichen zu gehen, da ja nach ihrer Auffassung der gute Zweck die zur Not auch unmoralischen Mittel heiligt. In verblüffend ähnlicher Weise sehen die *Theocons* in einer pervertierten Heilsgewissheit (*once saved – always saved*), nach der ein einmal Wiedergeborener eine absolute und dauerhafte Garantie für den Himmel habe, und dem Glauben, dass Gott die Erfolgreichen schon vor Erschaffung der Welt für die Erlösung vorherbestimmt habe, einen Freibrief für jede unmoralische Handlung, ohne die ewige Seligkeit zu riskieren. Das bedeutet, beide haben eine Rechtfertigung gefunden, um über Leichen zu gehen. Diese erstaunliche Ähnlichkeit bei den Zielen und Methoden lässt für den Rest der Welt nichts Gutes erahnen.

Ein gemeinsames strategisches Ziel führt Fundamentalisten und *Neocons* allerdings schon heute zu einer langfristigen Bündelung der Macht und mündet in ganz konkrete Politik: Israel. Dabei nutzen sie geschickt die Stimmung in der Bevölkerung. Denn: „Nach den traumatischen Anschlägen vom 11. September 2001 betonen mehr Amerikaner die ‚jüdisch-christliche Schicksalsgemeinschaft' und suchen gemeinsam Sicherheit im Kampf gegen den Terrorismus."[108] Hinzu kommt als Triebfeder ihrer Außenpolitik auf Seiten der Fundamentalisten die Erwartung einer prophetisch vorhergesagten und göttlich bestimmten Rolle Israels in der Endzeit der Weltgeschichte. 50 bis 60 Millionen Amerikaner glauben, dass diese bereits angebrochen sei:[109] „Jesus Christus wird erst dann wiederkommen, wenn Israel in seinen alttestamentarischen Grenzen etabliert ist. Erst dann ist der Boden für den Entscheidungskampf (Armageddon) bereitet, bei dem das ‚Gute' endgültig über das ‚Böse' siegen wird."[110] Und da die Fundamentalisten, wie oben ausgeführt, Prophetie nicht als etwas verstehen, das sein *wird*, sondern als etwas, das nach Gottes Plan sein *soll*, gibt es bei diesem Thema eine enorme und von vereinten Kräften gespeiste Dynamik, und zwar im Sinne einer sich selbst erfüllenden Prophetie (*self-fulfilling prophecy*).[111]

Wenn es um den Mittleren Osten geht, hat die amerikanische Außenpolitik – nicht zuletzt getrieben durch die Lobbyarbeit der religiösen Rechten – schon seit geraumer Zeit auch noch andere welt- und wirtschaftspolitische Konsequenzen: Traditionell bezog Amerika große Mengen Öl aus der arabischen Welt. Um nun aber in seiner einseitig proisraelischen und damit anti-arabischen Haltung in der Nahost-Frage nicht durch die Araber erpressbar zu sein, reduzierte Amerika zwischen 1977 und 2002 – gegen die Interessen des Ostküsten-Öl-Establishments – seine Abhängigkeit von arabischem Öl von 70 auf 45 %.

Die einseitig pro-israelische Politik Washingtons verfehlt ihre Wirkung auch nicht auf die Politik Israels. Wenn es um ihre harte Haltung gegenüber den Palästinensern geht, braucht die israelische Regierung heute keine Repressalien aus dem Weißen Haus zu befürchten. Als George W. Bush im April 2002 auf internationalen Druck hin Ariel Sharon aufforderte, sich nach einigen Militäraktionen gegen die Palästinenser aus der Ortschaft Jenin auf der West Bank zurückzuziehen, erhielt er zunächst einen mahnenden Brief von Jerry Falwell und wurde anschließend mit einer Lawine von tadelnden Briefen, E-Mails, Anrufen und Besuchen von dessen Anhängern überflutet. Sofort verstummte die Kritik Bushs, und Sharon konnte seine Militäraktionen ungestört fortsetzen.

Wohl nicht zuletzt auch unter dem massiven Einfluss der Pro-Israel-Lobbyarbeit der Fundamentalisten hat sich in nur drei Jahren die Politik der Bush-Regierung in der Frage der Terrorismusbekämpfung und damit auch gegenüber den Palästinensern messbar geändert. In einem 2002 verfassten Strategiepapier war es noch die Lösung des Konflikts zwischen Israel und den Palästinensern, die als wesentliche Voraussetzung für den

Sieg im „Krieg der Ideen" galt.[112] Vier Jahre später war es die Verbreitung der Demokratie, die das vorrangige Ziel war und nicht die Palästinenserfrage.[113] Auch innerhalb Amerikas beobachten einige die geradezu fanatische Israelpolitik der USA mit Erstaunen. „Warum sind die Vereinigten Staaten bereit gewesen, ihre eigenen Sicherheitsinteressen nur deshalb beiseitezusetzen, um die Interessen eines anderen Staates zu fördern"[114], fragten beispielsweise die Harvard-Professoren John J. Mearsheimer und Stephen M. Walt. Mit ihrer eigenen Antwort auf diese Frage lösten sie in Amerika heftige Reaktionen aus.[115] Sie argumentierten nämlich, dass die Israel-Lobby zu stark und ihre Argumentation zu geschickt sei, als dass sich Parlament und Regierung dagegen wehren könnten oder wollten.[116] Jimmy Carters jüngstes Buch *Palestine Peace Not Apartheid* traf ebenfalls auf ein gemischtes, mitunter erbittertes Echo.[117]

Gerade das friedliche Nebeneinander eines jüdischen und eines arabischen Staates auf palästinensischem Boden passt den Evangelikalen nicht ins Konzept. Enttäuscht über die nur gemäßigt pro-israelische Haltung Jimmy Carters schrieben sie schon 1977 in einer ganzseitigen Anzeige in mehreren großen Tageszeitungen Amerikas: „Wir betrachten jedes Bemühen mit großer Sorge, das darauf abzielt, aus dem jüdischen Heimatland eine weitere Nation oder politische Einheit herauszuschneiden."[118]

Die einseitig pro-israelische Politik Amerikas, die zum Großteil auf Agitationen der religiösen Rechten zurückgeht, trägt nach Meinung der Kritiker Washingtons zu einer Vertiefung der Kluft zwischen der islamischen Welt und dem Westen bei und stärke nur die Motivation des islamistischen Weltterrorismus.[119] Die Einstellung der amerikanischen Öffentlichkeit heute – beeinflusst durch die offizielle Propaganda – spiegelt diese Kluft deutlich wider; Meinungsumfragen zeigen, dass im Nahostkonflikt nur 14 % der amerikanischen Bevölkerung auf der Seite der Palästinenser stehen.

Die Feindschaft gegenüber den Islamisten, der häufig gleichgesetzt wird mit einer Feindschaft gegenüber dem Islam insgesamt, hat aber noch eine andere, durchaus „hilfreiche" Seite. Nach dem Zusammenbruch der Sowjetunion, des „Reiches des Bösen"[120], scheint die religiöse Rechte – und teilweise trifft das auf Amerika insgesamt zu – dringend ein neues Feindbild gebraucht zu haben. Sie fand dies im Islam, auf den sie jetzt ihren ganzen Hass richtet und für den sie das Konzept der Kreuzzüge wieder aufwärmt. „Amerikanische Evangelikale, Fundamentalisten und Pfingstkirchen ... sind zu den neuen Bannerträgern der Kreuzzüge gegen ‚die Bösen' des Islam geworden", schreibt Kevin Phillips. „Nach landesweit erhobenen Meinungsumfragen sehen die Evangelikalen und ihre Führer den Islam weitaus negativer als andere Amerikaner. Zwei Drittel dieser Führer glauben, dass der Islam auf ‚Weltherrschaft' aus sei und eine ‚Religion der Gewalt' darstelle."[121] Durch ihren Islamhass und ihre einseitige Israelpolitik, so muss man schlussfolgern, ist die religiöse Rechte somit ein treibender Faktor in der Destabilisierung des Weltfriedens.

Das sehen die Evangelikalen natürlich anders. Sie meinen, die Ereignisse in der Welt müssten sich so entwickeln, da sie von Gott so vorherbestimmt seien. Dass sich diese Entwicklung allerdings weitgehend und in hohem Maße auf dem Rücken Israels und sogar zum Schaden des jüdischen Volkes abspielt, da nur eine gerechte und um Ausgleich bemühte Politik zum Frieden führen kann, nehmen sie billigend in Kauf. Mehr noch: Während die Bush-Administration Amerika und Israel seit dem 11. September 2001 als Verbündete im Krieg gegen den Terror sehen, gehen die Evangelikalen noch einen Schritt weiter und sagen, dass es sich bei diesem gemeinsamen Krieg nicht nur um ein Bündnis zwischen Nationen handele, sondern um eine Allianz zwischen zwei Weltreligionen: Christentum und Judentum.[122]

3. Ängste, Phobien und Verschwörungstheorien

Trotz ihrer prophetisch motivierten Israelpolitik sind die Fundamentalisten in der Außenpolitik unerfahren. Es ist zu befürchten, dass sie dies nicht davon abhalten wird, sich in Zukunft noch mehr in die Belange anderer Länder einzumischen. Was hat der Rest der Welt von Amerika dann jedoch zu erwarten? Gibt es schon heute bei den Konservativen und speziell bei den evangelikalen Fundamentalisten Ideen, Leitbilder und Ziele, die sich dazu eignen, einer neuen amerikanischen Außenpolitik Richtung zu geben? Welches sind diese, und aus welchen Quellen schöpfen Robertson, Dobson & Co., wenn es um die Veränderung der Welt geht?

Es ist zu erwarten – und das zeigt sich teilweise schon heute –, dass die Leitlinien fundamentalistischer Außenpolitik vor allem durch folgende Faktoren bestimmt werden:

- eine buchstäbliche Auslegung prophetischer Bücher der Bibel, insbesondere der Offenbarung, die angeblich einen Fahrplan für das Ende der Welt liefern

- die auf diesen Auslegungen basierenden Romanideen eines Hal Lindsay und Tim LaHaye
- die gewalttätig-theokratischen Passagen des Alten Testaments bezüglich des alten Volkes Israel, die auf das moderne Amerika – das neue Israel – als Handlungsanleitung übertragen werden
- ein puritanischer Moralcodex
- das Programm und die Werte der rechtsextremen *John Birch Society*.

Die meisten dieser Faktoren sind bereits behandelt worden. Wer oder was aber ist die *John Birch Society*, und wie groß ist ihr Einfluss auf die religiöse Rechte?

Die *John Birch Society* (*JBS*) wurde 1958 von 12 „amerikanischen Patrioten" als politische Lobbyorganisation ins Leben gerufen.[123] Nach eigenen Worten warnt die Gesellschaft „vor jenen Kräften und entlarvt sie, die danach trachten, die Unabhängigkeit der Vereinigten Staaten abzuschaffen, eine Weltregierung zu errichten oder sonst wie unsere persönlichen Freiheiten und unsere nationale Unabhängigkeit zu zerstören".[124] Ganz bewusst hatten sich die Gründer John Birch als Namenspatron ausgesucht.

John Morrison Birch (1918–1945) war ein amerikanischer China-Missionar der Baptisten, der ab 1942 gleichzeitig als Geheimagent der amerikanischen Regierung arbeitete. Im Jahr 1945, kurz nach Ende des Zweiten Weltkriegs, wurde er durch kommunistische Soldaten getötet.[125] Viele Amerikaner betrachteten ihn daher als das erste Opfer des Kalten Krieges. Die Wahl seines Namens offenbart ein mangelndes Gespür für die unselige, aber für die *Birch Society* symptomatische Verquickung von Religion, Politik und militärischer Gewalt. Weder bei John Birch selbst, noch bei den „christlichen Patrioten" der *John Birch Society* schien die Einsicht zu existieren, dass der baptistische Missionar durch seine gleichzeitige Arbeit als Geheimagent einen ganzen Berufsstand in Misskredit und Lebensgefahr brachte. Er war zuerst Amerikaner und erst dann christlicher Missionar. Mit seinem Verhalten hat er dem Christentum und der weltweiten christlichen Mission einen Bärendienst erwiesen. Denn er bestätigte mit seiner Vermischung von christlicher Mission und militärpolitischer Aktion den Verdacht jener, die das Christentum ohnehin mit Misstrauen betrachten. Für sie war und ist die christliche Mission nämlich lediglich das Instrument einer imperialistischen Politik.

Die *John Birch Society* ist ein für die USA typisches Produkt des Kalten Krieges.[126] Außerdem wurde sie eine Brutstätte für viele der Verschwörungstheorien, die heute in den USA – und dort besonders in fundamentalistischen Kreisen – mit Vorliebe gepflegt werden. Der Initiator der *Birch Society* war ein Bonbon-Fabrikant namens Robert Welch, der davon ausging, dass sich führende amerikanische und sowjetische Politiker dazu verschworen hätten, zusammen mit einigen einflussreichen Bankern eine sozialistische und damit antigöttliche Weltregierung zu schaffen. „Es geht hier um eine weltweite Schlacht zwischen Licht und Finsternis", so Welch, „zwischen Freiheit und Sklaverei, zwischen dem Geist des Christentums und dem Geist des Antichristen, und zwar um die Seelen und Körper von Menschen."[127]

Die *John Birch Society* gründete bald Ortsgruppen in praktisch allen Bundesstaaten – 1960 waren es bereits 324. Sie rekrutierte konservative patriotisch gesonnene Amerikaner als Mitglieder. Es wird geschätzt, dass sie bereits drei Jahre nach Gründung 60.000 bis 100.000 Mitglieder besaß.[128] Die Gesellschaft ist ein Vorreiter in der basisdemokratischen Lobbyarbeit mit unzähligen Informationsveranstaltungen, Propaganda und massenhaften Briefkampagnen zur Unterstützung bzw. Abwehr geplanter Gesetze. 1964 finanzierte die *John Birch Society* für 10 Millionen Dollar im Jahr 7.000 Rundfunk- und Fernsehspots pro Woche. Mit ihren basispolitischen Methoden und ihrer Propaganda diente sie der *Moral Majority* und der *Christian Coalition* offensichtlich als Vorbild.

Es war vor allem ihr fanatischer Antikommunismus, der die *John Birch Society* dazu veranlasste, gegen eine Mitgliedschaft der USA in den Vereinten Nationen zu kämpfen – eine Kampagne, die bis heute anhält. Denn, so ihre Logik, die Vereinten Nationen seien eine Vorstufe für die Bildung der gefürchteten Weltregierung, die dann von antigöttlichen sozialistischen oder kommunistischen Prinzipien geleitet sein wird. In geradezu paranoider Weise sehen die Führer der Organisation und ihre Mitglieder den Liberalismus und den Internationalismus lediglich als einen Vorwand und Deckmantel für eine schrittweise geheime Agitation in diese Richtung. Das *Council on Foreign Relations* mit Sitz in New York, eine einflussreiche international geprägte Non-Profit-Organisation mit außenpolitischen Ambitionen, finanziert durch Banker-Familien mit einigem politischem Gewicht, wurde als Teil dieser Verschwörung gesehen. Selbst der amerikanische Präsident Dwight D. Eisenhower sei insgeheim ein Agent des Kommunismus gewesen und damit Teil der Verschwörung. Aber auch die Freimaurer, die Illuminati und die *Trilateral Commission* gehörten angeblich dazu. Nach Meinung von Welch und zahlreicher anderer Mitglieder der *Birch Society* gebe es „eine ungebrochene ideologisch getriebene Verschwörung, die die Illuminati, die Französische Revolution, die Entstehung des Marxismus und Kommunismus, das *Council on Foreign Relations* und die Vereinten Nationen direkt miteinander verbinde."[129]

Trotz ihrer absurden und paranoiden Ideen gewann die Gesellschaft schnell an Einfluss. Nach Ansicht der *New York Times* im April 1966 war „die Birch Society bei weitem die erfolgreichste und ‚respektierteste' rechtsextreme Organisation im Lande. Sie arbeitet allein oder in Unterstützung anderer extremer Organisationen".[130] Nicht in allen Fällen beließen es die Anhänger der *Birch Society* übrigens bei Propaganda und politischer Agitation. Auf dem Höhepunkt des Kalten Krieges gründeten einige von ihnen die so genannten *Minutemen*, eine paramilitärische Kampftruppe, die sich im Falle einer kommunistischen Übernahme Amerikas auf einen Guerillakrieg vorbereitete. Diese Organisation wurde allerdings später wieder aufgelöst.

Der Tod von Robert Welch im Jahr 1985 und das Ende des Kalten Krieges mit dem Zusammenbruch des Kommunismus schienen das Aus für die *John Birch Society* einzuläuten. Sowohl ihr Motor als auch ihr Feindbild waren verschwunden. Tatsächlich fiel die Zahl der Mitglieder auf geschätzte 15.000. Doch die Rolle der Vereinten Nationen im ersten Golfkrieg und der Ruf nach einer neuen Weltordnung durch Präsident George H. W. Bush schienen die alten Thesen einer heimlich geplanten Weltregierung wieder plausibel zu machen, alte Ängste zu wecken und der Gesellschaft nachträglich recht zu geben. Die Mitgliederzahl stieg erneut an und dürfte heute wieder bei über 55.000 liegen. Seit dem Untergang der Sowjetunion warnt die *Birch Society* jedoch nicht so sehr vor dem gottlosen Kommunismus, sondern nunmehr eher vor dem Liberalismus und dem weltlichen Humanismus. Diese synonym verwendeten Begriffe und die mit ihnen verbundenen Strömungen spielten eine entscheidende Rolle bei der angeblichen Zerstörung Amerikas.

Auch wenn sich die Gesellschaft offiziell gegen jede Form von Antisemitismus ausspricht, kann sie eine gewisse antijüdische Einstellung nicht leugnen. So propagiert sie das Konzept einer Verschwörung durch jüdische Bankenkreise[131] und schürt damit Misstrauen gegenüber Juden. Ähnlich widersprüchlich ist die Einstellung in der Rassenfrage. Während die Gesellschaft offiziell gegen Rassismus auftritt, kämpfte sie in Wirklichkeit gegen die Bürgerrechtsbewegung, die sich für die Rechte der Schwarzen einsetzt. Martin Luther King bezeichnete sie als „einen Agenten einer massiven kommunistischen Verschwörung".[132] In jedem

Fall aber steht die *Birch Society* für eine extrem rechts-konservative autoritäre Politik sowie Homophobie und Sexismus. Sie ist ferner gegen Sexualkundeunterricht in öffentlichen Schulen, gegen sozialdemokratische Prinzipien wie einen Ausgleich zwischen Arm und Reich, gegen jede Einmischung in die Volkswirtschaft, für einen schlanken Staat und für niedrige Steuern.

Zu den ehemaligen und gegenwärtigen Mitgliedern der Gesellschaft gehören der texanische Milliardär Nelson Bunker Hunt sowie mehrere Generäle. Zu den Büchern, die das Gedankengut der *Birch Society* verbreiten und die von der Gesellschaft empfohlen werden, gehören *None Dare Call It Treason* (1964) von John A. Stormer und *A Choice Not an Echo* (1964) von Phyllis Schlafly. In dem Buch *None Dare Call It Treason* (Keiner wage es, von Verrat zu sprechen), von dem über sieben Millionen Exemplare verkauft wurden, beklagt der Autor den Untergang der amerikanischen Schulen, Kirchen und Medien – ein Phänomen, das angeblich auf ein Einknicken gegenüber dem Kommunismus zurückzuführen sei. Das *Council on Foreign Relations* sei ein pro-kommunistisches, von Rockefeller finanziertes trojanisches Pferd auf amerikanischem Boden. Aber auch nach dem Zusammenbruch der Sowjetunion bleibt der Kommunismus ein beliebtes Feindbild. In einem Vorwort zu einer Auflage aus dem Jahr 1998 behauptet Stormer, der Kommunismus sei durchaus noch lebendig.

Es ist schwer zu sagen, was zuerst kam: der antisemitische, rassistische, homophobische und sexistische Einfluss der *Birch Society* auf die amerikanische Gesellschaft oder eine entsprechende Einstellung in Teilen der amerikanischen Gesellschaft, die lediglich in der *John Birch Society* ihre Heimat fanden. Denn „dass die Birch Society eindeutig Mitglieder mit einer eher hasserfüllten (sogar faschistischen) Agenda angezogen hat, ist nicht zu leugnen; ebenso wenig, dass die eifrigeren unter ihnen die JBS als einen Rekrutierungs-Pool genutzt haben, aus dem sie Personen mit einer ausgeprägteren Neonazi-Einstellung in Bezug auf Rassen- und Kulturfragen gezogen haben“.[133] In jedem Fall hat sie gegenüber Einzelpersonen und Gruppen Vorurteile und Verdächtigungen geschürt sowie Angst und Misstrauen gefördert.

Besonders groß ist nach wie vor das Vorurteil gegenüber den Vereinten Nationen. Auf der aktuellen Website der *John Birch Society* heißt es: „Eine Weltregierung durch die Vereinten Nationen ist eine ernste Bedrohung der Freiheit aller Amerikaner. Stellen Sie sich vor, Sie sind im Ausland gefangen und werden vor einem internationalen Gericht mit Richtern aus Ländern wie Afghanistan, China oder Irak angeklagt." Zur Erläuterung heißt es: „Die Vereinten Nationen (finanziert durch den amerikanischen Steuerzahler) sind schon seit langem ein sicherer Hafen für Terroristen und unterdrückende Regime. Für sie ist Amerika der Feind, den sie bekämpfen."[134]

Schon vor Gründung der *John Birch Soci*ety scheinen ihre Werte oder Unwerte mehr oder weniger latent vor allem bei den amerikanischen Baptisten existiert zu haben. Ein deutlicher Einfluss der Gesellschaft ist aber in jedem Fall bei Pat Robertson nachzuweisen. Dieser Einfluss hält bis heute an und hat die Welt der religiösen Rechten maßgeblich geprägt. Auf diesem Wege haben die Werte und das verschwörungstheoretische Weltbild der *Birch Society* Einzug gehalten in der Republikanischen Partei und in der offiziellen Politik Washingtons. 1991 veröffentlichte Pat Robertson sein Buch *The New World Order* (Die neue Weltordnung), das sofort zu einem Nummer-1-Hit auf der Liste der religiösen Bestseller wurde. Darin geht Robertson ebenso wie die *Birch Society* von einer weltweiten Verschwörung aus. „Ihr Ziel sei", so Robertson gemäß einer Zusammenfassung von Berndt Ostendorf, „die Einrichtung einer säkularen, sozialistischen Weltregierung, die vier Grundsätze vertritt: 1. Abschaffung des Privateigentums; 2. Abschaffung der Nationalregierungen und der nationalen Souveränität; 3. Entmachtung der Religionen und Zerstörung der jüdisch-christlichen Moral hinsichtlich Familie und Schule; 4. Festschreibung der Macht in den Händen einer unsichtbaren, kosmopolitischen Elite, die die Agenten Satans sind".[135] Die Parallelen zum Gedankengut der *Birch Society* sind nicht zu übersehen.

Die Agenten für diese finstere Verschwörung seien das amerikanische Außenministerium, die Bundesbank, das Finanzministerium, die Rockefeller-Stiftung und -Familie, die Ford-Stiftung, die Carnegie-Stiftung, die Chase Manhattan Bank, die First National Bank, die J. P. Morgan Bank, die Universitäten Harvard, Columbia und Yale, die *Washington Post*, die *New York Times* und die *Los Angeles Times*. Die Köpfe aber säßen im *Council on Foreign Relations*, den Zentralbanken, den Vereinten Nationen und der *Trilateral Commission*.

Trotz aller prophetisch konditionierten Liebe zu Israel kann Robertson seinen Antisemitismus nicht verbergen. „Die Tatsache, dass die liberalen, kosmopolitischen Juden New Yorks zu lange Pornographie und mörderische Abtreibung sanktioniert hätten, würde sich bitter rächen und, so bedauerlich das auch sein möge, in der totalen Vernichtung Israels als dem ersten Schritt des Jüngsten Gerichts enden."[136]

Robertson stützt sich in seinem Werk auf „klassische faschistische Werke und deren Verschwörungstheorien"[137], so etwa auf *The Red Fog Over America* (1955) und *Pawns in the Game* (1956) des ehemaligen Marineoffiziers William Guy Carr (1895–1959). Dieser entschuldigt „Hitlers Krieg als eine Maßnahme gegen die zentrale Bankherrschaft der Juden".[138] Um bei der Darstellung einer angeblichen Verschwörung jüdischer Bankenkreise nicht allzu deutlich den Antisemitismus seiner Quellen durchscheinen zu lassen, spricht er statt von Juden gerne von „Deutschen".[139] Dennoch: Es sind die Juden, die nach Robertsons Sicht für die Abweichung der Vereinigten Staaten vom tugendhaften Pfad eines christlichen Amerikas verantwortlich sind. Auch die Entstehung des Liberalismus bzw. Sozialismus sei die Schuld der Juden. Dabei macht er keinen Unterschied zwischen dem sozialdemokratischen und liberalen „Wohlfahrtskapitalismus" einerseits und dem Kommunismus andererseits. „Beide", so Ostendorf, „definiert er als ‚Erlösung durch den Staat'."[140]

Sollte der evangelikale Fundamentalismus also seinen Einfluss auf die Außenpolitik Amerikas verstärken, ist zu befürchten, dass die paranoide Weltsicht einer *John Birch Society* und einer von Pat Robertson beeinflussten religiösen Ökumene zur offiziellen Politik geadelt wird. Mehr Toleranz sowie eine Stärkung des Weltfriedens und speziell der Vereinten Nationen werden dabei mit Sicherheit aber nicht herauskommen. In der Regierung und im Kongress lauern schon heute „Scharfmacher, denen es … nicht um die – überfällige – Reform der Vereinten Nationen geht. Sie sehen vielmehr ihre Stunde gekommen, den Völkerclub zu schließen. Stattdessen schwebt ihnen eine Liga der Demokratien vor – als Gefolge der USA."[141]

4. Die „Christianisierung" der Welt

Und noch eine Frage muss speziell untersucht werden: Wie christlich wird die amerikanische Außenpolitik unter dem Einfluss der religiösen Rechten? Wo sieht man schon heute Veränderungen, und was kommt noch auf uns zu? Schon lange hat Amerika uns das Evangelium des *American Way*, der amerikanischen Lebensart, mit seinen Prinzipien von Annehmlichkeit und Bequemlichkeit gebracht. Es ist keine Frage: die USA dominieren die Weltkultur. Mit seiner so genannten *soft power* übt Amerika neben seiner politischen, militärischen und wirtschaftlichen Macht schon lange einen nicht zu unterschätzenden Einfluss aus. Die Vereinigten Staaten sind auch auf diesem Gebiet eine absolute Supermacht. „Heute isst, trinkt, hört, tanzt und kleidet sich die ganze Welt amerikanisch", bemerkt Josef Joffe.[142] Das bezieht sich oft sogar auf die Feinde Amerikas – jene, die Amerika als den „großen Satan" bezeichnen.

Viele wehren sich gegen die amerikanische Kulturdominanz, andere haben geradezu eine Hassliebe zu Amerika entwickelt. Sicher hat der weit verbreitete Antiamerikanismus hier eine seiner Wurzeln.[143] Tatsache ist in jedem Fall: „Zu Beginn des 21. Jahrhunderts verfügt Amerika über einen kulturellen Einfluss, der jenen Roms oder jedes anderen Imperiums in der Geschichte … übersteigt."[144] Schon 1997 musste der damalige französische Außenminister Hubert Védrine zugeben: „Die Vereinigten Staaten verfügen über Stärken, die noch keine andere Macht je besessen hat: politischen Einfluss, die Vorherrschaft des Dollars, Kontrolle über die Kommunikationsnetze, ‚Traumfabriken', neue Technologien. Nimmt man all das zusammen – das Pentagon, Boeing, Coca-Cola, Microsoft, Hollywood, CNN, das Internet, die englische Sprache –, so haben wir es mit einer noch nie dagewesenen Situation zu tun."[145]

Und diese amerikanische Kulturdominanz hat in den letzten 10 Jahren mit Sicherheit nicht abgenommen. Im Gegenteil. Amerika, so Joffe, ist heute nicht nur allgegenwärtig, sondern allüberwältigend.[146] Wie kommt das? Was ist das Erfolgsgeheimnis, und was ist der gemeinsame Nenner? Dazu Josef Joffe: „Das Annehmliche und Bequeme ist Amerikas wichtigster Exportartikel, wie der schier endlose Nachahmungseffekt zeigt, der überallhin ausstrahlt. Elektrische Fensterheber und Klimaanlagen in Autos, der Geldautomat, der rund um die Uhr im Dienst ist, der doppeltürige Kühlschrank mit Eiswürfelautomatik, der Supermarkt, der in unzähligen Regalen ohne zwischengeschaltete Verkäufer eine schier unendliche Auswahl zu bieten hat, die Cafeteria, die ohne Speisekarten, Kellner und Wartezeit auskommt".[147]

Amerikanische Filme und amerikanische Musik dominieren seit langem die globale Unterhaltungsszene. Und schon gibt es erste Anzeichen dafür, dass auch der evangelikale Fundamentalismus zu einem Exportschlager wird, und zwar sowohl über die „weiche" wie auch die harte Macht Amerikas: Robert Schullers *Mega-Church*-Gottesdienst *Hour of Power*, der am Sonntagmorgen im deutschsprachigen Fernsehen übertragen wird, erfreut sich wachsender Beliebtheit. Bertelsmann hat die deutschen Rechte an Tim LaHayes *Left-Behind*-Romanen erworben und die evangelikalen Kirchen selbst im säkularen Westeuropa erleben einen spürbaren Mitgliederzuwachs. In Deutschland helfen ihnen dabei Bibel-TV als der neue große „evangelikale Propagandaträger"[148], das Veranstaltungsunternehmen Pro Christ, der evangelikale Pressedienst IDEA und die neue Vierteljahreszeitschrift *Come* (Auflage 150.000). Auch in bisher gemäßigten Kirchen tritt immer häufiger die Zungenrede auf. Innerhalb von nur hundert Jahren ist die Zahl der Pfingstler und Charismatiker weltweit auf rund 600 Millionen gestiegen. In einer kürzlich in Großbritannien durchgeführten Studie zeigte sich, wie weit die Zungenrede dort bereits verbreitet ist. Es stellte sich heraus, dass von 991 evangelikalen Pastoren 80 % die Zungenrede praktizierten.[149] Der evangelikale Fundamentalismus ist also auch außerhalb Amerikas auf dem Vormarsch – heute noch über die „weiche" Schiene, die *soft power* Amerikas. Doch, so meint der deutsche evangelische Pfarrer Richard Ziegert: „Alle die Millionen US-Dollar, die in strategisch wichtige evangelikale Events, Parallelorganisationen oder evangelikalisierbare kirchliche Großveranstaltungen über World Vision, US-Stiftungen und -Missionswerke als Subvention gepumpt werden, sind nur Mosaiksteine einer bei gewolltem näheren Zusehen letztlich ziemlich schlecht getarnten Machtpolitik, die nur ein einziges Ziel hat: Politische, kulturelle und wirtschaftliche Abhängigkeit von den USA herzustellen."[150]

Auch wenn Ziegert aus der Sicht der weitgehend erstarrten europäischen „Monopolkirchen"[151] spricht und den Idealismus vieler Evangelikaler unterschätzt, wird es de facto wohl auf eine amerikanisch-fundamentalistische Kolonisierung Europas hinauslaufen. Und das Ende ist längst noch nicht abzusehen. Zu Tausenden werden inzwischen auch in Westeuropa Pastoren und andere Mitarbeiter praktisch aller Kirchen mit dogmatischer Zielstrebigkeit – und nicht zuletzt mit Hilfe des Alpha-Kurses – auf pfingstlerisch getrimmt. Widerstand und Zweifel werden immer mehr plattgemacht. „Der christliche Pfingstler oder anders ebenso der christliche Fundamentalist verkündet nur noch Richtiges, er rechtfertigt sich nicht mehr. Folgerichtig wird im pfingstlerischen ‚Alpha-Kurs' Kritik schlicht verboten."[152]

Was sich schon bald nach Ende des Zweiten Weltkriegs andeutete, wird inzwischen immer augenscheinlicher: Unter dem Einfluss des technischen und ökonomischen Wandels, so der in der Schweiz geborene Journalist Thomas Kern, werden „die Konturen einer Weltgesellschaft immer deutlicher … Dies gilt für die Religion genauso wie für den ökonomischen und technischen Bereich … Einzelne Strömungen wetteifern um die Vorherrschaft … Zwischen und in den Religionen findet ein Konzentrationsprozess statt, an dessen Ende sich mit großer Wahrscheinlichkeit religiöse Monopole und Oligopole befinden werden, die den religiösen ‚Weltmarkt' kontrollieren … Auch innerhalb des Protestantismus ist eine solche Entwicklung zu beobachten."[153] Die Kontrolle über diesen religiösen „Weltmarkt" wird natürlich in amerikanischer Hand liegen. Dabei scheint die Einflussnahme von US-Regierungsstellen auf diese Entwicklung schon jetzt zuzunehmen. „Was wir in den vergangenen 15 Jahren an politischen Erpressungsversuchen unserer Regierung und an Unterstützung z. B. der Scientology-Psychosekte durch State Department, die US-Botschaft und ihre Konsulate in Deutschland erleben", so Richard Ziegert, „ist nicht untergegangen, im Gegenteil: nur die Schwerpunkte haben gewechselt. Die US-Administration stützt heute so massiv wie nie zuvor den Export ihres ‚New Evangelicalism' auch nach Deutschland, der indirekt mit Regierungs-Mitteln über Stiftungen für seine Expansionsarbeit in ganz Europa, aber noch viel mehr und mit ungeheurem Kräfteeinsatz in Mittel- und Südamerika und aktuell auch in den islamischen Ländern ausgestattet wird."[154]

Im Jahr 1998 hat die US-Regierung ein Gesetz zur Sicherung der Religionsfreiheit in der gesamten Welt verabschiedet. Als Konsequenz wurde innerhalb des *Bureau for Democracy, Human Rights and Labor* eine Kommission für internationale Religionsfreiheit (*Office of International Religious Freedom*) ins Leben gerufen. Leiter (bis 2001) wurde – im Rang eines Botschafters – Robert A. Seiple, ein Evangelikaler, der zuvor 11 Jahre lang „an der Spitze der ‚ultrakonservativen World Vision Inc.', eines der weltweit finanzstärksten … ‚christlichen' Spendensammelwerke" stand.[155] Seiple war schon kurz nach seiner Berufung die treibende Kraft hinter einem Bericht über Verletzungen der Religionsfreiheit in Europa. Einen besonderen Tadel erhielten in diesem Bericht Frankreich, Deutschland, Österreich und Belgien, da die Volkskirchen in diesen Ländern ihren politischen Einfluss nutzten, um kleinere Kirchen und Glaubensgemeinschaften oder Sekten zu benachteiligen.

Eine echte Gleichberechtigung aller Kirchen ist im Sinne der Religionsfreiheit zwar zu wünschen, angesichts der zahlenmäßigen, politischen und finanziellen Machtverhältnisse der expandierenden „Religionswirtschaft" in den USA ist jedoch zu befürchten, dass dies vor allem den charismatisch-fundamentalistischen Kirchen mit ihrer Neigung zur Intoleranz und ihren demokratiefeindlichen Einstellungen hilft.

Die systematische Evangelikalisierung des europäischen Christentums läuft jedoch nicht allein auf der politischen Ebene ab. Durch ihre Aus- und Weiterbildung in den USA sowie durch ihre intensiv gepflegten Dauerkontakte dorthin werden auch die Pastoren und andere kirchliche Mitarbeiter der deutschen Allianz sowohl durch die religiöse, als auch die politische Rechte in den USA beeinflusst, wenn nicht gar gesteuert.[156]

Den charismatisch-fundamentalistischen Missionaren geht es also offenbar nicht nur um die Rettung europäischer Seelen. So schreibt Ziegert: „Dieser politisch-religiöse Totalitarismus … tritt nun auch bei uns auf, selbstbewusst, frontal-fordernd, wenn der ‚Arbeitskreis für Politik der Deutschen Evangelischen Allianz', die evangelikale Holding, im fundamentalistischen Gestus statuiert: ‚Rechtsetzen und Rechtsprechen sind religiöse Tätigkeiten. Dadurch soll die menschliche Gemeinschaft an Gottes Gerechtigkeit Anteil haben.'"[157] Auch die deutschen Evangelikalen – angestachelt durch ihre amerikanischen Vorbilder – wollen nicht mehr nur Zuschauer der Politik sein. Immer mehr Vertreter der Allianz kopieren in ihrem politischen Auftritt in Deutschland Inhalte und Methoden ihrer amerikanischen Glaubensbrüder. So definiert Wolfgang Baake, Repräsentant der Konferenz Evangelikaler Publizisten (KEP) und zugleich Allianz-Beauftragter bei der deutschen Bundesregierung, die „neuen Verhältnisse mit der Kampfparole: ‚Die Zeit der Stillen im Lande ist vorbei.'"[158] Theokratische Tendenzen zur Schaffung eines weltweiten „Reiches Gottes" werden auch in Deutschland immer deutlicher. Dabei wächst die Neigung, „Ungläubige" sozial auszugrenzen sowie Kritiker und sogar Dissidenten aus den eigenen Reihen durch eine „rücksichtslos-inquisitorische Repression"[159] zu bekämpfen.

Doch zurück zu Amerika: Da mehr und mehr politische Ämter in den USA mit Vertretern der religiösen Rechten besetzt werden, darf auch eine „Christianisierung" der Außenpolitik nicht verwundern. Diese Kräfte sind schon jetzt im Begriff, ihr Wertesystem mit verhältnismäßig „harter" Macht, nämlich über den Dollar, auf den Rest der Welt zu übertragen und ihre Agenda auch außerhalb der USA umzusetzen. „Eine Ansammlung von Vertretern rechter ‚Think-Tanks' und fundamentalistischer Gruppen bevölkern jetzt die U.S.-Delegationen bei den Vereinten Nationen", bemerkt Don Monkerud. „Diese Gruppen teilen miteinander einen Glauben an die Überlegenheit der amerikanischen religiösen und wirtschaftlichen Systeme und sind schnell dabei, wenn es darum geht, diese Systeme anderen Ländern und Kulturen aufzuzwingen."[160]

Zur Agenda dieser Gruppen gehört auch heute schon eine Verteufelung der Vereinten Nationen als eine liberale, humanistische, unchristliche und antiamerikanische Organisation. Sie kämpfen auf internationaler Ebene gegen Frauenrechte, Umweltschutz, Pazifismus, Multikulturalismus, Sozialismus, sexuelle Befreiung und andere Bewegungen, die angeblich eine Bedrohung für die amerikanische Demokratie darstellen. Sie haben ihre Mitglieder lange davor gewarnt, sich für den Kampf gegen die Erderwärmung einzusetzen und unterstützen „gerechte Kriege". Ferner stehen sie für einen weltweiten „Kulturkrieg" gegen den Liberalismus. „Sie behaupten, die Rechte der Frauen zu verteidigen, doch auf jeder internationalen Versammlung bekämpfen sie die Frauenrechte, wenn sie meinen, dass niemand hinsieht. … Andere Länder sind von der U.S.-Politik frustriert, die in moralisierender Weise [sexuelle] Abstinenz, die Rechte der Eltern und die Einschränkung einer umfassenden Gesundheitserziehung betont."[161] Dabei geht es immer wieder um die Durchsetzung puritanisch-prüder Werte, die man vermeintlich auf die Bibel zurückführt. Es geht um einen Kampf gegen weltweite Geburtenkontrolle, Familienplanung, sexuelle Rechte, Sexualerziehung und die Verwendung von Kondomen.

Mittlerweile versagt die US-Regierung solchen internationalen Organisationen und Programmen Finanzmittel, die den Gebrauch von Kondomen als Schutz vor AIDS befürworten und Abtreibung im Rahmen ihrer Familienplanung nicht ausdrücklich ausschließen. Auch der *Global Fund*, ein multinationaler nicht religiöser globaler Hilfsfonds zur AIDS-Bekämpfung bekommt keine Gelder mehr, denn er empfiehlt den Gebrauch von Kondomen als Prävention. Außerdem werden immer öfter internationale Hilfsgelder über religiöse Organisationen kanalisiert.[162]

Die Maxime der US-Regierung heißt nunmehr sexuelle Enthaltsamkeit. Die amerikanische Außenpolitik, schreibt Monkerud, habe jetzt schon eine eindeutig religiöse Dimension angenommen, bei der es darum geht, die „moralische Führerschaft zu übernehmen" und „Gottes Gabe der Freiheit" auf den gesamten Planeten zu übertragen.[163] Das, so der deutsche Historiker Detlef Junker, „führt einerseits zu einer immer stärker werdenden Kontrolle und auf der anderen Seite zu einer immer bornierteren Einteilung der Welt in Kategorien von Gut und Böse."[164]

Wie verlogen dieser Anspruch einer moralischen Führerschaft jedoch in Wirklichkeit ist und wie wenig christlich oder auch nur moralisch amerikanische Politik gerade unter den Fundamentalisten ist, wird schnell deutlich, wenn man sich an das amerikanische Gefangenenlager in Guantánamo auf Kuba und Amerikas Haltung gegenüber Folter und dem Internationalen Gerichtshof erinnert. „Denn Guantánamo steht für einen Bruch der westlichen Rechts- und Wertegesellschaft durch die Regierung von George Bush. Washington hat auf seinem kubanischen Stützpunkt einen rechtsfreien Raum errichtet und dann Menschen auf der ganzen Welt zusammengefangen, um sie jahrelang in diesen Raum zu sperren; oft ohne Anklage, ohne Anwälte, ohne Beweise, ohne Aussicht auf ein rechtsstaatliches Verfahren ... Guantánamo hat System. Es steht für die Entschlossenheit dieser Regierung, sich rechtlichen Bindungen zu entziehen.“[165] Diesem Geist entspricht auch, wenn Washington weltweit Menschen entführen und zur Vernehmung zwischen Drittstaaten hin- und hertransportieren lässt, um sie dort zu foltern oder foltern zu lassen, wo es per Gesetz nicht verboten ist. Diesem Geist entspricht es ferner, wenn die amerikanische Regierung „zum Tode verurteilten Ausländern in US-Gefängnissen konsularischen Beistand vorenthält, sich dem Internationalen Gerichtshof entzieht und den Internationalen Strafgerichtshof bekämpft; und wenn in der Regierung Memoranden erarbeitet werden, die das Folterverbot infrage stellen.“[166] An Verlogenheit nicht zu übertreffen ist dabei die Tatsache, dass die Vereinigten Staaten auf nicht amerikanischem Boden foltern lassen und dann behaupten, Amerika foltere nicht.

Nicht zuletzt unter dem Druck der Weltöffentlichkeit hat Amerika im September 2006 die „Spielregeln“ für Guantánamo geändert. Im neuen *Army Field Manual* wird aufgelistet, was amerikanische Soldaten beim Verhör von Taliban- und Al-Kaida-Kämpfern in Guantánamo nicht (mehr) tun dürfen. Dazu gehört, „sie nackt auszuziehen, sie zu sexuellen Handlungen zu zwingen, ihnen Kapuzen überzuziehen, sie unter Wasser zu tauchen (‚Waterboarding‘) und sie so per Todesangst zum Reden zu bringen“.[167] Auf den ersten Blick ist diese neue Order zwar ein Schritt in die richtige Richtung, beim genaueren Hinsehen stellt sich allerdings Unbehagen ein. Und zwar aus zwei Gründen:

1. Jetzt wissen wir, wie Amerika die Gefangenen von Guantánamo bisher behandelt haben muss – und zwar in Missachtung der Genfer Konvention.
2. Auf die geheimen weltweiten CIA-Lager ist das *Army Field Manual* offenbar nicht anzuwenden.[168] Und durch die nun vorliegende Negativliste können wir uns ausmalen, was dort weiterhin im Namen von Christlichkeit, Demokratie, Freiheit, Menschenrechten und den „le-

gitimen Sicherheitsbedürfnissen" Amerikas mit Terroristen und vermeintlichen Terroristen geschieht.

Wie abgestumpft das nationale Gewissen Amerikas inzwischen ist und wie weit das Gespür für Rechtsstaatlichkeit und einfache Menschlichkeit bereits verlorengegangen ist, zeigte sich auch im Juni 2005 bei einem peinlichen Versuch des US-Vizepräsidenten Cheney, ausgerechnet das Gefangenenlager von Guantánamo – den „Gulag unserer Zeit"[169] – zu verteidigen. „Cheney formulierte einen unerträglich selbstgerechten Satz: ‚Die, die am stärksten darauf dringen, Guantánamo zu schließen, lehnen unsere Politik sowieso ab.'"[170] Das sei, so Kornelius, „eine jämmerliche Kleinkinder-Logik: Weil ihr uns eh nicht mögt, machen wir, was wir wollen. Der Vizepräsident hat in keiner seiner Äußerungen erkennen lassen, dass er das rechtsstaatliche Vakuum in den Terroristen-Lagern als Problem erkennt, dass er einen demokratischen Rechtfertigungszwang für diese Willkür-Politik verspürt."[171]

Kein angeblich christlicher Präsident, keine religiöse Mehrheit in Senat oder Kongress und keine evangelikalen Fernsehprediger erhoben angesichts dieser klaren Menschenrechtsverletzungen ihre Stimme in einem Aufschrei gläubiger Entrüstung. Frömmelnder Anspruch und die Wirklichkeit harter politischer Fakten klaffen weit auseinander, ja, sie widersprechen sich. „Die Schizophrenie der US-Politik", so Kornelius, „liegt darin, dass die Regierung Bush in jungen Demokratien Transparenz und … Redlichkeit einfordert, während sie selbst für den Bruch ihrer Rechtsstaatlichkeit keine überzeugenden Gründe nennt."[172]

Dabei gibt sich die religiöse Rechte immer wieder und mit Vorliebe den Schein der Moralität und Christlichkeit sowie der göttlichen Berufung. Bush selbst hat sich perfekt eingefügt in diesen Politikstil und die Werte, Ziele und Sprache der Fundamentalisten übernommen. Immer wieder betont er seine göttliche Berufung in das Präsidentenamt. Aber auch für einzelne Entscheidungen beruft er sich gern auf eine höhere Macht, deren ausführendes Organ er sei. „Aus der Perspektive eines Nichtreligiösen lässt sich aus solchen Berufungen auf Gott natürlich stets das Bemühen herauslesen, nicht alleine zur Verantwortung gezogen werden zu können. Handelt man im Auftrag Gottes oder Allahs, ist man eine Art göttliches Werkzeug oder ein göttlicher Gesandter, der letztlich die Konsequenzen auf eine andere Instanz mit ihrem unerforschlichen Willen abwälzen kann."[173]

Barbara Victor klagt, dass der christliche Fundamentalismus Amerika seiner Seele beraubt habe.[174] Sie vergleicht Bush mit den religiösen Führern der moslemischen Welt: „Für die Gesellschaft geht von jeder Art von religiösem Fundamentalismus insofern eine Gefahr aus, als deren charismatische Führer behaupten, in direktem Kontakt mit Gott zu stehen, ob sie nun Priester, Rabbis, Prediger, Imame oder auch weltliche Politiker ... sind."[175] Die Schlussfolgerung liegt auf der Hand: „Wie soll man mit diesen Menschen logisch argumentieren, diskutieren oder verhandeln, wenn sie behaupten, Gott felsenfest an ihrer Seite zu haben?"[176]

Ist daher Bushs Hinweis auf eine angebliche Berufung und Beauftragung durch Gott Ausdruck persönlicher Feigheit? Steckt hinter dem Anspruch einer göttlichen Beauftragung die Angst vor der Verantwortung oder einfach nur größenwahnsinnige Anmaßung? Gläubige, die die Diskrepanz erkennen zwischen der neutestamentlichen Botschaft Jesu von Liebe, Freiheit und Toleranz und der menschenverachtenden Politik der US-Regierung, müssen erschaudern angesichts dieses Größenwahns.[177]

Ein Paradebeispiel dafür, wie sich Religion, Politik und militärische Aggression in Amerika immer mehr vermischen und wie sich diese Mischung nahtlos von der Innenpolitik auf die Außenpolitik überträgt, zeigt der Fall Boykin. General William G. „Jerry" Boykin trat im Oktober 2003 im Rahmen eines evangelikalen Gottesdienstes in der *Good Shepard Community Church* in Boring, Oregon, auf. Der Anlass war ein für den amerikanischen Patriotismus nicht untypisches jährliches Ereignis, bei dem die Kirchengemeinden ihre ehemaligen und gegenwärtigen Soldaten als Helden der Nation ehren. In diesem Fall hatten sich zahlreiche Personen in der Paradeuniform ihrer verschiedenen militärischen Einheiten auf der Bühne versammelt. Hauptsprecher war General Boykin, der nach Kampfeinsätzen in Somalia, Afghanistan und im Irak kurz zuvor als Stellvertretender Unterstaatssekretär ins Pentagon berufen worden war. Im Gegensatz zu den anderen Soldaten trat Boykin im Kampfanzug auf.

In einer offenbar gut vorbereiteten Rede, die durch zahlreiche Dias aus den Kriegsgebieten illustriert wurde und zu der auch die Medien eingeladen waren,[178] analysierte er die Rolle von Präsident Bush und den tieferen Sinn der amerikanischen Kriege im Mittleren Osten. Nachdem er mit einem Dia den Terroranschlag vom 11. September 2001 illustriert hatte, zeigte er ein Bild von Bush und kommentierte: „Dann stand dieser Mann auf und sah Amerika in die Augen und sagte: ‚Wir werden nicht vergessen, wir werden nicht zaudern, und wir werden nicht scheitern.' ... Nun stellen Sie sich doch einmal folgende Frage: Warum ist dieser Mann im Weißen Haus? Die Mehrheit der Amerikaner hat ihn nicht gewählt.

Warum ist er dort? Und ich sage Ihnen heute morgen: Er ist im Weißen Haus, weil Gott ihn um dieser Zeit willen dort hingestellt hat. Gott hat ihn dort hingestellt, damit er in einer Zeit wie dieser nicht nur dieses Land, sondern die Welt führt."[179]

Während Boykin dann Dias mit politischen Bösewichten zeigte – Osama bin Laden, Saddam Hussein, Kim Jong Il und einige Führer der Taliban – stellte er immer wieder die Frage: „Ist dies der Feind oder dies?", um dann fortzufahren: „Der Feind ist nicht ein physischer Feind. … Der Feind ist ein geistlicher Feind. … Wir befinden uns, meine Damen und Herren, in einer geistlichen Schlacht. … Und der Feind ist ein Typ namens Satan – Satan will diese Nation vernichten. Er will uns als Nation vernichten, und er will uns als christliche Armee vernichten. Ich bin hier auf einer Rekrutierungsreise. Ich bin hier, um Sie aufzufordern, sich dieser Armee anzuschließen." Und im anschließenden Gebet sagte er dann: „Wir bitten Dich, Herr, im Namen Jesu: Sollte es hier und heute Personen unter uns geben, die sich Deiner Armee noch nicht angeschlossen haben, die sich noch nicht verpflichtet haben, zu einem Teil Deiner Armee zu werden, dann möge dies der Tag ihrer Errettung sein, Herr."[180]

Esther Kaplan, die sich eine Aufzeichnung dieser Veranstaltung auf Video angesehen hat, kommentiert: „Er ist in Uniform, alle um ihn herum sind in Uniform, und an dem Tag, als er diese Rede hielt, war ihm gerade zuvor die Verantwortung für wichtige amerikanische Militärmaßnahmen übertragen worden. An dieser Stelle verschmolzen die Armee Jesu und die Armee der Vereinigten Staaten zu einer und derselben Sache."[181]

Vertreter des *American Arab Anti-Discrimination Committee*, die in Boykins Worten eine Gleichsetzung des Islam mit Satan sahen, waren empört. Oppositionspolitiker und zahlreiche Journalisten protestierten und forderten Boykins frühzeitige Versetzung in den Ruhestand. Seine Vorgesetzten, Verteidigungsminister Rumsfeld und Richard Myers, Oberbefehlshaber der US-Streitkräfte, hatten jedoch kein Problem mit Boykins Auftreten und seiner Sicht der Dinge.

Dennoch kam es zu einer offiziellen Untersuchung des Vorfalls, die von Boykin selbst beantragt worden war. Dass diese Untersuchung letztlich ohne Folgen für Boykin blieb, mag auch mit daran gelegen haben, dass die religiöse Rechte ihre Anhänger zu einem Protest mobilisierte. Gary Bauer und seine *American-Values*-Organisation vervielfältigten ein Video des Boykin-Auftritts und verschickten es an zahlreiche Journalisten und andere Meinungsführer. In einem Begleitschreiben wies Bauer darauf hin, dass Amerika sich nicht nur in einem Krieg gegen die radikalen Gotteskrieger der Islamisten befände, sondern zugleich in einem Kulturkrieg. Die *Christian Coalition* brachte ihre Anhänger dazu, dass sie Rumsfeld mit Petitionen zugunsten von Boykin bombardierten. In ihnen forderten sie den Verteidigungsminister auf, nicht klein beizugeben angesichts eines „intoleranten liberalen Mobs, der General Boykin, einen wahren amerikanischen Helden, gezüchtigt" habe.[182] Und James Dobson, Vorsitzender der mächtigen *Focus-on-the-Family*-Organisation, nannte Boykin in einer seiner Radiosendungen einen Märtyrer und forderte seine Zuhörergemeinde auf, das Weiße Haus mit Pro-Boykin-Anrufen zu übersäen.

In der Tat nehmen die Kriege Amerikas immer mehr den Charakter von Kreuzzügen an. Sie passen auf wunderbare Weise in das prophetische Konzept der religiösen Rechten. Der Krieg gegen den Irak ist nach Ansicht der evangelikalen Fundamentalisten daher konsequenterweise auch „nichts, was man verteufeln oder fürchten müsste, sondern ein positiver Schritt vor der Wiederkunft des Messias".[183] Er sei „nur der Beginn eines in der Bibel prophezeiten Krieges gegen den Islam und damit ein entscheidender Schritt auf dem Weg zur Erlösung".[184]

Wie dabei kriegerische Gewalt und Zwang Hand in Hand gehen mit der evangelikalen Missionierung zeigt ein Fall aus dem Irak, den Barbara Victor aus dem Umfeld von Franklin Graham berichtet. Der Sohn und Erbe von Billy Graham war kurz nach dem offiziell durch George W. Bush verkündeten militärischen Sieg über den Irak als Schirmherr der evangelikalen Hilfsorganisation *Samaritan's Purse* in den Irak gereist. Wie Grahams Leute dann vorgingen, um „das Wort Christi" zu verbreiten, erzählte später ein US-Soldat Barbara Victor unter Zusicherung absoluter Anonymität. „Er sei dabei gewesen, als einer von Grahams evangelikalen Pilgern einer Gruppe von Irakis frisches Wasser anbot, aber nur unter der Bedingung, dass sie sich als Christen taufen lassen würden."[185] Im Nachhinein sollten wir ins Grübeln kommen, denn: Vielleicht war es doch nicht nur ein hastiger und ignoranter Versprecher, als Bush unmittelbar nach dem 11. September 2001 von einem „Kreuzzug" sprach, den er gegen die „Feinde der Zivilisation" führen wollte.

Es war übrigens General Boykin, der laut Al Gore mit dafür verantwortlich war, die Misshandlung der Gefangenen in den irakischen Gefängnissen zu organisieren. Die angewandte Form der Folter richtete sich dabei nicht nur auf die Körper der Gefangenen, sondern auch auf ihren religiösen Glauben. „Viele Gefangene bezeugten", so Gore, „dass die Wachen sie unter Androhung von Folter gezwungen hätten, ihre Religion zu verfluchen, Schweinefleisch zu essen und in Verletzung ihrer Glaubensregeln Alkohol zu trinken. Einer von ihnen erzählte einem Zeitungsreporter, dass ihm zunächst befohlen wurde, dem Islam abzuschwören, und dann, nachdem man ihm ein Bein gebrochen hatte, fing einer seiner Folterer an, dagegen zu schlagen, und [dann] ‚befahl er mir, Jesus zu danken, dass ich noch lebe.'"[186]

Zusammenfassung

Amerika hat sich verändert. Vor 30 Jahren begann eine Entwicklung, die noch nicht abgeschlossen ist. Begünstigt durch die amerikanische Zivilreligion, deren Konzepte und Akzeptanz sie nutzten, entschlossen sich konservativ-christliche Kräfte, allen voran evangelikale Fundamentalisten, die hinter den Kulissen von katholischen und politisch konservativen Kreisen angestoßen und gesteuert wurden, ihr Land – „Gottes Land" – „zurückzugewinnen". Sie wollen es „für Christus" beherrschen. Eine Handvoll ehrgeiziger und teilweise skurriler religiöser Politstrategen, charismatischer Fernsehprediger und Endzeit-Romanautoren hat es geschafft, mit Hilfe der Medien und verdeckter Methoden ein relativ leicht verführbares Publikum zu mobilisieren und zu politisieren. Die gemeinsame Plattform: so genannte Familienwerte – allen voran der Kampf gegen die Abtreibung –, eine eigenwillige Israel-Theologie, Weltuntergangs-Panikmache und der gemeinsame Kampf gegen einen vermeintlichen Feind, den weltlichen und liberalen Humanismus. Dem hat man den Status einer Quasi-Religion verliehen und im machiavellistischen Sinne mehr oder weniger willkürlich zur allgemeinen Bedrohung des Landes erklärt. Da die verfassungsmäßig verankerte Trennung von Staat und Kirche bei der Durchsetzung politisch-religiöser Ziele nur hinderlich ist, arbeitet die religiöse Rechte an der Beseitigung dieses Schutzwalls. Sie haben vergessen, dass sie selbst einmal eine Minderheit waren. Damals wurden sie nämlich gerade durch diese Trennung vor Willkür und dem Diktat einer kirchlichen Mehrheit geschützt. Völlig unamerikanisch ist bei diesen Aktivitäten eine zunehmend aggressive und manipulative Bevormundung der „Andersgläubigen". Auch der Einsatz von Geheimmethoden und staatlicher Reglementierung anstelle von Toleranz und Überzeugung durch Argument und Vorbild passt nicht zu dem demokratischen Selbstanspruch und der traditionellen Freiheitsliebe Amerikas.

Die Religiosität der Fundamentalisten stützt sich weit weniger auf ein nüchternes Studium der Bibel durch den Einzelnen, als sie es vorgeben. Vielmehr verlangt es sie nach kurzweiliger religiöser Unterhaltung, dem emotionalen Kick und charismatischen Führerpersönlichkeiten. So haben sich lehrmäßige Unterschiede zwischen den Kirchen verwischt, und so ist – begünstigt durch die amerikanische Zivilreligion – eine politisch getriebene Ökumene entstanden. Sie wurde gefördert durch einen

Zeitgeist, der nach theologischer und kirchlicher Harmonie strebt, sowie das vermehrt auftretende charismatische Phänomen in fast allen Kirchen. Hier geht es besonders um die ekstatische Zungenrede und so genannte göttliche Eingebungen. Diese neue Ökumene will die absolute Macht im Land und einen Kulturwandel im Sinne ihrer Werte. Diese, so behaupten sie in arroganter Verkennung der Realität, reflektierten das Christentum in Reinkultur. Anlass zur Sorge gibt dabei die Selbstverständlichkeit, mit der breite Kreise der Gesellschaft – und in erschreckender Weise gerade auch religiöse Kreise – bereit sind, Macht, Zwang und Gewalt einzusetzen, um ihre Ziele durchzusetzen. Sie werden darin offenbar auch geleitet von dem Ideal des faschistischen Superhelden der Popmedien sowie ihrer Verehrung eines grausamen Gottes. Dieser drohe den Ungläubigen angeblich, sie im Glutofen einer vermeintlichen Hölle unendlich lange zu quälen, wenn sie sich nicht zu ihm oder besser zur evangelikal-fundamentalistischen Auffassung des Christentums bekehrten. Es gibt ein Heer von Gläubigen, die zutiefst davon überzeugt sind, den Willen Gottes genau zu kennen. Deshalb wollen sie als seine treuen Diener bzw. strengen Vollstrecker das, was sie als seinen Willen betrachten, umsetzen und das Land „reformieren". Die Normen für eine solche „Reform" holen sie sich allerdings aus den gewalttätigen Passagen des Alten Testaments, der Philosophie Machiavellis, den Romanphantasien eines Tim LaHaye und nicht aus dem friedfertigen Geist des Neuen Testaments, dem Vorbild Jesu Christi oder demjenigen aufgeklärter demokratischer Ideale, die Amerika groß gemacht haben. Der Glaube an eine nahe bevorstehende so genannte Entrückung und die prophetische Interpretation tagespolitischer Ereignisse im Mittleren Osten – besonders Israel betreffend – geben dieser Bewegung zusätzlich einen missionarischen Drang und eine fanatische Dynamik.

Begünstigt wurde diese Entwicklung durch eine trendverliebte und leicht beeinflussbare Gesellschaft mit relativ geringem Wissen über den Rest der Welt, wenig sachlichen Informationen – selbst über die Politik des eigenen Landes – und einem niedrigen Bildungsniveau in breiten Bevölkerungsschichten. Der vielbeschriebene Individualismus der Amerikaner ist nur noch ein Mythos. Der übersteigerte Patriotismus der Zivilreligion, ihre Heldenvergötterung und eine flache Fernsehpropaganda haben die Gesellschaft weitgehend gleichgeschaltet. Gewalt an sich ist so allgegenwärtig und akzeptiert, dass sie nicht mehr wahrgenommen wird. Dieselben Kräfte, die auf fanatische Weise für den Erhalt des Lebens und damit gegen die Abtreibung kämpfen, gehen bis zum Äußersten für die Freizügigkeit des Waffenbesitzes und die Ausweitung der Todesstrafe. Und wegen ihres religiös übersteigerten Patriotismus haben es die wenigsten gelernt, die Obrigkeit in demokratischer Manier zu kritisieren oder sich gar gegen sie aufzulehnen.

Diese unselige und machthungrige Ökumene, die einen entscheidenden Teil ihrer Ziele bereits heute erreicht hat, fand in den Neokonservativen einen fähigen Partner. Beide wollen Weltherrschaft, beide haben eine Rechtfertigung für unmoralisches Handeln gefunden, indem für die einen im machiavellistischen Sinne der Zweck die Mittel heiligt und für die anderen der Wiedergeborene im Sinne einer Erlösungsgarantie jede Schandtat begehen kann, ohne seine ewige Errettung zu riskieren.

Unterstützt wird dieser „Kulturkampf" durch die Identifizierung eines äußeren Feindes: des islamischen Fundamentalismus. Die Terroranschläge vom 11. September und der so genannte Krieg gegen den Terror sowie die in diesem Zusammenhang vorhandene und zusätzlich geschürte Angst haben das Lager der religiösen Rechten in Amerika anschwellen lassen. Im Kampf gegen diese äußere Bedrohung verschmelzen militärische und religiöse Motive. Der gewalttätige Islamismus hat den gewalttätigen „christlichen" Fundamentalismus gestärkt.

Noch beherrscht Amerika nicht die Welt – jedenfalls nicht uneingeschränkt. Durch den Untergang der Sowjetunion sind die Chancen allerdings gestiegen, dass Amerika dieses Ziel erreicht. Mit dem so genannten Krieg gegen den Terror haben die USA ein Instrument geschaffen, mit dem ihre Einmischung in die Angelegenheiten nicht nur ihrer eigenen Bürger, sondern auch anderer Staaten eine gewisse Legitimation und Akzeptanz erhalten hat. Es scheint nur eine Frage der Zeit zu sein, dass sich die religiöse Rechte der USA der politischen, wirtschaftlichen und militärischen Macht Amerikas bedient, um ihre Vorstellung von einer christlichen Welt sowohl innerhalb als auch außerhalb ihres eigenen Landes – und vielleicht sogar in „heiligen Kriegen" – gewaltsam durchzusetzen.

Amerika hat sich verändert. Es hat seine eigenen höchsten Werte verraten und marschiert geradewegs zurück ins Mittelalter. Es ist zu befürchten, dass es den Rest der Welt früher oder später auf diesem Marsch mitnehmen wird. Die Unterdrückung und Verfolgung derer, die nicht im Gleichschritt mitmarschieren, wird mit jedem Tag wahrscheinlicher. „Die Vereinigten Staaten laufen derzeit Gefahr", schreibt Barbara Victor, „sich von einer Demokratie mit einer verfassungsmäßigen Trennung von Staat und Kirche in eine Theokratie zu verwandeln, in der die religiösen Lehrsätze einer besonders mächtigen Gruppe der Bevölkerung zum Gesetz werden. Wer glaubt, das Einbringen des Religiösen in das politische und kulturelle Gefüge einer Demokratie sei harmlos, ist naiv. Die Gefahr einer dominanten Religion, die ihre Glaubensüberzeugungen der Gesellschaft per Gesetz aufzwingt, liegt in ihrem Potenzial, Hass gegen andere religiöse Gruppen schüren zu können und intolerant gegenüber jeder Art von Verhalten zu sein, das von den eigenen rigiden Normen abweicht. … Wenn religiöse Extremisten an der Macht sind, dann werden garantiert diejenigen, die nicht genau das Gleiche wie sie glauben, unter den Folgen zu leiden haben, und zwar im Namen Gottes."[1]

„In der Geschichte der Menschheit und der Welt", so Victor, „hat die von frömmelnder Gottesfurcht inspirierte Anmaßung mehr Unheil und Zerstörung angerichtet als der schwarze Tod, Aids, Überschwemmungen und Hungerkatastrophen."[2] Durch die spanische Inquisition allein sollen 12 Millionen Menschen ums Leben gekommen sein.[3] Die katholische Kirche, unterstützt durch die Macht des Staates, hat offenbar geglaubt, der Zweck heilige die Mittel. Sie war davon ausgegangen, dass der edle Zweck, nämlich die Rettung von Seelen für die Ewigkeit und die Bewahrung der kirchlichen Einheit, die schmutzigen Mittel, nämlich den Einsatz von Zwang und Gewalt in Form von Gesetzen, Waffen und Folter, rechtfertige.

Wer glaubt, wir, die menschliche Gesellschaft, hätten den Geist der Inquisition oder ideologischen „Säuberung" ein für allemal überwunden, sollte noch einmal innehalten. Er sollte die Ereignisse im Amerika von heute sehr genau beobachten. Dann wird er nämlich bemerken, dass wir Zeugen einer beginnenden „christlich"-fundamentalistischen Talibanisierung Amerikas und potenziell der ganzen Welt sind. So meint auch Barbara Victor: „Es ist nicht anders als beim islamischen Fundamentalismus: Wenn das Extreme das Normale wird, dann ist das allen Bürgern der Welt zustehende Recht auf eine abweichende Meinung bedroht, und zwar unter dem Banner von Gott, Moral und Religion."[4]

Der Politikwissenschaftler Lawrence Britt hat kürzlich faschistische Regime mehrerer Länder untersucht. Darunter waren die Diktaturen Hitlers, Mussolinis, Francos, Suhartos und Pinochets. In dem Zusammenhang fand er heraus, dass alle Regime 14 Eigenschaften gemeinsam hatten. Er nannte sie die Identifikationsmerkmale des Faschismus. Diese sind:

1. ein starker und anhaltender Nationalismus
2. eine Geringschätzung der Menschenrechte
3. eine Identifizierung von Feinden bzw. Sündenböcken als vereinigende Sache
4. der Vorrang des Militärs
5. eine wachsende Ungleichheit der Geschlechter
6. Kontrolle der Massenmedien
7. eine Besessenheit von der Idee der nationalen Sicherheit
8. eine Verflechtung von Religion und Regierung
9. ein besonderer Schutz des unternehmerischen Sektors
10. die Unterdrückung der gewerkschaftlichen Macht
11. eine Geringschätzung der Intellektuellen und der Künste
12. eine Besessenheit von Verbrechensbekämpfung und Bestrafung
13. wachsende Seilschaften und Korruption
14. betrügerische Wahlen.[5]

Am Ende seines Artikels stellt er die Frage: „Läuten bei irgendwelchen dieser Punkte die Alarmglocken? Natürlich nicht. Schließlich handelt es sich hier um Amerika – offiziell eine Demokratie mit einem rechtsstaatlichen System, einer Verfassung, einer freien Presse, ehrlichen Wahlen und einer gut informierten Öffentlichkeit, die ständig vor dem Bösen gewarnt wird. Historische Vergleiche wie diese sind nur Übungen in verbaler Gymnastik. – Vielleicht. Vielleicht aber auch nicht."[6]

Noch nie war die amerikanische Demokratie, das politische Leitsystem unserer Welt, so sehr in ihrer Existenz bedroht wie heute. Die Gefahren lauern vor allem von vier Seiten:

1. Der Abbau bürgerlicher Freiheiten und Grundrechte als Reaktion auf die terroristische Bedrohung durch die Islamisten.
2. Eine wachsende Dominanz von Gewalt und Militarismus als bevorzugte Instrumente für die Lösung nationaler und internationaler Probleme.
3. Eine zunehmende Herrschaft der Reichen zum Nachteil von Volk, Umwelt und dem Rest der Menschheit.
4. Eine wachsende Kontrolle religiöser Kreise über die politischen Institutionen des Landes, und zwar letztlich mit dem Ziel, die Demokratie durch einen Gottesstaat zu ersetzen.

Noch können wir hoffen, dass die berühmten Selbstheilungskräfte der amerikanischen Demokratie rechtzeitig erstarken und eine Katastrophe verhindern. Bezogen auf die Gefahr vonseiten der Plutokraten schreibt

Jeffrey Stout: „Wenn die Bürger nicht aufwachen und Verantwortung übernehmen für den Zustand ihrer Gesellschaft, wird die Demokratie völlig bedeutungslos werden, und die wirtschaftlich Mächtigen werden niemandem mehr Rechenschaft geben müssen.“[7]

Die größte Gefahr droht jedoch durch die Einführung des Religiösen in die Politik. Hier sind Kräfte am Werk, die auf eine Veränderung der Verfassung abzielen. Dadurch besteht die Gefahr, dass gerade jene Regelmechanismen zerstört werden, die in der Vergangenheit zu den wesentlichen Grundlagen für das Einsetzen der demokratischen Selbstheilungskräfte gezählt haben. So meint auch Stout: „Der wichtigste institutionelle Stützpfeiler der mitwirkenden Demokratie als einer kulturellen Macht in den Vereinigten Staaten ist der Respekt der Gerichte vor dem ersten Verfassungszusatz. Wenn wir die Redefreiheit, die Religionsfreiheit und die Versammlungsfreiheit verlieren, dann wird Demokratie nicht [mehr nur] flüchtig sein; sie wird in den Untergrund abtauchen.“[8]

Anhang

Anmerkungen

Einleitung

1 Houston 1970 (zitiert bei Lettau 1971, 102).
2 So das berühmte Diktum von Huey Long (1893–1935): "If fascism ever comes to the United States, it will come wrapped in an American flag." Der der Demokratischen Partei zugehörige populäre Gouverneur von Louisiana (1928–1932) war anschließend bis zu seiner Ermordung Senator. Er hatte sich nach der Unterstützung von Franklin D. Roosevelt mit diesem 1933 überworfen und plante angeblich eine eigene Bewerbung um das Präsidentenamt.
3 Lettau 1971, 11.
4 Dazu historisch-kritisch Diner 2002, 129. Mit Blick auf die „erhebliches Aufsehen erregende Collage Reinhard Lettaus" spricht Diner von einem Pamphlet auf der Höhe des Vietnamkrieges, das „in pseudorealistischer Weise das Heraufziehen eines amerikanischen Faschismus diagnostiziert" (ebd., 140), aber angesichts der zeitdiagnostischen Reflexionen von Hans Magnus Enzensberger „im Wesentlichen Plagiatcharakter" habe (ebd., 139). Diner erkennt in dieser „phobischen Reaktion auf Amerika ein Phänomen von tiefenpsychologischer Bedeutung" (ebd., 141) und gibt angesichts der dahinterstehenden offensichtlichen Enttäuschung mit Max Horkheimer zu bedenken: „Die so genannte freie Welt an ihrem eigenen Begriff zu messen, kritisch zu ihr sich zu verhalten und dennoch zu ihren Ideen zu stehen, sie gegen Faschismus hitlerscher, stalinscher oder anderer Varianz zu verteidigen, ist Recht und Pflicht jedes Denkenden. Trotz dem verhängnisvollen Potenzial, trotz allem Unrecht im Inneren wie im Äußeren, bildet sie im Augenblick noch eine Insel, räumlich und zeitlich, deren Ende im Ozean der Gewaltherrschaften auch das Ende der Kultur bezeichnen würde, der die kritische Theorie noch angehört." (ebd., 161.)
5 Wolfgang Wippermann erläutert den historischen *Realtypus Faschismus* so: „Diese Parteien und Gruppierungen waren hierarchisch nach dem Führerprinzip gegliedert, verfügten über uniformierte und bewaffnete Abteilungen und wandten einen damals neuartigen und spezifischen politischen Stil an. Dies gilt für die Massenkundgebungen, die Massenaufmärsche, die Betonung des männlichen und jugendlichen Charakters der Partei, die Formen einer gewissen säkularisierten Religiosität, wie sie bei Fahnenweihen, Totenehrungen, bei Liedern und Festen zum Ausdruck kam, und dies gilt schließlich und nicht zuletzt für die kompromisslose Bejahung und Praktizierung der Gewalt in der politischen Auseinandersetzung. Die genannten faschistischen Parteien verfolgten ferner eine vergleichbare *Ideologie.* Die faschistische Ideologie war mehr als bloß verschleiernde und instrumentalisierende Propaganda und Manipulation. Sie weist sowohl antisozialistische und antikapitalistische, antimodernistische und spezifisch moderne, extrem nationalistische und tendenziell transnationale Momente auf." (Wippermann 1995, 112.) Liberal-konservative Totalitarismusforscher konzentrieren sich dagegen mehr auf den Einfluss von herausragenden Individuen: „In den Augen des ehemaligen Nationalsozialisten und Danziger Senatspräsidenten Hermann Rauschning war Hitler ein ebenso prinzipien- wie skrupelloser Machiavellist"

(ebd., 54). Aber auch der in Deutschland zur Staatsideologie avancierte allgemeinere Begriff des Totalitarismus entgeht den Widersprüchen von politischen Kampfbegriffen nicht (vgl. ebd., 55 ff. mit 96 ff.).

6 Vgl. Perry 1947, I: 135. Der Harvard-Philosoph Ralph Barton Perry (1876–1959), Pulitzer-Preisträger und Herausgeber der Werke von William James, veröffentlichte auf dem Höhepunkt des zweiten Weltkrieges sein monumentales Werk *Puritanism and Democracy*, das bereits drei Jahre später in deutscher Übersetzung vorlag. Gene Wise nannte es ein "paradigm drama in full form" (vgl. "'Paradigm Dramas' in American Studies: A Cultural and Institutional History of the Movement", in: American Quarterly 31,3 [1979], 293–337). Perry gilt heute noch in bestimmten Kreisen als ein "ardent advocate of a militant democracy, which must be 'total but not totalitarian'" (siehe URL: http://radicalacademy.com/adiphicontemphilosophers4.htm#Perry). Folgerichtig bezeichnet daher auch das Mitglied des *Council for National Policy* (*CNP*), Benjamin Hart dieses Werk im Kapitel 6 von *Faith and Freedom, the Christian Roots of American Liberty* als einen Meilenstein. Der weniger für seine politischen Stellungnahmen verdächtige Ästhetik-Professor David Raskin schrieb: "Perry made the fearless claim for the 'identity between democracy and morality' ... this conception makes democracy an instrument of morality and morality a means for democracy. To pursue one's own satisfaction in consensus with others is to act morally. Morality and democracy become one and the same agent, each penetrating all the features of public life, synonyms for social compassion and liberal progress" ("Judd's Moral Art", URL: http://www.artic.edu/~draskin/moral.pdf). Zum institutionellen Umfeld von Ralph B. Perry vgl. ferner John Lydenberg (Hg.): A Symposium on Political Activism and the Academic Conscience: The Harvard Experience, 1936–1941; New York 1977.

7 Perry 1947, I: 108.

8 Der Fortschritt in der diesbezüglichen Geschichtsschreibung ist eng mit dem Namen von Hartmut Lehmann verbunden. Allgemein siehe William R. Hutchinson/Hartmut Lehmann (Hg.): Many Are Chosen. Divine Election and Western Nationalism, Minneapolis 1994, und Peter van der Veer/Hartmut Lehmann (Hg.), Nation and Religion. Perspectives on Europe and Asia, Princeton, N. J. 1999, sowie Michael Geyer/Hartmut Lehmann (Hg.): Religion und Nation/Nation und Religion. Beiträge zu einer unbewältigten Geschichte, Göttingen 2004. Insbesondere für Deutschland siehe Hartmut Lehmann, "The Germans as a Chosen People", German Studies Review 14, 2 (1991): 261–273, oder Gerd Krumeich/Hartmut Lehmann (Hg.): „Gott mit uns". Göttingen 2000, und Hartmut Lehmann/Manfred Gailus (Hg.): Nationalprotestantische Mentalitäten in Deutschland (1870–1970). Konturen, Entwicklungslinien und Umbrüche eines Weltbildes, Göttingen 2005.

9 Joffe 2006, 158.

10 Ebd., 8.

11 Schweiker 2005, 22 ff. William Schweiker ist Theologe an der *University of Chicago*.

12 Rudin 2006.

13 Joffe 2006, 22.

14 Micklethwait/Wooldridge 2004, 341.

15 Wolfgang Koydl: „Titan oder Teufel", Süddeutsche Zeitung vom 4. Februar 2005.

16 Schuhler 2003, 20 f.

17 Idealtypisch könnte man auch sagen, dass hier (wieder einmal) „moralische Unternehmer" im Sinne von Howard S. Becker (Außenseiter. Zur Soziologie abweichenden Verhaltens, Frankfurt am Main 1973) auf „autoritäre Charaktere" im Sinne von Theo-

dor W. Adorno (Studien zum autoritären Charakter, Frankfurt am Main 1973) treffen. Kennzeichen des autoritären Charakters sind sein Konventionalismus, seine Bindung an rigide Normen, sein unterwürfiger Gehorsam gegenüber idealisierten Autoritäten der Eigengruppe, seine autoritäre Aggression gegenüber Menschen, die die Normen der Eigengruppe verletzen, seine Abwehr des Subjektiven, des Phantasievollen, der Zwischentöne, sein Glaube an übersinnliche Einflüsse und irrationale Mächte, seine Stereotypie religiöser Handlungen, seine Neigung zu Selbstüberschätzung und Kraftmeierei, seine Hinwendung zu Destruktivität und Zynismus, seine Verleumdung des Menschlichen und eben sein Glaube an die Existenz einer großen Verschwörung.

18 Schneider 2003.

Teil I

1 Brian Reade: "The Awkward Conscience of a Nation", *Mirror* vom 3. November 2003, URL: http://www.mirror.co.uk/news/topstories/tm_method=full%26objectid=13583626%26siteid=94762-name_page.html.

2 Das behauptet u. a. Scowen 2004. Maßgeblich bei der Erschließung dieses in Teil II, Kap. 4, näher untersuchten Themas war der amerikanische Wirtschafts-Journalist Greg Palast, der mittlerweile für die britischen Zeitungen *Observer* und *Guardian* arbeitet, weil er in den USA kaum mehr veröffentlichen kann.

3 Perry 1947, I: 35: „Sie alle (Rasse, Sprache, Religion, Wirtschaft, Kunst, Gebiet und Staat) werden sich der Bildung einer ‚Nationalität' als günstig erweisen, manche von ihnen als unentbehrlich, keine aber als ausschlaggebend." – „Eine soziale Gruppe stellt eine Nation dar, wenn ihre Mitglieder von gleicher Gesinnung sind und wenn ein gemeinsames System von Ideen ihre verschiedenen Einrichtungen durchdringt und untereinander in Beziehung bringt, das Leben ihrer Angehörigen lenkt und diese, so geeint, von anderen sozialen Gruppierungen unterscheidet." (ebd.: 38.) Vgl. auch die Beschwörung der „Nation der Nationen" bei Diner 2002, 191–199.

4 Norman Birnbaum: „Der scheinheilige Kreuzzug Amerikas", Süddeutsche Zeitung vom 2. August 2005.

5 Vgl. http://www.usflag.org/ (insbes. http://www.usflag.org/related.html und http://www.usflag.org/flagetiquette.html).

6 Raeithel 2003.

7 Der amerikanische Pragmatismus war die akademische und dann auch bildungspolitische Antwort auf die unlösbaren Probleme der Metaphysik, die im aufgeklärten Europa schon an ihre Grenze gestoßen war. Heute aber scheint nicht nur in den USA die schiere Menge des potenziell Wissbaren, die Abhängigkeit der Bildung vom Geldbeutel zusammen mit einer hedonistischen Pluralisierung dem Diskurs im öffentlichen Raum jegliche Basis zu entziehen. Ein Problem, dem die Rechten in den USA mit einer Abwertung der höheren Bildung und der provozierenden Aufwertung der Religion begegnen.

8 Der Begriff ist ein Akronym und bedeutet *Uniting and Strengthening America by Providing Appropriate Tools Required to Intercept and Obstruct Terrorism*. Das Gesetz wurde am 26. Oktober 2001 von George W. Bush unterzeichnet.

9 Siehe U.S. Public Law 107–56 (115 STAT. 376) in [H.R. 3162] "Uniting and Strengthening America by Providing Appropriate Tools Required to Intercept and Obstruct Terrorism" vom 26. Oktober 2001, URL: http://fl1.findlaw.com/news.findlaw.com/cnn/docs/terrorism/hr3162.pdf.

10 Josef Braml, „Vom Rechtsstaat zum Sicherheitsstaat? Die Einschränkung persönlicher Freiheitsrechte durch die Bush-Administration“, Aus Politik und Zeitgeschichte 45 (1. November 2004), 10.
11 Vgl. URL: http://en.wikipedia.org/wiki/USA_PATRIOT_Act.
12 Fetscher 2006. Iring Fetscher ist Politikwissenschaftler an der Johann-Wolfgang-Goethe-Universität in Frankfurt am Main.
13 Mark Clayton: “US plans massive data sweep. Little-known data-collection system could troll news, blogs, even e-mails. Will it go too far?”, Christian Science Monitor vom 9. Februar 2006, URL: http://www.csmonitor.com/2006/0209/p01s02-uspo.html.
14 Das Akronym steht für *Analysis, Dissemination, Visualization, Insight and Semantic Enhancement.*
15 Reymer Klüver: „Die strangulierte Freiheit“, Süddeutsche Zeitung vom 8. September 2006.
16 Ebd.
17 Al Gore: The Assault on Reason, New York 2007, 131. In Deutsch 2007 unter dem Titel „Angriff auf die Vernunft“ erschienen.
18 Hans Leyendecker: „Die Rückkehr der Alleswisser. Das Ansehen der lange Zeit belächelten Geheimdienste ist mächtig gestiegen – obwohl die Agenten nicht unbedingt besser arbeiten“, Süddeutsche Zeitung vom 8. September 2006.
19 Ebd.
20 Gore 2007, 148.
21 Ebd., 219.
22 Stefan Kornelius: „Wer quatscht, wird bestraft – Im Amerika des George W. Bush herrscht ein Klima der Angst und der Kontrolle“, Süddeutsche Zeitung vom 2./3. Juli 2005.
23 Carla Palm: „Der Krieg der Bush-Männer – Liberale in Not: Mit Zensur und Sparbefehlen attackiert die konservative US-Regierung den öffentlichen Sender PBS“, Süddeutsche Zeitung vom 29. Juni 2005.
24 Alexander Weber: „Wie einst McCarthy? Bush lässt Weltmedien durchforsten“, Münchner Merkur vom 6. Oktober 2006.
25 Patrick Doherty: “Why London, Why Now?”, TomPaine.common sense (7. Juli 2005), URL: http://www.tompaine.com/articles/2005/07/07/why_london_why_now.php.
26 Heribert Prantl: „Sicherheitsfolter. Die diabolische Potenz der Angst in der Politik – und ihre gefährlichen Folgen“, Süddeutsche Zeitung vom 11. März 2006.
27 Gore 2007, 23.
28 Carter 2005, 17 f., berichtet von der „extremen Politik der National Rifle Association“, die das Auslaufen des *Assault Weapon Ban* („Verbot von Kriegswaffen“) im Jahr 2004 durchdrückte.
29 Andrian Kreye: „Wunderland ist abgebrannt“, Süddeutsche Zeitung vom 15. Juni 2005.
30 Bretthauer 1998, 236 (zitiert bei Ziegert 2004, 347)
31 Ziegert 2006, 279.
32 Ebd.
33 Ebd.
34 Sloterdijk 1997, 32.
35 Ebd., 28.
36 Ebd., 32.
37 Auch wenn Prothero 2007, 22 schreibt: “A theocracy – in the true sense of church-run government – is not even a twinkle in the Bush administration eyes”, teilt er doch die Befürchtung für die amerikanische Demokratie.

38 Hanns-Georg Rodek: „Stinksauer. Betroffen. Bereit zum Kampf – Interview mit Wim Wenders“, Die Welt vom 25. September 2004.
39 Möglicherweise hat der Patriotismus diese Lücke nicht geschaffen, sondern sie lediglich gefüllt. In dem Fall hätte er weniger eine ursächliche als vielmehr eine kompensatorische Funktion. Es sind die Orientierungslosigkeit in der Hochzeit des Pluralismus und die Bindung von Bildung an den Geldbeutel, die diese Lücke entstehen ließen, die dann entsprechend gefüllt wird.
40 Schuhler 2003.
41 Gore 2007, 6.
42 Diese im Folgenden noch ausführlicher beschriebene Konstellation der Verführung ist besonders bedenklich vor dem Hintergrund eines kürzlich erschienen Buches des amerikanischen Psychologen Philip Zimbardo, in dem dieser anhand von Experimenten aufzeigt, wie leicht und unter welchen Umständen Menschen in grausame, menschenverachtende Bestien verwandelt werden können (The Lucifer Effect. Understanding How Good People Turn Evil, New York 2007).
43 Michael Moore: Bowling for Columbine, US/CAN/FR/GER 2002 (Dog Eat Dog Films u. a., 114 Min.).
44 Carter 2005, 19 (vgl. Center for Gun Policy and Research: “Factsheet: Firearm Injury and Death in the United States”, Johns Hopkins University, Baltimore, MD 2004, URL: http://www.jhsph.edu/gunpolicy/US_factsheet_2004.pdf).
45 “To which some disheartened journalists add, ‘If it thinks, it stinks.’” (Gore 2007, 17).

Teil II

1 Vgl. URL: http://www.tagesschau.de/aktuell/meldungen/0,1185,OID2055652_REF1_NAV2014542,00.html (16. Oktober 2006).
2 „US-Politik: Die Medien und ihre Botschaft – Pressefreiheit, Zeitungen, Radio und Fernsehen”, hg. vom U.S. Außenministerium – Büro für internationale Informationsprogramme, Amerika-Dienst (18. Oktober 2005), URL: http://amerikadienst.usembassy.de/us-botschaft-cgi/ad-detailad.cgi?lfdnr=1920.
3 Moyers 2003.
4 Zitiert bei ebd.
5 Gore 2007, 17.
6 Moyers 2003.
7 Ebd.
8 Ebd. Die fünf auflagenstärksten Zeitungen im Land waren nach einer Zählung aus dem Jahr 1995 bei insgesamt immer noch fallender Tendenz das *Wall Street Journal* mit 1,8 Millionen Lesern, *USA Today* mit 1,6, die *New York Times* mit 1,2, die *Los Angeles Times* mit 1,1 und die *Washington Post* mit 0,8 Millionen Lesern.
9 Gore 2007, 7.
10 Es gibt zwar 335 öffentlich-rechtliche lokale bzw. regionale Fernsehsender, die sich nach den Interessen der jeweiligen Kommune ausrichten und schätzungsweise 87 Millionen Zuschauer pro Woche haben, sie alle erhalten jedoch den wesentlichen Teil ihrer Programme von dem teilweise mit Steuergeldern finanzierten nationalen *Public Broadcasting Service* und spielen im Vergleich zu den kommerziellen Sendern eine untergeordnete Rolle.
11 Moyers 2003.

12 Ebd.
13 Ebd.
14 Vgl. *The Nation* vom 27. Oktober 2003. Das posthume Reprint ging auf ein früheres Themenheft von *The Nation Magazine* über TV-Nachrichten zurück. Neil Postman war zwischen 1977 und 1986 Schriftführer von *ETC: A General View of Semantics* und beschrieb erstmals in deren Winterausgabe 1980/81 die Grenzen der typischen „News-Show", wenn es um Wissensvermittlung und Lerneffekte geht.
15 Gore 2007, 16.
16 Ziegert, 2004 357.
17 Moyers 2003.
18 Ebd.
19 Zitiert nach ebd.
20 Domke 2004 (Vgl. URL: http://www.com.washington.edu/god%5Fwilling/).
21 Michael Massing: Now They Tell Us. The American Press and Iraq, New York 2004.
22 Moyer 2003. Das Oval Office ist das Büro des US-Präsidenten im Weißen Haus.
23 Vgl. die Web-Dokumentation des *Institute for First Amendment* Studies (1989–2001, URL: http://www.publiceye.org/ifas/cnp/index.html) und der kanadischen Apologetin Vicky Dillen (URL: http://www.seekgod.ca/topiccnp.htm).
24 URL: http://www.publiceye.org/ifas/cnp/index.html.
25 Vgl. URL: http://mediamatters.org/. Die Organisation wurde von David Brock gegründet, nachdem er in den Büchern *Blinded by the Right: the Conscience of an Ex-Conservative* (2002) und *The Republican Noise Machine: Right-Wing Media and How it Corrupts Democracy* (2004) seine eigene Rolle als konservativer „Hit Man" in Clintons erster Amtszeit einer persönlichen und politischen Kritik unterzogen hatte. Seiner Rolle in der republikanischen Maschine entfremdet hätte ihn nicht zuletzt die Tatsache, dass seine Homosexualität seit 1994 ein offenes Geheimnis gewesen sei, was echte Freundschaften unter Konservativen nicht zugelassen habe. Dieser Selbstdarstellung ist allerdings von verschiedener Seite widersprochen worden. Aber, obwohl zunächst niemand Überläufern so recht über den Weg traut, mag die ausgiebig geführte Charakterdebatte dazu beigetragen haben, dass Brock am Ende mit der Gründung von *Media Matters for America* dem schlechten Ruf eines Provokateurs und Gefälligkeitsjournalisten entkommen konnte. Die Organisation wird heute von Stiftungen unterstützt, die der Demokratischen Partei nahestehen.
26 Douglas M. McLeod/Elizabeth M. Perse: "Direct and Indirect Effects of Socioeconomic Status on Public Affairs Knowledge", Journalism Quarterly 71,2 (1994), 433–442, und Leo B. Van Snippenburg: "Social Position, Political Information Interest and Exposure to Political Media Texts", Communications. The European Journal of Communication Research 20,1 (1995), 48–60.
27 Nancy B. Lowden/Peter A. Andersen/David M. Dozier/Martha M. Lauzen: "Media Use in the Primary Election: A Secondary Medium Model", Communication Research 21,3 (1994), 293–304.
28 Xinshu Zhao/Steven H. Chaffee: "Campaign Advertisements Versus Television News as Sources of Political Issue Information", Public Opinion Quarterly 59 (1995), 41–65.
29 Jaeho Cho: "Media, Interpersonal Discussion, and Electoral Choice", Communication Research 32,3 (2005), 298.
30 Ebd., 299.
31 Schneider 2003. Carter 2005, 172, spricht von einem Jahreseinkommen für Durchschnittsfamilien von 55.000 US-Dollar, veranschaulicht aber die Kluft der Einkom-

mensverhältnisse durch die Relation zwischen dem obersten und untersten Fünftel der Bevölkerung: „in Japan beträgt es 4:1, in Frankreich 7:1 und in den USA 11:1 (Carter 2005, 183).

32 Siehe unter „Poverty", Unterpunkt „Overview", in „Income Stable, Poverty Up, Numbers of Americans With and Without Health Insurance Rise, Census Bureau Reports", U.S. Census Bureau Press Release (26. August 2004), URL: http://www.census.gov/Press-Release/www/releases/archives/income_wealth/002484.html. Die staatlich festgelegte Armutsgrenze lag danach im Jahr 2003 für einen alleinstehenden Erwachsenen bei 9.393 Dollar Einkommen pro Jahr, für eine zweiköpfige Familie bei 12.015 Dollar und für eine dreiköpfige Familie bei 14.680 Dollar. (ebd.). Die Dunkelziffer dürfte jedoch deutlich höher liegen.

33 Schuhler 2005, 28, stützt sich auf Edward N. Wolff vom *Levy Economics Institute*.

34 Schuhler 2003. Carter 2005, 185: „Bei den Steuersenkungen, die seit dem Jahr 2000 im Kongress durchgepeitscht wurden, erhält das oberste Prozent der amerikanischen Haushalte von dem einen Dollar, den die Erleichterungen für eine Familie der Mittelschicht bringen, 54 Dollar, und die Haushalte, die über ein Einkommen von einer Million Dollar und mehr verfügen, profitieren sogar um 191 Dollar!"

35 Carter 2005, 185.

36 Schuhler 2005, 26.

37 Schuhler 2003, 64.

38 Ebd.

39 Schuhler 2003, 62.

40 Carter 2005, 168.

41 Das hat vor allem Schuhler überdeutlich belegt.

42 Schuhler 2003, 17.

43 Ebd.

44 Ebd. 17 f.

45 Ebd. 17.

46 Sifry 2003.

47 Schuhler 2003, 18; Biermann/Klönne 2002, 55 f.

48 Schuhler 2003, 20.

49 Sifry 2003.

50 Zur Beziehung des amerikanischen Staates zum militärisch-industriellen Komplex siehe Biermann/Klönne 2003, 44 ff.

51 Schuhler 2003, 20.

52 Moyers 2005.

53 Stout 2007, 5.

54 Moyers 2005, 48; Perkins 2005.

55 Thomas L. Friedman: "A Manifesto for the Fast World", New York Times Magazine vom 28. März 1999.

56 Neben seinem ins Deutsche übersetzten Buch *Shame on you. Die Wahrheit über Macht und Korruption in westlichen Demokratien* (München 2003) siehe besonders den Film-Beitrag "What really happened in Florida?" der *British Broadcasting Corporation* von 2001, URL: http://news.bbc.co.uk/olmedia/cta/progs/newsnight/palast.ram. Zuletzt erschien in seinem angriffslustigen Rundumschlag unter dem provozierenden Titel *Armed Madhouse* (New York 2006) auch ein Kapitel zur Technik der Wahlmanipulation mit Blick auf die Präsidentschaftswahlen 2008: "Now Get Over It … because they're putting '08 in their pocket. Republicans just seem to have that winning spirit. They also have caging lists, felons of the future, rotting ballots,

snuffed canaries, and a lock on the votes of Kissinger-Americans and the undead." (ebd., 187–276)

57 Laut Gesetz müssen sie eigentlich 22 Monate lang aufgehoben werden (Public Interest Pictures 2006). Susan Pynchon, Direktorin der *Florida Fair Elections Coalition* behauptet, dass in Florida ein Drittel der Originalunterlagen der Wahl fehlen bzw. unvollständig sind. Ebd.

58 Hier ins Deutsche übersetzt.

59 Ronald Dworkin: Is Democrarcy Possible Here? Principles for a New Political Debate, Princeton, N. J. 2006.

60 Alan Wolfe: Does American Democracy Still Work?, New Haven 2006.

61 Thomas E. Mann/Norman J. Ornstein: The Broken Branch. How Congress is Failing America and How to Get it Back on Track, Oxford/New York 2006.

62 Mark J. Green: Losing our Democracy. How Bush, the Far Right and Big Business are Betraying Americans for Power and Profit, Naperville, IL 2006.

63 Spencer Overton: Stealing Democracy. The New Politics of Voter Suppression, New York 2006.

64 Steven f. Freeman/Joel Bleifuss: Was the 2004 Presidential Election Stolen? Exit Polls, Election Fraud, and the Official Count, New York 2006.

65 Kinsley 2006.

66 Smiley 2006.

67 Overton 2006. Overton ist Professor der Rechtswissenschaften an der *George Washington Law School*. Er ist Spezialist für amerikanisches Wahlrecht.

68 Es gibt Bundesstaaten mit geringer Bevölkerung ein überproportional starkes Gewicht (Kinsley 2006).

69 Stefan Fröhlich: „Erhebliche Verzerrungen. Der kritische amerikanische Wähler muß Reformen einfordern", Frankfurter Allgemeine Zeitung vom 21. November 2006.

70 Adelle M. Banks: "Study: Atheists Think 'Radical Christianity' a Threat", Religion News Service (11. Juni 2007), vgl. URL: http://www.adventistreview.org/article.php?id=1217#2.

71 Dana Mason et al.: The Wealth Primary. The Role of Big Money in the 2004 Congressional Primaries, Washington, DC: U.S. PIRG Education Fund, Oktober 2004, 13.

72 Gore 2007, 8.

73 Mason 2004, 12.

74 Mason 2006, 13.

75 Vgl. Religion and Public Life: A Faith-Based Partisan Divide (Washington D.C.: Pew Forum on Religion and Public Life 2005) und John C. Green: "Religion Gap Swings New Ways", Religion in the News 7,3 (2005), URL: http://www.trincoll.edu/depts/csrpl/RINVol7No3/ReligionGapSwingsNewWays.htm.

76 Peter L. Francia et al.: "Limousine Liberals and Corporate Conservatives: The Financial Constituencies of the Democratic and Republican Parties", Social Science Quarterly 86,4 (Dezember 2005).

77 Ebd.

78 Ebd.

79 Auffällig ist, dass rund 25 % der Spenden bei der Demokratischen Partei aus jüdischen Kreisen kommt. Das ist umso bemerkenswerter, als Juden nur etwa 2 % der Gesamtbevölkerung ausmachen. Unter ihnen gab es allerdings schon immer viele, die sich politisch engagierten. Das trifft ganz besonders auf Aktivitäten zur Verteidigung der Bürgerrechte und zum Schutz von Minderheitenrechten zu. Ebd.

80 Overton 2006, 15.
81 Ebd.
82 Wendy Weiser in Goodman 2006. Wendy Weiser ist stellvertretende Direktorin des Demokratieprogramms am *Brennan Center for Justice* der *New York University School of Law*.
83 Alabama, Arizona, Maryland, Mississippi, Nevada, Tennessee und Wyoming.
84 Spencer Overton: "How Both Democrats and Republicans Are Complicit in Disenfranchising America", Direct Democracy for People-Powered Politics (31. Juli 2006), URL: http://www.mydd.com/story/2006/7/31/112837/205.
85 Bob Fitrakis (siehe Goodman 2006).
86 Ebd.
87 Bisher wurde lediglich die aktuelle Unterschrift mit der Unterschrift auf dem Wählerregistrierungsformular verglichen.
88 Goodman 2006; Levine 2006 und Smiley 2006 beziehen sich besonders auf Spencer Overton und sein Buch *Stealing Democracy* (vgl. auch "Voter ID supporters lack hard evidence", ajc.com [8. April 2005], URL: http://docs.law.gwu.edu/facweb/soverton/ajc_april8_2005.pdf).
89 Andrew Gumbel (zitiert bei Levine 2006).
90 Harvey Wasserman (siehe Goodman 2006).
91 Bob Fritakis (siehe Goodman 2006).
92 Ian Urbina/Christopher Drew: "Experts Concerned as Ballot Problems Persist", The New York Times vom 26. November 2006.
93 Bev Harris: Black Box Voting. Ballot Tampering in the 21st Century, Renton, WA 2004.
94 Avi Ruben (siehe Ardizzone/Michaels 2006).
95 Ebd.
96 Hugh Thompson (siehe Ardizzone/Michaels 2006).
97 Harri Hursti (siehe Ardizzone/Michaels 2006). Vgl. Harri Hursti: "The Black Box Report. Security Alert: July 4, 2005. Critical Security Issues with Diebold Optical Scan Design" und ders.: "Diebold TSx Evaluation. Security Alert: May 11, 2006. Critical Security Issues with Diebold TSx", beide siehe URL: http://www.bbvforums.org/forums/messages/2197/6847.html.
98 Zum gleichen Ergebnis kamen auch drei Computerexperten des *Center for Information Technology Policy* und des *Department of Computer Science* der *Princeton University* (Ariel J. Feldman/J. Alex Halderman/Edward W. Felten: "Security Analysis of the Diebold AccuVote-TS Voting Machine" [13. September 2006], URL: http://itpolicy.princeton.edu/voting).
99 Ardizzone/Michaels 2006.
100 Kinsley 2006.
101 Cliff Arnebeck (siehe Ardizzone/Michaels 2006).
102 "Something very strange happened on election night to Deborah Tannenbaum, a Democratic Party official in Volusia County. At 10 p.m., she called the county elections department and learned that Al Gore was leading George W. Bush 83,000 votes to 62,000. But when she checked the county's Web site for an update half an hour later, she found a startling development: Gore's count had dropped by 16,000 votes, while an obscure Socialist candidate had picked up 10,000 – all because of a single precinct with only 600 voters." (Washington Post vom 12. November 2000, siehe URL: http://www.washingtonpost.com/ac2/wp-dyn?pagename=article&contentId=A2748-2000Nov11).

103 Die damals eingesetzte Software stammte von Global Election Systems, einem Unternehmen, das 2002 von Diebold übernommen wurde.

104 Walden O'Dell (zitiert bei Ardizzone/Michaels 2006). Nach Aussage seines Marketing-Chefs hat O'Dell diese Aussage später bedauert. – *CEO* (*Chief Executive Officer*), Funktionsbezeichnung, entspricht im Deutschen ungefähr dem Geschäftsführer, dem Vorsitzenden der Geschäftsführung oder dem Vorstandvorsitzenden.

105 Kinsley 2006.

106 Ardizzone/Michaels 2006.

107 Ebd.

108 Ebd.

109 Jean Jacques Rousseau: Der Gesellschaftsvertrag oder Die Grundsätze des Staatsrechtes (1758), übers. H. Denhardt (1880), URL: http://www.textlog.de/rousseau_vertrag.html, oder neuere Ausgabe eingeleitet von Wolfgang Kersting (Frankfurt am Main 2005), und Alexis de Tocqueville: Democracy in America (1840), New York 2001 (dt.: Über die Demokratie in Amerika, ausgewählt und hg. von J. P. Mayer, Stuttgart 1985).

110 Vgl. Robert N. Bellah: "Religion in America", Daedalus, Journal of the American Academy of Arts and Sciences 96,1 (1967), 1–21 (dt. „Zivilreligion in Amerika", in: Religion des Bürgers: Zivilreligion in Amerika und Europa, hg von Heinz Kleger und Alois Müller, München 1986, 19–41, oder Religion und Gesellschaft, hg. von Karl Gabriel und Hans-Richard Reuter, Paderborn/München/Wien/Zürich 2004, 314–332).

111 Zit. nach Bruce Murray: With 'God on our side'? How American 'Civil Religion' Permeates Society and Manifests Itself in Public Life. Siehe URL: http://www.facsnet.org/issues/faith/civil_religion1.htm. Auf der *FACS Conference 2002* in Indianapolis hielt Rowland Sherill ein Referat zum Thema *Zivilreligion*, das die Basis einer ausgedehnten Web-Site bildet (vgl. "Forward", Murray 2005).

112 The Pew Research Center: "Americans Struggle with Religion's Role at Home and Abroad", Survey Report vom 20. März 2002, URL: http://people-press.org/reports/display.php3?PageID=385 (Siehe besonders "Religion in America", URL: http://people-press.org/reports/display.php3?PageID=386).

113 Vgl. Victor 2005, 9 mit CBS News Poll: "For Almost All Americans, There Is God. CBS News Poll: 82 Percent Believe In God; Fewer Pray", Special Report CBS News Polls vom 13. April 2006, URL: http://www.cbsnews.com/stories/2006/04/13/opinion/polls/main1498219.shtml.

114 Es gab zwischen 1650 und 1690 eine puritanische Theokratie in Neu-England. „Die Kolonisten von Plymouth waren zugleich eine Kirche, eine Aktiengesellschaft und ein Staat – alles in einem." (Perry 1947, I: 89). Die *Pilgrim Fathers*, die 1620 an Bord der *Mayflower* gingen, waren Separatisten, die verfolgt wurden, weil sie sich von der Church of England losgesagt hatten. Dagegen wurde der breite Strom der Siedler von 1630 durch Männer von Reichtum, Bildung, Rang und Ansehen angeführt, die ihre Bürgerrechte niemals verloren hatten. „Während die ‚Pilger', die als Opfer der Verfolgung lediglich in Ruhe gelassen werden wollten, vom Geiste der Sanftmut und des Gemeinschaftslebens durchdrungen wurden, waren die Kolonisten von Massachusetts Bay kämpferisch und expansiv eingestellt." (Ebd. 86.) Und obwohl er mit dem breiten Strom ins Land kam, steht Roger Williams mit den Quäkern für die Separatisten, während John Winthrop und später Jonathan Edwards das theokratische Einheitsdenken vertreten.

115 Die später außenpolitisch gewendete Rede von der *Manifest Destiny* prägte 1845 der New Yorker Journalist John O'Sullivan, als er schrieb, es sei „die offenkundige

Bestimmung der Nation, sich auszubreiten und den gesamten Kontinent in Besitz nehmen, den die Vorsehung uns für die Entwicklung des großen Experimentes Freiheit und zu einem Bündnis vereinigter Souveräne anvertraut hat." John O'Sullivan: "Annexation", United States Magazine and Democratic Review 17,1 (Juli/August 1845), 5–10. Vgl. auch URL: http://en.wikipedia.org/wiki/Manifest_Destiny.

116 Zitiert bei Murray 2005; siehe auch URL: http://history.hanover.edu/texts/winthmod.html oder John Winthrop: "A Modell of Christian Charity (1630)", in: God's New Israel Religious Interpretations of American Destiny, hg. von Conrad Cherry.

117 Ebd.

118 Matthäus 5, 14: „Ihr seid das Licht der Welt. Es kann die Stadt, die auf einem Berge liegt, nicht verborgen sein."

119 Zwei Interpretationen der Verfassung stehen sich gegenüber. Man könnte verkürzend sagen: Während Roger Williams die Kirche vor dem Staat schützen wollte, dachten die Verfassungsväter an den Schutz des Staates vor der Kirche. Viele, die der letzteren Interpretation anhängen, sind deshalb der Meinung, die Unabhängigkeitserklärung setze nur auf die Selbstevidenz der Vernunft als dem Fundament des Staates. Weniger die historisch gewordenen Formulierungen als die Geschichte ihrer Entstehung legt das in gewisser Weise auch nahe. "We hold these truths to be self evident: that all men are created equal; that they are endowed by their Creator with certain inalienable rights; that among these are life, liberty, and the pursuit of happiness; that to secure these rights, governments are instituted among men, deriving their just powers from the consent of the governed." In einem früheren Entwurf hieß es noch: "We hold these truths to be sacred and undeniable..." Es ist behauptet worden, dass in dieser Revision nicht nur die Unabhängigkeit der Vernunft vom Glauben, sondern damit auch die Modernität der amerikanischen Verfassung liege. Aber die Deklaration mildert die fromme Interpretation nur ab und beseitigt sie mit Blick auf den Konsens nicht vollends. Die Spannung wiederholt sich bis in die Rezeption der prominenten Kommentatoren: "The historian Ralph Barton Perry contends that 'the history of American democracy is the gradual realization, too slow for some and too rapid for others, of the implications of the Declaration of Independence'." (Thomas Shapley: "Getting Close-Up, Personal with the Declaration of Independence", Seattle Post-Intelligencer, 26. August 2003) – "But we ought to keep in mind an observation by the historian Ralph Barton Perry. The Declaration, Perry reminds us, was an ex post facto justification of American beliefs. It was addressed to educated elite opinion, especially abroad; it was designed to win arguments, not to capture the essence of Americanism as Americans themselves understood it." (David Gelernter: "Americanism & Its Enemies", Commentary, Januar 2005). Es muss also offenbleiben, welche Interpretation der amerikanischen Verfassungsgeschichte Recht behält, und ob nicht in der gebrochenen Kontinuität von Glaube und Vernunft (die eine *„continuity in rupture"* ist) gerade die Weisheit der Formulierung der Verfassungsväter bestand. Die Idee einer strategischen Unterlegenheit einer der beiden Seiten scheint vielmehr eine Frucht des Kulturkriegs zu sein, der um die letzte Interpretation der Absichten der Verfassungsväter anschließend entbrannt ist. Die zunehmende Heftigkeit in der Auseinandersetzung mit dem eigenen Erbe ist auch ein Indiz für den schwindenden Konsens der Parteien und ihre Unfähigkeit, den gefundenen Kompromiss neu zu beleben. (Wir verdanken den Hinweis auf die Transformation des amerikanischen Verfassungsentwurfs einem bisher unveröffentlichten Vortrag von Robert Pogue Harrison in der Münchner Carl Friedrich von Siemens Stiftung. Zum Verhältnis von „offizieller Frömmigkeit" und „freundlicher Neutralität" in der Verfassungsrealität siehe Perry 1947, I: 178 ff.)

120 Zitiert bei Murray 2005.
121 Robert Jewett/John Shelton Lawrence: "Captain America Takes on Iraq", Tikkun (Januar/Februar 2003), URL: http://www.gseis.ucla.edu/courses/ed253a/jewett_lawrence_captein_america_complex.html.
122 Vgl. ebd.
123 Der Historiker und Pulitzer-Preisträger hielt diese Rede am 9. Januar 1900 und ging damit als einer der großen Befürworter des Imperialismus in die amerikanische Geschichte ein. Vgl. URL: http://en.wikipedia.org/wiki/Albert_J._Beveridge (16. Oktober 2006).
124 Albert J. Beveridge: "In Support of an American Empire", in: *Congressional Record*, 56th Congress, I Session (1900), 704–712 (URL: http://teachingamericanhistory.org/library/index.asp?document=639).
125 Herbert Kremp: „Im Priestergewand einer Zivilreligion", Die Welt vom 19. März 2003.
126 Bellah 2003.
127 George W. Bush in seiner Rede vor dem amerikanischen Kongress am 20. September 2001 (vgl. "Bush Announces Start of a 'War on Terror'", URL: http://www.whitehouse.gov/news/releases/2001/09/20010920-8.html, und „Bush kündigt Beginn eines ‚Kriegs gegen den Terror' an", URL: http://amerikadienst.usembassy.de/us-botschaft-cgi/ad-detailad.cgi?lfdnr=1340).
128 Bellah 2003.
129 McKibben 2005.
130 Ebd.
131 Ebd.
132 Ebd.; Prothero 2007, 9, und The Barna Group: "Americans' Bible Knowledge Is In the Ballpark, But Often Off Base" (12. Juli 2000), URL: http://www.barna.org/flexPage.aspx?Page=BarnaUpdate&BarnaUpdateID=66.
133 McKibben 2005.
134 Joffe 2006, 15.
135 Robert Menasse: „Keiner hat das Recht, nur seine Pflicht zu tun – Warum sich Europa und Amerika nicht verstehen. Eine Polemik", Die Welt vom 22. März 2003.
136 "The platitudes of America's civil religion … have no theology, except perhaps, as Wuthnow notes, a theology of 'America First'." (Carter 1993, 51, mit Bezug auf Wuthnow 1990, 244).
137 Lehmann 1991, 271.
138 Ebd.: 268.
139 Ebd.
140 Wolfgang Koydl: „Amerikas Visionen", Süddeutsche Zeitung vom 3. Mai 2003.

Teil III

1 Vgl. die Formulierung des Titels von Kleber 2005.
2 „Puritanismus im generischen Sinne bedeutet ‚Strenge des Lebens und Einfachheit der religiösen Verehrung', Christentum in seiner vormaligen Reinheit, und steht im Gegensatz zu fleischlichen und weltlichen Kompromissen, aber auch zum Überwuchern der Bedeutung der Kirche und des Ritus, zur Vielfalt sakramentaler Mysterien und zur Überbetonung dogmatischer Einzelheiten. Er ist somit ein rückläufiges Phänomen in der christlichen Geschichte." (Perry 1947, I: 78 f.)

3 Liebig/Wegener 1995, 270; Miroslav Volf: „Arbeit und Charisma. Zu einer Theologie der Arbeit", Zeitschrift für evangelische Ethik 31 (1987), 411–433.
4 Liebig/Wegener 1995, 271 f.
5 Im Gegensatz zum württembergischen Pietismus war der Hallesche Pietismus nüchterner und pragmatischer. Er geht zurück auf den an der Universität Halle lehrenden Theologen und Sozialreformer August Hermann Francke.
6 Dem entspricht auch die deutlich großzügigere steuerliche Förderung von sozialen und religiösen Aufwendungen.
7 Liebig/Wegener 1995, 272; Wade Clark Roof, "Denominational Religion and the Voluntary Principle: New Directions Research", in: David G. Bromley (ed.), New Directions in Theory and Research, [Reihe: Religion and the Social Order, Vol. 1], Amsterdam/London 1991, 225 ff.; Richard Münch, Die Kultur der Moderne. Bd. 1: Ihre Grundlage und ihre Entwicklung in England und Amerika, Frankfurt am Main 1986.
8 Philip Goff/Paul Harvey (Eds.): Themes in Religion and American Culture, Chapel Hill/London 2004, 290 (zitiert bei Phillips 2006, 249).
9 Perry 1947, I: 113.
10 Goff /Harvey 2004, 290 (zitiert bei Phillips 2006, 249).
11 Wuthnow 1990
12 Wuthnows Grundthese handelt von der Polarisierung des amerikanischen Protestantismus bei gleichzeitig abnehmender Bedeutung der Denominationen. Damit verbunden ist der Aufstieg von temporären Zweckgemeinschaften, die jenseits der Denominationen moralische und politische Zielsetzungen verfolgen.
13 "… shall make no law respecting an establishment of religion, or prohibiting the free exercise thereof; or abridging the freedom of speech, or of the press, or the right of the people peaceably to assemble, and to petition the government for a redress of grievances." Dazu erklärt der systematische Theologe der *Southern Adventist University*, Norman R. Gulley: "The First Amendment is a two way street, in which the government must not meddle in Religion, and Religion must not meddle in governing. A wall of separation kept them apart. History had proven the wisdom of this separation of powers." (Gulley 1997, 120.)
14 Gore 2007, 48. Natürlich – so der Theologe Norman R. Gulley – war damit nie beabsichtigt, den christlich-moralischen Einfluss aus dem öffentlichen Leben zu verbannen: "Separation of church and state doesn't mean separation of the influence of the moral from the secular. All moral laws of society reflect moral values. This is not the issue. The issue is the danger of moralists attempting to legislate their moral values on minorities. This is the danger of the Christian Coalition agenda, and that of Dominion theology." (Gulley 1997, 133).
15 William Jefferson (zitiert bei Garry Wills: Under God. Religion and American Politics, New York 1990, 370).
16 Gore 2007, 47.
17 Am 27. Juni 2005 erklärte der Oberste Gerichtshof der Vereinigten Staaten die Zurschaustellung der Zehn Gebote – 1961 war ein Granitblock errichtet worden – auf dem Gelände zwischen dem Parlamentsgebäude und dem Obersten Gericht von Texas in Austin für rechtmäßig.
18 Roger Finke/Rodney Stark: The Churching of America, 1776–2005: Winners and Losers in Our Religious Economy, New Brunswick, NJ 1992; Encyclopedia of American Religions, ed. by J. Gordon Melton, 5th ed., Detroit 1996 (beide zitiert von Mark A. Noll: The Old Religion in a New World. The history of North American Christianity, Grand Rapids, MI 2002, 162).

19 Noll 2002, 162 (siehe auch Diana L. Eck: A New Religious America, San Francisco 2001).
20 Pally 2005.
21 Markus 2004.
22 Nach der jüngsten Untersuchung des *Pew Forum on Religion and Public Life* vom Oktober 2006 sind 52 % der Pfingstler (gegenüber einem US-Durchschnitt von 25 %) für eine Überwindung dieser Schranke (vgl. *Pew Forum* 2006, 60). Sowohl der allgemeine Trend als auch die Tatsache, dass gerade die Meinungsführer und ihre Organe gegen eine Trennung von Staat und Kirche sind, ist hier von besonderer Bedeutung.
23 Laurie Kellman: "Christian Coalition Hosts Rally to Boost Its Profile", Associated Press vom 12. Oktober 2002); Joe Conn: "The Christian Coalition: Born Again?", Church & State (November 2002), URL: http://www.au.org/ und Fine 2003. Dass Meyer mit dieser Äußerung insbesondere auf das Gebet an öffentlichen Schulen abhob, betont die *Anti-Defamation League* 2002 ("*Rage Against Destruction* and Joyce Meyer Ministries", Anti-Defamation League [16. Oktober 2002], URL: www.adl.org/church-state/rad.asp).
24 Van Biema 2005; Pally 2005.
25 Zu den Konnotationen und der Geschichte dieser zeitweiligen Selbstbezeichnung vgl. William C. Martin: With God on Our Side: The Rise of the Religious Right in America, New York 2005, VIII.
26 Johannes 3.
27 „Was passiert bei der Zungenrede?", in: IdeaSpektrum 47/2006; Newberg 2006.
28 IdeaSpektrum 47/2006. Vgl. Benedict Carey, "A Neuroscientific Look at Speaking in Tongues" (New York Times vom 7. November 2006).
29 Tolson 2003; Scowen 2004, 38.
30 Prothero 2007, 12, schätzt die Gesamtzahl der Christen in den USA auf 250 Millionen.
31 Phillips 2006, 106. Kevin Phillips, heute Journalist der *Los Angeles Times*, war unter Reagan strategischer Berater der Republikaner.
32 Nach dem englischen Historiker David Bebbington steht die Wiedergeburt noch vor ihrem Biblizismus, Aktivismus und der Konzentration auf die stellvertretende Erlösung am Kreuz. (Vgl. Prothero 2007, 177: "As British historian David Bebbington has put it, they affirm conversionism, Biblicism, activism, and crucicentrism.").
33 Apostelgeschichte 2,1.
34 Nach der *World Christian Database* gehört mindestens ein Viertel der weltweit zwei Milliarden Christen den Pfingstlern und Charismatikern an, die jetzt auch unter dem Oberbegriff *Renewalists* zusammengefasst werden. Nach derselben Erhebung sind 23 % aller Amerikaner *Renewalists*. (Vgl. Burke Olsen: "Results from a 10-Country Public Opinion Survey of Pentecostals", Pew Forum on Religion and Public Life [5. Oktober 2006], URL: http://pewforum.org/press/index.php?ReleaseID=42).
35 Viele Baptisten sind zu den Charismatikern abgewandert, ohne jedoch ihre Mitgliedschaft in ihren traditionellen Kirchen aufzukündigen.
36 Vgl. Tolson 2003 mit Wolfe 2003 und Smith 2000.
37 Frank Newport/Joseph Carroll: "Another Look at Evangelicals in America Today About 3 in 10 White, Non-Catholic Christians Describe Themselves as 'Evangelical'", The Gallup Poll Press Release (2. Dezember 2005).
38 Siehe "No. 67. Self-Described Religious Identification of Adult Population: 1990 and 2001" in: U.S. Census Bureau (Ed.): Statistical Abstract of the United States: 2004–2005, 55 (URL: http://www.census.gov/prod/2004pubs/04statab/pop.pdf);

vgl. auch Schuhler (2005, 14), der die Zahl der illegal im Land lebenden Ausländer mit 11 Millionen ansetzt (ebd., 26).

39 Braml 2005, 32.

40 Kevin Phillips sieht mit Donald E. Miller (Reinventing American Protestantism. Christianity in the New Millennium, Berkeley, CA 1997), hier eine langfristigere Verschiebung der Gewichte (Phillips 2006, 118). Ähnlich Paul Nussbaum: "Evangelical Christianity Shifting Outside West", Philadelphia Inquirer vom 20. Februar 2006.

41 Clarkson 1994, Teil 2; Noll 2002, 185.

42 Phillips 2006, 214 f.

43 17.000 Gottesdienstbesucher.

44 Ziegert 2006, 281.

45 Sloterdijk 2001.

46 Phillips 2006, 101.

47 Ziegert 2006, 276.

48 *Firm Believers* (McKibben 2005).

49 Ziegert 2006, 278.

50 McKibben 2005. Und Stephen Prothero (2007, 35 f.) stellt fest: "Pop psychology has elbowed biblical exegesis out of many born-again pulpits (including some of the most successful megachurches)."

51 Schuhler 2005, 14.

52 Adelle M. Banks: "Presbyterian Church (USA) Cuts 75 National Staff Positions", Religion News Service vom 1. Mai 2006.

53 Der Trend hält auch 2006 unvermindert an: Vgl. Daniel Burke: "Membership Drops 2 Percent in Presbyterian Church (USA)", Religion News Service vom 6. Juni 2006, mit ders.: "Methodists, Presbyterians, Brethren Report Lower Numbers", Religion News Service vom 29. Juni 2007.

54 16 % der Amerikaner wechseln mindestens einmal im Leben ihre Kirche bzw. ihren Glauben. Bei den Pastoren der Megakirchen haben sogar 50 % zuvor einer anderen Kirche angehört: John Parker: "Survey: America. A Nation Apart", The Economist vom 6. November 2003 (vgl. Micklethwait/Wooldridge 2004, 325.

55 Tolson 2003; Wolfe 2003, Smith 2000.

56 Schweiker 2005, 22 ff.

57 Stephen Prothero: Religious Literacy: What Every American Needs to Know – And Doesn't, San Francisco 2007. Die Formulierung geht ursprünglich zurück auf George Gallup/Jim Castelli: The People's Faith: American Faith in the 90's, New York 1989, die 2001 von George Barna wieder zustimmend aufgenommen worden ist und die sich in beiden Fällen auf die Feststellung „biblischer Unbelesenheit" bezogen hat. (Prothero 2007, 6) Der Soziologe Will Herberg hatte bereits 1955 auf eine allgemeine religiöse Unwissenheit hingewiesen (ebd., 7), die Prothero mit E.D. Hirsch u.a. der progressiven Reformbewegung des Erziehungswesens im Gefolge der radikalen Ideen des amerikanischen Pragmatisten John Dewey anlastet (ebd., 3). Dahinter steht ein Streit darüber, was Wissen ist und wie es generiert wird. Die Pragmatisten sind der Überzeugung, dass Wissen weniger durch ein Auswendiglernen von Vorgegebenen erworben werden kann als vielmehr auf einer notwendigen Ansammlung von Erfahrungen aufgrund des selbstbestimmten Umgehens mit der Welt beruht. Der vergleichende Religionswissenschaftler Prothero erkennt nun in der allgemeinen religiösen Unwissenheit erstmals eine akute Gefahr für die Verantwortung der Bürger und damit der Demokratie im eigenen Lande in Zeiten des so genannten Krieges gegen den Terror (vgl. ebd. 2007, 9 f.).

58 Mink 2007.

59 Ebd.
60 Ebd.
61 Prothero 2007, 15: "Catholics may find it reassuring to learn that the average American Protestant knows very little of the Bible."
62 Bloom 1992, 222.
63 Ebd., 230.
64 Katherine Yurica: "Conquering by Stealth and Deception: How the Dominionists Are Succeeding in Their Quest for National Control and World Power", ed. by Joan Bokaer (Center for Religion, Ethics, and Social Policy at Cornell University): The Rise of the Religious Right in the Republican Party: A Public Information Project (14. September 2004), URL: www.theocracywatch.org/yurica_weyrich_manual.htm.
65 6.000 Sitzplätze, 24.000 Mitglieder.
66 *Council on Higher Education Accreditation* (Vgl. URL: http://www.chea.org/).
67 Vgl. URL: http://www.tylwythteg.com/enemies/falwell.html.
68 Damit wollte Senator John McCain im Jahr 2000 neben Falwell auch Robertson treffen (vgl. Steve Inskeep: "Religion, Politics a Potent Mix for Jerry Falwell", National Public Radio am 30. Juni 2006, URL: http://www.npr.org/templates/story/story.php?storyId=5522064, und Katharine Q. Seelye: "Falwell's 2008 Shadow", Blog der New York Times vom 15. Mai 2007, URL: http://thecaucus.blogs.nytimes.com/2007/05/15/falwells-2008-shadow/). Dieser rhetorische Seitenhieb verhalf George W. Bush zur Nominierung, weil McCain danach die *Presidential Primary* in South Carolina verlor. Jahre später suchte Falwell die Versöhnung. Er hatte auch gewissen Erfolg damit, denn 2006 appellierte John McCain in einer an die Absolventen der *Liberty University* gerichteten Rede für zivilisierte Umgangsformen in der Politik. Dies geschah bereits wohlkalkuliert mit Blick auf etwa 80 Millionen potenzielle Wähler im Wahljahr 2008. Nach dessen Ableben lobte der Präsidentschaftskandidat McCain dann Falwell mit den Worten: "A man of distinguished accomplishment who devoted his life to serving his faith and country." (Vgl. Richard Wolffe, "McCain's Right Flank", Newsweek vom 15. Mai 2007; URL: http://www.msnbc.msn.com/id/18683359/site/newsweek/ und Joe Holley, "Harnessed The Political Power of Evangelicals", Washington Post vom 16. Mai 2007, URL: http://www.washingtonpost.com/wp-dyn/content/article/2007/05/15/AR2007051500981.html).
69 Letztere wurde 1989 in *Regent University* umbenannt.
70 2001 erwarb Disney den Sender und benannte ihn in *ABC Family* um.
71 Bill Sizemore: "From Diamonds to the Divine", The Virginian-Pilot vom 24. November 1996, und ders.: "Agency: Robertson Misled Donors", The Virginian-Pilot vom 15. Juli 1999 (vgl. URL: http://en.wikipedia.org/wiki/Pat_Robertson).
72 Ebd.
73 Markus 2004.
74 Vgl. "Tim & Beverly LaHaye: The Christian Power Couple" in Van Biema 2005.
75 Das meint z.B. das *Evangelical Studies Bulletin* (vgl. Sine 2001).
76 Gilgoff 2007, 80–83; Shuck 2005, 225 (Anm. 39).
77 Bis 1920 kam das Werk in insgesamt 12 Bänden heraus.
78 Bearbeitet von R. A. Torrey, einem dem *Moody Bible Institute* nahestehenden Pastor.
79 Sandeen 1970, xiv f.; Marty/Appleby 1996, 32 f., 75 f.; Grünschloss 1999; Armstrong 2005, 248.
80 Markus 2004.
81 Diese verkürzende Beschreibung wird von Ernest Sandeen allerdings dann als Stereotyp bezeichnet, sobald der eindeutig millenaristische Hintergedanke der Bewe-

gung unterschlagen wird: "No historian of the controversy has ever maintained that Fundamentalism was only another name for the antievoluntionary forces. … For it is millenarianism which gave life and shape to the Fundamentalist movement." (Ernest R. Sandeen, The Roots of Fundamentalism. British and American Millenarianism, 1800–1930, Chicago, IL 1970, xi, xv).

82 Bruce 1991, 163.

83 Vgl. Marty/Appleby 1991, 822f., mit dies. 1996, 19, 27, 35, 44f., 102, 189f., 195 und 215.

84 Gore 2007, 47.

85 Karen Armstrong: Im Kampf für Gott. Fundamentalismus in Christentum, Judentum und Islam, München 2005.

86 Andererseits ist der Fundamentalismus nach Vasilios Makrides „ein radikalisierter, ein reflektierter, durchdachter Traditionalismus" (zitiert bei Grünschloss 1999). Fundamentalisten wollen Gott beweisen, und sei es durch seine Wirkungen. Daher auch die Neigung zur Dogmatik bzw. zum Dogmatisieren und die Lust auf die Konfrontation. „Bereits Charles Grandison Finney … führte den Erfolg seiner Predigten nicht auf ein göttliches Wunder zurück, sondern auf gute Planung und Organisation. Finney setzte sein rhetorisches Talent …, gekoppelt mit populistischer Intellektuellenfeindlichkeit, gezielt ein, um möglichst viele Anhänger zum wahren Christentum zu bekehren." (Bretthauer 1998, 236).

87 Siehe Lawrence 1989; Kimball 2002; Domke 2004, 25–28; Armstrong 2005, 167; Phillips 2006, 205.

88 Carter 2005, 38.

89 In religionskritischer Absicht argumentierte Kant: „Wie ist aber eine Geschichte a priori möglich? – Antwort: wenn der Wahrsager die Begebenheit selber macht und veranstaltet, die er zum voraus verkündigt." (Immanuel Kant: Der Streit der Fakultäten [1794], Werkausgabe 1977, 351.) Zur Abgrenzung der christlichen Heilsgeschichte vom Phänomen der selbsterfüllenden Prophezeiung siehe Näheres bei Christian Wannenmacher/Viktor Golinets: „Der beste Wein kommt noch. Beobachtungen zum Verhältnis vom hermeneutischen Zirkel zur eschatologischen Struktur der Zeit", in: Daniel Heinz/Jirí Moskala/Peter von Bemmelen (Eds.): Christ, Salvation, and the Eschaton, Berrien Springs, MI: SDA Theological Seminary 2007.

90 Gründer und Redakteur der Zeitschrift *Christianity Today.*

91 Bruce 1991, 41.

92 Treffender ist allerdings der englische Originaltitel: The Last Crusade. Religion and the Politics of Misdirection (Der letzte Kreuzzug. Religion und die Politik der Verführung).

93 Victor 2005, 15.

94 Rat für nationale Politik.

95 Davon waren die 500 Teilnehmer der Konferenz „Eine Untersuchung der wahren Agenda der extremen religiösen Rechten" vom 29. bis 30. April 2005 in New York überzeugt (vgl. Armstrong et al. 2005).

96 So der Münchner Amerikanist Berndt Ostendorf (1998, 164); vgl. auch Bruce 1991, 163.

97 Bruce 1991, 164.

98 Ebd.

99 Mink 2007 mit Blick auf Prothero 2007, 21.

100 So in der Einführung zur Konferenz „Eine Untersuchung der wahren Agenda der extremen religiösen Rechten" (vgl. Armstrong et al. 2005).

101 Charles Simic: „Zu Besuch dort unten: auf der Schattenseite – Eine Fahrt durch die Südstaaten der USA“, Neue Zürcher Zeitung vom 7. März 2005. Simic ist emeritierter Professor für amerikanische Literatur und kreatives Schreiben an der Universität von New Hampshire. Der 69-jährige Lyriker wurde Anfang August 2007 von der Bibliothek des US Kongresses in Washington zu deren 15. Preisträger gewählt. Zuvor hatte er bereits den Pulitzer-Preis und ein hoch dotiertes Stipendium von der liberalen *MacArthur Foundation* erhalten.

102 Ebd.

103 Ziegert 2004, 351.

104 Vgl. „Konservative Protestanten und die Medien“, URL: http://texte.efb.ch/efusa/medien.htm (Teil der Website „Evangelikalismus und Fundamentalismus in den USA“ der Evangelischen Fernbibliothek, hg. von Rolf Strasser für die Evangelisch-Soziale Parteigruppe 1993–2004).

105 Pew Forum 2006, 20.

106 Vgl. URL: http://en.wikipedia.org/wiki/Trinity_Broadcasting_Network .

107 Das Ehepaar Paul und Jan (geb. Janice Wendell Bethany) sowie ihr Sohn Paul.

108 William Lobdell: „Televangelist Paul Crouch Attempts to Keep the Accuser Quiet“, Los Angeles Times vom 12. September 2004, URL: http://www.trinityfi.org/press/latimes03.html (vgl. auch URL: http://en.wikipedia.org/wiki/Paul_Crouch).

109 Ebd. Der texanische Milliardär Hunt hatte Robertson außerdem bereits 1970 mit einer Spende von 10 Millionen Dollar für die Gründung eines Radiosenders in Costa Rica unter die Arme gegriffen.

110 Richard N. Ostling: “Tv's Unholy Row”, Time Magazine vom 6. April 1987, URL: http://www.time.com/time/magazine/printout/0,8816,963939,00.html.

111 Jack van Impe.

112 Charles W. Colson/Richard John Neuhaus et al.: “Evangelicals & Catholics Together: The Christian Mission in the Third Millennium”, First Things 43 (1994), 15-22. Eine Schlüsselrolle scheint hier der zum Katholizismus konvertierte Lutheraner Richard Neuhaus zu spielen. Er ist als Herausgeber von *First Things* nicht nur maßgeblich für die Annäherung der Lager verantwortlich, sondern hat auch Einfluss auf die Formulierung von politischen Inhalten genommen (vgl. Wills 2006, 21: “advocating the reinjection of religion into politics“ – “a favorite of Karl Rove“ – Bush: “Father Richard … helps me articulate these religious things.”) Die *ECT (Evangelicas and Catholics Together)* wird ebenfalls von Pat Robertson unterstützt. Keith A. Fournier, ein katholischer Jurist und Vorstand des von Robertson gegründeten *American Center for Law and Justice*, hat als Mitglied der *Christian Coalition* zusammen mit William D. Watkins im selben Jahr noch ein Buch herausgebracht, das dies auch durch ein Vorwort von Robertson dokumentiert: A House United? Evangelicals and Catholics Together. A Winning Alliance for the 21st Century, Colorado Springs 1994. Innerhalb der evangelikalen Bewegung hat sich aber Ähnliches abgespielt wie zwischen Katholiken und Evangelikalen: “Perhaps its most important role within the Christian Right can be traced to the formation in 1982 of the Coalition on Revival (COR), an umbrella organization which has brokered a series of theological compromises among differing, competing conservative evangelical leaders.” (Clarkson 1994, Teil 2 http://www.publiceye.org/magazine/v08n1/chrisre2.html)

113 *Contemporary Christian Music* (*CCM*).

114 Die größte US-Buchkette, *Christian Booksellers Association (CBA)* mit Sitz in Colorado Springs, wurde 1950 gegründet und hält heute allein 2.055 Ladenlokale im Inland. Sie erzielte im Jahr 2004 weltweit einen Gesamtumsatz von 4,34 Milliar-

den US-Dollar. "In addition to books and Bibles, today's Christian stores carry a wide array of apparel, children›s products, curriculum, gifts, greeting cards, music, software, and videos." (vgl. URL: http://www.cbaonline.org/nm/media.htm) Die Gastrednerliste der regelmäßigen Jahresversammlungen ist ein Who's who des amerikanischen Fundamentalismus: Hal Lindsey, Chuck Colson, James Dobson, Pat Robertson, Chuck Swindoll, Jerry Jenkins, Oliver North, Charles Heston, Dan Quale (vgl. URL: http://www.cbaonline.org/nm/timeline.htm).

115 Die Monatszeitschrift *Charisma* hat eine Auflage von 250.000; die von Billy Graham gegründete Zeitschrift *Christianity Today* erreicht zusammen mit ihrer Internetausgabe zwei Millionen Leser; *World* ist ein wöchentlich herausgegebenes christliches Nachrichtenmagazin.

116 *Spirit, Holy Spirit, spiritual, inspired, inspiring, inspirational.*

117 Carter 2005, 35 f.

118 Braml 2005, 52. Paul Weyrich betreibt heute übrigens als Chairman und CEO der *Free Congress Foundation* Lobbyarbeit in Washington. Seine Gebiete sind: moralische Fragen der Sozialpolitik, nationale Sicherheit und andere außenpolitische Themen.

119 Auf ihrer Website bezeichnet sich die Organisation selbst als "America's Leading Grass Roots Organization Defending Our Godly Heritage".

120 "In its intent to break down the wall of separation, the Christian Coalition is using 'stealth' candidates. They get them elected to Congress on a 'balance the budget' agenda and other neutral issues, and then when they are there, they are ready to work on the religious (non-neutral) agenda of the Coalition." (Gulley 1997, 126.) Hierfür ist vor allem Ralph Reed verantwortlich. Dies wird weiter unten noch ausgeführt. Reed, der in konservativen Kreisen als Wunderkind der amerikanischen Politikstrategie galt, ist von einem militanten Abtreibungsgegner zum Geschäftsführer der Christian Coalition aufgestiegen (Schuler 2003, 261).

121 "We must rebuild the foundation of a free, sovereign America from the grassroots, precinct by precinct, city by city, state by state." (Robertson 1991, 261.)

122 Phillips 2006, VII.

123 Domke 2004, 5. Domke ist Professor für Kommunikationswissenschaften an der *University of Washington*.

124 Jerry Falwell: America Can Be Saved, Murfreesboro, Tenn. 1979, 52 f. (vgl. Great Quotations on Religious Freedom, ed. by Albert J. Menendez and Edd Doerr, Amherst/New York 2002). Vgl. URL: http://en.wikipedia.org/wiki/Falwell.

125 Robertson 1991, 227.

126 George H. W. Bush lobte ihn 1996 in einer Rede, und 2001 war er gemeinsam mit George W. Bush Gastgeber eines Gebetsessens zur Amtseinführung (Phillips, 2006, 215; vgl. ders. 2004, 234 f.).

127 Maureen Farrell, "'On a Mission From God': The Religious Right and the Emerging American Theocracy", Buzzflash.com (9. März 2004), URL: http://www.buzzflash.com/farrell/04/03/far04007.html.

128 Zu dieser kirchlichen Organisation gehören immerhin 9.000 Mitglieder, eine Schule mit 1.000 Schülern sowie ein Fernsehsender und mehrere Rundfunkstationen.

129 Shamir 2006.

130 Mark Hertsgaard: Im Schatten des Sternenbanners. Amerika und der Rest der Welt, München/Wien 2003, 25. Vgl. die Stichworte „liberaler Imperialismus" (Biermann/Klönne 2003, 11) oder „imperiale Republik" und deren Verteidigung bei Dan Diner (Feindbild Amerika. Über die Beständigkeit eines Ressentiments, Berlin 2002, bes. 192–199). „Die aufs Neue anbrandende Feindseligkeit gegenüber

Amerika ist Anzeichen einer tiefen, von einer beschleunigten Hypermoderne angestoßenen Verwandlung von Traditionsgesellschaften, die sich deren Sog nicht zu entziehen vermögen." (Ebd., 186).

131 Phillips 2006, X.

132 Schuhler 2003, 67.

133 Der Brief war eine Reaktion auf einen Artikel der Zeitschrift vom 23. Januar 2006 über Dick Cheney. Darin war es um dessen Jagdunfall gegangen, bei dem er einen Freund angeschossen, mit der polizeilichen Meldung aber ungewöhnlich lange gewartet hatte.

134 Sandy Stork, Leserbrief "Cheney Reaction", U.S. News & World Report (12. Februar 2006), URL: http://www.usnews.com/usnews/letters/articles/060220/20lett.htm.

135 Schuhler 2003, 69.

136 Mark Lilla: „Gezeitenwechsel", Die Zeit vom 6. Februar 2003.

137 Joffe 2006, 74.

Teil IV

1 Zitiert bei Jewett/Lawrence 2002, 269.

2 Michael Joseph Gross: "Spreading the Good News, via Hollywood", International Herald Tribune vom 13. Dezember 2006.

3 Ebd.

4 Jewett/Lawrence 2002 und 2003. Merkwürdig und bemerkenswert für die Polarisierung der amerikanischen Politik und Wissenschaft ist die Tatsache, dass der in akademischen Kreisen höchst umstrittene neokonservative Nahostexperte Daniel Pipes in seinem Buch *Verschwörung. Faszination und Macht des Geheimen* (München 1998) Robert Jewett aufgrund einer einzigen Publikation aus den 1970er Jahren als Verschwörungstheoretiker einstuft (vgl. ebd. 320 mit der Anmerkung von Seite 311). Dies ist kein Zufall, denn seine rabiate Verteidigung Amerikas geschieht systematisch und etliche Kollegen mussten sich bereits ähnliche Verzerrungen gefallen lassen (vgl. Christopher Hitchens: „Pipes the Propagandist", in: Slate vom 11.08.2003, URL: http://www.slate.com/id/2086844 und Eyal Press: „Neocon Man", in: The Nation vom 10.05.2004, URL: http://www.thenation.com/doc/20040510/press). Jewett ist übrigens seit dem Jahr 2000 Gastprofessor an der Universität Heidelberg.

5 Jewett/Lawrence 2003, 42 f.

6 Jewett/Lawrence 2002, 275.

7 Lou Michel/Dan Herbeck: American Terrorist. Timothy McVeigh and the Oklahoma City Bombing, New York 2002.

8 Ebd., 50 (zitiert in Jewett/Lawrence 2002, 157).

9 Ebd., 224 (zitiert in Jewett/Lawrence 2002, 168).

10 Jewett/Lawrence 2003, 40, 43.

11 Ebd., 43.

12 Vgl. URL: http://de.wikipedia.org/wiki/Harmagedon.

13 Rev. R. De Haan, Radio Bible Class, November 1954 (zitiert bei Kuiper 1990).

14 Vgl. URL: http://en.wikipedia.org/wiki/Tim_LaHaye (17. Oktober 2006).

15 Der aus der Bibel stammende Begriff *Tribulation* wird im Deutschen sowohl als „Trübsal" als auch „Bedrängnis" wiedergegeben und stets mit der Verfolgung von Christen assoziiert. Der Begriff *Force* kann auch mit „Streitkräfte" wie in *Air Force* (Luftwaffe) übersetzt werden. In jedem Fall ist die Nähe zum Militärischen unverkennbar.

16 Vgl. URL: http://en.wikipedia.org/wiki/Left_Behind (5. März 2005).
17 "*Newsweek* Poll conducted by Princeton Survey Research Associates. Oct. 21–22, 1999. N=755 adults nationwide. MoE ± 4", URL: http://www.pollingreport.com/religion2.htm (vgl. Phillips 2006, 102).
18 Phillips 2006, XIV f.
19 Kaplan 2004, 30 (zustimmend zitiert bei Phillips 2006, 253).
20 Pew Forum 2006, 24. Bei den Charismatikern liegt diese Zahl bei 69 % und bei den übrigen Christen bei 59 % (ebd.).
21 Kuiper 1990.
22 Vgl. Paul Thigpen: "Rapture Fever May Be Injurious To Your Spiritual Health. The dubious origins and unwelcome effects of a popular religious idea" (2004), URL: http://www.paulthigpen.com/apologetics/rapturefever.html; Carl E. Olson: „Correspondence", First Things 131 (März 2003), 2–7, URL: http://www.firstthings.com/article.php3?id_article=453.
23 Auch als Zeit der Bedrängnis und Verfolgung bezeichnet.
24 Aber es ging bei dieser Missionsreise noch um mehr als nur die Entrückung, denn anstatt ihrer eigenen eschatologischen Tradition zu vertrauen, bevorzugten später viele bibeltreue Amerikaner bei der Entzifferung der apokalyptischen Schriften schließlich dem britischen Import: "In 1840 the Millerites in America had attempted to link up with the 'literalistic' Adventists in Britain, but hopeful expectations were snagged on inreconcilable theological differences centering on the return of the Jews to Palestine and whether nonbelievers would be kept alive during the millennium and could be converted after the second coming of Christ. As a result, millerism and traditional British premillennialism failed to find enough common ground to enable them to work together." (Knight 1993, 136; vgl. auch Sandeen 1970, 52).
25 Es handelt sich hier praktisch um eine *King-James*-Übersetzung mit Kommentaren.
26 Vgl. URL: http://en.wikipedia.org/wiki/Cyrus_Scofield.
27 Bei den Seminaren handelte es sich um das *Moody Bible Institute*, *Fuller Theological Seminary* und *Dallas Theological Seminary*. Allerdings distanzierten sich die letzten beiden Institutionen später wieder von dieser Lehre (vgl. Halsell 1986, 15; Larry Nichols: "Sectarian Apocalypticism in Mainline Christianity at the Millennium's Dawn", Concordia Theological Quarterly 64,4 [2000], 319–435, URL: http://www.mtio.com/articles/aissar41.htm, und Sandy Fiedler: "How Did We Get the Idea of the Pre-Trib Rapture?" [1998], URL: http://www.reformed-theology.org/html/issue06/pre-trib.htm).
28 1961 das Neue Testament, 1963 die gesamte Bibel.
29 Vgl. URL: www.propadeutic.com/faith/authors/fundamental.html.
30 Die in der Doppeldeutigkeit des Wortes „late" zum Ausdruck gebrachte Anspielung lässt sich nur schwer ins Deutsche übersetzen. „Late" heißt nicht nur „spät" und hat in diesem Zusammenhang den Klang von „endzeitlich", sondern auch „verstorben", womit der apokalyptische Charakter des Buches schnell deutlich wird.
31 Matthäus 24, 40–42.
32 1. Thessalonicher 4, 13–17.
33 Offenbarung, 1, 7.
34 Matthäus 24, 27.
35 Matthäus 24, 21 und 29–30.
36 Sine 2001.
37 Banks 2006.
38 Sine 2001.
39 Tim LaHaye: The Battle for the Mind, Grand Rapids, MI 1980 (zitiert bei Sine 2001).

40 Sine 2001.
41 Phillips 2006, 260.
42 Nichols 2000.
43 Sine 2001.
44 Rossing 2004, 99.
45 Ebd., 4.
46 „Also hat Gott die Welt geliebt, dass er seinen eingeborenen Sohn gab, auf dass alle, die an ihn glauben, nicht verloren werden, sondern das ewige Leben haben."
47 Rossing 2004, 42 (zitiert bei Phillips 2006, 254); vgl. John W. Whitehead: "God So Loved the World that He Gave Us World War III. An interview with theologian Barbara Rossing about the 'rapture burrito'", oldSpeak (1. Juli 2004), URL: http://www.rutherford.org/oldspeak/articles/religion/oldspeak-worldwar3.asp.
48 Präsident des *Center for Cultural Leadership.*
49 Andrew Sandlin: "Jerry Falwell's Eschatological Schizophrenia", WorldNetDaily (23. Juli 2001), URL: http://www.worldnetdaily.com/news/article.asp?ARTICLE_ID=23749.
50 Grace Halsell berichtet von einer Unterredung im Jahr 1971 in Sacramento, in der Reagan dem vormaligen kalifornischen Senatspräsidenten James Mill mit „Feuereifer" bedeutete, dass die Hinwendung Libyens zum Kommunismus ein Hinweis auf das baldige Eintreffen der im Buch Hesekiel vorhergesagten Schlacht von Harmagedon sei (Halsell 1986, 5). Daraus ist zu schlussfolgern, so Halsell, dass Reagan das 1969 erschienene Buch von Lindsey gelesen habe. Hal Lindsey hat später – nach eigenen Aussagen mit ausdrücklicher Billigung des Präsidenten – einen Vortrag vor Strategen des Pentagon zum möglichen Nuklearkrieg mit Russland gehalten (Halsell 1986, 47).
51 Auch wenn sich der amerikanische Präsident in seinen jüngst publizierten Tagebüchern davon distanzierte und über die diesbezügliche Presse lustig machte, erinnerte Reagans damaliger Stabschef, Donald T. Regan, in seinem Buch *For the Record*: „So gut wie jeder wichtige Schritt oder jede wichtige Entscheidung wurde vorher mit einer Frau in San Francisco abgestimmt, die Horoskope stellte. Schon kurz bevor der Präsident bei einem Attentat 1981 angeschossen wurde, hatte diese Astrologin prophezeit, dass Ronald Reagan etwas Schlimmes zustoßen würde. Obwohl ich diese Seherin nie persönlich kennenlernte, wurde sie für meine Arbeit und die Staatsgeschäfte zu einem so bedeutsamen Faktor, dass ich auf meinem Schreibtisch schließlich einen farbigen Terminkalender liegen hatte: Die guten Tage waren grün, die schlechten Tage rot und die ungewissen Tage gelb markiert. Ich brauchte diese Gedächtnisstütze, um zu wissen, wann es günstig war, den Präsidenten der Vereinigten Staaten von einem Ort an einen anderen zu bringen, für ihn einen Auftritt in der Öffentlichkeit einzuplanen oder Verhandlungen mit einer ausländischen Macht aufzunehmen." Vgl. die Titelgeschichte vom 16. Mai 1988: „Politik nach Horoskop. Astrologie-Affäre Nancy Reagan", DER SPIEGEL 42 (20), 168-180.
52 Jürgen Moltmann: „Die Endzeit hat begonnen", DIE ZEIT (51/2002), URL: http://www.zeit.de/2002/51/Weltuntergang. Reagan hat Jerry Falwell im Jahr 1983 mehrfach die Gelegenheit gegeben, das Thema „Nuklearkrieg mit Russland" in einer Runde von hohen Beamten im Nationalen Sicherheitsrat zu erörtern (Halsell 1986, 47).
53 Vgl. die Angaben bei Jürgen Moltmann mit dem CNN/*Time* Poll vom 19./20. Juni 2002 ("CNN/*Time* Poll conducted by Harris Interactive. June 19–20, 2002. N=1,003 adults nationwide. MoE ± 3.1", URL: http://www.pollingreport.com/religion2.htm).
54 So der Bremer Theologe Geiko Müller-Fahrenholz (zitiert bei Markus 2004).
55 Offenbarung 20, 1–6.

56 George M. Marsden: Fundamentalism and American Culture. The Shaping of Twentieth-Century Evangelicalism, 1870–1925, Oxford 1980, 49 f.
57 George W. Bush (zitiert bei Kippenberg 2003).
58 Kippenberg 2003.
59 Grünschloss 1999.
60 Hervorhebung durch den Autor. Zur Klärung des Missverständnisses dieser Aussage vgl. John R. E. Bliese, The Greening of Conservative America, Boulder, CO 2001, 15 f.
61 Matthäus 28,18.
62 Diese Sachwalter seien die *Regents*. Daher auch der neue Name der Robertson-Universität.
63 Vgl. Yurica 2004 (= Yurica Report). Das Bibelzitat: Johannes 18,36.
64 Ebd.
65 Robertson 1982, 201 (zitiert im Yurica-Report).
66 Yurica-Report.
67 Hedges/Carlson 2004; Hedges 2004; John Russell: "Funding the Culture Wars: Philanthropy, Church and State", Washington, DC: National Committee for Responsive Philanthropy 2005, 1–32, URL: http://www.thegathering.com/_pdf/Culture%20Wars.pdf.
68 So der Yurica-Report. Stanley Kurtz liefert eine (etwas schwache) Kritik des Artikels (siehe "Dominionist Domination", National Review Online vom 2. Mai 2005, URL: http://article.nationalreview.com/?q=YjcwYzZmZmI2ZWY2NmIzNDZlYTNkNzA4NTQ5MmZkMGY).
69 *Covenant-Keepers.*
70 Rousas John Rushdoony: The Institutes of Biblical Law, Phillipsburg, NJ 1973, 3 f.
71 Rousas John Rushdoony (zitiert bei Gerd L. Bahnsen: Theonomy in Christian Ethics, Phillipsburg, NJ 1977, XII).
72 Leaming/Boston 2004.
73 Clarkson 1994.
74 „In the preceding years, the well-known evangelical theologian Francis Schaeffer had been lobbying Falwell to use his mounting influence to combat the rising tide of secular humanism." (Gilgoff 2007, 82) "Borrowing heavily from evangelical thinker Francis Schaeffer's *How Then Shall We Live?* LaHaye claims that the hearts and minds, along with the sovereignty of the American people, are under threat from a small but highly influential cabal of international elites he calls secular humanists." (Shuck 2005, 65.) Vgl. dazu besonders Schaeffers Alterswerk *A Christian Manifesto* und *The Great Evangelical Desaster* (dt. Die große Anpassung). Lutz von Padberg nennt Letzteres „Schaeffers Vermächtnis an die Evangelikalen" (siehe die Einleitung „Francis A. Schaeffer – ein moderner Apologet", in: Francis A. Schaeffer: Die große Anpassung, Bielefeld 1998, 7). – "For evangelical Christians, one of the most politically relevant tenets is the idea that they are being persecuted by secular society. Sacrifice and martyrdom are essential themes of the Christian faith. Translated into right-wing politics, the theme enables people to claim that queers and other minorities are somehow attacking the dominant culture when they demand equality. We have the most powerful political movement in the country continually claiming to be persecuted by 'the left', … It is illogical, but the religious persecution theme keeps activists mobilized and enables them to feel comfortable about trying to deprive other people of their civil rights." (Sara Diamond: "The Christian Right Seeks Dominion. On the Road to Political Power & Theocracy", in: Chip Berlet [Ed.]: Eyes Right! Challenging the Right Wing Backlash, Boston 1995, 44–49, hier zitiert nach http://www.publiceye.org/eyes/sd_theo.html).

75 Yurica-Report.
76 Clarkson 1994.
77 Yurica-Report.
78 Clarkson 1994.
79 Yurica-Report.
80 Robertson 1982, 82 (zitiert im Yurica-Report).
81 Yurica-Report.
82 Ebd.
83 Das Buch wurde 1970 noch einmal neu aufgelegt. Zuletzt James Hogg: The Private Memoirs and Confessions of a Justified Sinner, New York 2002.
84 Yurica-Report.
85 Er sei, so Phillips, von einer eher methodistischen Vorstellung von der Erlösung – zumindest in diesem Punkt – zu einem calvinistischen Glaubensverständnis übergewechselt (siehe Kevin Phillips: American Dynasty: Aristocracy, Fortune and the Politcs of Deceit in the House of Bush, New York 2004, 239 f., vgl. auch Yurica-Report).
86 Yurica-Report.
87 Victor 2005, 324.
88 Ebd., 325.
89 Ebd.
90 Ebd., 327.
91 Zitiert bei Yurica-Report.
92 Zitiert bei ebd. Das Interview war am 5. September 2003 von dem kalifornischen Nachrichtensender *KGO* (San Francisco) ausgestrahlt worden.
93 Victor 2005, 327.
94 „Das Königsbündnis mag im Sinne der Abhängigkeit der Juden in der Diaspora von den Staaten, in denen sie leben, als Faktum weiterbestehen, doch es ist meines Erachtens ein für allemal entmythologisiert worden. Heute wissen die Juden, dass auch die höchste Staatsmacht beschließen kann, sie vorsätzlich zu vernichten. Vorher wussten sie das nicht. Auf der ganzen Welt sind sich die allermeisten heute lebenden Juden bewusst, dass sie sich nur auf einen Staat bedingungslos verlassen können, nämlich auf den jüdischen Staat, trotz all seiner Unvollkommenheiten." (Yosef Hayim Yerushalmi: „Diener von Königen und nicht Diener von Dienern". Einige Aspekte der politischen Geschichte der Juden, München 1995, 54).
95 Simon 2003; Victor 2005, 124, 260.
96 „Evangelikale nach Israel zu bringen war eine Strategie, die ursprünglich von Christenführern wie Billy Graham, seinem Sohn Franklin, Ed McAteer, Jerry Falwell, Ralph Reed und Pat Robertson ersonnen wurde. Ed McAteer sagte in einem Interview: ‚Damit das Thema Israel bei den Christen ganz oben steht, unterstützen wir sie finanziell und ermuntern sie, tatsächlich das Land Israel zu begehen und zu erleben, wie die Bibel lebendig wird. Das trägt mehr zur politischen Unterstützung Israels und des jüdischen Volkes hier in den Vereinigten Staaten bei als sonst irgendwas.'" (Victor 2005, 249) – „Richard Land, Vorsitzender der ‚Ethics and Religious Liberty Commission' der ‚Southern Baptist Convention', und Ed McAteer haben sich 1992 [Herbert] Zweibon angeschlossen, um für wiedergeborene Christen, zumeist aus dem Herzland der Vereinigten Staaten, Reisen ins Heilige Land zu organisieren und zu finanzieren, damit diese das biblische Wort Gottes direkt vor Ort erfahren können." (ebd., 257).
97 Schoeller 2003.
98 Fine 2003.
99 Phil Graham (zitiert bei Fine 2003)

100 Wagner 2003. Der Artikel erschien als dritter Teil einer Serie desselben Autors über den Christlichen Zionismus im libanesischen *Daily Star*. Donald E. Wagner ist Professor für Religion und nahöstliche Studien an der *North Park University* in Chicago. Er ist außerdem Executive Director des *Center for Middle Eastern Studies*.

101 *Christianity Today* Juli 1967 (zitiert bei ebd.).

102 Ebd.

103 Ebd.

104 Hasel 1990. Diese Sicht wird heute noch generell von den Siebenten-Tags-Adventisten vertreten.

105 "If it should turn out that the OT and the NT will not sustain such a distinction [Israel/Church], then the very foundation of futurism seems to be destroyed. It would mean that the projection of events to be fulfilled through 'natural Israel' in the near future in Palestine or in the distant future during the millennium on earth will have no Biblical foundations. … In short, both OT and NT agree that the true Israel are believers regardless of ethnic origin or national identity." – "It seems harsh but it is unavoidable to have to conclude that 'consistent literalism' cannot be reconciled with the internal testimony of the Bible. 'Consistent literalism' is an external system that is forced on the Bible and does not allow the Bible to speak on its own terms." (Hasel 1990)

106 Psalm 132, 11 u. 12.

107 "The letter to the Hebrews and the writings of Paul agree that from the days when Christ had come and literal Israel had failed to accept him the geographical and territorial promises were no longer valid. The earthly Jerusalem was no longer the holy city and the dwelling place of God. The temple had lost its meaning as well. The land of Palestine was no more the promised land. The new covenant Israel of faith has a new city, the heavenly Jerusalem; the new covenant Israel has a new temple, the one which is in heaven; the new covenant Israel has a new High Priest, the exalted heavenly High Priest; the new covenant Israel has a new country, the heavenly one." (Hasel 1990.) Bei einem sorgfältigen Studium zeige sich, so Jacques B. Doukhan, dass die Führung des Volkes und das politische Gebilde mit seinem theokratischen Anspruch damals von Gott verworfen wurden. Das Volk hingegen bleibe nach Römer 11 trotz seiner Untreue erwählt (vgl. dazu Doukhan 2007, 8 f. 14 ff. und 115 f.).

108 Galater 3, 26, 28 u. 29.

109 Epheser 3, 6.

110 Hebräer 11, 8–16.

111 Ebd.

112 Eine ausführliche Kritik insbesondere der buchstäblichen Hermeneutik des Dispensationalismus aus adventistischer Sicht findet sich bereits bei Hans K. LaRondelle: The Israel of God in Prophecy, Berrien Springs, MI 1983. Zu den Rückkehrprophezeiungen vgl. wiederum J. Doukhans *Israels Rolle in der Heilsgeschichte* (Doukhan 2007, 58 ff.). Der Überblick dieses jüdisch-christlichen Gelehrten stellt den Dispensationalismus in den Kontext einer Kritik des gesamten christlichen Zeugnisses – darunter auch der wenigen adventistischen Ansätze – zum Thema „Israel" (vgl. vom selben Autor auch: Israel and the Church. Two Voices for the Same God, Peabody, MA 2002). – Für ein größeres Aufsehen in der amerikanischen Öffentlichkeit sorgte jedoch der Kampf um die Gunst des Publikums in direkter Konkurrenz zur *Left-Behind*-Serie durch einen ehemaligen Weggefährten von D. James Kennedy (vgl. Ira J. Hadnot, "An Apocalyptic Showdown", The Dallas Morning News vom 20. November 2004). Nachdem Hank Hanegraaff – der geschäftstüchtige Radio-Talkmaster ("The Bible Answer Man") und in evangelikalen Kreisen als Präsident

des *Christian Research Institute* nicht unumstrittene Nachfolger von Walter Martin (1928–1989) – zusammen mit Sigmund Brouwer unter den Augen von Tim LaHaye im selben Verlag in kurzer Folge bereits zwei Bände seiner historischen Fiktion veröffentlichen konnte, legte er in diesem Jahr mit dem Sachbuch *The Apocalyse Code. Find Out What the Bible Really Says About the End-Times* (Nashville, TN 2007) nach, um seine präteristische Kritik an der futuristischen Hermeneutik und den politischen Folgen des LaHaye'schen Endzeitszenarios zu verdeutlichen. Eine brauchbare Einführung in die zerklüftete und bisweilen unübersichtliche Debatte um die Auslegung apokalyptischer Literatur bietet Steve Gregg: Revelation: Four Views. A Parallel Commentary, Nashville, TN 1997. Zur Geschichte, Theologie und den politischen Implikationen des christlichen Zionismus vgl. auch Donald E. Wagner: Anxious for Armageddon. A Call for Partnership for Middle Eastern and Western Christians, Scottdale, PA 1995, und Stephen Sizer: Christian Zionism. Roadmap to Armageddon?, Downers Grove, IL 2005.

113 Doug Batchelor in einem Vorwort zu Wohlberg 2006, 3 f.

114 2. Mose 19, 5.6.

115 Wohlberg 2006, 36.

116 Ebd., 31.

117 Wagner 2003; Halsell 1986, 5 f. und 48 f.

118 Barbara Victor geht in ihrem Buch ausführlich auf die Bedeutung dieses 2004 verstorbenen „Paten der christlichen Rechten" (Victor 2005, 40) und „einflussreichsten ‚christlichen Zionisten' der USA" (ebd., 124) ein. „Es gibt keinen Zweifel darüber, dass McAteer in Washington ein Insider war, der bei vielen Gehör fand, die für das Wohl des Landes verantwortlich waren und sind. Er war von zwei Präsidenten, Ronald Reagan und George Bush senior, und zwei aussichtsreichen Kandidaten, Jack Kemp und Pat Robertson, gebeten worden, als Ratgeber oder Mitglied der Regierung zu wirken." (ebd., 153). McAteer war es, der Falwell 1980 von Carter wegführte und zur Unterstützung von Reagans Präsidentschaft bewegen konnte (ebd., 114 ff.). Außerdem hat McAteer Falwell überhaupt mit Weyrich zusammengebracht (Lee Edwards: The Conservative Revolution, zitiert bei Fine 2003). Für Bush sen. war er beim Präsidentschaftswahlkampf 1988 im Süden der USA so etwas wie ein „Cheerleader", doch nach der erfolgreichen Wahl distanzierte sich Bush mit Rücksicht auf seine liberalen Anhänger wieder von ihm und der moralischen Agenda der religiösen Rechten (Victor 2005, 153 f.). Wegen dieser offensichtlichen Instrumentalisierung gingen die Evangelikalen ebenfalls zum nunmehrigen Präsidenten auf Abstand. Aber „laut Ed McAteer war der Hauptgrund, warum die Evangelikalen ihre Unterstützung für Bush zurückzogen, vor allem im mangelhaften Beistand des Präsidenten für den jüdischen Staat während des Golfkriegs zu suchen" (ebd., 160). McAteer reicht in seiner Bedeutung fast an die glorreichen Vier im Kapitel III.3. heran, denn für die christliche Israel-Lobby spielt er aus familiärer Tradition heraus (Hamburger/Vande-Hei 2002) die Rolle, die Weyrich für das Inland spielt. Er war 1953 Mitbegründer des „Nationalen Gebetsfrühstücks" (*Religious Roundtable*), gefördert durch eine 1935 gegründete evangelikale Stoßtruppe namens *The Family* (vgl. Victor 2005, 73–80), der vor dem Tod des Gründers 1966 bereits zwei amerikanische Präsidenten verbunden waren: Eisenhower und Kennedy und ebenso der spätere US-Präsident George H. W. Bush (vgl. dazu Victor 2005, 77, und ihre Quelle Sharlet 2003).

119 Vladimir Ze'ev Jabotinsky (1880–1940) war nicht nur Begins Mentor, sondern als Vater des „revisionistischen Zionismus" ein Vordenker der militanten Groß-Israel-Bewegung, wonach „Erez Israel" ein „Wolf unter Wölfen" zu werden habe. „Erstens

durfte kein Quadratmeter jüdischen Bodens je aufgegeben werden, und zweitens galt militärische Gewalt als einzige Sprache, die die Araber verstehen." Seine Metapher von der „Iron Wall" ist mittlerweile zu einer kruden Mehrheitsideologie in der Knesset und einer monströsen Realität im Land geworden. (Vgl. Richard Chaim Schneider: „Jabotinskys Kinder. Warum mit dem Likud kein Frieden in Nahost möglich ist", Süddeutsche Zeitung vom 5. Februar 2003, mit Manuel Gogos: „Talmudjude versus Muskeljude", die tageszeitung vom 25. Mai 2002, Halsell 1986, 74f., und Avi Shlaim: "The War of the Israeli Historians", Rede vom 1. Dezember 2003 am Center for Contemporary Arab Studies der Georgetown Universität, Washington D.C., URL: http://ccas.georgetown.edu/research-articles.cfm?id=96; frz. teilweise abgedruckt in: Annales, 59,1 [January/February 2004], 161–67.)

120 Ausführlicher dazu Michael Massing: "The Israel Lobby", The Nation vom 10. Juni 2002, URL: http://www.thenation.com/doc/20020610/massing, und ders., "The Storm Over the Israel Lobby", The New York Review of Books 53,10 vom 8. Juni 2006, URL: http://www.nybooks.com/articles/19062.

121 Wagner 2003; Halsell 1986, 48. Ronald Reagan notierte am 15. Mai 1981 zudem in sein Tagebuch: „Manchmal frage ich mich, ob wir dazu verdammt sind, Harmagedon zu erleben."

122 Verse 14 und 15.

123 Michelle Goldberg: "Antichrist Politics", Salon.com (24. Mai 2002), URL: http://dir.salon.com/story/politics/feature/2002/05/24/dispensational/index.html.

124 Corn 2002.

125 Simon 2003.

126 Ebd.

127 Braml 2005, 91f.

128 Hamburger/VandeHei 2002.

129 Margarete Payer (vgl. „Informationsmarktverzerrung durch Fundamentalismus am Beispiel der USA") [2005]; (vgl. URL: http://www.payer.de/fundamentalismus/fundamentalismus062.htm) zitiert eine ältere Version (16. März 2005) von URL: http://en.wikipedia.org/wiki/Christian_Zionism.

130 Rosie DiManno: "Israel's Unholy Alliance with U.S. Right", The Toronto Star vom 20. Juni 2003.

131 Carl E. Olson: "No End in Sight", First Things 127 (November 2002), 12–14f., URL: http://www.firstthings.com/article.php3?id_article=2087.

132 Mark Silverberg: "The Christian Right: Pragmatism vs. Theology" (6. Dezember 2002), URL: http://www.jfednepa.org/mark%20silverberg/christianright.html.

133 Gershom Gorenberg (zitiert bei Simon 2003).

134 Simon 2003.

135 Ebd.

136 McClellan 2003; vgl. Halsell 1986, 66: „Für einen evangelikalen Fundamentalisten wie Falwell ist der Israel-Kult von größerer Bedeutung als die Lehren Christi ... Christliche Zionisten ... pervertieren die Lehren Christi. Bei Falwells Zionismus geht es um Politik. Das hat nichts zu tun mit Moralität, Ethik oder der Auseinandersetzung mit realen, ernsten Problemen." (Jonathan Kuttab, christlich-palästinensischer Jurist).

137 Victor 2005, 315f.

138 2. Korinther 3,18. Deshalb hat es auch wenig Sinn, nur theoretisch über Gottesbilder zu sprechen, denn ein Gottesbild prägt aufgrund von Umständen und Entscheidungen die eigene Lebensgeschichte.

139 Vgl. White 2004 (bes. Kapitel 29) mit Graham Maxwell: Knechte oder Freunde. Jesus sagt uns, wie Gott ist, Lüneburg 2000. Die Adventisten haben in Amerika rund eine Million und weltweit etwa 15 Millionen Mitglieder.
140 Bertrand Russell: Warum ich kein Christ bin. Ein Vortrag, in: ders.: Warum ich kein Christ bin, Reinbek b. Hamburg 1968, 29.
141 Edward Victor Hill: A Savior Worth Having, Chicago 2002, 91 f.
142 Phillips 2006, 102. Nach einer *Fox News* Umfrage sind es sogar 78 %.
143 Marco Zanchi: „Der Teufel treibt die Wirtschaft an", Tages-Anzeiger vom 16. August 2004.
144 Nichols 1992.
145 Ebd.
146 Ebd.
147 John H. Gerstner: Jonathan Edwards on Heaven and Hell, Grand Rapids, MI 1991, 77 (zitiert bei Nichols 1992).
148 Nichols 1992.
149 Ebd.
150 Ebd. Nichols steht mit seiner Sicht nicht allein, siehe auch John Blanchard: Whatever Happened to Hell?, Darlington, England 1992 (Reprint: Wheaton, IL 1995); Eyrl Davies: The Wrath of God, Mid Glamorgan 1984; Larry Dixon: The Other Side of the Good News. Confronting the Contemporary Challenges to Jesus' Teaching on Hell, Grand Rapids, MI 1992; Ajith Fernando: Crucial Questions About Hell, Wheaton, IL 1991; Robert A. Morey: Death and the Afterlife, Minneapolis, MN 1984; Matt Perman: „A Biblical Understanding of Hell", URL: http://www.geocities.com/Athens/Delphi/8449/bviewh.html (4. Oktober 2006); Robert A. Peterson: Hell on Trial: The Case for Eternal Punishment, Phillipsburg, NJ 1995; Rick Rood: "Is There Really a Hell?", Probe Ministries (14. Juli 2002), URL: http://www.leaderu.com/orgs/probe/docs/hell.html; Jerry L. Walls: Hell: The Logic of Damnation, Notre Dame, IN 1992.
151 Vgl. URL: http://en.wikipedia.org/wiki/Hell_house. George Ratliff hat zu diesem Thema einen Dokumentarfilm mit gleichem Namen gedreht; vgl. http://www.hellhousemovie.com/hellhouse/index.html.
152 Shuck 2004, 17.
153 Dies bestätigt auch eine gemeinsame psychologische Studie der *University of Michigan*, der *Vrije Universiteit Amsterdam* und der *Brigham Young University*: "When God Sanctions Killing. Effects of Scriptural Violence on Aggression", Psychological Science, 18,3 (2007), 204–207 (vgl. Florian Rötzer: „Gewaltbereitschaft kann auch durch Lektüre von Texten verstärkt werden", Telepolis (22. März 2007), URL: http://www.heise.de/tp/r4/artikel/24/24907/1.html).
154 Vgl. Florian Rötzer: „Materieller und spiritueller Krieg gegen den Antichrist", Telepolis (31. Mai 2006), URL: http://www.heise.de/tp/r4/artikel/22/22792/1.html.
155 Karin Wolff: „Evangelikale auf dem Weg zur Gewalt", Humanistischer Pressedienst (10. Oktober 2006), URL: http://hpd-online.de/node/325.
156 Ebd.

Teil V

1 Gilgoff 2007, 88 f.
2 Jerry Falwell: Christian Broadcasting Network: The 700 Club am 13. September 2001. Ein Auszug vom Transkript der Sendung siehe URL: http://www.beliefnet.

com/story/87/story_8770_1.html; vgl. auch den Audiostream unter URL: http://en.wikiquote.org/wiki/Jerry_Falwell.

3 Corn 2002.

4 Vgl. URL: http://en.wikipedia.org/wiki/Falwell.

5 Michael Lind: "Rev. Robertson's Grand International Conspiracy Theory", New York Review of Books 42,2 (1995), zitiert bei Schuler 2003, 260. Thomas Schuler ist ehemaliger Amerika-Korrespondent der *Süddeutschen Zeitung.*

6 Gilgoff 2007, 95.

7 Boston 1996.

8 1986 behauptete er, Gott habe ihn persönlich auserwählt, die unmittelbar bevorstehende Wiederkunft Christi exklusiv mit seinem Kamerateam aufzunehmen und über seinen Sender auszustrahlen.

9 Yurica-Report.

10 Ebd., Fußnote 14.

11 George Grant: The Changing of the Guard. Biblical Principles for Political Action, Tyler, TX 1987, 50 f.

12 Heubeck 2001. Vgl. URL: http://web.archive.org/web/20010713152425/http://www.freecongress.org/centers/conservatism/traditionalist.htm#3a (9. Oktober 2006).

13 Boston 1996, 15.

14 Gilgoff 2007, 104.

15 William Greider: Who Will Tell the People?, New York 1992, 248 (zitiert bei Pahl 1993). Greider spricht hier von 300.000 Kirchengemeinden. Diese Zahl scheint aber übertrieben.

16 Greg Goldin: "The 15 Per Cent Solution. How the Christian Right Is Building from Below to Take Over from Above", Voice (6. April 1993), URL: http://www.theocracywatch.org/taking_over_fifteen_percent.htm.

17 "Fundraising Letter" vom 4. Juli 1991 (zitiert bei Boston 1996, 85).

18 Vgl. die Web-Dokumentation "Taking Over the Republican Party", URL: http://www.theocracywatch.org/taking_over.htm (9. Oktober 2006) mit Joe Conason: "With God as Their Co-Pilot", Playboy-Magazine vom März 1993, URL: http://www.theocracywatch.org/taking_over_copilot.htm. Vom selben Autor erschien: It Can Happen Here: Authoritarian Peril in the Age of Bush, New York 2007.

19 Joan Lowy: "The GOP's Religious War", Scripps-Howard News Service (1992–1993), URL: http://www.theocracywatch.org/taking_over_joan_lowey.htm.

20 Autorin des Buches *Kingdom Coming.*

21 Shamir 2006.

22 Skipp Porteous (zitiert bei Stephen L. Carter: The Culture of Disbelief. How American Law and Politics Trivialize Religious Devotion, New York 1994, 265 f.).

23 Pally 2005.

24 Der Kongress hat 435 Mitglieder. "Of all the members of the 109th Congress, 92 percent were Christians, as were 100 percent of fifty state governors in 2000. … In 2006, 494 out of 535 members of Congress and 47 out of 50 governors self-identified as Christians." (Vgl. Prothero 2007, 12 f. und Anm. 21, mit "Religious Affiliation of U.S. Congress", URL: http://www.adherents.com/adh_congress.html#109.) Da die Republikanische Partei die Mehrheit hat, repräsentieren diese 130 Abgeordneten nicht die tatsächliche Macht der religiösen Rechten im amerikanischen Unterhaus.

25 Hedges 2005.

26 Zur dabei führenden Rolle von Ken Connor und Dobsons *Family Research Council* siehe Gilgoff 2007, 124–132.

27 Adam Cohen: "The Church-State Wall Is the Best Protection Against Religious Strife", The New York Times vom 4. Juli 2005.

28 "The 'wall of separation between church and state' is a metaphor based on bad history, a metaphor which has proved useless as a guide to judging. It should be frankly and explicitly abandoned." (Minderheitsvotum von William A. Rehnquist, in: U.S. Supreme Court, Wallace v. Jaffree, 472 U.S. 38 [1985]; vgl. URL: http://laws.findlaw.com/us/472/38.html). Vgl. dazu Norman Gulley, der schreibt: "I agree with Robert Alley that Rehnquist's conclusion was based on 'a remarkably weak historical argument', which one can follow in his article 'Mr. Rehnquist's Misplaced Metaphor.' I also agree with Haig Bosmajian that the Supreme Court justices are revisionsists when they base their argument on Justice Holmes' aphorism that 'a page of history is worth a volume of logic.'" (Gulley 1997, 123 f.)

29 "Precisely because 'we are a cosmopolitan nation made up of people of almost every conceivable religious preference', ... and precisely because we value and protect that religious divergence, we cannot afford the luxury of deeming presumptively invalid ... every regulation of conduct that does not protect an interest of the highest order." (Mehrheitsvotum von Antonin Scalia, in: U.S. Supreme Court, Employment Division, Department of Human Resources of Oregon v. Smith, 494 U.S. 872 [1990]; vgl. URL: http://laws.findlaw.com/us/494/872.html etwa mit Austin Clines Kommentar unter URL: http://atheism.about.com/library/decisions/religion/bl_l_OregonSmith.htm).

30 Pally 2005.

31 Frank Rich: "A High-Tech Lynching in Prime Time", The New York Times vom 24. April 2005 (zitiert bei Phillips 2006, 245).

32 Fetscher 2006.

33 Pally 2005.

34 Bereits im Januar 2005 soll Karl Rove strategische Gespräche im kleinen Kreis geführt haben, wie man die Bundesanwälte mit kurzer Leine an das Weiße Haus binden könne. Am 7. Dezember 2006 wurden dann 7 Bundesanwälte mit Berufung auf den *Patriot Act* gefeuert (einem weiteren hatte man die Entscheidung schon im Juni mitgeteilt), denn die neue Gesetzeslage erlaubte nun Ersatzberufungen unter Umgehung der parlamentarischen Zustimmungspflicht, und das Justizministerium rechtfertigte die Vorgänge im Weiteren mit einer angeblich mangelnden professionellen Eignung der Abberufenen. „Diese Darstellung ließ sich aber nach Aussagen der entlassenen Staatsanwälte bei Anhörungen vor dem Justizausschuss und nach der durch den Kongress erzwungenen Veröffentlichung von regierungsinternen Dokumenten und Emails nicht mehr halten. Es stellte sich heraus, dass den meisten mangelnde Loyalität zur politischen Linie Bushs vorgeworfen wurde." (Reymer Klüver: „Gonzales spielt die Affäre herunter. US-Minister nach Entlassung von Anwälten in Bedrängnis", Süddeutsche Zeitung vom 20. April 2007.) Der sich bereits im Januar formierende Widerstand im Kongress zog im März 2007 nationale Aufmerksamkeit auf sich, weil mit dem erst 2005 eingesetzten Justizminister Alberto R. Gonzales einer der letzten treuen Weggefährten von George W. Bush massiv unter Druck gesetzt wurde. Sechs hochrangige Führungskräfte des Ministeriums haben seither ihren Hut genommen, darunter Monica Goodling, eine Absolventin der von Pat Robertson gegründeten *Regent University School of Law* vom Jahr 1999. Um sich nicht selbst belasten zu müssen, berief sie sich erst auf ihr Zeugnisverweigerungsrecht, um dann nach Zusicherung einer beschränkten Immunität vor dem Justizausschuss des Senats einzuräumen, dass sie bei ihrer Arbeit „Grenzen überschritten" habe. Sie hatte in einer vertraulichen Order vom Justizminister im März 2006 Befugnisse in Personalfragen erhalten und E-Mails

bezeugen ihre Rolle in der Planung und nachträglichen Eindämmung der so ungesetzlichen wie unpopulären Maßnahme. Die Unabhängigkeit der politischen Beamten ist zwar insofern eingeschränkt, als jede Administration zu Beginn der Amtszeit eines Präsidenten seine Neuberufungen auch in diesem Sektor durchsetzt. Aber der Status quo ante wurde durch entsprechende parlamentarische Beschlüsse der demokratischen Mehrheit im März 2007 wiederhergestellt, weil die Justiz sonst in die Abhängigkeit der Exekutive geraten wäre. (Vgl. Alan Cooperman: "Bush Royalist Rose Quickly at Justice", Washington Post vom 30. März 2007; Eric Lipton: "Colleagues Cite Partisan Focus by Justice Official", The New York Times vom 12. Mai 2007; Christian Wernicke, „Eiferer für Bush. Der Fall Goodling zeigt die Macht rechter US-Berater", Süddeutsche Zeitung vom 23. Mai 2007; David Johnston/Eric Lipton: "Ex-Justice Aide Admits Politics Affected Hiring", The New York Times vom 24. Mai 2007.) Zur Chronologie und den weiteren Details der Ereignisse siehe u. a. URL: http://en.wikipedia.org/wiki/Dismissal_of_U.S._attorneys_controversy_timeline.

35 Ebd.

36 Ebd.

37 So Robert Boston im telefonischen Interview mit G. Padderatz am 5. Mai 2005. Boston ist Assistant Director of Communication der *Americans United for Separation of Church and State* in Washington, DC (URL: www.au.org). Zum veränderten Klima amerikanischer Politik siehe auch Christiane Tietz: "God's own country – God's own politics?", Neue Zeitschrift für systematische Theologie und Religionsphilosophie 47,2 (2005), 131–153.

38 Caryle Murphy/Alan Cooperman: "Religious Liberals Gain New Visibility With Books, Web Sites, Conferences", The Washington Post vom 21. Mai 2006, URL: http://seattletimes.nwsource.com/html/nationworld/2003008966_religchurch21.html.

39 Jack Abramoff (Bestechungen), Mark Foley (homosexuelle Avancen an studentische Hilfskräfte), Don Sherwood (Würgen einer ehemaligen Geliebten), John E. Sweeney (Misshandlung seiner Ehefrau). Vgl. R. Jeffrey Smith: "Republican Scandals Helped Pave the Way for Democratic Gains", Washington Post vom 8. November 2006, URL: http://www.washingtonpost.com/wp-dyn/content/article/2006/11/08/AR2006110800623.html.

40 Ted Haggard: "Pastor will shut down controversial kids camp", The Seattle Times vom 8. November 2006.

41 GOP steht für Grand Old Party, die Republikanische Partei.

42 Aaron D. Wolf: "Apocalypse Now!", Chronicles: A Magazine of American Culture (April 2003). Wolf ist ein an der *Trinity Evangelical Divinity School* ausgebildeter Kirchenhistoriker, der sich den Lutheranern der *Missouri Synod* besonders verpflichtet fühlt. Seit 1999 ist er Mitherausgeber des *Chronicles Magazines*, dem monatlich erscheinenden Organ vom kulturkämpferisch-altkonservativen *Rockford Institute*.

43 Kleber 2005, 47.

44 Ebd. 48.

45 Fine 2003.

46 James Robison (zitiert bei Fine 2003).

47 Bloom 1992, 229.

48 Vgl. URL: http://www.cc.org/2004scorecard.pdf.

49 Pally 2005.

50 "In 1996, the *Christian Coalition's* Chief Financial Officer, Judy Liebert, 'went to federal prosecutors with her suspicions of overbilling by Ben Hart, a direct-mail vendor with close ties to Ralph Reed, then the coalition's executive director.' (Nor-

folk *Virginian Pilot*, September 26, 1997) Liebert alleged that Hart, 'a close friend with whom Reed regularly golfed and vacationed,' was 'regularly marking up the Coalition's bills.' 'Liebert also charged that Reed had turned over, free of charge, the Coalition's entire mailing list to Hart's firm.' The Coalition subsequently offered Liebert a severance package that included a 'letter of recommendation, a year's salary of $ 80,000, and another $ 25,000 to cover legal expenses, provided that she agree not to publicly disparage the Coalition.' Reed himself resigned in April 1997 while the investigation was pending. Reed denied that his resignation was related to the 'Judy Liebert thing.' He was never charged with any crimes. In December 1997, after Reed's resignation, the Christian Coalition sued Hart's firm, *Hart Conover*, for using its mailing list to entice donors away to other organizations. The Coalition blamed its own subsequent decline on Hart's misuse of the list. In March 1998, the Coalition and Hart reached an out-of-court settlement." (Nach Easton 2000, 386 f.; zitiert von URL: http://en.wikipedia.org/wiki/Ralph_E._Reed%2C_Jr.)

51 Boston 2005.

52 Gilgoff 2007, 7. Weltweit sind es sogar über 6.000 Rundfunksender (vgl. auch Hedges 2005).

53 "As of 2005, Focus's mailing list of constituents who'd contacted the ministry in the last eighteen months comprised nearly 2.5 million names. Add the names of those who haven't been in touch that recently but whose name and address information Focus maintains, and the list swells to around six million. According to a consultant hired by Focus in 2005, seventeen million Americans have contacted the organization since it's founding in 1977, the equivalent of the combined populations of New York, Los Angeles, Chicago, and Houston, the nation's four biggest cities." (Gilgoff 2007, 46) "While the new outreach model is still in its infancy, Focus president Daly believes that by reaching beyond the traditionalist evangelical base, he can grow Focus's active mailing list to twenty million names – up from around 2.5 million in 2006 – just in the next decade or so." (ebd., 68).

54 Rolf Zettersten: Dr. Dobson: Turning Hearts Toward Home, Dallas, TX 1989, 86 f. (zitiert bei Gilgoff 2007, 22).

55 Gilgoff 2007, 23.

56 Gary Bauer leitete das *Family Research Council* von 1988 bis 1999, sein Nachfolger heute ist Tony Perkins (vgl. URL: http://www.frc.org/get.cfm?c=HOME. Die Zentrale in Washington wird seit 1988 durch die Gründung von so genannten *Family Policy Councils* in mittlerweile 35 Bundesstaaten unterstützt (vgl. URL: http://www.citizenlink.org/fpc/). Mit *Focus on the Family Action* steht Dobson seit 2004 eine nicht vom Status der Gemeinnützigkeit beschränkte Organisation zur Finanzierung und Bewerbung von ganz gezielten politischen Kampagnen zur Verfügung (vgl. URL: http://www.frcaction.org/). In den ersten sechs Monaten des Bestehens trieben die Mitarbeiter von *Family Action* 9 Millionen Dollar ein (Gilgoff 2007, 14 f., 168).

57 Gilgoff 2007, 139, 156 und 169. Das Hauptanliegen der *Arlington Group*, die von 12 Aktivisten ins Leben gerufen wurde und jetzt Repräsentanten von 70 Gruppen zusammenbringt, ist die Ergänzung der amerikanischen Verfassung um einen Zusatz, der die Gleichstellung von homosexuellen Partnerschaften verbietet. Als Zeichen von Dobsons Politisierung wertet Dan Gilgoff auch die Neuausrichtung von *Focus on the Family* im Jahr 2004: Es widme sich nicht mehr nur der „Pflege und Erhaltung" der Familie, sondern mittlerweile ihrer „weltweiten Verteidigung" (ebd., 52). Dass Dobson vor Polarisierungen nicht zurückschreckt, gab er erst 2004 zu verstehen: "'Those issues like the poor and the needy are all important to us', he said in a 2004 interview. ‚But when you compare those issues … with killing forty-three million babies, it's not in

the same league. We're talking about the unborn holocaust here … When it comes to preserving the integrity of the family, it's very hard to put anything else in that arena … Everthing that has been predictable and stable for the last five thousand years has been based on the family. 'You can't shoot at everything – you won't hit anything,' Dobson continued. 'You have to decide the things that matter most and then talk about those. If that makes us sound extreme, I'll take it, brother.'" (ebd. 281 f.)

58 Gary Marx (zitiert bei Gilgoff 2007, 12).

59 Gilgoff 2007, 7.

60 Barry W. Lynn: "An Interview with the ACLU's Barry Lynn", Church and State vom Juli/August 1991 (zitiert bei Pahl 1993).

61 Markus 2004; Gilgoff 2007, 16.

62 Chip Berlet et al., "Understanding Dominionism", Konferenz vom 21. bis 22. Oktober 2005 in New York (New York Open Center/CUNY Graduate Center).

63 Pally 2005.

64 Ebd.

65 Lehmann 1991, 269.

66 Hedges 2005. Ein Artikel mit ähnlicher Aussage war ein Jahr zuvor in den USA auch von einem anerkannten Journalisten wie Hedges noch nicht zu publizieren (vgl. Hedges 2004). Aber die Zeiten haben sich inzwischen geändert, was auch ein Indiz für die Verschärfung des innenpolitischen Klimas ist: "Christianity, after all, was able to adapt to capitalism, which was alien to many of the teachings of Jesus. It could also be used to back a fascist ideology that, in drastically changed circumstances, might be necessary to maintain public order." (Armstrong 2005, 362). In *American Fascists: The Christian Right and the War On America* (New York 2007) scheut sich der Absolvent der *Harvard Divinity School* auch nicht mehr, direkte Parallelen zur historischen Situation von 1920 bis 1930 in Deutschland und Italien zu ziehen.

67 Mumford 1984. Nicht nur Mumford, sondern auch die Siebenten-Tags-Adventisten – gestützt auf ihre Auslegung von Offenbarung 13 – sehen die amerikanische Demokratie durch den Vatikan bzw. das Papsttum bedroht: "According to the historicist reading favored by Adventist interpreters, prophecy tells us that America will exercise 'all the authority of the first beast' (Rev. 13:12, NIV). In fact, America will set up an image of the Papacy. The Papacy is a union of church and state, so the image in America will be a union of church and state (Rev 13:13–14). When church and state unite in America, then the church will use the government to enforce its agenda, for the issue in Revelation 13 is worship (vss, 4, 8, 12, 15). Whoever refuses to engage in the mandated false worship will be threatened by boycott and death (vss. 15–17)." (Gulley 1997, 120.)

68 Mumford 1984, 137, 155.

69 Ebd.

70 Martin Finucane: "Coalition Seeking Catholic Support", Daily News (Bowling Green, Kentucky) vom 10. Dezember 1995 (zitiert bei Gulley 1997, 130).

71 Vgl. URL: http://en.wikipedia.org/wiki/Heritage_foundation.

72 Ralph Reed: Mainstream Values Are No Longer Politically Incorrect: The Emerging Faith Factor in American Politics, Dallas, TX 1994, 16 (zitiert bei Gulley 1997, 130).

73 Zitiert nach Wills 2006, 21. Und David Van Biema (2005) fügt hinzu: "A senior Administration official confirms that Neuhaus 'does have a fair amount of under-the-radar influence' on such policies as abortion, stem-cell research, cloning and the defense-of-marriage amendment."

74 "Unpleasant business – Richard John Neuhaus and Rockford Institute separate" (National Review vom 16. Juni 1989). Vgl. zum antisemitischen Hintergrund auch Chip

Berlet: "More on the Rockford Institute issue" (7. Oktober 1992), URL: http://www.hartford-hwp.com/archives/45/052.html, und Richard John Neuhaus: "Editorial 'The Year that Conservatism Turned Ugly'" (First Things vom Mai 1992). "We had established the Center in 1984 and I became increasingly uneasy with what was understandably viewed as the racist and anti-Semitic tones of *Chronicles* under the direction of Fleming, its then new editor." (Richard John Neuhaus: „The Public Square: While We're At It", First Things vom Juni/Juli 2003; URL: http://www.firstthings.com/article.php3?id_article=497). Neuhaus, ein Priester der Erzdiözese New York, ist nicht nur die Schlüsselfigur in der Abspaltung der katholischen Neokonservativen von den protestantischen Altkonservativen, sondern destabilisiert den amerikanischen Protestantismus nach Auskunft des methodistischen Pastors und weithin anerkannten New Yorker Psychologen Dr. Andrew J. Weaver ganz gezielt über das *Institute on Religion and Democracy* in Washington DC. Sein bester Zeuge ist Damon Linker, Redaktionsmitglied von *First Things* bis 2005 (vgl. Richard John Neuhaus: "Right Web Profile", Silver City, NM: International Relations Center, 23. Februar 2007, URL: http://rightweb.irc-online.org/profile/1307; A. J. Weaver: "Neocon Catholics Target Mainline Protestants", MediaTransparency vom 11. August 2006, URL: http://www.mediatransparency.org/pdastory.php?storyID=142; Damon Linker: The Theocons: Secular America under Siege, New York 2006, und ders.: "The Christianizing of America. Without a Doubt", The New Republic vom 24. März 2006).

75 Evangelikale und Katholiken gemeinsam. Diesem folgten weitere Dokumente mit ähnlichem Inhalt.

76 Wills 2006, 26. Eine andere Erhebung aus dem Frühjahr 2004, *PBS's Religion and Ethics Newsweekly*, kam bei ihrer Frage nach „warmen oder positiven Gefühlen" unter Evangelikalen zu anderen Zahlen: Johannes Paul II. – 44 %, James Dobson – 40 %, Pat Robertson – 34 %, Jerry Falwell – 23 % (Ted Olsen: "Who's Driving This Thing? Everyone is asking who leads the evangelical movement", Christianity Today vom 23. Oktober 2006, URL: http://www.christianitytoday.com/ct/2005/februaryweb-only/12.0c.html). Wenn man jedoch von rund 100 Millionen Evangelikalen ausgeht, sind selbst 23 % immer noch 23 Millionen Menschen. Überraschend ist jedoch, dass bei beiden Umfragen der Papst deutlich vorne liegt – ein Ergebnis, das vor 30 Jahren noch unvorstellbar gewesen wäre.

77 Zitiert bei Wills 2006, 54.

78 Ebd.

79 James Carroll, Vorwort zu Wills 2006, 11.

80 Zu den Mitgliedern gehören Don Nickles (R., OK), Charles Grassley (R., IA), Pete Domenici (R., NM), John Ensign (R., NV), James Inhofe (R., OK), Bill Nelson (D., FL), und Conrad Burns (R. MT).

81 Jim DeMint (R., SC), Frank Wolf (R., VA), Joseph Pitts (R., PA), Zach Wamp (R., TN) und Bart Stupak (D., MI).

82 Sharlet 2003.

83 Dazu gehören *National Committee for Christian Leadership, International Christian Leadership, The National Leadership Council, Fellowship House, The Fellowship Foundation, The National Fellowship Council, The International Foundation.*

84 Sharlet 2003.

85 Ebd.

86 Ebd. Vgl. Auch Victor 2005, 70ff.

87 Leaming/Boston 2004.

88 Lehmann 1991, 267.

89 Leaming/Boston 2004. Die Autoren beziehen sich insbesondere auf Robert Boston: "If Best-Selling End-Times Author Tim LaHaye Has His Way, Church-State Separation Will Be … Left Behind", Church & State vom Februar 2002, URL: http://www.au.org/.

90 Zitiert nach Leaming/Boston 2004.

91 Ebd.

92 Wills 2006, 33. Garry Wills ist Journalist und emeritierter Professor für Geschichte an der *Northwestern University* in Chicago und hat in über 20 Monographien zur politischen Geschichte und Gegenwart der USA publiziert. Der liberale Historiker schreibt außerdem regelmäßig für die *New York Review of Books*, aber auch über scheinbar so entlegene Themen wie Jesus, Paulus, Augustinus, Shakespeare, Venedig, die Tiere der Bibel, die päpstliche Fehlbarkeit (Papal Sin: Structures of Deceit, New York 2000) und den Rosenkranz. Im Nachgang zur Debatte um seine Kritik am kurialen System, bei der auch seine katholische Identität in Frage gestellt wurde, begründete der Pulitzer-Preisträger von 1993 ausdrücklich, warum er Katholik geblieben ist (Why I am a Catholic, Boston 2002).

93 Der „verfolgte Verfolger" handelt in präventiver Notwehr (Adorno 1973). Dieser politische Mechanismus ist eng mit dem Denken in Verschwörungen verbunden und wie dem Antisemitismus kann ihm, wenn überhaupt, nur durch geduldige Aufklärung begegnet werden: „Ein besonders hintersinniges Argument ist: ‚Man darf ja gegen Juden heute nichts sagen.' Es wird sozusagen gerade aus dem öffentlichen Tabu über dem Antisemitismus ein Argument für den Antisemitismus gemacht: wenn man nichts gegen die Juden sagen darf, dann – so läuft die assoziative Logik weiter – sei an dem, was man gegen sie sagen könnte, auch schon etwas daran. Wirksam ist hier ein Projektionsmechanismus: dass die, welche die Verfolger waren und es potentiell heute noch sind, sich aufspielen, als wären sie die Verfolgten. Dem kann man nur dann begegnen, wenn man nicht etwa idealisiert, wenn man nicht etwa Lobreden auf große jüdische Männer hält oder hübsche Bilder von israelischen Bewässerungsanlagen oder Kibbuz-Kindern dort vorführt, sondern eben die jüdischen Züge, auf welche die Antisemiten deuten, erklärt, ihr Recht und ihren Wahrheitsgehalt darstellt. Überhaupt ist es viel besser, als die Juden zu verharmlosen und sie als eine Art von Lämmerchen oder Sonnenjünglingen vor Augen zu stellen, zu sagen, dass sie eine große, stürmische und wilde Geschichte hatten, in der es genauso viel Furchtbares gibt wie in der Geschichte anderer Völker auch. Abstoßend wäre ein sentimentales Reklamebild." (Theodor W. Adorno, Zur Bekämpfung des Antisemitismus heute, in: ders.: Vermischte Schriften I, Bd. 20:1 der Gesammelten Schriften, Frankfurt am Main 1986, 368 f.)

94 Womit häufig Mitglieder der Demokratischen Partei gemeint sind.

95 Ralph Reed war seit seiner Studentenzeit (beim *College Republican National Committee* im Triumvirat mit Jack Abramoff und Grover Norquist als „hatchet man" und später als Kopf der *Students for America*) ein Spezialist für Selbstinszenierungen, Schiebung und Schmutzkampagnen (Easton 2000, 143). Seine Zeit als Berater und Lobbyist von Großunternehmen und einzelnen Kandidaten in der Politik begann nach seinem Weggang von der *Christian Coalition.* Zu diesem Zweck gründete er die Firma *Century Strategies.* Karl Rove vermittelte ihm einen gut dotierten Vertrag mit *Enron* vermutlich deshalb, weil er so der Kampagne des späteren Präsidenten nicht in die Quere kommen konnte. Dem Bericht von Nina J. Easton zufolge ist seine politische Tätigkeit trotz aller Erfolge insgesamt glücklos verlaufen. Seine enge Verbindung zu Jack Abramoff wurde ihm schließlich zum Verhängnis (vgl. Susan Schmidt: "Casino Bid Prompted High-Stakes Lobbying", The Washington Post

vom 13. März 2005). Im Juli 2006, nach dem Scheitern seiner eigenen Kandidatur als Gouverneur in Georgia, gab er seinen Rückzug von der aktiven Laufbahn als Politiker bekannt.

96 Ralph Reed: Active Faith – How Christians are Changing the Soul of American Politics, New York 1996.

97 Vgl. Richard John Neuhaus: "Ralph Reed's Real Agenda", First Things 66 (1996), 42–45, URL: http://www.firstthings.com/article.php3?id_article=3925.

98 Ebd.

99 Reed (zitiert bei Boston 1996, 91).

100 Heubeck 2001.

101 "I want to be invisible. I do guerrilla warfare. I paint my face and travel at night. You don't know it's over until you're in a body bag." (Mark O'Keefe: "Robertson's Phone Corps Boosted GOP. Local Democrats Claim Network Ambushed Them", The Virginian-Pilot vom 9. November 1991; vgl. auch Jerry Alley: "Christian Coalition Spits Election Venom", The Virginian-Pilot vom 17. November 1991).

102 Yurica-Report; Hedges 2004.

103 Ebd.

104 Ebd. Diese Beobachtung machte das *Harper's Magazine* und erwähnt u.a. insbesondere das Buch von William L. Shirer: *The Rise and Fall of the Third Reich*.

105 *The Integration of Theory and Practice: A Program for the New Traditionalist Movement* (Die Integration von Theorie und Praxis – Ein Programm für die neue Traditionalismus-Bewegung); vgl. Heubeck 2001.

106 Katherine Yurica: "Conquering by Stealth and Deception: How the Dominionists Are Succeeding in Their Quest for National Control and World Power", hg. von Joan Bokaer vom *Center for Religion, Ethics, and Social Policy at Cornell University*: The Rise of the Religious Right in the Republican Party: A Public Information Project (14. September 2004), URL: www.theocracywatch.org/yurica_weyrich_manual.htm.

107 "The Clinton Chronicles: An Investigation into the Alleged Activities of Bill Clinton" (Die Clinton-Chronik – Eine Untersuchung der als kriminell unterstellten Aktivitäten Bill Clintons).

108 Pikanterweise ist Matrisciana zugleich Präsident der *Citizens for Honest Government* (Bürger für eine ehrliche Regierung).

109 Murray Waas: "The Falwell Connection", Salon.com News Real (11. März 1998), URL: www.salon.com/news/1998/03/cov_11news.html.

110 Braml 2005, 67.

111 So geschehen im Vorfeld der Wiederwahl von George W. Bush im Jahr 2004.

112 Hedges 2005.

113 Ebd.

114 Ebd.

115 Ebd.

116 Gore 2007, 68.

117 "Of the 4.000 evangelical-fundamentalists who annually attend the National Religious Broadcasters Conventions, an estimated 3.000 are dispensationalists who believe that only a nuclear holocaust can bring Christ back to earth." (Halsell 1986, 14.)

118 Braml 2005, 112.

119 *Faith-Based Initiative*.

120 *Charitable Choice*.

121 Siehe dazu David Kuo: Attempting Faith. An Inside Story of Political Seduction, New York 2006. Demnach hat der Argwohn, dass die religiöse Rechte von maßgeb-

lichen Teilen der Bush-Administration bloß benutzt worden sei, wiederum handfeste Unterstützung durch einen Insider bekommen. Man habe christliche Wähler mit symbolischer Politik abgespeist, sie ihre Nähe zum Präsidenten bewusst spüren lassen, sich aber um die wirklichen Anliegen nach der Wahl nicht gekümmert. Der Autor, der – wie seine Gegner jetzt nicht müde werden zu betonen – wohl an einem Gehirn-Tumor leidet, hat von 2001 bis 2003 als zweiter Mann (unter den Katholiken John DiIulio und James Towey) für die Idee der *Faith-Based-Initiatives* gewirkt. Er selber hat sie Bush einstmals vorgetragen und wirft ihm nun vor, seine finanziellen Versprechen niemals eingelöst zu haben (von versprochenen 8 Milliarden zusätzlichen Dollar kamen gerade einmal eine halbe Milliarde wirklich an, vieles wurde einfach nur umgeschichtet). Die Kritik des Buches ist nicht neu, denn das vehemente Nachspiel des frühzeitigen Abgangs von John DiIulio im Februar 2002 sowie Kuos Kolumnenbeitrag "Please, Keep Faith" im *BeliefNet.com* vom Februar 2005 hatten bereits große öffentliche Beachtung gefunden. Unter dem Titel "Why Are These Men Laughing?" erläuterte Ron Suskind im Januar 2003 im *Esquire*, warum der engagierte Universitätsprofessor und Kriminalwissenschaftler John DiIulio nach nur sechs Monaten seine Beratungstätigkeit wieder aufgab (vgl. Suskind 2003 mit Kaplan 2004, 48–53, und Micklethwait/Wooldridge 2004, 148). Was die Öffentlichkeit (vor den *Mid-term Elections*) aber neuerlich alarmiert hat, ist der von Kuo berichtete Zynismus, mit dem Karl Rove die führenden Köpfe der christlichen Rechten einerseits hofierte und andererseits hinter geschlossenen Türen als „Spinner" verächtlich machte. Robertson sei „verrückt", Falwell „lächerlich" und Dobson „unter Kontrolle zu behalten". Kuo, der sich von Interviewern immer wieder die Frage gefallen lassen muss, ob er denn nicht naiv gewesen sei, ist mittlerweile der Meinung, mit seinem Anliegen der Bekämpfung von Armut für politische Zwecke missbraucht worden zu sein und ruft die christlichen Wähler zu einer Zeit der politischen Enthaltsamkeit auf. Frederick Clarkson spricht bereits von einem *KuoGate*, denn die Sache ist vor allem deshalb umstritten, weil es um die Weise geht, wie die GOP systematisch Wählerstimmen eingetrieben hat. So soll H. James Towey seinen Posten nur unter der Bedingung bekommen haben, dass er seine guten Beziehung zur katholischen Bischofskonferenz für die Republikaner in die Waagschale warf. War die Idee der *Faith-Based-Initiatives*, die auch den europäischen Kommentatoren so viel Kopfzerbrechen hinsichtlich ihrer Verfassungskonformität gemacht hat, am Ende vielleicht nichts weiter als ein Arm der konservativen Wahlmaschinerie? Der Preis wäre sehr hoch, denn die Unterminierung der Trennung von Kirche und Staat lässt sich wohl nicht mehr rückgängig machen.

122 Americans United for Separation of Church and State (Eds.): "The 'Faith-Based' Initiative – Churches, Social Services & Your Tax Dollars", Faith & Freedom Series (28. Februar 2003). URL: http://www.au.org/site/DocServer/The_Faith_Based_Initiative.pdf?docID=111.

123 Ebd.

124 Ebd.

125 Ebd.

126 Deborah Caldwell: "Falwell: 'Deep Concerns' – Falwell Hopes Islam Can Be Excluded", Beliefnet (März 2001), URL: www.beliefnet.com/story/70/story_7040_1.html.

127 Phillips 2006, 367 f.

128 Ebd. 369.

129 Ebd. 368 f.

130 Ebd. 266.

131 Fetscher 2006.
132 Gore 2007, 66.
133 Boston 1996, 229.
134 Die Entwicklung einer *Strategic Defense Initiative* (*SDI*), nämlich eines von Raketen unterstützten militärischen Schutzschildes im Weltraum, wurde von Präsident Ronald Reagan auf der Höhe des Kalten Krieges angestoßen.
135 Römer 14,17.
136 James Parker: "Baptist Faith and Message: Article 16: Peace and War", Baptist Press (6. September 2002), URL: http://www.bpnews.net/bpnews.asp?ID=14194.
137 Mark O'Keefe: "Christian Coalition Aims to Sink Health Plan", The Virginian-Pilot vom 16. Februar 1994 (zitiert bei Boston 1996, 95).
138 Scowen 2004, 190.
139 Boston 1996, 229.
140 Yurica-Report.
141 Ebd.
142 Garry North: "The Covenantal Wealth of Nations", Biblical Economics Today 21,2 (Februar/März 1999), URL: http://reformed-theology.org/ice/newslet/bet/bet99.02.htm (zitiert im Yurica-Report).
143 Herb Silverman: "Inerrancy turned Political", in: Kimberly Blaker (Ed.): The Fundamentals of Extremism. The Christian Right in America, Boston, MI 2003, 179.
144 Boston 1996, 113. Norman Gulley, der dieselbe Veranstaltung besucht hatte, wurde durch die Wucht der nach seiner Meinung verführten Masse von 4.260 Teilnehmern gar an die Abgründe der Passion Christi erinnert: "'Crucify them!' I heard that refrain break into my mind from other religionists bent on getting the state to do their bidding. 'We have no king but Caesar!' You can't join state and religion any closer than that. Properly understood, any church joining the state is an illegitimate marriage – Caesar replaces Christ." (Gulley 1997, 129.)
145 Gore 2007, 68.
146 So steht es angeblich in einem Spendenaufruf der *Christian Coalition*, der auszugsweise auf einer Website des *The Activists Handbook* von Frederick Clarkson und Skipp Porteous zitiert wurde. (Vgl. Frederick Clarkson/Skipp Porteous: Challenging the Christian Right: The Activists Handbook, Institute for First Amendment Studies, Ms. Foundation 1992, und URL: http://www.theocracywatch.org/taking_over.htm.)
147 Boston 2005.
148 Robertson am 14. Januar 1991 (Boston 1996, 149, zitiert David Cantor/Alan Schwartz: The Religious Right: The Assault on Tolerance & Pluralism in America, 2nd ed., New York 1994, 30).
149 Andrea Böhm: „Riesig für Gott. Ein Gottesdienstbesuch in der Southeast Christian Church in Louisville, Kentucky", Die Zeit vom 4. August 2005.
150 Phillips 2006, 237–239.
151 Calvin White: "Who's Taking Blame For Christian Violence?", Toronto Star vom 26. Juli 2005. Calvin White ist freiberuflicher Kommentator und Dichter aus British Columbia. Der *Toronto Star* ist eine traditionell links-liberale Zeitung, die sich für die Interessen der arbeitenden Schichten einsetzt.
152 "*Question*: Why do you refer to America as 'Babylon'? *Answer*: In America, this is particularly true of the religious right, much to my chagrin, they have created a kind of idolatrous characteristic of America. They have made patriotism into a religion all and of itself and have attached Jesus onto it, perhaps symbolically represented as I rolled through Georgia not too long ago and saw two different churches which had

crosses out in front with American flags draped over them. When in fact Christianity becomes synonymous with Americanism, we have distorted Christianity. I think America is the best nation on the face of the Earth, but it is not the kingdom of God. Babylon in the Bible, in the book of Revelation, is described as a society that seduces people into worshipping it. I'm afraid that people have gotten to the point where they are worshipping America. I want to be loyal to America as a nation, but my loyalty ultimately belongs to Jesus. I respect America and want to serve American interests, but if those interests run contrary to serving Jesus Christ, then in fact I must stand against my nation. I think that the religious right has become blinded to the fact that America, at this stage in history, may be committing some hideous sins against the rest of the world and has lost its ability to critique our country and look at it as the Hebrew prophets did." (Tony Campolo im Interview mit Jen Waters: "Religion from the Left" in: The Washington Times vom 3. April 2007.) Campolo, der Gründer der *Evangelical Association for the Promotion of Education* (EAPE), war Professor für Soziologie an der *Eastern University* in St. Davids, PA. Er bezeichnet sich selbst als *Red-Letter*-Christ, weil er die in bestimmten Ausgaben der King-James-Bibel so hervorgehobenen Jesusworte wörtlich nimmt. "Jesus transcends partisan politics. That's what's wrong with the religious right … they have made Jesus into a Republican, and he's not!" (in der Talkshow *The Colbert Report* vom 27. Februar 2006). Reverend Campolo hat den damaligen US-Präsidenten Bill Clinton in der Lewinsky-Affäre auf dessen persönliche Bitte hin seelsorgerlich begleitet.

153 Er hat auch das Buch geschrieben *The Myth of a Christian Nation: How the Quest for Political Power Is Destroying the Church* (Der Mythos einer christlichen Nation – Wie das Streben nach politischer Macht die Kirche zerstört).

154 Laurie Goodstein: "Disowning Conservative Politics, Evangelical Pastor Rattles Flock", The New York Times vom 30. Juli 2006.

155 Gregory A. Boyd: The Myth of a Christian Nation. How the Quest for Political Power is Destroying the Church, Grand Rapids, MI 2005, 88.

156 Zitiert nach ebd.

157 Boston 2005.

158 Vgl. besonders Carter 2005, 35 ff. und 43 ff.

159 Ebd., 73 f.

160 Ebd., 9.

161 Ebd., 23.

162 Ebd., 41.

163 Ebd., 64.

164 Vgl. URL: http://en.wikipedia.org/wiki/Falwell.

165 Dieser Meinung schließt sich auch Robert Boston an (vgl. Boston 2005).

166 Pally 2005.

167 Phillips 2006, 383.

168 Rudin 2006.

169 Ebd.

170 Ebd.

171 Schoeller 2003.

172 Joyce Meyer (zitiert bei Fine 2003).

173 Goldstein 1993, 81. Zur zeichenhaften Rolle Amerikas in der adventistischen Endzeitvorstellung vgl. insbesondere das Kapitel 25 in White 2004. Nach der Ablehnung der biblischen Endzeitvorstellung durch eine Mehrheit der amerikanischen Protestanten und der Hinwendung des Landes zu einer parabiblischen Version der Parusie sehen

Adventisten die Amerikaner in einer unfreiwilligen Wiederholung des Schicksals der von ihnen traditionell und aktuell so verachteten Franzosen. Zum Motiv des hässlichen Wiedergängers in der Geschichte vgl. die Kapitel 12 und 15 in White 2004.

174 Paul Craig Roberts: "Impeach Now. Or Face the End of Constitutional Democracy", CounterPunch vom 16. Juli 2007, URL: http://www.counterpunch.org/roberts07162007.html.

175 Ebd.

176 Ebd.

177 Ebd.

178 Ebd.

179 McClellan 2003.

180 Willmar Thorkelson: "Raptured politics", The Lutheran (Dezember 1999), URL: http://www.thelutheran.org/article/article_buy.cfm?article_id=1533. Willmar Thorkelson (1918–2002), Mitglied der *Evangelical Lutheran Church in America (ELCA)* war über sechs Jahrzehnte als Journalist für religiöse Themen bei diversen Zeitschriften in den USA und Europa tätig, 1969 erschien sein Buch *Lutherans in the U.S.A.*

181 Ebd.

182 Moyers 2005 [a].

183 Ebd.

184 Moyers 2005 [b].

185 So James M. Inhofe im *700-Club*-Gespräch mit Pat Robertson ("Environmentalism: The Growing Threat of Far-Left Environmentalism", Christian Broadcasting Network vom 29. April 2005, URL: http://www.cbn.com/cbnnews/commentary/050429a.aspx. Vgl. auch Moyers 2006, besonders URL: http://www.pbs.org/moyers/moyersonamerica/green/environment.html.

186 James Watt (zitiert bei Moyers 2005 [a]).

187 "The newly elected Ronald Reagan made several terrible appointments to key environmental positions", meinte John Bliese, ein republikanisches Mitglied des *Sierra Club* (2001, IX). Aber zur eigentlichen Attacke holte die GOP erst 1995 und später unter der Administration von George W. Bush aus. Zur Rolle des im Westen der USA erwachenden Umweltbewusstseins vgl. Samuel P. Hays: Explorations in Environmental History, Pittsburgh, PA 1998, 170, 441.

188 Michael Kohn: „Warum ist Bush gegen das Kioto-Protokoll?", Die Weltwoche (49/2002). Zum Umweltbewusstsein der Parteien – jeweils zwei Drittel bei den Demokraten für einen Schutz und bei den Republikanern dagegen – vgl. Hays, A History of Enviromental Politics since 1945, Pittsburgh, PA 2000, 118 f., 187.

189 Moyers 2005 [b].

190 Siehe James M. Inhofe: "A Skeptic's Guide to Debunking Global Warming Alarmism. Hot and Cold Media Spin Cycle: A Challenge to Journalists who Cover Global Warming" (8. Dezember 2006), URL: http://epw.senate.gov/public/index.cfm?FuseAction=Files.View&FileStore_id=56dd129d-e40a-4bad-abd9-68c808e8809e, und ders.: „The Facts and Science of Climate Change" (28. Juli 2003), URL: http://epw.senate.gov/repwhitepapers/ClimateChangeWebuse.pdf. Zur Biographie vgl. URL: http://www.vote-smart.org/bio.php?can_id=H3251103. Zu Al Gore siehe u. a. Mark Hertsgaard: „Dieser Mann verändert das Klima", ZEIT Wissen (Juni 2006).

191 Peter M. Kurz: „Gott wird jene zerstören …", Der Tagesspiegel vom 15. Oktober 2006, URL: http://www.tagesspiegel.de/sonntag/archiv/15.10.2006/2827778.asp.

192 Vgl. dagegen Bliese 2001, 139–206, und die von ihm empfohlene Darstellung *Global Warming. The Complete Briefing* (2. Aufl., Cambridge 1997) von Sir John

Houghton. Der von der Universität Oxford emeritierte Professor für Atmosphärische Physik war Vizepräsident des *Intergovernmental Panel on Climate Change* der Vereinten Nationen und Vorsitzender der *UK Royal Commission on Environmental Pollution*. Bis heute engagiert sich Sir Houghton als Präsident der *John Ray Initiative* durch Vorträge und Predigten für eine konstruktive Verbindung von Umweltbewusstsein, Wissenschaft und Christentum (vgl. URL: http://www.jri.org.uk/resource/index.htm und insbesondere http://jri.org.uk/brief/climatechange.htm). Er war es auch, der Richard Cizik im Jahre 2002 während einer Konferenz in Oxford, bei der sich hochrangige Wissenschaftler und religiöse Führer der Welt trafen, zur Seite nahm und im Bewusstsein seiner politischen Bedeutung auf die persönliche Verantwortung bei diesem Thema aufmerksam gemacht hat.

193 Garry Wills: "A Country Ruled by Faith", New York Review of Books 53,18 (16. November 2006).

194 "Doubting Inhofe", The New York Times vom 12. Oktober 2006, URL: http://www.nytimes.com/2006/10/12/opinion/12thu2.html.

195 Eine unabhängige Position nahm der kalifornische Gouverneur Arnold Schwarzenegger in dieser Frage ein. Im Gegensatz zu seinen republikanischen Parteifreunden in Washington setzte er im August 2006 Gesetze zum Schutz des Erdklimas durch.

196 Paul Weyrich: "Environmental Degradation and Evangelicals", Townhall.com (13. Februar 2006), URL: http://www.townhall.com/columnists/PaulWeyrich/2006/02/13/environmental_degradation_and_evangelicals.

197 Moyers 2005 [a].

198 Vgl. Richard Wolffe: "Kuo: White House 'Seduces Christians'", Newsweek (16. Oktober 2006), URL: http://www.msnbc.msn.com/id/15292065/site/newsweek/; Kuo 2006.

199 Ted Haggard in *The New York Times* vom 10. März 2005 (zitiert in Charles McVety: "How Ted Haggard delivered control to the Democrats", WorldNetDaily [11. November 2006], URL: http://worldnetdaily.com/news/article.asp?ARTICLE_ID=52904).

200 Ebd.

201 Ebd.

202 Laurie Goodstein: "Evangelical Leaders Join Global Warming Initiate", The New York Times vom 8. Februar 2006.

203 Laurie Goodstein: "Evangelical Leaders Swing Influence Behind Effort to Combat Global Warming", The New York Times vom 10. März 2005.

204 Banks 2006; Moyers 2006. Vgl. dazu auch URL: http://www.pbs.org/moyers/moyersonamerica/green/dialogue.html.

205 Steven f. Hayward: "A Cross of Green? Reflections on Eco-Theology", Environmental Policy Outlooks (hg. vom *American Enterprise Institute for Policy Research* am 1. Juli 2005), URL: http://www.aei.org/publications/pubID.22800/pub_detail.asp.

206 Im Logo des Briefkopfes stehen die Wörter: *Dominion, Stewardship, Conservation*.

207 ISA Letter (= Charles W. Colson/James A. Dobson et al.: "A Letter to the National Association of Evangelicals on the Issue of Global Warming", Interfaith Stewardship Alliance [Januar 2006], URL: http://www.interfaithstewardship.org/pages/article.php?id=154).

208 Jordan J. Ballor: "Is God Green?", Powerblog Acton Institute (11. Oktober 2006), URL: http://www.acton.org/blog/index.html?/archives/1222-Is-God-Green.html.

209 David Domke: "Fault lines widen between evangelicals and the GOP", The Seattle Times vom 30. März 2006. "We've been coopted politically, we adopted the agenda of

the republican party which is largely serving the interest of the oil-, gas- and utilities-industries, who pay large donations to republican politicians. And thus, can we expect that party to speak out on behalf of a creation care without our political advocacy? Of course not! … I happened the things you see [me to be a pro-life and anti-homosexual conservative environmentalist] to be biblically consistent, [that] means you have to be at times politically inconsistent." (Richard Cizik in Moyers 2006, vgl. URL: http://www.pbs.org/moyers/moyersonamerica/media_players/chapter2-4.html).

210 Am 1. März 2007 legten einige Unterzeichner des *ISA-Letters* nach und forderten in einem offenen Brief an ein Vorstandsmitglied der *NAE* auch den Rücktritt von Cizik. Mit Hinweis auf verschiedene seiner Äußerungen bezweifeln sie seine Kompetenz, Linientreue und das Recht zur öffentlichen Stellungnahme. Unter den Unterzeichnern befinden sich auch James C. Dobson und Paul M. Weyrich (vgl. den Text des Briefes unter URL: http://www.citizenlink.org/pdfs/NAELetterFinal.pdf mit "Editorial: Evangelical Environmentalism", New York Times vom 10. März 2007, und E. J. Dionne: "Christians Who Won't Toe the Line", Washington Post vom 16. März 2007).

211 Heidi Ewing/Rachel Grady: Jesus Camp. America is being born again, USA 2006 (Loki Films/A&E Indiefilms, 87 Min.), URL: http://www.jesuscampthemovie.com.

212 Fischer 2005, 12. Sie beruft sich in diesem Zusammenhang u. a. auch auf George Barna, der die moralische Entwicklung zwischen dem fünften und zwölften Lebensjahr für entscheidend hält (vgl. George Barna: Transforming Children into Spiritual Champions, Ventura, CA 2003, 18). Fischer verkürzt diesen Hinweis von Barna an anderer Stelle auf eine für jede spätere christliche Missionsbemühung vernichtende Feststellung: "The problem is, churches usually focus on teens and adults-failing to realize that a child's moral development is set by the age of nine." (Vgl. URL: http://kidsinministry.com/OnlineResources/TransformingChildren.html).

213 "so *usable* in Christianity" (Ken Fox: "Full Review – Jesus Camp", TV Guide (2006), URL: http://tvguide.com/detail/movie.aspx?tvobjectid=282748&more=ucmoviereview).

214 Tom Watts: "Ewing Believes In Jesus Camp", RealDetroitWeekly.com (4. Oktober 2006), URL: http://www.realdetroitweekly.com/article_1885.shtml. Diese Zahl kontrastiert mit anderen Zahlen: Nur einer von drei Teenagern einer amerikanischen Durchschnittsfamilie gehe nach Verlassen seines Elternhauses noch weiter in die Kirche (Fischer 2005, 11). Mit Blick auf das Abschneiden der als bibeltreu einzustufenden Christen sei die Statistik noch dramatischer: "The Builders (born 1927–1945): 65 % believed in Biblical principles. The Baby Boomers (born 1946–1964) 35 % were Bible based believers. The Busters (born 1965–1983) barely 16 % are Bible based believers. The Millennials (born 1984 or later) a mere 4 % are Bible based believers." (Fischer 2006 a) „Laut dem Soziologen der University of Notre Dame Christian Smith, der eine Studie über Teenager und Glauben erstellte, sind die vier Prozent reine Propaganda. Keine Religion rekrutiere so erfolgreich Jugendliche, wie der evangelikale Protestantismus. In vielen Gegenden Amerikas gebe es unter Teens schon Gruppendruck, sich zum Glauben zu bekennen. Im Jargon verblasster Jugendkulturen heißt das – Cool ist out, das Feuer des christlichen Glaubens ist in." (Kreye 2006.)

215 Stephen Holden: "Children's Boot Camp for the Culture Wars", The New York Times vom 22. September 2006, URL: http://movies2.nytimes.com/2006/09/22/movies/22camp.html.

216 Fischer wirkt im argumentativen Diskurs – und das ist für Pfingstler nicht untypisch – geistesgegenwärtig und geschult. In diesem Zusammenhang sind Fischers unerschrockene Verteidigungsreden in den *News Shows* besonders eindrücklich (vgl.

dazu die von ihr selbst ausgewählten Clips unter URL: http://www.country95radio.com/Becky/JesusCamp.html). Wenn sie dann aber, wie im *Jesus-Camp*-Film gezeigt, ihren spirituellen Furor entfacht, geht sie ganz rational und gezielt auf die irrationale Seite ihres Glaubens zu. Für Becky Fischer wird das Wort „extrem" dabei handgreiflich konkret: "This is a movie about extreme faith, not politics. It's also about the importance of discipling children in the Christian faith. My hope is they will be able to see the more obvious truth which is children are capable of understanding, feeling, being an enthusiastic, and powerfully effective part of extreme faith in Jesus Christ because this is an extreme generation." (vgl. Fischer 2006 a) Gerade in dieser Retrospektive wird deutlich, wie sehr die Beschwörung von geistiger Kraft zur Erzeugung einer (auch politisch verwendbaren) Entschlossenheit in ihrer Absicht liegt.

217 Timonen 2006.

218 Während dieser Veranstaltung war in evangelikalen Kreisen die Neubesetzung von zwei Richterpositionen am Obersten Gericht das große Thema.

219 Marrit Ingman: "Jesus Camp", The Austin Chronicle vom 6. Oktober 2006, URL: http://www.austinchronicle.com/gyrobase/Calendar/Film?Film=oid%3A407837.

220 Lessing 2006.

221 Neva Chonin: "At this camp, indoctrination is hardly a game", San Francisco Chronicle vom 29. September 2006, URL: http://sfgate.com/cgi-bin/article.cgi?file=/c/a/2006/09/29/DDGH8LDU6M1.DTL.

222 Mejias 2006.

223 Kenneth Turan: "Jesus Camp", Los Angeles Times vom 29. September 2006, URL: http://www.latimes.com/entertainment/news/movies/cl-et-jesus29sep29,1,3010403.story.

224 Timonen 2006.

225 Jones 2006.

226 Peter Schmitz: „Als Christ fühle ich mich betroffen!" (Leserbrief), Frankfurter Allgemeine Zeitung/FAZ.net (18. November 2006).

227 Für Pfingstler scheint die Politisierung des Christentums inzwischen etwas so Selbstverständliches zu sein, dass sie ihnen nicht mehr auffällt. Dafür spricht auch ein Report des *Pew Research Center* unter dem Titel *Spirit and Power*, wonach sich mit 79 % (gegenüber dem US-Durchschnitt von 61 %) überdurchschnittlich viele Anhänger dieser Glaubensrichtung für ein politisches Mandat ihrer Kirchen in der Öffentlichkeit ausgesprochen haben. Vgl. Spirit and Power: A 10-Country Survey of Pentecostals, hg. vom *Pew Forum on Religion and Public Life*, Washington, DC: Pew Research Center 2006, 7, und "Renewalists and Politics" unter URL: http://pewforum.org/surveys/pentecostal/).

228 Kreye 2006.

229 Morris 2006.

230 Kreye 2006.

231 Jones 2006.

232 Mejias 2006.

233 Ebd.

234 *Tribeca Film Festival*. Vgl. URL: http://en.wikipedia.org/wiki/TriBeCa_Film_Festival.

235 Richard Schickel: "A Portrait of Desecrated Childhood", Time vom 29. September 2006, URL: http://www.time.com/time/arts/article/0,8599,1540979,00.html.

236 Neben Michael Medved (siehe URL: http://en.wikipedia.org/wiki/Jesus_Camp) ist hier besonders der Medienmanager (und vormaligen Webmaster des *General Counci*

of the Assemblies of God) Rich Tatum zu nennen. Siehe seinen Kommentar "Brainwashed in the Blood?", ChristianityToday.com (20. September 2006), URL: http://www.christianitytoday.com/movies/commentaries/brainwashed.html und seine *Say-Anything*-Kolumne (26. September 2006), URL: http://sayanythingblog.com/entry/review_jesus_camp/ sowie seine vier Tage später zustimmende Bezugnahme (URL: http://tatumweb.com/blog/2006/09/30/jesus-camp-one-edit/) auf Julie Neidlingers Diktum: „A documentary is merely one clever edit from being propaganda." (URL: http://www.loneprairie.net/lp_blog/2006/09/one-edit-away.html).

237 Heidi Ewing bezeichnet sich selbst als nicht praktizierende Katholikin; Rachel Grady ist in einem jüdisch-reformierten Umfeld aufgewachsen. Grady hat ihre Jugend in Takoma Park, Maryland, verbracht, wo sie die *Washington Hebrew Congregation* besuchte (Ann Hornaday: "Tongues of Fire", The Washington Post vom 29. September 2006, URL: http://www.washingtonpost.com/wp-dyn/content/article/2006/09/28/AR2006092801923.html). Takoma Park, ein kleiner Vorort von Washington, DC, ist von Siebenten-Tags-Adventisten geprägt. Diese ebenfalls die Sabbatheiligung betonende protestantische Kirche ist für ihr von Toleranz geprägtes Religionsverständnis und ihren Einsatz zugunsten von Religionsfreiheit und Minderheitenschutz bekannt. In Takoma Park befand sich bis 1989 das Welthauptquartier der Adventisten, ferner betrieb die Kirche dort (und tut es teilweise auch heute noch) ein College, ein Krankenhaus, mehrere Schulen, einen Radiosender, eine Sparkasse, einen Verlag etc. Außerdem hatte der Ort einen bedeutenden adventistischen Bevölkerungsanteil und des Öfteren einen adventistischen Bürgermeister. Man kann daher vermuten, dass Grady in ihrer Jugend mit dem liberaltoleranten Gedankengut der Adventisten in Berührung gekommen ist.

238 "Among their tactics for conveying that strangeness is to play scary electronic music over many of the scenes. It makes a lot of 'Jesus Camp' seem like a horror film, which is a needlessly incriminating touch." (Morris 2006) Aber auch hier hatte Fischer inzwischen Einfluss genommen: "According to Fischer, when footage was first completed, she was told the film itself was still without direction, so she informed film makers Heidi Ewing and Rachel Grady that she would pray for God's direction for the project. 'I prayed for them', says Becky 'I asked God to give them the direction they needed for the film.' Nine months later, she realized the documentary about the kids had taken a different turn. Objections were voiced, from Fischer, as well as many of the parents. 'It was a shock', remarked Becky. 'I did go through a very emotional time wondering did I get tricked?' So, Ewing and Grady went back and re-edited, even changing the music score, which had a somewhat eerie feel to it, and was felt to have added to the negativity. The result was the final version of Jesus Camp." (Aimee Herd: "The REAL Story Behind the Jesus Camp Film", in: *Christian Newswire* (5. Oktober 2006), URL: http://country95radio.com/BreakingChristianNewspaper.html) Und noch einmal Becky Fischer selbst: "We complained and expressed our disapproval of a number of things in the movie including the music which we felt was almost sinister and gave the movie a very dark feeling. To their credit these ladies listened to us and went back into the editing mode and revamped a number of the scenes that had us frustrated. Then they literally took a huge sum of money out of their own pockets (they had already sold the rights to the film to A&E and they were receiving no further funding or payment from that point) and hired a new composer to redo the music in the film just because we didn't like the other music. That spoke volumes to me about their integrity and that they cared about us as friends and people!" (URL: http://kidsinministry.com/TreatedFairly.html).

239 Chattaway 2006. "And for me, that is where there is a problem with Jesus Camp. The film opens with a radio playing cover images of Middle America. And the first thing we really hear is George Bush talking about nominating Sam Alito to replace Sandra Day O'Connor, followed by further discussion about that nomination and then, more political statements by the extreme right. Soon after, the film offers a radio-based Greek chorus to 'balance' the film. He is a radio host and lawyer named Mike Papantonio, who is currently co-host of an Air America radio program called, Ring of Fire, which is co-hosted by Robert F. Kennedy, Jr. There is no mention of the distinctly liberal association, which seems unfair. … That's all fine. Personally, I agree with him [Papantonio]. There is nothing wrong with balance. … Ironically, Papantonio accuses Bush of doing exactly what the filmmakers do by including Papantonio. He says, 'There's this entanglement of politics with religion. What kind of lesson is that for our children?' But these children are not being taught politics in the film." (David Poland's Hot Button, 2. Mai 2006, URL: http://www.thehotbutton.com/today/hot.button/2006_thb/060501_mon.html.)

240 *The Boys of Baraka*. Darin geht es um schwarze Kinder aus Baltimore, die sich in Kenia sozial engagieren.

241 Chattaway 2006. In ihrer Antwort auf die Vorwürfe von Ted Haggard ließen sie ihn wissen: "Of course, there are plenty of filmmakers that do make films with a political or personal agenda, but our conscience is clear that we aren't among them. We filmed with an open-mind and with a beginner's eye (neither of us are Evangelicals) that allowed the story to emerge in a natural way." (vgl. URL: http://www.jesuscampthemovie.com/haggard_response.html).

242 Fischer 2006 a. Und im *KX News*-Interview mit Tracie Bettenhausen: "All I can say is, that I did pray about it. And I did research on them. I watched their film. I liked their style, where there was no editorizing in there. They let us speak for theirselves [sic]. I thought that gave us a better shot." (vgl. "Jesus Camp", 16. November 2006; URL: http://www.kxmb.com/getArticle.asp?ArticleId=67577).

243 Zitiert nach Scott Feinberg: "Mr. Feinberg Goes to Jesus Camp", OscarWatch (10. Mai 2006).

244 Vgl. Fischer 2006 a und http://kidsinministry.com/Articles.Teachings/JesusCamp.html.

245 Becky Fischer (siehe URL: http://kidsinministry.com/Brainwashing.html [12. Dezember 2006]).

246 Zitiert nach Jones 2006.

247 Ebd.

248 Chris Hand (zitiert in Brown 2006).

249 Ebd.

250 Ebd.

251 Die Anknüpfung an das Übernatürliche mit Blick auf die "key players in these end times [see Joel 2,28]" (Fischer 2006 a) geschieht allerdings angesichts der „Harry-Potter-Generation" (Fischer 2006 b).

252 Chris Hewitt: "Tyrannical minister scares the bejabbers out of film's flaws", St. Paul Pioneer Press vom 6. Oktober 2006.

253 Kreye 2006.

254 Heidi Ewing und Rachel Grady (zitiert in Lessing 2006).

255 Becky Fischer (siehe URL: http://kidsinministry.com/TrendInYouthMinistry.html; vgl. mit URL: http://kidsinministry.com/IsYourCampTypical.html).

256 Siehe jeweils unter URL: http://kidsinministry.com/CommentsFromViewers.html.

257 Becky Fischer (zitiert in Brown 2006).
258 Nancy Schafer: "Jesus Camp (2006)", URL: <http://www.tribecafilmfestival.org/tixSYS/archive/.
259 Tobias Weise: Lesermeinungen zum Beitrag „Jesus Camp", Frankfurter Allgemeine Zeitung/FAZ.net (14. November 2006).[
260 Vgl. URL http://eric.uoregon.edu/trends_issues/choice/home_schooling.html.
261 Brown 2006. Vgl. URL: http://www.hslda.org/docs/study/comp2001/default.asp.
262 Vgl. URL: http://en.wikipedia.org/wiki/Homeschooling.
263 Rosin 2005.
264 Neben dem *Patrick Henry College*, das ca. 50 Meilen westlich von Washington, DC in Purcellville, VA gelegen ist, darf man die *Liberty University* in Lynchburg, VA nicht vergessen, denn manche Beobachter sehen darin die nachhaltigste Lebensleistung des verstorbenen Jerry Falwell. Er selbst äußerte in seinem letzten Interview am 8. Mai 2007 gegenüber der CNN-Journalistin Christiane Amanpour die persönliche Hoffnung, dass ihm gleich dem alttestamentlichen König Hiskia noch weitere 20 Jahre zur Verwirklichung seiner ehrgeizigen Pläne für seine Universität geschenkt würden, denn eine Law-School entlasse in diesem Jahr ihre ersten Abgänger, eine technische Graduiertenschule starte im Herbst und eine medizinische Schule sei in fünf Jahren geplant. Seinem Wunsch entsprechend soll die Studentenzahl vor Ort von derzeit etwa 10.000 auf 25.000 steigen, damit Amerika umso rascher zu seinen judäo-christlichen Ursprüngen zurückverholfen werden könne.
265 Rosin 2005; Micklethwait/Wooldridge 2004, 191 ff.
266 Ebd.
267 Kreye 2006.
268 Ebd.
269 Vgl. URL: http://en.wikipedia.org/wiki/Michael_P._Farris.
270 Die prominenteste Berufung aus dem *Patrick Henry College* betrifft allerdings keinen Studenten oder Abgänger, sondern einen Lehrer. Paul Bonicelli ist seit dem 19. Oktober 2005 *Deputy Assistant Administrator* der *USAID*. (Vgl. URL: http://www.sourcewatch.org/index.php?title=Paul_Bonicelli.) Bonicelli und das *Patrick Henry College* "have had close ties to the Bush Administration and to private right-wing religious groups who form such an important part of President Bush's base. PHC students have been chosen to serve as interns for Karl Rove and for the White House Office of Public Liaison, and students and faculty are frequently invited to White House and inaugural events," (William Fisher: "Politics-US: Democrats, NGOs Assail 'Crony' Appointees" Inter Press Service News Agency, 23. November 2005, URL: http://www.ipsnews.net/news.asp?idnews=31139). "Statements and actions of the individuals and institutions behind the 21st century crusade are on the record. The most recent example of this are the statements and the appointment of Paul Bonicelli to be deputy director of the United States Agency for International Development (USAID), which is in charge of all programs to promote democracy and good governance overseas. More significant to the administration, perhaps, is the fact that Bonicelli is dean of academic affairs at tiny Patrick Henry College in rural Virginia. (Abid Ullah Jan: "The Motivational Force Behind the War", Media Monitors Network, 19. April 2006, URL: http://usa.mediamonitors.net/content/view/full/29488).
271 Rosin 2005.
272 Fischer 2006 b.
273 Mejias 2006.

274 David Byrne: "American Madrassas", David Byrne Journal (2. August 2006), URL: http://journal.davidbyrne.com/2006/08/american_madras.html. David Byrne ist Musiker und Produzent und war 1975–1990 Frontmann und intellektueller Kopf der Band Talking Heads.
275 William Arnold: "Documentary finds trouble brewing among 'soldiers for God's Army' in 'Jesus Camp'", Seattle Post-Intelligencer vom 6. Oktober 2006, URL: http://seattlepi.nwsource.com/movies/287692_camp06q.html.
276 Ebd.
277 Sloterdijk 1997, 31.

Teil VI

1 De facto wird diese unheilige Christianisierung wahrscheinlich durch eine infolge der amerikanischen Politik unvermeidliche Destabilisierung der Welt herbeigeführt, die zugleich im Sinne des christlichen Fundamentalismus in allen seinen Spielarten „geistlich" kompensiert werden muss.
2 Und das, obwohl sich die Weltmachtambitionen für den Durchschnittsbürger nicht auszahlen! Biermann/Klönne 2003, 248, weisen darauf hin, dass die Reallohnzuwächse, mit Spitzenwerten in den 1950er (37 %) und 1960er Jahren (41 %), in den 1970er Jahren auf nur 6,8 % zurückgingen, seither aber in Reallohnkürzungen umschlugen.
3 Kagan 2003, 13.
4 Emer de Vattel (1714–1767) war als Jurist eine bedeutende Gestalt der schweizerischen Aufklärung.
5 Kagan 2003, 14.
6 Ebd. 40, 65 f.
7 Ebd. 15.
8 Ebd. 43.
9 Ebd. 49.
10 Ebd. 68.
11 Ebd. Vgl. Immanuel Kant: Über den Gemeinspruch: Das mag in der Theorie richtig sein, taugt aber nicht für die Praxis [1793], Werkausgabe 1977, 169.
12 Timothy Garton Ash (New York Times vom 9. April 2002) zitiert bei Kagan 2003, 80 (Anm. 54).
13 Kagan 2003, 101.
14 Ebd. 103.
15 Ebd. 104.
16 Ebd. 107.
17 Ebd. 111.
18 Ebd. 112.
19 Ebd. 119.
20 Perkins 2005. Perkins ist ein aus dem „amerikanischen System" ausgestiegener Insider.
21 Joffe 2006, 123.
22 Zitiert bei Joffe 2006, 30.
23 Bill Clintons "Address to the U.N. Assembly" vom 22. September 1997 (United States Information Agency, U.S. Information and Texts, Nr. 38/A vom 25. September 1997, 2, oder auch National Archives and Records Administration, URL: http://www.archives.gov/; zitiert bei Joffe 2006, 32).

24 Samuel R. Berger: "The Price of American Leadership." Vortrag am 1. Mai 1998 in der Brookings Institution, Washington, DC (vgl. The White House: Office of the Press Secretary vom 1. Mai 1998, URL: http://clinton6.nara.gov/1998/05/1998-05-01-remarks-by-sandy-berger-at-the-brookings-institution.html; zitiert bei Joffe 2006, 33). Doch es gibt auch andere Einschätzungen: „Die Hegemonie der Vereinigten Staaten befindet sich trotz aller gegenwärtigen Machtdemonstration seit 30 Jahren im Niedergang." (Biermann/Klönne 2003, 244.)
25 Joffe 2006, 36.
26 Bruce Lincoln spricht in seinem Buch *Holy Terrors* (Chicago 2003) von „symmetrischen Dualismen", denn sowohl George W. Bush als auch Osama bin Laden konstruierten einen manichäischen Kampf zwischen den Söhnen des Lichts und der Finsternis (ebd., 20).
27 The White House 2002, 31(zitiert bei Joffe 2006, 37).
28 Joffe 2006, 37
29 Ebd., 36.
30 "President Discusses War on Terror", National Defense University vom 8. März 2005. URL: http://www.whitehouse.gov/news/releases/2005/03/20050308-3.html (zitiert bei Joffe 2006, 42).
31 Joffe 2006, 43.
32 Ebd., 156.
33 Noam Chomsky (zitiert bei Wilfried von Bredow: „Der Holzhammer als Streichelinstrument – Fundamentalkritik an den Vereinigten Staaten: Produkte eines klischeehaften Feinddenkens", Frankfurter Allgemeine Zeitung vom 15. August 2003).
34 Zum Stichwort *nation building* und der widerwilligen Annäherung an dieses Konzept seitens der Bush-Regierung vgl. Fukuyama 2006, 21, 55 f.,72 f., 134 f. und 154.
35 Joffe 2006, 164.
36 Ebd., 165.
37 Ebd., 222.
38 Ebd.
39 Wolfgang Haars: „Interessen der USA durchsetzen" (Leserbrief), Süddeutsche Zeitung vom 18. Februar 2005.
40 „Wieviel sollten wir für die Streitkräfte ausgeben? Nach meiner Meinung geben wir nicht für sie aus, sondern investieren in sie. Die Männer und Frauen der Streitkräfte höhlen unsere Wirtschaftskraft nicht aus. Vielmehr schützen sie diese. Sie sind keine Belastung für unsere Wirtschaft, sondern sie sind die entscheidende Grundlage unseres Wachstums." (Donald Rumsfeld beim Truppenbesuch im Kosovo am 5. Juni 2001; vgl. Biermann/Klönne 2003, 97). Der Begriff *preemptive strike* kann also beides bedeuten: Prävention oder Vorkaufsrecht (vgl. Biermann/Klönne 2003, 10).
41 Christian Kreutzer: „Norman Finkelstein: ‚Die amerikanische Regierung ist außer Kontrolle'", Frankfurter Allgemeine Zeitung/FAZ.NET (14. Oktober 2002).
42 Ted Kahl: "The War of the Elites: The New Right (Neocons) v. The Oil Barons – Who Holds the Republican Right Together?" (10. September 2005), URL: http://www.democrats.com/node/6075.
43 Stout 2007, 5
44 Zu ihren Geldgebern gehören: Richard Mellon Scaife, die Coors-Familie, die Nobles, die Kochs, die Kriebles, die Waltons (Wal-Mart), Steve Forbes, Sun Myung Moon, die Smith-Richardson-Stiftung, die Bradley-Stiftung usw. (Kahl 2005).
45 "There are now about fifty conservative think tanks across the country (compared with just a handful liberal ones)." (Micklethwait/Wooldridge 2004, 157).

46 Daniel Brandt: "Philanthropists at War", NameBase NewsLine (Oktober–Dezember 1996), http://www.namebase.org/news15.html.
47 Carl Oglesby: The Yankee and Cowboy War: Conspiracies From Dallas to Watergate, Kansas City 1976, 27 f. (zitiert bei Brandt 1996).
48 Beide treffen sich in ihrem vom deutschen Juristen Carl Schmitt artikulierten Freund-Feind-Denken, unterscheiden sich aber z. T. erheblich im Blick auf den Status, den sie der Religion im öffentlichen Leben zubilligen: Während die Evangelikalen ihre politischen Positionen aufgrund ihres Verständnisses der Schrift formulieren und in der politischen Arena mittlerweile auch offensiv vertreten, sehen neokonservative Straussianer darin mitunter einen „frommen Betrug" oder bestenfalls einen „noblen Wahn", der aber zur gesellschaftlichen Organisation notwendig ist.
49 Laqueur 2003.
50 Weinberger 2003 (zitiert bei Schuhler 2003, 22).
51 Kevin Phillips, "The Neoconservatives: Chiefs without Indians" (Washington Post vom 26. August 1979). Deshalb machte sich Irving Kristol in der Mitte der 80er Jahre auch auf die Suche nach einer die eigene ideologische Zukunft stabilisierenden Pro-Israel-Fraktion (Irving Kristol, "The Political Dilemma of American Jews", Commentary 78, Juli 1984, 23–29).
52 Laqueur 2003.
53 Micklethwait/Wooldridge 2004, 200. Der von Benediktinern in Ampleforth auf das *Magdalen College* in Oxford vorbereitete John Micklethwait wurde nach längerer Tätigkeit für die US-Redaktion im April 2006 Chefredakteur von *The Economist* in London. Der Co-Autor Adrian Wooldridge ist Bürochef derselben Zeitung in Washington. Gemeinsam haben die beiden seit 1996 vier Bücher zu verschiedenen Fragen im Umkreis von Politik, Unternehmensmacht, Managementtheorien sowie zur Globalisierung geschrieben.
54 Etwa das *American Enterprise Institute* und das *Project for the New American Century. Zu den* Zeitschriften gehören *Weekly Standard, Commentary* und *The Public Interest* (2005 eingestellt) bzw. *The National Interest.*
55 Fischer 2006, 17.
56 Ebd., 17 f.
57 Francis Fukuyama: "The End of History?", The National Interest 16 (1989), 3–18; ders.: Das Ende der Geschichte. Wo stehen wir?, München 1992; Fischer 2006, 19.
58 Laqueur 2003.
59 Micklethwait/Wooldridge 2004, 200 f.
60 Fischer 2006, 19.
61 Ebd., 21.
62 Ebd., 20.
63 Stout 2007, 5.
64 Fischer 2006, 24. Zu einer kritischen Auseinandersetzung mit dem Begriff „Islamofaschismus" siehe auch Moshe Zuckermann (Gerhard Hanloser: „‚Der islamistische Fundamentalismus hat mit Faschismus nichts zu tun.' Ein Gespräch mit Moshe Zuckermann …", Telepolis (24. August 2006), URL: http://www.telepolis.de/r4/artikel/23/23402/1.html).
65 Vgl. Leo Strauss: What is Political Philosophy? And other Studies, Glencoe, IL 1959, und Heinrich Meier, Die Denkbewegung von Leo Strauss. Die Geschichte der Philosophie und die Intention der Philosophen, Stuttgart/Weimar 1996.
66 Herfried Münklers Frage „War Machiavelli ein Machiavellist?" (Politische Vierteljahresschrift 24,3 [1983], 329–340) erscheint paradox, doch auch der an der Uni-

versität in Fribourg lehrende politische Philosoph und protestantische Ethiker Jean-Claude Wolf beantwortet diese Frage in „Warum Machiavelli kein Machiavellist war" (Freiburger Zeitschrift für Philosophie und Theologie 50,3 [2003], 464–480) mit Ernst Cassirer negativ: „‚If Machiavellism means deception or hypocrisy Machiavelli was no Machiavellian. He never was a hypocrite.' Machiavellis Lehren können nicht als Ausdruck einer sittlich verdorbenen Person desavouiert werden." (ebd., 475). Und dennoch erscheint in Machiavellis Faszination von bewundernswerten Immoralitäten und seinem Rat zur gelegentlich notwendigen Unterdrückung des Moralischen nicht nur der Typus des anti-utopischen Realpolitikers: „Eine Unentschiedenheit zwischen christlichem und weltlichem Lebensideal ist sogar am schädlichsten, lähmt sie doch jene Entschlusskraft, die nur aus Tapferkeit und Entschlossenheit stammt. Machiavellis ‚Immoralismus' lässt sich demnach verschieden deuten: als Einsicht in den Abgrund zwischen (egoistischer) Klugheit und sittlicher Tugend oder als Einsicht in den Verlust der alten Lehre von der Einheit der Tugenden" (ebd., 471).

67 Shadia Drury: Leo Strauss and the American Right, London 1999, 11–23 (zitiert im Yurica-Report).

68 Yurica-Report.

69 Obwohl Francis Fukuyama vom außenpolitischen Kurs der Bush-Regierung mittlerweile ein gutes Stück abgerückt ist, nimmt er Strauss gegen diesen Vorwurf in Schutz (vgl. Fukuyama 2006, 31 ff.). Und richtig daran ist: Die neokonservativen Straussianer pflegen ein paternalistisches Denken und wollen damit jenen Faschismus, den Strauss am eigenen Leib erfahren hat, gerade verhindern.

70 Dies ist nicht nur die Sicht von Leo Strauss, sondern eine allgemeine jüdische Kritik am Christentum in der Tradition der *Wissenschaft des Judentums*, die man z. B. auch bei Leo Baeck antrifft. Baeck sieht im Christentum eine Spannung zwischen der griechischen und hebräischen Tradition. Er stellt dem romantischen Christentum das klassische Judentum gegenüber. Hierin greift er auf das Instrumentarium der jüdischen Apologetik und ihrer Polemik gegen die Gnadentheologie zurück.

71 Der „Kalter-Krieg-Stratege" und ausgewiesene Faschismus- und Terrorismus-Experte spielte auch in den Ermittlungen zum Papstattentat eine „mysteriöse Rolle" (Valeska von Roques: Verschwörung gegen den Papst, München 2001, 204): Ledeen verfügte nach langjähriger Italienerfahrung bereits über beste Verbindungen zum Weißen Haus Ronald Reagans, als er in den Jahren 1981/82 dessen Außenminister General Alexander Haig beriet und darüber hinaus noch weitere vier Jahre als Nationaler Sicherheitsberater wirkte. Damals legte er als *Senior Fellow* am *Center for Strategic and International Studies* (CSIS) der *Georgetown University* bei einer Anhörung vor dem Kongress nahe, dass der KGB über den bulgarischen Geheimdienst am Papstattentat maßgeblich beteiligt gewesen sei (ebd., 131 f.). Nachdem diese Theorie von zwei amerikanischen Politologen bereits in den 80er Jahren gründlich demontiert worden war (ebd., 18) und ihn der mit der Aufklärung betraute italienische Richter Rosario Priore 1995 vorladen ließ, machte Ledeen von seinem Zeugnisverweigerungsrecht Gebrauch, weil er sich nicht selbst belasten wollte (ebd., 206). Seine weitreichenden geheimdienstlichen Kontakte legen nahe, dass er hinsichtlich vieler verdeckter und schmutziger Operationen über unmittelbares Wissen verfügt, wenn nicht gar ursächliche Verantwortung trägt. Vorläufiger Höhepunkt in dieser Karriere ist sein Beitrag zur Desinformation der Weltöffentlichkeit über den wahren Grund des Irak-Feldzuges (vgl. Craig Unger: "The War They Wanted, The Lies They Needed", Vanity Fair, Juli 2006). Aber Ledeen macht keinen Hehl aus seiner Agenda, die „faster, please" lautet und wie ein Mantra seine Kolumnen im *National Review* durchzieht

oder auch sein Internet-Blog betitelt: als Mitbegründer der *Coalition for Democracy in Iran* propagiert er unbeirrt eine militärische Lösung des nahöstlichen Machtkampfs zur Befriedung der gesamten Region. Sein letztes Buch trägt daher auch den Titel *The War against the Terror Masters* (New York 2002). In diesem Punkt weiß sich die graue Eminenz Michael Ledeen mit den anderen Scharfmachern öffentlicher Meinung in den USA einig, denn Daniel Pipes und Rush Limbaugh übersetzen dieselbe Botschaft einer Politik der Stärke ihrem jeweiligen Publikum zuverlässig. (Vgl. Michael Scherer: "Daniel Pipes, Peacemaker?", Mother Jones vom 26. Mai 2003, URL: http://www.motherjones.com/news/update/2003/05/we_420_01.html und Bradley Burston: "Daniel Pipes, a new kind of Israel-basher", Haaretz vom 31. März 2006, URL: http://www.haaretz.com/hasen/pages/ShArt.jhtml?itemNo=700807&contrassID=2 oder die "Limbaugh-Doctrine" in der Radio-Talkshow vom 26. Januar 2006, "Hamas Victory: A Clarifying Development", URL: http://www.rushlimbaugh.com/home/menu/limbaugh/hvictory.guest.html.

72 Michael A. Ledeen: Machiavelli on Modern Leadership: Why Machiavelli's Iron Rules Are as Timely and Important Today as Five Centuries Ago, New York 1999. Der Titel lautet übersetzt: „Machiavelli über moderne Führung. Warum Machiavellis eiserne Regeln heute ebenso aktuell und wichtig sind wie vor fünf Jahrhunderten."

73 Ebd., 91 (zitiert im Yurica-Report).

74 Ebd., 93.

75 William O. Beeman: "Who Is Michael Ledeen?", Pacific News Service vom 8. Mai 2003, URL: http://www.alternet.org/waroniraq/15860/.

76 Den Machiavellismus von Karl Rove beschreiben Suskind 2003 und Kuo 2006. Die Doppelfunktion als politischer Berater für Strategie der Parteipolitik und Taktik des tagespolitischen Geschäfts hat ihm vom Präsidenten selbst die Spitznamen „kleines Genie" (*boy genius*) und „Mistblume" (*turdblossom*) eingebracht (vgl. Micklethwait/Wooldridge 2004, 173 mit Julian Borger: "Boy Genius or Turd Blossom?", The Guardian vom 2. Oktober 2003, URL: http://www.guardian.co.uk/usa/story/0,12271,1053901,00.html). Mit Blick auf die damals bevorstehenden *Mid-term Elections* wurde Rove am 19. April 2006 die Kontrolle über die tagespolitischen Geschäfte des Weißen Hauses vermutlich auch deswegen entzogen, weil die Affäre um die CIA-Agentin Valerie Wilson-Plame auf gezielten Geheimnisverrat im Umkreis des Präsidenten hindeutete. Zum Strafprozess wegen Falschaussage, Meineid und Behinderung der Justiz kam es aber nur gegen den früheren Büroleiter des Vizepräsidenten Cheney, Lewis „Scooter" Libby, der seine Verteidigung darauf aufbaute, dass er im Schachspiel der Macht zum Sündenbock gemacht worden sei, um u.a. den Chefberater des Präsidenten zu schützen. Die Enttarnung der Agentin erfolgte, nachdem ihr Ehemann, der ehemalige irakische US-Botschafter Joseph C. Wilson, der Regierung am 6. Juli 2003 in der *New York Times* Manipulation im Umgang mit geheimdienstlichen Erkenntnissen im Vorfeld des Irakkrieges vorgeworfen hatte. Aber auch der hinausgezögerte Rücktritt des Justizministers Gonzales wegen der umstrittenen Entlassung von acht Bundesanwälten im Jahr 2006 scheint auf das Konto von Roves heimtückischen Wahlkampfstrategien zu gehen (vgl. David Johnston/Eric Lipton: "Rove Is Linked to Early Query Over Dismissals", New York Times vom 16. März 2007; David D. Kirkpatrick/Jim Rutenberg: "E-Mail Shows Rove's Role in Fate of Prosecutors", New York Times vom 29. März 2007). Rove hatte in seinen Reden unermüdlich auf die Notwendigkeit der staatlichen Verfolgung von Wahlbetrug hingewiesen. "These charges, like the accusation that Mr. McKay and other United States attorneys were insufficiently aggressive about voter fraud, are a way of saying,

without actually saying, that they would not use their offices to help Republicans win elections." (vgl. das Editorial "Phony Fraud Charges", New York Times vom 16. März 2007). Karl Rove kündigte am 13. August 2007 seinen Rücktritt als Berater des Präsidenten an. Eine ausführlichere Würdigung findet sich bei James Moore/Wayne Slater: The Architect. Karl Rove and the Dream of Absolute Power, New York 2006.

77 Jim Lobe: "Veteran neo-con advisor moves on Iran", Asia Times vom 26. Juni 2003, URL: http://www.atimes.com/atimes/Middle_East/EF26Ak03.html.

78 Schuhler 2003, 23.

79 Ebd.

80 Kleber 2005, 54.

81 Schuhler 2003, 21.

82 Vgl. Biermann/Klönne 2003, 63 f.

83 Ebd.

84 Weinberger 2003.

85 Schuhler 2003, 24.

86 Biermann/Klönne 2003, 17 f.; Carter 2005, 191; Joffe 2006, 163.

87 *2003 Base Status Report*, vgl. Johnson 2004.

88 Jedoch nicht alle in einigen dieser Länder.

89 Johnson 2004.

90 Ebd.

91 Ebd.

92 Ebd.

93 Ebd.

94 Ebd.

95 Ebd.

96 Schuhler 2003, 50.

97 Raeithel 2003.

98 Schuhler 2003, 130 f.

99 Gore 2007.

100 Kleber 2005, 56.

101 Ebd.

102 Scowen 2004, 187.

103 Hans Leyendecker: „Amerika als Wächter und Rächer", Süddeutsche Zeitung vom 17. März 2005. Frühere Kollegen bezeichnen Wolfowitz als „schlau, schnell, an die Gurgel gehend" (ebd). Ihn scheint aber sein moralischer und politischer Kompass im Stich gelassen zu haben, als er zwei Monate nach Amtsantritt als Chef der Weltbank seiner Lebensgefährtin Shaha Ali Riza in einer einsamen Entscheidung einen Gehaltssprung von 60.000 Dollar verschaffte, obwohl er zugleich ein ehrgeiziges Programm zur weltweiten Bekämpfung der Korruption begonnen hatte. Im Jahre 2003 hatte sich Wolfowitz schon einmal für die Karriere seiner Freundin eingesetzt.

104 Laqueur 2003.

105 Anit Van Hercke: „Gruppenspezifische Absichten" (Leserbrief), Süddeutsche Zeitung vom 1. April 2005.

106 Laqueur 2003.

107 Gore 2007.

108 Braml 2005, 87.

109 "For Epicenter, a book on the Middle East crisis, Rosenberg had the polling firm McLaughlin & Associates ask 1,000 adults if they agreed that current events were evidence of what the Bible calls the last days. In the poll, provided exclusively to Whi-

spers, a remarkable 42 percent agreed. The breakdown is even more startling: Half of women agree, 75 percent of blacks agree, and 57 percent of those ages 18 to 25 agree." (http://joelrosenberg.blogspot.com/2006/09/us-news-cites-exclusive-epicenter-poll.html).

110 Dass diese Ideen nicht neu sind, zeigt ein Blick in Grace Halsells *Prophecy and Politics* von 1986. LaHayes fundamentalistisches Endzeitszenario erfährt zurzeit die intensivste Vergegenwärtigung von einem Brückenbauer zur israelischen Politik, der in seinen Lehrjahren bei der *Heritage Foundation* auf dessen *The Coming Peace in the Middle East* gestoßen war. Ausgehend von zwei Kapiteln des Alten Testaments, die der zum Christentum konvertierte jüdische Science-Fiction-Autor Joel C. Rosenberg in seinem Bestseller *Epicenter* wie einen verschlüsselten Geheimdienstbericht zur gegenwärtigen politischen und militärischen Lage in Nahost liest, werden Russland und der Iran als die treibenden Mächte entlarvt, die das Geschehen zuspitzen und den Staat Israel in die Enge treiben. "I fully expect evil to gather its forces and strike at the good. Thus, I try to anticipate how and where it might strike, and in doing so I find Scripture a useful guide." – "Based on the textual, linguistic, and historical evidence, we can, therefore, conclude with a high degree of confidence that Ezekiel is speaking of Russia and the former Soviet Union in chapters 38 and 39." (Vgl. Joel C. Rosenberg, Epicenter. Why the Current Rumblings in the Middle East Will Change Your Future, Grand Rapids, MI 2006, 47, 87, mit Halsell 1986, 5, 16, 25). "Even though the Bible makes it clear that Iran will join forces with Russia and attack Israel, that doesn't mean the U.S. should sit idly by and wait for it to happen." – "The real test, of course, will come when Russia and Iran and their allies begin to move forces toward Israel." (Vgl. Epicenter, 245, 250, mit Halsell 1986, 59–67: "Applauding a Militant Messiah", und zur Allianz von Russland mit dem Iran ebd., 32 f.) Rosenberg hält engen Kontakt zu rechtskonservativen israelischen Politikern wie Benjamin Netanyahu und Natan Sharansky, denen er auch als journalistischer Berater diente. In den US-Medien wird Rosenberg protegiert von den rechten Galionsfiguren Rush Limbaugh und Sean Hannity, deren Programme zwischen 13 und 15 Millionen Radiohörer in der Woche erreichen.

111 Zu dieser konzertierten Aktion von amerikanischen und israelischen Politikern und Aktivisten vgl. die Darlegungen unter dem Begriff der „self-fulfilling policy" bei Hajo Funke: Der amerikanische Weg. Hegemonialer Nationalismus in der US-Administration, Berlin 2003, 92, 114, 132.

112 The White House 2002, 6, 9 f.

113 In der *National Security Strategy 2006* wird der Begriff *Democracy* 52-mal verwendet, während das Papier von 2002 noch mit 14 Erwähnungen auskam (vgl. The White House 2002 und 2006).

114 John J. Mearsheimer und Stephen M. Walt beginnen ihren Aufsatz mit der Frage: "Why has the US been willing to set aside its own security and that of many of its allies in order to advance the interests of another state?" (vgl. "The Israel Lobby and U.S. Foreign Policy", London Review of Books 28,6 vom 23. März 2006, URL: http://www.lrb.co.uk/v28/n06/mear01_.html). Das Phänomen einer Lobby beim Namen genannt zu haben, ist nicht ihr Verdienst (vgl. Halsell 1986, 165), wohl aber, dies in Zeiten zu tun, in denen der nüchterne Interessen kalkulierende klassische Realismus der Außenpolitik in die Defensive geraten ist (vgl. Christian Wernicke: „Im Zweifel stramme Patrioten", Süddeutsche Zeitung vom 27. Juni 2007).

115 Eine erste, erhellende Vermessung der von den Autoren erwarteten Schockwellen findet sich bei Philip Weiss: "Ferment over the Israel Lobby" (The Nation vom 15. Mai 2006, URL http://www.thenation.com/doc/20060515/weiss). Weitere Stationen der Diskussion sind *Foreign Policy* (Juli/August 2006), URL: http://www.foreignpolicy.com/story/cms.php?story_id=3501 und die Podiumsdiskussion der *London Review of Books* in New York City am 28. September 2006, URL: http://www.scribemedia.org/2006/10/11/israel-lobby/. Einen Überblick zum verwickelten Diskurs gewährt *Wikipedia* in deutscher und englischer Sprache (vgl. URL: http://en.wikipedia.org/wiki/The_Israel_Lobby_and_U.S._Foreign_Policy). Die Fortsetzung der Kontroverse ist sicher. Für den Herbst 2007 haben nicht nur Mearsheimer und Walt ein 500-seitiges Buch mit demselben Titel wie ihren Aufsatz angekündigt, sondern auch Abraham H. Foxman von der *Anti-Defamation League (ADL)* seine Replik unter dem Titel *The Deadlist Lies: The Israel Lobby and the Myth of Jewish Control.*

116 Vgl. Mearsheimer/Walt 2006. Ihre Antwort auf die Eingangsfrage lautete: "The explanation is the unmatched power of the Israel Lobby. ... AIPAC and its allies (including Christian Zionists) have no serious opponents in the lobbying world." Der Streit tobte um die sich daran anschließende Interpretation: Kann man die von Walt/Mearsheimer angesprochene „lockere Koalition" institutionalisierter Interessensvertreter als *eine* Israel-Lobby beschreiben, oder ist diese Idee tendenziell antisemitisch in dem Sinne, dass *de facto* die Existenz einer „Verschwörung" behauptet würde, welche die Kritiker vehement bestreiten? Die Autoren sahen diese Vorwürfe voraus und schrieben deshalb: "We use 'the Lobby' as shorthand for the loose coalition of individuals and organizations who actively work to steer US foreign policy in a pro-Israel direction. This is not meant to suggest that 'the Lobby' is a unified movement with a central leadership, or that individuals within it do not disagree on certain issues. Not all Jewish Americans are part of the Lobby, because Israel is not a salient issue for many of them. ... In its basic operations, the Israel Lobby is no different from the farm lobby, steel or textile workers' unions, or other ethnic lobbies. There is nothing improper about American Jews and their Christian allies attempting to sway US policy: the Lobby's activities are not a conspiracy of the sort depicted in tracts like the *Protocols of the Elders of Zion*. For the most part, the individuals and groups that comprise it are only doing what other special interest groups do, but doing it very much better. By contrast, pro-Arab interest groups, in so far as they exist at all, are weak, which makes the Israel Lobby's task even easier. The Lobby pursues two broad strategies. First, it wields its significant influence in Washington, pressuring both Congress and the executive branch. Whatever an individual lawmaker or policymaker's own views may be, the Lobby tries to make supporting Israel the 'smart' choice. Second, it strives to ensure that public discourse portrays Israel in a positive light, by repeating myths about its founding and by promoting its point of view in policy debates. The goal is to prevent critical comments from getting a fair hearing in the political arena. Controlling the debate is essential to guaranteeing US support, because a candid discussion of US-Israeli relations might lead Americans to favor a different policy. ... No discussion of the Lobby would be complete without an examination of one of its most powerful weapons: the charge of anti-semitism. Anyone who criticizes Israel's actions or argues that pro-Israel groups have significant influence over US Middle Eastern policy – an influence AIPAC celebrates – stands a good chance of being labeled an anti-semite. Indeed, anyone who merely claims that there *is* an Israel Lobby runs

the risk of being charged with anti-semitism, even though the Israeli media refer to America's 'Jewish Lobby'. In other words, the Lobby first boasts of its influence and then attacks anyone who calls attention to it. It's a very effective tactic: anti-semitism is something no one wants to be accused of. … Israel's advocates, when pressed to go beyond mere assertion, claim that there is a 'new anti-semitism', which they equate with criticism of Israel. In other words, criticize Israeli policy and you are by definition an anti-semite."

117 Schon vor der Veröffentlichung distanzierte sich Nancy Pelosi, die Sprecherin des Repräsentantenhauses, von dem Titel des Buches, indem sie darauf hinwies, dass Carters Position nicht die der Demokratischen Partei zu diesem Thema sei. Ferner gab der jüdische Nahost-Experte Kenneth W. Stein, Professor an der *Emory University*, als Reaktion auf die Publikation seine *Fellowship* am *Carter Center* in Atlanta auf (Karen DeYoung: "Carter Book on Israel 'Apartheid' Sparks Bitter Debate", Washington Post vom 7. Dezember 2006). Carters eigene Wahrnehmung des Echos veröffentlichte er unter dem Titel "Speaking frankly about Israel and Palestine" (Los Angeles Times vom 8. Dezember 2006), worin er insbesondere die Zurückhaltung von Hochschulen mit überwiegend jüdischen Studenten auf sein Angebot zur öffentlichen Diskussion bedauerte. Bevor die Brandeis-Universität ihm schließlich am 23. Januar 2007 dazu die Gelegenheit bot, hat er in einem offenen Brief an die jüdischen Mitbürger klargestellt, "that the overwhelming bias for Israel comes from among Christians like me who have been taught since childhood to honor and protect God's chosen people from among whom came our own savior, Jesus Christ." (vgl. "A letter to Jewish citizens of America", URL: http://www.cartercenter.org/news/pr/carter_letter_121506.html). Schließlich bat er in seinem Vortrag an der Brandeis-Universität um Verzeihung für eine Formulierung, die den Eindruck erweckt hatte, dass er die terroristische Gewalt der palästinensischen Seite so lange für gerechtfertigt halte, wie der Staat Israel die Bedingungen der Road-Map von Oslo nicht erfülle. Zur Anatomie der Kontroverse vgl. auch Jeffrey Goldberg: "What Would Jimmy Do?" (Washington Post vom 10. Dezember 2006) mit Joseph Lelyveld: "Jimmy Carter and Apartheid" (New York Review of Books, 54,5 vom 29. März 2007).

118 Wagner 2003. James Woolsey, ehemaliger CIA-Direktor und gegenwärtig Berater des *Jewish Institute for National Security Affairs*, wird noch deutlicher: „Die Evangelikalen sind wichtig, aber weniger in politischer Hinsicht, sondern mehr als Widerspiegelung der breiten Unterstützung, die Israel in diesem Land hat. Allerdings gibt es keinen Zweifel, dass, als [George W.] Bush zum Präsidenten gewählt wurde, die evangelikale Gemeinde einen beispiellosen Einfluss auf einige seiner Topleute in der Regierung hatte. Und obwohl feststeht, dass keiner ein Monopol auf das Ohr dieses Präsidenten hat, gibt es auch keinen Zweifel daran, dass er für proisraelische Argumentationen empfänglicher ist, als es sein Vater oder irgendeiner seiner Vorgänger war, Ronald Reagan ausgenommen. Und es gibt auch keinen Zweifel daran, dass heutzutage jeder Mann oder jede Frau, die sich Hoffnungen machen, in ein Amt der Bundesregierung gewählt zu werden, wissen, dass sie die Stimme der Evangelikalen brauchen, was bedeutet, dass sie gut daran tun, darauf zu achten, dass ihre Position gegenüber Israel und dem Nahen Osten im Einklang mit der der christlichen Rechten steht." (Silverstein/Scherer 2002 zitiert bei Victor 2005, 268).

119 „Der Rückzug Amerikas aus der aktiven Diplomatie im Mittleren Osten seit 2001 hat mehr Gewalt und einen Rückgang seines Einflusses mit sich gebracht." (Richard Holbrooke: „Die Mitschuld der Vereinigten Staaten", Süddeutsche Zeitung vom 12. August 2006.)

120 So Ronald Reagans Kommentar zur Sowjetunion im Licht seines Verständnisses der „Weissagung gegen Gog aus Magog“ im Buch Hesekiel (Kap. 38, 39), das von der dispensationalistischen Auslegung inspiriert wurde (Halsell 1986, 5, 40–50, bes. 44 f. und 48 f.). Er folgte hier der einflussreichen Identifikation von Russland mit dem hebräischen Ro'sh in der Scofield-Bibel (vgl. ebd., 85). Diese spekulative Auslegung verwechselt jedoch lokale und unmittelbare mit endzeitlichen Bezügen: *Ro'sh* kommt 600-mal im Alten Testament vor und meint einfach nur „Kopf“, der topographische Hinweis „vom äußersten Norden“ (Hes 38,15) ist zu unspezifisch und von den 13 Vorkommen des mysteriösen biblischen Namens „Gog“ finden wir allein 11 im Buch Hesekiel. Das Wiederauftauchen des typologischen Begriffs in der Apokalypse des Neuen Testaments (Off 20,8) hat dennoch etliche Ausleger zu fruchtlosen Spekulationen über den endzeitlichen Gegner Israels verführt (vgl. Francis D. Nichols et al.: Seventh-day Adventist Bible Commentary, 7 Bde., Hagerstown, MD 1976–1980, 4: 702–706).

121 Phillips 2006, 259; Kaplan 2004, 13.

122 Ebd.

123 Die „Bibel der Organisation“ (Robins/Post 2002, 260): *The Blue Book of the John Birch Society* von 1961, geht auf dieses Treffen von Welch und seinen elf Gesinnungsgenossen im Jahre 1958 zurück.

124 Vgl. die Selbstdarstellung im Feld „Who We Are“, Unterpunkt „Principles“ auf der Website der *John Birch Society* (URL: http://www.jbs.org/node/389).

125 Weil er sich bei einer Kontrolle durch chinesische Kommunisten weigerte, seinen Revolver abzugeben.

126 Der Sozialpsychologe Jerrold M. Post, Direktor des *Political Psychology Program* an der George-Washington-Universität, hält sie für eine eher „gutmütige paranoide Organisation“ (vgl. Robert S. Robins/Jerrold M. Post: Die Psychologie des Terrors. Vom Verschwörungsdenken zum politischen Wahn, München 2002, 258) Es herrsche ein auffallend gemäßigtes Klima innerhalb der Organisation im Vergleich zu anderen paranoiden Gruppen (vgl. f.W Grupp: "Personal satisfaction derived from membership in the John Birch Society", in: The Social Psychology of Political Life, Belmont, CA 1972, 368–371). Welchs Reaktion der Verteuflung des Kommunismus sei angesichts des aggressiv expansionistischen Programms des Stalinismus an sich nicht irrational gewesen, aber „sie ließ, wir kennen das bereits bei paranoiden Persönlichkeiten, jedes Maß vermissen“ (Robins/Post 2002, 259). Die *Birch Society* führte nahezu alle Probleme Amerikas, ob innen- oder außenpolitisch, auf eine internationale Verschwörung des Kommunismus zurück (ebd., 261). Sie steigerte sich zum Glauben an die Existenz einer geheimen Gesellschaft in der Gesellschaft, die auf deren Zerstörung aus ist (ebd., 260). Aber, obwohl sie sich in ihrer Rhetorik als unbeugsame Gegnerin des Kommunismus stilisierte, war das Vorgehen der Vereinigung eher zahm und auf kleine Schritte ausgelegt (z. B. die Kampagne zur Amtsenthebung des gemäßigten Republikaners Earl Warren, Richter am Obersten Gerichtshof). Ihre Anstrengungen und der Glaube, durch ganz konventionelle Kanäle das Ruder noch herumzureißen zu können, waren erstaunlich naiv angesichts des angeblichen Ausmaßes der Verschwörung (ebd., 261 f.). Zwar sei der kommunistische Feind „Kristallisationspunkt der Gruppensolidarität“, aber die meisten Mitglieder genossen doch nur ein soziales Leben mit Versammlungen und umtriebigen Petitionen, um so ihre Gefühle der Einsamkeit und Entfremdung zu dämpfen (ebd., 262).

127 Vgl. "John Birch Society", URL: http://www.publiceye.org/tooclose/jbs.html.

128 Ebd.

129 Ebd.

130 Ronald Sullivan, "Foes of Rising Birch Society Organize in Jersey," (New York Times vom 20. April 1966); vgl. URL: http://en.wikipedia.org/wiki/John_Birch_Society.

131 Das wird besonders deutlich in einem von der Gesellschaft verbreiteten Buch von Gary Allen: *None Dare Call It Conspiracy*, in dem es u. a. um die Rothschilds und das *Council on Foreign Relations* geht (vgl. etwa URL: http://reactor-core.org/none-dare.html).

132 Vgl. dazu Chip Berlet/Matthew N. Lyons: Right Wing Populism in America: Too Close for Comfort, New York 2000 (auch Political Research Associates: „John Birch Society", URL: http://www.publiceye.org/tooclose/jbs.html). Die *John Birch Society* und ihr Organ *Truth About Civil Turmoil* (TACT) verbreiteten eine Postkarte, die Dr. Martin Luther King Jr. zeigt, wie er die *Highlander Folk School* in Monteagle, TN besuchte, angeblich „eine kommunistische Kaderschule". Ein weiterer Standardbeleg der *JBS* für Kings verdeckte Mitgliedschaft geht auf J. Edgar Hoovers Pressekonferenz zum Report der Warren-Kommission im November 1964 zurück, während der er Martin Luther King als "the most notorious liar in the country" bezeichnete. Alan Stang hält an dieser These, die er in *It's Very Simple: The True Story of Civil Rights* (Boston 1965, 114) erstmals diskutiert hat, bis heute fest. Vgl. Stangs "'Martin Luther' King, Jr – Communist Fraud" (16. Januar 2004), URL: http://www.rense.com/general48/fraud.htm mit einem kritischen Beitrag vom Oktober 2005, URL: http://birchers.blogspot.com/ (Zusammenfassung unter URL: http://www.sourcewatch.org/index.php?title=Talk:John_Birch_Society).

133 Vgl. Political Research Associates, URL: http://www.publiceye.org/tooclose/jbs.html.

134 Vgl. die Kampagnen-Site „Where We Stand", Unterpunkt „United Nations", der Website der *John Birch Society* (URL: http://www.getusout.org/).

135 Ostendorf 1998, 170.

136 Ebd., 173.

137 Ebd.

138 Ebd.

139 Ebd, 172.

140 Ebd, 174.

141 Stefan Ulrich: „… der werfe den ersten Stein – Kofi Annan und seine UN haben in der Irak-Affäre gesündigt – genauso wie die USA", Süddeutsche Zeitung vom 4. Februar 2005.

142 Joffe 2006, 93.

143 Ausführlicher dazu die Auflistung des Amerikanisten Berndt Ostendorf, der dem Antiamerikanismus kritisch gegenübersteht: „Kritische Einstellungen zu den USA sind bei der alten und neuen Linken, in der politischen Mitte wie auch in den konservativen Eliten in Deutschland und Europa weit verbreitet. Welche Amerika zugeschriebenen Eigenarten provozieren diese deutsche Kritik? Hier ist meine vorläufige, spontan zusammengestellte Liste: Die unipolare Hegemonie der USA, die Verschwendung globaler Ressourcen und die Zurückhaltung bei internationalen Abmachungen, die Vermassung der Kultur und der Mangel an ‚echter' Tradition, der Primat des (privaten) Marktes vor der (öffentlichen) Politik, die Politik als Spektakel, das politische Gewicht der fundamentalistischen Religionen, das Festhalten an der Todesstrafe, der strukturelle Rassismus, die innerstädtische Violenz, die Macht der Waffenlobby und des militärisch-industriellen Komplexes, das

manichäische Rechtsempfinden, Differenzen in der Wirtschaftsethik, die Selbstverständlichkeit, mit der die CIA und ihre Spionageeinrichtungen (Echelon) international operieren, das genetisch manipulierte Frankenfood und der Glaube, dass erlaubt ist, was technisch machbar ist (Gentechnik), und immer wieder die Paarung von robustem Materialismus mit moralischer Heuchelei …" (Berndt Ostendorf, „Die sogenannte Amerikanisierung Deutschlands – Eine Bilanz der Erfahrungen nach 40 Jahren", Electronic Journal (hg. von Franz Krahberger), URL: http://www.ejournal.at/Essay/usgerm.html.)

144 Joffe 2006, 96.

145 Vgl. Jim Hoagland: "The French Diplomatic Style", (Washington Post vom 25. September 1997; zitiert bei Joffe 2006, 98 f.).

146 Joffe 2006, 99.

147 Ebd. 2006, 105.

148 Ziegert 2006, 285.

149 Leslie J. Francis/Mandy Robbins: "Personality and Glossolalia: A Study Among Male Evangelical Clergy", Pastoral Psychology 51,5 (2003), 391–396, Newberg 2006.

150 Ziegert 2006, 284.

151 J. Kay: "It Pays Churches to Have Faith in Markets", Financial Times vom 10. April 2003 (zitiert bei Ziegert 2006, 288).

152 Ziegert 2006, 281.

153 Thomas Kern: Zeichen und Wunder. Enthusiastische Glaubensformen in der modernen Gesellschaft, Frankfurt am Main 1997, 133 (zitiert bei Ziegert 2003, 291).

154 Ziegert 2004, 364.

155 Ebd., 365.

156 Ziegert 2003, 292.

157 Christ und Politik, hg. im Auftrag des Arbeitskreises Politik der Deutschen Evangelischen Allianz von Thomas Schirrmacher et. al., idea-Dokumentation 2005, Bonn 2005, 23 (zitiert bei Ziegert 2006, 287).

158 Wolfgang Baake: „Das kleine blaue Buch", Pro. Christliches Medienmagazin 1/2002, 10 f. (zitiert bei Ziegert 2003, 293).

159 Ziegert 2003, 293.

160 Monkerud 2005. Zu diesen Organisationen zählen *The Center for Security Policy, The Institute for Public Policy and Religion, The Institute on Religion and Democracy* und *The Ethics and Public Policy Center*. In den beiden zuletzt Genannten sitzt Richard John Neuhaus im Direktorium. Vgl. dazu auch Doris Buss/Didi Herman: Globalizing Family Values. The Christian Right in International Politics, Minneapolis, MN 2003.

161 Monkerud 2005.

162 Braml 2005.

163 Monkerud 2005. Vgl. auch Daniel Burke: "Rift Opens Among Evangelicals on Aids Funding", Religion News Service vom 1. Juni 2006 (URL: http://pewforum.org/news/display.php?NewsID=10624) mit James Dobsons offenen Brief vom 23. Mai 2006 an die US-Parlamentarier (URL: http://www.focusaction.org/pdfs/Global_Fund_Coalition_Letter.pdf).

164 Detlef Junker: Power and Mission. Was Amerika antreibt, Freiburg 2003.

165 Stefan Ulrich: „Das System Guantanamo", Süddeutsche Zeitung vom 15. März 2005.

166 Ebd.

167 Christian Wernicke: „Neuer Kurs in Guantanamo. Die Verhörmethoden der Ermittler“, Süddeutsche Zeitung vom 8. September 2006.
168 Ebd.
169 So *Amnesty International.*
170 Stefan Kornelius: „Selbstgerecht ins Unrecht“, Süddeutsche Zeitung vom 15. Juni 2005.
171 Ebd.
172 Ebd.
173 Florian Rötzer: „Von Gott gerechtfertigte Kriegspolitik?“, Telepolis (4. März 2006), URL: http://www.telepolis.de/r4/artikel/22/22182/1.html.
174 So fasst auch der evangelikale Redakteur Jörn Schumacher die Überzeugung der Autorin in seiner Rezension zusammen (vgl. „Vorsicht, Christen im Weißen Haus!“, Christliches Medienmagazin Pro vom 8. Dezember 2005, URL: http://www.pro-medienmagazin.de/themen/bcher/buecher-single/article/vorsicht-christen-im-weissen-haus/).
175 Victor 2005, 322.
176 Ebd., 214.
177 Der eine oder andere evangelikale Politaktivist scheint diesen Umstand durchaus zu merken, ohne jedoch wirksam dagegen einschreiten zu können. In diesem Zusammenhang sei auf den ehemaligen Mitarbeiter von CIA und Weißem Haus, David Kuo, verwiesen, der nach eigener bitterer Erfahrung sein spirituelles Versagen in der Bush-Administration eingesteht und dem christlichen Wahlvolk zu mehr politischer Enthaltsamkeit rät: "I think the Christians have viewed this president, with a lot of help from the White House, as a pastor-in-chief, as opposed to a commander-in-chief", denn "[the] message that has been sent out to Christians for a long time now that Jesus came primarily for a political agenda, and recently primarily a right-wing political agenda – as if this culture war is a war for God. And it's not a war for God, it's a war for politics. And that's a huge difference." (Jake Tapper/Kandall Evans: "Ex-Bush Aide: White House Officials Called Evangelicals Ridiculous", ABC-News vom 16. Oktober 2006.)
178 *NBC Nightly News* und die *Los Angeles Times* berichteten darüber (Kaplan 2004, 20).
179 Kaplan 2004, 21. Wörtlich: "for such a time as this" (vgl. Esther 4,14).
180 Kaplan 2004, 21 f.
181 Ebd., 22.
182 Ebd., 23.
183 Victor 2005, 11.
184 Ebd.
185 Ebd.
186 Gore 2007, 59.

Zusammenfassung

1 Victor 2005, 327 ff. Immanuel Kant stellte fest: „Sollte es mit dem Christentum einmal dahin kommen, dass es aufhörte, liebenswürdig zu sein (welches sich wohl zutragen könnte, wenn es statt seines sanften Geistes mit gebieterischer Autorität bewaffnet würde): so müsste, weil in moralischen Dingen keine Neutralität (noch weniger Koalition entgegengesetzter Prinzipien) stattfindet, eine Abneigung und

Widersetzlichkeit gegen dasselbe die herrschende Denkart der Menschen werden; und der Antichrist, der ohnehin für den Vorläufer des jüngsten Tages gehalten wird, würde sein (vermutlich auf Furcht und Eigennutz gegründetes), obzwar kurzes Regiment anfangen: alsdann aber, weil das Christentum allgemeine Weltreligion zu sein zwar bestimmt, aber es zu werden von dem Schicksal nicht begünstigt sein würde, das (verkehrte) Ende aller Dinge in moralischer Rücksicht eintreten." (Das Ende aller Dinge [1794], Werkausgabe 1977, 190).

2 Ebd., 322 f.

3 Johann Anton Llorente: Kritische Geschichte der spanischen Inquisition, hg. von Johann Karl Höck, Gmünd 1822, 171. Juan Antonio Llorente (1756–1823) war von 1789 bis 1799 Generalsekretär der Inquisition in Spanien. Die Zahl der einzeln nachgewiesenen Toten lag jedoch „nur" bei 31.912 (ebd. 301). Der protestantisch-reformierte Theologe und Philologe und in Amerika als Papstkritiker bekannte William Craig Brownlee (1774–1860) schätzt die Todesopfer der von 1231–1834 dauernden Inquisition – nicht nur in Spanien – auf 68 Millionen. Brownlee schreibt: "There perished under pope Julian 200,000 Christians: and by the French massacre, on a moderate calculation, in 3 months, 100,000. Of the Waldenses there perished 150,000; of the Albigenses, 150,000. There perished by the Jesuits in 30 years only 900,000. The Duke of Alva destroyed by the common hangman alone, 36,000 persons; the amount murdered by him is set down by Grotius at 100,000! There perished by the fire, and tortures of the Inquisition in Spain, Italy, and France 150,000. … In the Irish massacres there perished 150,000 Protestants! To sum up the whole, the Roman Catholic church has caused the ruin, and destruction of a million and a half of Moors in Spain; nearly two millions of Jews in Europe. In Mexico, and South America, including the islands of Cuba and St. Domingo, fifteen millions of Indians, in 40 years, fell victims to popery. And in Europe, and the East Indies, and in America, 50 millions of Protestants, at least, have been murdered by it! Thus the church of Rome stands before the world, 'the woman in scarlet, on the scarlet colored Beast.' A church claiming to be Christian, drenched in the blood of sixty-eight millions, and five hundred thousand human beings!" (William Craig Brownlee: Letters in the Roman Catholic Controversy, New York 1834, 347 f.) Schließlich: "In short, it is calculated by authentic historians, that papal Rome has shed the blood of sixty-eight millions of the human race in order to establish her unfounded claims to religious dominion" (William Craig Brownlee: Popery, the Enemy of Civil and Religious Liberty, and dangerous to our Republic, New York 1836, 105).

4 Victor 2005, 50.

5 Lawrence Britt: „Fascism Anyone?", Free Inquiry 23,2 (2003), 20; hg. vom Council for Secular Humanism, URL: http://www.secularhumanism.org/index.php?section=library&page=britt_23_2 (vgl. die deutsche Zusammenfassung unter URL: http://www.freace.de/artikel/mai2003/britt120503.html).

6 Ebd.

7 Stout 2007, 6.

8 Ebd., 18. Stouts Pragmatismus wird von Neuhaus wiederum äußerst scharf angegriffen: "For thinkers in the tradition of John Dewey, Richard Rorty, and Jeffrey Stout, to name but a few, American democracy is their religion. Put differently, they view religion instrumentally, and approve of it to the extent that it serves democracy. This is, to employ the precise biblical language, idolatry." (Richard John Neuhaus: "Religion and Democracy: A Necessary Tension", in: First Things 144 [2004]: 64-84, URL: http://www.firstthings.com/article.php3?id_article=348.)

Literaturverzeichnis

Ardizzone, Simon/Michaels, Russell: Hacking Democracy (Public Interest Pictures, 81 Min.), HBO Documentary Films (2. November 2006). URL: http://www.hbo.com/docs/programs/hackingdemocracy/.

Armstrong, Karen: Im Kampf für Gott. Fundamentalismus in Christentum, Judentum und Islam, München 2005.

Armstrong, Karen et al.: "Examing the Real Agenda of the Religious Far Right – Toward an Understanding of Christian Fundamentalism", Konferenz des New York Open Center/CUNY Graduate Center Public Programs vom 29. bis 30. April 2005 im CUNY Graduate Center (New York: Manhattan).

Banks, Adelle M.: "Pat Robertson Says He's Now a Believer – in Global Warming", Religion News Service (4. August 2006).

Bellah, Robert N.: "Imperialism, American-style", The Christian Century (8. März 2003), 20–25. URL: http://www.religion-online.org/showarticle.asp?title=2667.

Biermann, Werner/Klönne, Arno: The Big Stick. Imperiale Strategie und globaler Militarismus – die USA als Weltmacht, Köln 2002.

Bloom, Harold: The American Religion. The Emergence of the Post-Christian Nation, New York 1992.

Boston, Robert: The Most Dangerous Man in America? – Pat Robertson and the Rise of the Christian Coalition, Amherst, NY 1996.

Boston, Robert: Interview mit Gerhard Padderatz, 5. Mai 2005.

Braml, Josef: Amerika, Gott und die Welt. George W. Bushs Außenpolitik auf christlich-rechter Basis, Berlin 2005.

Bretthauer, Berit: „Geschäftsmänner Gottes auf Erden: Fundamentalismus und Medien in den USA", in: Bielefeldt, Heiner/Heitmeyer, Wilhelm (Hg.): Politisierte Religion. Ursachen und Erscheinungsformen des modernen Fundamentalismus, Frankfurt am Main 1998, 232–255.

Brown, Mick: "Kindergarten of Christ", Telegraph (18. November 2006), URL: http://www.telegraph.co.uk/health/main.jhtml?xml=/health/2006/11/18/ftjesus18.xml.

Bruce, Steve: „Protestant Resurgence and Fundamentalism", in: Political Quarterly 61,2 (1991), 161–168.

Carter, Jimmy: Unsere gefährdeten Werte. Amerikas moralische Krise, München/Zürich 2005.

Chattaway, Peter T.: "On Fire at Jesus Camp", Christianity Today (12. September 2006), URL: http://www.christianitytoday.com/movies/interviews/jesuscamp.html.

Clarkson, Frederick: "Theocratic Dominionism Gains Influence", in: The Public Eye Magazine 8,1 (1994). URL: http://www.publiceye.org/magazine/v08n1/chrisrec.html.

Corn, David: "Not On Our Side. The Right Blames God and Bush for 9/11?", AlterNet (19. April 2002), URL: http://www.alternet.org/story/12909/.

Die Bibel. Nach der Übersetzung Martin Luthers, Bibeltext nach der revidierten Fassung von 1984, hg. von der EKD, Stuttgart 1985.

Diner, Dan: Feindbild Amerika. Über die Beständigkeit eines Ressentiments, Berlin 2002.

Domke, David: God Willing. Political Fundamentalism in the White House, the "War on Terror," and the Echoing Press, London/Ann Arbor 2004.

Doukhan, Jacques B.: Israels Rolle in der Heilsgeschichte, Lüneburg 2007.

Easton, Nina J.: Gang of Five: Leaders at the Center of the Conservative Crusade, New York 2000

Fetscher, Iring: „Das religiöse Amerika“, in: Frankfurter Neue Presse (3. März 2006).
Fine, J. Allen: “Christian Coalition Highlights”, Endtime Issues (Januar 2003), URL: http://www.endtimeissues.com/articles/2/One-Nation-Under-God/ (4. Oktober 2006).
Fischer, Becky: Redefining Children’s Ministry in the 21st Century. A Call to Radical Change, Bismark, ND 2005.
Fischer, Becky: “Becky Fischer Comments on Jesus Camp”, in: Kids in Ministry International, URL: http://kidsinministry.com/JesusCampQuestions.html.
Fischer, Becky: „Questionnaire from Magnolia Pictures & Loki Films”, in: Kids in Ministry International, URL: http://kidsinministry.com/Pg1MagnoliaQA.html (7. Dezember 2006 [a] und http://kidsinministry.com/pg2MagnoliaQA.html [7. Dezember 2006 [b]).
Fischer, Pascal: „Der amerikanische Neokonservatismus“, in: Konrad Adenauer Stiftung – Auslandsinformationen 4 (2006), 4–27.
Fukuyama, Francis: Scheitert Amerika? Supermacht am Scheideweg, Berlin 2006.
Gilgoff, Dan: The Jesus Maschine. How James Dobson, Focus on the Family, and Evangelical America Are Winning the Culture War, New York 2007.
Goldstein, Clifford: Amerika in der Prophetie. Daten – Fakten – Hintergründe, Lüneburg 1995.
Goodman, Amy: „Vote Suppression in 2006: Rule Changes Threaten to Disenfranchise Hundres of Thousands of Eligible Voters“, Democracy Now (31. Oktober 2006), URL: http://www.democracynow.org/article.pl?sid=06/10/31/150218.
Grünschloss, Andreas: „Fundamentalismus. Einleitungsreferat zu dem Symposium ‚Fundamentalismus in der Dritten Welt‘“ (29.–30. Januar 1999), URL: http://www.user.gwdg.de/~agruens/fund/fund.html.
Gulley, Norman R: “The Christian Coalition and the End Game”, Journal of the Adventist Theological Society 8,1–2 (1997), 120–136; URL: http://www.atsjats.org/.
Halsell, Grace: Prophecy and Politics. Militant Evangelists on the Road to Nuclear War, Westport, CT 1986.
Hamburger, Tom/VandeHei, Jim: “Chosen People: How Israel Became A Favorite Cause Of Christian Right”, The Wall Street Journal (23. Mai 2002).
Hasel, Gerhard F.: “Crossroads in Prophetic Interpretation: Historicism versus Futurism”, Paper Presented to the 1990 World Ministers Council (3. Juli 1990), Indianapolis, IN. URL: http://www.historicist.com/articles/crossroads_in_prophetic_interpre.htm.
Hedges, Chris: “The Christian Right and the Rise of American Fascism”, Theocracy Watch (15. November 2004), URL: http://www.theocracywatch.org/chris_hedges_nov24_04.htm.
Hedges, Chris: “Feeling the hate with the National Religious Broadcasters. Soldiers of Christ, Part II”, Harper’s Magazine (30. Mai 2005), URL: http://www.harpers.org/archive/2005/05/0080541.
Hedges, Chris/Clarkson, Frederick: Eternal Hostility: The Struggle Between Theocracy and Democracy, Monroe, ME 1997.
Heubeck, Eric: “The Integration of Theory and Practice: A Program for the New Traditionalist Movement”, Free Congress Foundation (Washington DC 2001), URL: http://web.archive.org/web/20010713152425/http://www.freecongress.org/centers/conservatism/traditionalist.htm.
Jewett, Robert/Lawrence, John Shelton: The Myth of the American Superhero, Grand Rapids, MI 2002.
Jewett, Robert/Lawrence, John Shelton: Captain America and the Crusade Against Evil – The Dilemma of Zealous Nationalism, Grand Rapids, MI 2003.

Joffe, Josef: Die Hypermacht – Warum die USA die Welt beherrschen, Wien 2006.
Johnson, Chalmers: "America's Empire of Bases", Common Dreams News Center (15. Januar 2004), URL: http://www.commondreams.org/cgi-bin/print.cgi?file=/views04/0115-08.htm.
Jones, J. R.: "The U.S. vs. John Lennon. Jesus Camp", Chicago Reader (29. September 2006), URL: http://www.chicagoreader.com/features/stories/moviereviews/060929/.
Kagan, Robert: Macht und Ohnmacht – Amerika und Europa in der neuen Weltordnung, Berlin 2003.
Kant, Immanuel: Schriften zur Anthropologie, Geschichtsphilosophie, Politik und Pädagogik 1, Werkausgabe, Bd. XI, hg. von Wilhelm Weischedel, Frankfurt am Main 1977.
Kaplan, Esther: With God on Their Side: How Christian Fundamentalists Trampled Science, Policy, and Democracy in George W. Bush's White House , New York 2004.
Kimball, Charles: When Religion Becomes Evil: Five Warnings Signs, New York 2002.
Kinsley, Michael: "Election Day", New York Times (5. November 2006), URL: http://www.nytimes.com/2006/11/05/books/review/Kinsley.t.html.
Kippenberg, Hans G.: „Gottes Geschenk. Das Gewaltszenario Bushs: Sein Name ist Prämillenarismus", Süddeutsche Zeitung (8./9. Februar 2003).
Kleber, Claus: Amerikas Kreuzzüge – Was die Weltmacht treibt, Gütersloh 2005.
Knight, George R.: Millennial Fever and the End of the World. A Study in Millerite Adventism, Boise, ID 1993.
Kreye, Andrian: „Gottes Soldaten. Eine Generation junger Christen erobert die amerikanische Politik", URL: http://www.andriankreye.com/JesusCamp.html.
Kuiper, Dale: "The Illusory Hope of the Rapture", The Standard Bearer (1. Januar 1990).
Kuo, David: "Why a Christian in the White House Felt Betrayed", Time (16. Oktober 2006), URL: http://www.time.com/time/magazine/article/0,9171,1546580,00.html.
Laqueur, Walter: „Der Mythos der ‚NeoCons'", Europäische Rundschau 31 (2003), URL: http://www.europaeische-rundschau.at/Resources/Laqueur1a.pdf (in Auszügen ebenfalls abgedruckt als „Amerikas Neokonservative sind keine bösen Geister", Die Welt (12. Juni 2003).
Lawrence, Bruce B.: Defenders of God: The Fundamentalist Revolt Against the Modern Age, New York 1989.
Leaming, Jeremy/Boston, Robert: "Behind Closed Doors – Who Is The Council for National Policy And What Are They Up To? And Why Don't They Want You To Know?", *Church & State* (Oktober 2004). URL: http://www.au.org/site/News2?page=NewsArticle&id=6949&abbr=cs_.
Lehmann, Hartmut: "The Germans as a Chosen People: Old Testament Themes in German Nationalism", German Studies Review 14,2 (Mai 1991), S. 261–273.
Lessing, Uri: "Religion, Worldviews and Controversy Pitch Their Tents at 'Jesus Camp'", eFilmCritic.com (24. September 2006), URL: http://www.efilmcritic.com/feature.php?feature=1946.
Lettau, Reinhard: Täglicher Faschismus. Amerikanische Evidenz aus 6 Monaten, München/Wien 1971.
Levine, Art: „Protecting The 2006 Vote", TomPaine.common sense (19. Juli 2006), URL: http://www.tompaine.com/articles/2006/07/19/protecting_the_2006_vote.php.
Liebig, Stefan/Wegener, Bernd: „Primäre und sekundäre Ideologien. Ein Vergleich von Gerechtigkeitsvorstellungen in Deutschland und den USA", in: Müller, Hans-Peter/Wegener, Bernd (Hg.): Soziale Ungleichheit und soziale Gerechtigkeit, Opladen 1995, 265–293.

Markus, Clemens: „Unter der Herrschaft des Herrn – Der Triumph George Bushs offenbart, wie stark christliche Gruppen das politische Verständnis in Amerika prägen", Süddeutsche Zeitung (26. November 2004).

Marty, Martin E./Appleby, R. Scott: Conclusion: An Interim Report on a Hypothetical Family, in: dies. (Hg.), Fundamentalisms Observed, Chicago 1991, 814–842.

Marty, Martin E./Apleby, R. Scott: Herausforderung Fundamentalismus. Radikale Christen, Moslems und Juden im Kampf gegen die Moderne, Frankfurt am Main/New York 1996.

McClellan, Donel: "Hot Topics for the Summer: Why the Christian Right Loves Israel" (20. Juli 2003), URL: http://fccbucc.pair.com/christian_right_&_israel.htm.

McKibben, Bill: "The Christian Paradox. How a faithful nation gets Jesus wrong", Harper's Magazine (15. September 2005), URL: http://www.harpers.org/archive/2005/08/0080695.

Mejias, Jordan: „Die kleinen Gotteskrieger", Frankfurter Allgemeine Zeitung (14. November 2006).

Micklethwait, John/Wooldridge, Adrian: The Right Nation: Conservative Power in America, New York 2004.

Mink, Andeas: „Ganz schön schräg", Rheinischer Merkur (5. April 2007).

Monkerud, Don: "The Religious Right Determining U.S. Foreign Policy", IRC Right Web (Silver City, NM: International Relations Center, 12. April 2005), URL: http://rightweb.irc-online.org/rw/698.

Morris, Wesley: "Jesus Camp Movie Review", Boston Globe (6. Oktober 2006).

Moyers, Bill: "Bill Moyers is Insightful, Erudite, Impassionate, Brilliant and the Host of PBS' 'NOW'". A Buzzflash Interview (28. Oktober 2003), URL: http://www.buzzflash.com/interviews/03/10/int03281.html.

Moyers, Bill: "There Is No Tomorrow", The Star Tribune (30. Januar 2005[a]), URL: http://www.westernmassafsc.org/statements/MOYER215.HTM.

Moyers, Bill: "Welcome to Doomsday", New York Review of Books (24. März 2005[b]).

Moyers, Bill: "Moyers on America: Is God Green?", Public Broadcasting Service (11. Oktober 2006), URL: http://www.pbs.org/moyers/moyersonamerica/green/index.html.

Mumford, Stephen D.: American Democracy & the Vatican: Population Growth & National Security, Amherst, NY 1984.

Murray, Bruce: "Civil Religion in America", FACSNET (28. März 2005), URL: http://www.facsnet.org/issues/faith/civil_religion.htm.

Newberg, Andrew B. et al.: "The measurement of regional cerebral blood flow during glossolalia: A preliminary SPECT study", Psychiatry Research: Neuroimaging 148,1 (2006), 67–71.

Nichols, William C.: "The Terrors of Hell" (1992), International Outreach, Inc., URL: http://members.aol.com/wnichint/hell.html.

Ostendorf, Berndt: „Conspiracy Nation. Verschwörungstheorien und evangelikaler Fundamentalismus: Marion G. (Pat) Robertsons ‚Neue Weltordnung'", in: Politisierte Religion. Ursachen und Erscheinungsformen des modernen Fundamentalismus, Frankfurt am Main 1998, 157–187.

Overton, Spencer: Stealing Democracy: The New Politics of Voter Suppression, New York 2006.

Pahl, Larry: The Growth of the Religious Right. Magisterarbeit für Politikwissenschaft an der Western Illinois University 1993, URL: http://members.aol.com/larrypahl/rel-rit1.htm.

Pally, Marcia: „Fröhlich zupackender Geist. Der amerikanische Evangelikalismus: Warum wir ihn hassen und warum er funktioniert", Süddeutsche Zeitung (21. Oktober 2005).

Perkins, John: Bekenntnisse eines Economic Hit Man – Als Schakal unterwegs im Dienste der Wirtschaftsmafia, München 2005.

Perry, Ralph Barton: Amerikanische Ideale. Puritanismus und Demokratie, 2 Bde., Wien 1947.

Phillips, Kevin: American Theocracy – The Peril and Politics of Radical Religion, Oil, and Borrowed Money in the 21st Century, New York 2006.

Raeithel, Gerd: „Das Alte Amerika – George W. Bush und der Irak-Krieg", Münchner Abendzeitung (19. März 2003).

Robertson, Pat: The New World Order, Dallas, TX 1991.

Robertson, Pat: The Secret Kingdom, Nashville, TN 1982.

Rosin, Hanna: "God and Country", The New Yorker (27. Juni 2005), URL: http://www.newyorker.com/fact/content/articles/050627fa_fact.

Rossing, Barbara R.: The Rapture Exposed: The Message of Hope in the Book of Revelation, Boulder, CO 2004.

Rudin, James A.: The Baptizing of America – The Religious Right's Plan for the Rest of Us, New York 2006.

Schneider, Michael: „Paranoia und permanenter Krieg. Die Gewalt nach außen tragen – Amerikas Kultur der Angst", Freitag (21. Februar 2003), URL: http://www.freitag.de/2003/09/03090101.php

Schoeller, Olivia: „Der Krieg der Frommen – Die Politik des US-Präsidenten ist ohne seine religiösen Ideen nicht zu verstehen", Berliner Zeitung (5. März 2003).

Schuhler, Conrad: Unter Brüdern – Die USA, Europa und die Neuordnung der Welt, Köln 2003.

Schuhler, Conrad: Bush und danach – Wohin treiben die USA?, in: ISW-Report Nr. 63 (September 2005), hg. vom Institut für sozial-ökologische Wirtschaftsforschung, München.

Schuler, Thomas: Immer im Recht – Wie Amerika sich und seine Ideale verrät, München 2003.

Schweiker, William: "Politics, Morality, and Religion in the Contemporary United States", Materialdienst des Konfessionskundlichen Instituts Bensheim 56,2 (März/April 2005), 22–24.

Scowen, Peter: USA – Ein Schwarzbuch, München 2004.

Shamir, Shlomo" „Für Christus?!", tachles – Das Jüdische Wochenmagazin 6,9 (3. März 2006).

Sharlet, Jeffrey: "Jesus Plus Nothing: Undercover among America's secret theocrats", Harper's Magazine (März 2003), URL: http://www.harpers.org/archive/2003/03/0079525.

Shuck, Glenn W.: Marks of the Beast. The Left Behind Novels and the Struggle for Evangelical Identity, New York 2005.

Sifry, Micah L.: "Money, Politics and War. The defense industry buys influence, does it also buy wars?" (25. März 2003), URL: http://www.tompaine.com/Archive/scontent/7496.html.

Simon, Bob: "Zion's Christian Soldiers. Conservative Christian Says Founder Of Islam Set A Bad Example", CBSNews (8. Juni 2003), URL: http://www.cbsnews.com/stories/2002/10/03/60minutes/main524268.shtml.

Sine, Tom: "Who is Tim LaHaye? And how did he become the 'most influential Christian' in the country?", Sojourners Magazine 30,5 (September/Oktober 2001), 36–37.

Sloterdijk, Peter: „Chancen im Ungeheuren. Notiz zum Gestaltwandel des Religiösen in der modernen Welt im Anschluß an einige Motive bei William James", Vorwort

in: James, William: Die Vielfalt der religiösen Erfahrung: Eine Studie über die menschliche Natur, Frankfurt am Main 1997, 11–34.
Smiley, Tavis: "Tavis Smiley Show with Spencer Overton." Public Broadcasting Service (10. August 2006), URL: http://www.pbs.org/kcet/tavissmiley/archive/200608/20060810.html.
Smith, Christian: Christian America? What Evangelicals Really Want, Berkeley, CA 2000.
Stout, Jeffrey: "The Spirit of Democracy and the Rhetoric of Excess", Journal of Religious Ethics 35,1 (2007), 3–21.
Suskind, Ron: "Why Are These Men Laughing?", Esquire 2003 (Januar) URL: http://www.esquire.com/ESQ0103-JAN_ROVE_rev_2.
Timonen, Josh: "Surviving 'Jesus Camp'", RichardDawkins.net (3. Oktober 2006), URL: http://richarddawkins.net/article,183,Surviving-Jesus-Camp,Josh-Timonen.
Tolson, Jay: "The New Old-Time Religion. Evangelicals defy easy labels. Here's why – and why their numbers are growing", U.S. News & World Report (8. Dezember 2003), URL: http://www.usnews.com/usnews/culture/articles/031208/8evangelicals.htm.
Van Biema, David et al.: "The 25 Most Influential Evangelicals in America", Time (14. Februar 2005), URL: http://www.time.com/time/covers/1101050207/index.html.
Victor, Barbara: Beten im Oval Office. Christlicher Fundamentalismus in den USA und die internationale Politik, München/Zürich 2005.
Wagner, Donald: "Bible and Sword: US Christian Zionists Discover Israel", Daily Star (9. Oktober 2003). URL: http://www.dailystar.com.lbarticle.asp?edition_ID=10&article_ID=8142&categ_id=5.
Weinberger, Eliot: „New York, Schrei ohne Ton", Lettre International 60 (2003).
White, Ellen G.: Der große Kampf – Kirche, Politik und die Zukunft der Welt, Lüneburg 2004 (O 1911).
[The] White House (Ed.), The National Security Strategy of the United States of America 2002. URL: http://www.whitehouse.gov/nsc/nss.pdf
[The] White House (Ed.), The National Security Strategy of the United States of America 2006. URL: http://www.whitehouse.gov/nsc/nss/2006/nss2006.pdf.
Wills, Garry: Bush's Fringe Government, New York 2006.
Wippermann, Wolfgang: Faschismustheorien. Zum Stand der gegenwärtigen Forschung, Darmstadt 1995.
Wohlberg, Steve: Exploding the Israel Deception: A Jewish believer exposes false prophecies about Israel, the temple, and Armageddon, Roseville, CA 2006.
Wolfe, Alan: The Transformation of American Religion. How We Actually Live Our Faith, New York 2003.
Wuthnow, Robert: The Restructuring of American Religion. Society and Faith since World War II, Princeton 1990.
Yurica, Katherine (mit Laurie Hall): "The Despoiling of America: How George W. Bush became the head of the new American Dominionist Church/State" (11. Februar 2004), URL: http://www.yuricareport.com/Dominionism/TheDespoilingOfAmerica.htm.
Ziegert, Richard: „Die EKD-Kirchen angesichts der Globalisierung", in: Deutsches Pfarrerblatt 103 (2003), 291–297, URL: http://www.pfarrverband.de/pfarrerblatt/archiv_content.php?a=show&id=1202.
Ziegert, Richard: „Wohin entwickelt sich der Protestantismus?", Vortrag im Konfessionskundlichen Institut Bensheim, in: Pfälzisches Pfarrerblatt 94 (2004), 332–377, URL: http://www.pfarrerblatt.de/text_52.htm.
Ziegert, Richard: „Das protestantische Schisma", in: Pfälzisches Pfarrerblatt 96 (2006), 275–290, URL: http//www.pfarrerblatt.de/text_130.htm.

Personenregister

Sachregister

Bibliographische Information der Deutschen Bibliothek
Die Deutsche Bibliothek registriert diese Publikation in der Deutschen Nationalbibliografie; detaillierte bibliografische Daten im Internet unter http://dnb.ddb.de.

www.mitteldeutscherverlag.de

ISBN 978-3-89812-473-7

Printed in the EU